KB038909

현대 비판사회이론의 흐름

김호기 엮음

엮은이 서문

비판사회이론을 어떻게 볼 것인가

김호기

1960년대 후반 이후 현대 사회이론은 가히 르네상스라 불릴 수 있을 정도로 커다란 발전을 이루어왔다. 파슨스로 대표되는 미국의 구조기능주의론이 1950년대와 60년대 현대 사회이론을 주도했다면, 1960년대 후반 이후에는 유럽의 사회이론가들이 새롭게 가세함으로써 현대 사회이론은 더욱 다양해지고 풍부해져왔다. 이제는 사회이론의 고전으로 손꼽히는 월러스틴(Immanuel Wallerstein)의 『근대세계체제』, 푸코(Michel Foucault)의 『감시와 처벌』, 부르디외(Pierre Bourdieu)의 『구별짓기』, 하버마스(Jürgen Habermas)의 『의사소통행위이론』, 그리고 기든스(Anthony Giddens)의 『사회구성론』이 바로 이 1970년대와 80년대에 발표되었을 뿐만 아니라, 1960년대 실증주의 논쟁에서 아직 진행중인 포스트모더니즘 논쟁에 이르기까지 현대 사회이론을 둘러싼 다양한 논쟁들은 비단 서구사회뿐만 아니라 전세계적으로도 커다란 반향을 불러일으켰다.

1960년대 후반 이후 융성해온 현대 사회이론을 관통하는 키워드가 있다면, 그것은 다름 아닌 '비판'이다. 여기서 비판이란 이중의 의미를 갖는다. 즉 협의로는 기존의 방법론과 사회이론의 '정통적 합의'에 대한 비판을 뜻하며, 광의로는 자본주의와 사회주의가 동전의 양면을 이루는 현대성에 대한 비판을 함축한다. 구체적으로 하버마스는 자신의 이론을 '비판이론'이라 부르고, 부르디외와 기든스는 '성찰적 사회학'을 모색하고 있거니와, 월러스틴은 19세기 사회과학으로부터의 '탈피'를 강조하고 있다. 이뿐만이 아니다. 푸코는 근대적 사유체계를 전복하는 비판으로서의 계보학을 제시하고 있으며, 페미니스트 사회학자들은 기존 사회이론에 내재된 남성중심적 사유를 폭로하고 있다. 현대 사회이론의 주요 과제 중의 하나가 바로 비판에 있다는 것이 이들이 공유하는 문제의식이라면, 이런 다양한 현대 사회이론의 흐름들을 비판사회이론이라 부를 수 있을 것이다.

이러한 비판사회이론의 주목할 만한 특징은 기존의 사회학이론을 넘어서는 포괄적인 이론을 지향하고 있다는 점이다. 사회학이론이 사회학 안에서 사회적 현상에 내재한 속성을 설명하려는 분석틀을 뜻한다면, 사회이론은 그보다 넓게 인문·사회과학 안에서 사회를 어떻게 볼 것인가에 대한 논리적 시도를 지칭한다. 이런 점에서 비판사회이론은 사회학의 영역을 벗어나 철학, 역사학은 물론 정치학, 경제학과도 직접 잇닿아 있다. 또한 비판사회이론은 마르크스주의 사회이론의 전통을 계승하면서도 그것을 넘어서고자 하는 특징을 갖는다. 자본주의 사회체제에 대한 근본적인 비판은 본래 마르크스주의 사회이론의 고유 영역이며 월러스틴을 포함해 이 책에서 다루는 몇몇 이론가들은 마르크스주의자로서의 정체성을 갖고 있지만, 오늘날 비판사회이론은 그 비판이 자본주의뿐만 아니라 현대성에 포괄적으로 맞추어지고 있다는 점에서 마르크스주의 사회이론보다 넓은 외연을 갖고 있다고 볼 수 있다.

비판사회이론의 성장 배경

그렇다면 오늘날 비판사회이론이 왜 이렇게 융성하게 된 것일까. 1960년대 이후 비판사회이론의 등장과 성장에 대해서는 다음과 같은 네 가지 점을 주목할 필요가 있다.

첫째, 스탈린 사후 동구사회주의 현실이 서구사회에 알려지기 시작하면서 전후 세대에 의해 마르크스주의 사회이론의 갱신이 모색되기 시작했다. 독일의 하버마스와 프랑스의 알튀세르가 이러한 마르크스주의 갱신에 주력한 대표적인 이론가들로 지목될 수 있는데, 하버마스가 언어철학·해석학·정신분석학을 수용해 비판이론을 재구성하는 것으로 나아갔다면, 알튀세르는 구조주의 방법론과 정신분석학을 활용해 구조주의적 마르크스주의를 주조하는 방향으로 나아갔다. 이 가운데 특히 알튀세르의 사회이론은 1970년대 이후 국제적으로 커다란 영향을 주었던 바, 이 책에서 다루어지고 있는 홀(Stuart Hall)과 하비(David Harvey)를 포함한 영국의 사회이론가들에게 적지 않은 영향을 미쳤다. 한편 하버마스는 1970년대 들어와 의사소통행위이론을 정립해가는 동시에 미완의 기획으로서의 현대성을 옹호하여 영국의 기든스와 미국의 프레이저(Nancy Fraser)와 같은 영미의 비판사회이론에 중요한 이론적 자극을 제공했다.

둘째, 1960년대 암중모색의 과정에서 일어난 1968년 '68운동'은 비판사회이론에 지울 수 없는 흔적을 남겼다. 푸코, 하버마스, 투렌(Alain Touraine), 부르디외, 월러스틴은 이 68운동의 한가운데에 있었으며, 이 책에서 다루는 후배 세대 또한 68운동으로부터 커다란 지적 세례를 받았다. 68운동에의 참여를 통해 이들은 기존 강단사회이론에 내재된 보수적 성격을 비판하는 동시에 경제결정론적인 마르크스주의 사회이론에도 회의했는데, 그것은 '자율, 자치, 연대'로 상징되는 68운동의 정신을 사회이론화하는 작업으로 구체화되었다. 푸코가 고고학을 넘어서 계보학으로, 투렌이 사회운동의 사회학으로, 부르디외가 계급과 문화자본에 대한 연구로, 그리고 월러스틴이 자본주의 세계체제에 대한 거시적 이론화로 나아간 것은 이 68운동의 경험과 결코 무관하지 않다. 뿐만 아니라 68운동과 이를 계승한 1970년대 신사회운동을 통해 환경·여성·평화 등이 새로운 이슈로 부상했다는 점을 돌이켜볼 때, 이러한 의제들을 사회이론 구성에 통합하고자 했던 나머지 이론가들도 68운동의 정신적 자장(磁場) 안에 놓여 있었다고 볼 수 있다.

셋째, 1970년대 초반 이후 가시화된 복지국가의 위기 또한 비판사회이론에 중요한 영향을 미쳤다. 주지하듯이 1950~60년대의 전후 자본주의의 황금시대는 1960년대 후반 이후 위기의 덫에 빠졌으며, 그것은 무엇보다 케인지언 복지국가의 위기로 가시화되었다. 1970년대 초반 이후 이런 복지국가의 위기를 어떻게 이해할 것인가에 대해서 국가론 논쟁을 포함해 다양한 논쟁들이 서유럽과 미국의 사회과학 안에서 활발히 전개되어왔다. 이런 논쟁에 참여한 사회학자 가운데 오페(Claus Offe)와 에스핑 안데르센(Gøsta Esping-Andersen)은 특히 주목할 만한데, 오페가 축적과 정당성의 모순적 관계에서 자본주의 국가를 해부해왔다면, 에스핑 안데르센은 시장에 대항하는 복지국가의 적극적인 역할을 강조해왔다. 국가에 대한 비판사회이론의 다양한 시각들은 자유주의 좌파에서 사회민주주의와 유로코뮤니즘, 그리고 녹색당에 이르는 그들의 정치적 성향을 엿볼 수 있다는 점에서 흥미로운 주제이기도 하다.

마지막으로 1970년대 후반 본격화된 포스트모더니즘 논쟁은 비판사회이론의 최대 논쟁 지점이라 할 수 있다. 문학 및 예술에서 시작된 포스트모더니즘을 둘러싼 토론은 1980년 하버마스가 「미완의 기획으로서의 근대성」으로 포문을 열자 료타르, 보드리야르, 하비, 기든스, 래쉬,

그리고 벡 등이 적극 가세해 모더니티(즘), 포스트모더니티(즘)에 대한 여러 이론들이 백가쟁명(百家爭鳴)을 이루었다. 포스트모더니티에 대한 사회학적 토론은 마르크스, 뒤르켐, 베버로 대표되는 근대 사회학이 모더니티에 대한 과학적 분석을 지향하고 있다는 점에서 처음부터 양가적인 성격을 갖지 않을 수 없는 주제였으며, 따라서 이에 대한 평가는 다분히 극단적이었다. 즉 한편에서는 미완의 과제로서의 모더니티가 적극적으로 옹호되었다면, 다른 한편에서는 포스트모더니티의 도래를 현실적으로 승인하는 견해가 제출되었으며, 제3의 흐름으로 '제2의 현대' 또는 성찰적 모더니티론이 제시되기도 했다.

비판사회이론의 성과와 전망

거시적으로 보면 서구사회에서 비판사회이론이 활성화된 것은 앞서 지적했듯이 1960년대 후반 이후라 할 수 있다. 물론 그 이전에도 사르트르, 메를로-퐁티, 아도르노, 마르쿠제, 그리고 밀스를 포함한 이론가들의 활동이 없지 않았으나 비판사회이론이 이론 분야는 물론 인문·사회과학 전반에 영향력을 행사하기 시작한 것은 대체로 68운동 이후로 보는 것이 타당하다. 문화혁명으로서의 68운동은 특히 서유럽 대학사회와 지식사회에 커다란 영향을 미쳤는데, 1980년대 신자유주의 정부들이 등장하기 전까지 비판사회이론은 사회운동과 긴밀히 연관되어 활발한 토론을 촉발시켰으며 상당한 지적, 정치적 헤게모니를 누려왔던 것으로 보인다.

이러한 비판사회이론의 기여는 대략 세 가지 측면에서 살펴볼 수 있다. 첫째, 비판사회이론은 기든스도 지적한 바 있는 사회학이론의 주요 딜레마들, 구조와 행위, 합의와 갈등, 근대 세계의 형성, 섹슈얼리티 문제에 대한 새로운 이론적 토론을 제공해왔다. 이 책에 실린 개별 논문들에서 상세히 검토되고 있지만, 구조론과 행위론을 통합하고 있는 부르디외와 기든스, 근대 사회학의 분석단위를 혁신해 세계체제라는 새로운 분석단위를 부각하고 있는 월러스틴, 섹슈얼리티 문제를 본격적으로 제기하는 페미니스트 사회학자들, 그리고 현대성에 대한 포괄적인 이론틀을 제시하고 있는 하버마스와 푸코의 이론적 기여는 비판사회이론의 주요 공헌이라 할 수 있다. 뿐만 아니라 개별 분야에 관해서도 라이트(Erik Olin Wright)의 계급론, 홀의 문화이론, 투렌의 사회운동론, 그리고 오페와 에스핑 안데르센의 국가론은 주목할 만한 업적으로 평가할 수 있다.

둘째, 비판사회이론은 기존의 사회학이론을 넘어서 철학, 역사학, 정신분석학 등을 사회이론의 구성에 적극 끌어들임으로써 사회이론의 설명력과 분석력을 제고해왔다. 구체적으로 월러스틴이 브로델의 역사이론을, 푸코가 니체의 철학을, 하버마스가 후설의 현상학을, 기든스가 헤거스트란트(Hägerstrand)의 지리학을 적극 수용, 인문학과 사회과학의 전통적 학문 분류를 넘어서 학제간의 이론적 통합을 모색해왔음은 널리 알려진 사실이다. 기존의 사회학이론에 대한 불만을 가장 잘 보여주는 예 가운데 하나가 월러스틴의 세계체제론이라 할 수 있는데, 월러스틴은 19세기 사회과학의 가정 및 전제로부터 적극적으로 탈피할 것을 강조함으로써 초역사적 일반이론과 특수론적 서술 사이의 새로운 '역사적 사회과학'의 패러다임을 탐색하고 있다. 비판사회이론의 이러한 이론적 시도들은 베버와 뒤르켐 이래 강단 안에서 제도화된 실증주의 사회이론을 비판하고 새로운 이론적 대안을 탐구해왔다는 점에서 각별한 주목을 요구하고 있다.

셋째, 비판사회이론이 이론과 실천의 결합을 적극 모색해왔다는 점 또한 특기할 만한 기여이다. 이 점에 관해서는 1970년대 이후 신사회운동에 대한 비판사회이론의 논의를 주목할 필요가 있다. 예를 들어 하버

마스와 투렌은 대표적인 신사회운동 이론가들이며, 월러스틴, 기든스는
각기 반체제운동, 삶의 정치를 강조하고 있고, 푸코는 '정치적인 것'에
대한 근본적인 성찰을 촉구하고 있다. 이 가운데 특히 두드러지는 것은
문화운동과 여성운동에 대한 문화사회학자들과 페미니스트 사회학자들
의 기여인데, 홀이 문화사회의 도래에 따른 문화정치의 중요성을 부각하
고 있다면, 프레이저는 재분배투쟁과 인정투쟁을 적극 결합하려는 대안
을 모색하고 있다. 사회변동이 사회구조와 집합행동의 상호작용의 산물
이라면, 현대 비판사회이론은 이른바 '운동의 정치'에 여전히 커다란 영
향력을 행사하고 있다.

　비판사회이론의 이러한 흐름은 1990년대 들어서 서서히 한 세대의
연구들을 마무리하고 있는 것으로 보인다. 1990년대에 발표된 주요 저
작들, 하버마스의 『사실성과 타당성』, 투렌의 『민주주의란 무엇인가』,
기든스의 『좌파와 우파를 넘어서』, 그리고 월러스틴의 『자유주의 이후』
등은 비판사회이론의 한 세대를 마감하는 저작들이며, 개별 이론가들의
주요 정치적 메시지를 담고 있기도 하다. 1990년대 이후 서구사회 및
세계사회의 새로운 변화에 대응하여 비판사회이론은 새로운 암중모색을
거듭하고 있는데, 그것은 현재 다음과 같은 세 방향으로 나아가고 있다.

　우선 그 첫번째 방향은 이른바 정보화와 세계화의 충격에 대한 적극
적인 대응이라 할 수 있다. 정보화가 기왕의 삶의 방식에 대한 커다란
변화를 낳고 있다면, 세계화는 이제까지 사회이론의 분석단위였던 국민
국가에 대한 근본적 재고를 요청하고 있다. 이 가운데 특히 현재 진행되
는 세계화의 주요 흐름이라 할 수 있는 신자유주의의 세계화는 시장에
대한 새로운 사회학적 성찰을 요구하는 동시에 그에 내장된 폭력에 대
한 적극적 대응을 요청하고 있다. 그동안 비판사회이론은 높은 추상수준
에서 사회의 구조와 변화를 이론화하는 데 커다란 기여를 해왔음에도,

그 사회를 구성하는 하위영역으로서의 시장에 대한 이론화는 월러스틴을 제외하고 상대적으로 빈곤했던 것으로 보인다. 월러스틴의 『유토피스틱스』, 기든스의 『질주하는 세계』, 부르디외의 『저항의 행위』, 그리고 투렌의 『어떻게 자유주의에서 벗어날 것인가』는 시장에 대한 관심의 직·간접적인 표현이라 볼 수 있지만, 그 견해의 차이가 작지 않을 뿐 아니라 논의 또한 문제제기의 수준에 머물러 있다.

이와 연관해 살펴볼 수 있는 두번째 방향은 비판사회이론의 정치적 대안에 맞추어지고 있다. 그동안 비판사회이론을 추동해왔던 유토피아적 열망이 소진되면서 오페가 지적하듯이 '대안이 없다(TINA: There is no Alternative)'는 느낌은 현재 서구 비판사회이론에 널리 유포되어 있다. 최근 사회민주주의 정부의 재등장과 함께 '제3의 길'을 위시해 새로운 정치적 대안들이 활발히 논의되고 있음에도, 그 공감대는 그리 넓은 것으로 보이지 않는다. 대안적 사회모델에 대한 이런 토론의 빈곤을 낳은 주요 원인 가운데 하나는, 비판사회이론이 사회운동에 대해서는 커다란 관심을 갖고 있었던 반면에 대안적 사회제도의 이론화는 상대적으로 경시해왔다는 점에서 찾을 수 있다. 이런 맥락에서 최근 라이트가 대안체제 모색에 주력하고, 오페가 국가-시장-시민사회의 새로운 이론화를 탐구하며, 에스핑 안데르센이 복지국가의 재구조화에 관심을 두고 있는 것은 주목되어야 할 것으로 보인다.

마지막 세번째 방향은 정보사회와 밀접히 연관된 문화사회의 도래를 둘러싸고 진행되고 있다. 여러 사람들에 의해 지적되고 있듯이 오늘날 세계사회는 극단적인 양면성을 보여주고 있다. 즉 한편에서는 세계적 차원과 일국적 차원에서 경제적 부의 양극화가 가속화되고 있다면, 다른 한편에서는 서구사회는 물론 제3세계 일부 국가들에서 탈산업사회의 도래에 따른 문화사회의 도래가 가시화되고 있다. 그 결과 상당수의 사람들은 이제 노동보다는 문화공간에서 점차 많은 시간을 보내고 있는데, 이런 문화적 생활과 그 속에서 진행되는 정체성의 변화를 어떻게 이론화할 것인가가 비판사회이론의 새로운 관심 영역으로 부상해왔다. 문화생활을 과잉 해석할 필요도 없지만 그렇다고 과소 평가할 수도 없다는 점에서, 비판사회이론은 문화적 정체성, 매스미디어, 여가활동, 그리고 문화정치의 이론화에 대한 지속적인 관심을 유지해야 할 것으로 보인다.

책의 구성과 한국 사회에의 함의

돌이켜보면 비판사회이론이 우리 사회 연구에 미친 영향은 사회학은 물론 철학, 문학, 역사학, 정치학 등 여러 분야들에서 결코 작지 않다. 그 단적인 증거로 푸코, 하버마스, 월러스틴, 기든스의 주요 저작들은 대다수 우리말로 옮겨졌으며, 대학원생들과 젊은 연구자들을 중심으로 널리 읽혀왔다. 그리고 지난 몇 년 동안 여러 학술잡지들에서 비판사회이론에 대한 소개와 토론 또한 활발히 이루어졌는데, 특히 푸코와 하버마스 사회이론에 관한 국내연구는 학위논문들을 포함해 적지 않게 축적되어왔다. 어떻게 보면 비판사회이론에 대한 우리 사회의 관심은 이웃 일본과 비견할 수 있을 정도로 과도한 감이 없지 않았다고 할 수 있으며, 이와 더불어 최근에는 이런 이론적 소비에 대해 이러저러한 반성 및 비판들이 제기되기도 했다. 한 걸음 물러서서 볼 때, 서구이론의 소비는 타자의 시선을 통해 자신의 삶과 사회를 들여다본다는 점에서 대상에 대한 인식의 깊이를 더하는 것이 아니라 관념적 의식과 구체적 현실 간의 괴리를 심화시키는 문제점을 갖고 있다. IMF 관리체제 등장 이전의 일부 과도한 이론적 유행을 생각해보면 이런 비판은 타당한 측면이 없지 않다.

하지만 이론의 소비에 대한 이러한 비판이 압축성장에 따른 사회문제들의 동시다발화라는 한국 현실에 대한 이론적 요구와 갈망을 해소시켜 주는 것은 아니다. 오히려 문제의 핵심은 이론의 무용론이 아니라 개별 이론에 내재한 추상과 구체, 보편과 특수의 문제를 미숙하게 다루어왔으며, 그리하여 서구이론과 한국 사회의 거리 조준에 실패했다는 점에 있다. 예를 들어 오늘날 갈수록 중요해지는 미시정치를 분석하는 데 푸코이론에 대한 이해는 필수적이며, 점증하는 자본의 세계화를 분석하는 데 월러스틴의 세계체제론은 설득력이 제고되고 있다. 뿐만 아니라 과도한 학벌 중심의 우리 사회의 특징을 분석하는 데 부르디외의 문화자본론은 유용한 분석틀이라 할 수 있으며, 다양한 시민운동의 분출을 설명하는 데 하버마스와 투렌의 신사회운동론은 적지 않은 함의를 제공한다. 이런 점에서 나는 우리 사회를 분석하는 데 현대 비판사회이론이 그 추상과 구체의 수준을 고려한다면 여전히 의미가 크고 중요하다고 생각하고 있다.

이런 문제의식 아래 이 책은 《경제와 사회》에 '현대 비판사회이론의 흐름'이란 기획으로 1996년 가을호부터 2000년 봄호까지 연재되었던 논문들에 오페와 에스핑 안데르센의 사회이론에 관한 논문들을 덧붙여 편집된 것이다. 이 책에서 현대 사회이론에 대한 구분은 다소 편의적인데, 주요 활동무대를 중심으로 미국, 영국, 프랑스, 독일과 북구의 4부로 나누어보았지만 문제가 없는 것은 아니다. 하비는 자신의 주요 활동무대를 미국으로 옮겼으나 출생과 학업과정을 중시해 영국의 비판사회이론에 포함시켰으며, 에스핑 안데르센은 국제적으로 활동해오고 있으나 북구의 비판사회이론으로 분류했다. 출생과 학업과정보다 개별 이론가들이 어떤 사상적 전통에서 자신의 이론을 가다듬었는가가 중요함에도 편의상 이렇게 분류한 것에 대해 양해를 구하고 싶다.

이 책의 내용은 크게 4부로 이루어져 있다. 우선 제1부는 월러스틴,

라이트, 페미니스트 사회학자들을 중심으로 미국의 비판사회이론을 다룬다. 오늘날 미국은 강단사회이론의 중심지라 할 수 있지만, 비판사회이론 또한 몇몇 대학을 중심으로 꾸준히 발전되어왔음을 주목할 필요가 있다. 이 가운데 특히 월러스틴과 라이트는 세계체제론과 분석 마르크스주의 이론가로서 당대 미국 비판사회이론을 대표하고 있다. 이어 제2부는 기든스, 홀, 하비를 중심으로 영국의 비판사회이론을 다룬다. 다른 나라와 비교해 영국은 사회학적 전통이 상대적으로 약했다고 볼 수 있으나 1970년대 이후 주목할 만한 연구들이 발표되었는데, 특히 기든스의 구조화이론과 홀의 문화이론은 영국 비판사회이론을 대표하는 이론으로 평가될 수 있다. 그리고 이례적인 지리학자라 할 수 있는 하비의 공간이론은 비단 지리이론뿐만 아니라 사회이론에도 커다란 영향을 미쳐왔다.

　제3부는 푸코, 부르디외, 투렌을 중심으로 프랑스의 비판사회이론을 다룬다. 널리 알려져 있듯이 프랑스의 사회이론은 구조주의로부터의 영향과 그에 대한 저항 속에서 성장해왔으며, 푸코와 투렌은 1970년대 이후 각기 탈구조주의와 반구조주의를 대표하고 있는 이론가들로 지목할 수 있다. 한편 부르디외는 구조주의 전통을 계승하고 있으면서도 구조주의와 행위론의 이론적 통합을 줄기차게 시도해오고 있다. 이어 제4부는 하버마스, 오페, 에스핑 안데르센을 중심으로 독일과 북구의 비판사회이론을 다룬다. 전후 비판이론을 대표하는 하버마스의 비판사회이론에 대해서는 세세한 설명이 필요없거니와, 그의 제자 중 한 사람인 오페는 자본주의 국가, 노동시장, 신사회운동에 관한 생산적인 정치 및 사회 이론을 발표해왔다. 그리고 테어본과 함께 북구의 비판사회이론을 대표하는 에스핑 안데르센은 전후 복지국가의 구조변동에 대한 주목할 만한 사회이론을 발표해오고 있다.

　이 책을 이렇게 엮는 과정에서 몇몇 주요 비판사회이론가들이 누락된

14

것은 아쉬움으로 남는다. 비판사회이론은 결코 몇몇 이론가들이 권위를 누리는 지적 독점물이 아니며, 이 책에서 다루는 다양한 이론적 쟁점들에 대한 생산적인 토론과 비판이 다양한 각도에서 제기되어왔다. 이런 점에서 미국의 카스텔와 캘훈, 영국의 보맨, 프랑스의 고르, 이탈리아의 멜루치, 독일의 벡, 그리고 스웨덴의 테어본 등이 함께 다루어지지 못한 것이 여전히 아쉽다. 이들은 자신의 전공분야는 물론 사회이론 영역에서도 주요한 이론적 공헌을 해오고 있는 비판사회이론가들이라 할 수 있다. 기회가 주어진다면 이들 이론을 중심으로 현대 비판사회이론의 흐름과 쟁점을 한번 더 검토해보고 싶다.

마지막으로 이 책을 펴내는 데 도움을 주신 선생님들께 고마운 마음을 표시하고 싶다. 무엇보다 ≪경제와 사회≫에 실린 원고들을 새롭게 고쳐주신 필자 선생님들께 감사드린다. 특히 기획 초반부에 논문을 발표하셨던 선생님들은 그간의 연구성과를 덧붙이는 수고를 아끼지 않으셨다. 그리고 이 책을 위해 선뜻 원고를 보내준 김영범 박사와 신진욱 씨께도 감사드린다. 신진욱의 논문은 이 책에 처음 발표되는 것임을 밝힌다. 이 기획이 진행되던 지난 몇 년 간 함께 편집을 맡았던 ≪경제와 사회≫ 여러 편집위원 선생님들께도 감사한 마음 전하고 싶다. 특히 편집위원장을 맡으셨던 정이환 교수와 김동춘 교수의 관심과 격려는 따로 밝혀두고 싶다. 끝으로 이 책의 출간을 흔쾌히 허락해준 도서출판 한울 김종수 사장님과 편집부 여러분에게도 고마운 마음 전한다. 아무쪼록 이 책이 비판사회이론에 관심을 두고 있는 사람들에게 다소나마 도움을 줄 수 있기를 간절히 바랄 뿐이다.

2000년 12월

차례

제1부 미국의 비판사회이론

제2부 영국의 비판사회이론

제3부 프랑스의 비판사회이론

7. 미셸 푸코 근대 주체의 계보학 217
/ 양운덕

8. 피에르 부르디외 아비튀스와 문화자본의 사회학 268
/ 현택수

9. 알랭 투렌 노동사회학에서 사회이론까지 293
/ 정수복

제4부 독일과 북구의 비판사회이론

임마누엘 월러스틴
뒤집기와 재구축의 지적 기획

이수훈

1. 머리말

국내에서 이미 '세계체제론자'라는 꼬리가 붙은 듯하고, 또 임마누엘 월러스틴(Immanuel Wallerstein)과 다양한 학술사업을 같이하고 있는 필자로서 월러스틴과 그의 '세계체제분석'을 비판적으로 평가하는 일은 쉽지 않은 과제다. 차제에 자신에 대한 성찰의 기회로 삼을 욕심도 내보았으나, 월러스틴의 저작들을 읽고 소화하는 데 바빠 그에 대해 비판적 평가를 내릴 역량을 갖출 겨를이 없었다는 사실을 밝히면서 이 글에서는 월러스틴의 '세계체제분석'에 있어 핵심적 쟁점들을 필자 나름의 판단대로 재조망하는 것을 목적으로 삼고자 한다.

이 역시 월러스틴을 어느 정도 이해하고 있는 독자에게는 거의 도움이 되지 않을 것 같은 걱정이 앞서며, 불필요한 중복이 되지 않을까 하는 염려도 든다. 다만 국내학계에 월러스틴이 비교적 소상히 소개되었음[1])에도 불구하고 '세계체제분석'은 여전히 혼란스럽게 이해되고 있는 측면이 드러나며,2) 이는 아직도 핵심 쟁점들에 대한 정리3)가 제대로 되지 않은 데서 비롯되는 것이 아닌가 하는 의문이 들어 이런 종류의 작업도 의의가 전혀 없지는 않겠다는 생각이다. 아울러 그의 최근 저작들을 논의에 포함시킴으로써 그것들이 기왕의 그의 인식틀과 어떻게 연결되며, 그의 전체 학술기획과 어떤 관련을 갖는지를 살펴보고자 하는 데 이 역시 나름대로 의의 있는 일이 아닐까 싶다.

월러스틴 사유의 특징은 '뒤집기'이다. 그가 뒤집기의 명수로 오늘날의 이름을 얻었던 데는 '1968년 혁명' 세대라는 역사적 배경이 단단한 몫을 한 것 같다(이수훈, 1996: 제1장). 그는 기존의 지배적 인식론, 혹은 '문화적 힘'(사이드, 1996: 23)에 대한 저항정신을 바탕으로 일대 뒤집기를 감행함으로써 그의 긴 지적 여정을 시작했다. 그래서 그는 사회변동론, 국가중심적 사유, 사회중심적 사유, 운동론, 서구 사회과학 인식론, 자유주의 이데올로기 등을 뒤집었다. 그가 이런 광범위하고도 중대한 기존의 사유들에 대한 뒤집기에 일정 부분 성공하여 대안적 사유를 요청함에 있어 지적 호응을 얻을 수 있었던 데는 그들 개개가 형성된 역사적 과정에 대한 그의 분석이 뒷받침되었고, 그들 속에 내포된 지적 전제들에 대한 끈질긴 천착이 있었기에 가능했다.

월러스틴의 '뒤집기'적 사유는 비단 인식론에만 그치지 않는다. 그는

---

1) 대표적으로 나종일(1992), 이수훈(1993) 등이 있으며 그의 주요 저작들이 다수 우리말로 번역 출간되어 있는 점도 이런 맥락에서 무시할 수 없다.
2) 다소 기이한 점은 월러스틴과 세계체제분석이 인문학자들(대표적으로 나종일, 백낙청, 유재건)에 의해서는 아주 정확하게 이해되고 있을 뿐더러 진지하게 받아들여지는 데 반해, 정작 사회과학도들에 이르면 오해와 의도적 폄하의 태도가 두드러진다는 데 있다. 특히 정치학자들 가운데 그런 경향이 다분한데, 이는 다른 이유보다도 필자가 이후 쟁점의 하나로 논급할 분석단위에 대한 전제와 발상의 차이에서 기인하는 듯하다.
3) 기왕의 의미 있는 작업으로, 유재건, 「마르크스와 월러스틴」, 한국서양사학회 편, 『근대 세계체제론의 역사적 이해』, 까치, 1996; 김진철, 「세계체제론적 패러다임의 세계정치경제학적 함의」, ≪세계정치경제연구≫ 제3호, 1996 참조.

자본주의라는 아주 특수한 세계체제가 그 자신의 작동과 재생산을 위해 내포하고 있는 여러 '비밀'들을 발가벗김으로써 우리가 그 체제를 투명하게 바라볼 수 있도록 돕고자 하였다. 그는 자본주의를 아주 어두침침하고 투명하지 못한 체제로 파악하고 그 어둠과 불투명을 걷어내고자 하였다. 그럼으로써 자본주의가 창출한 각종 제도들과 이데올로기가 담당한 사회경제적·정치적·문화적 정당화 기능을 포착해내고자 하였던 것이다.

그런데 그가 뒤집고 까발리는 데 그쳤다면 우리는 그를 해체주의자나 파괴주의자로까지 몰아도 무방하리라. 정작 월러스틴이 우리 당대의 건설적 지성으로서 빛나는 면모가 있다면 뒤집기에 뒤이은 재구축의 관심과 실제적 노력이라고 할 수 있다. 사회변동론도 대안적 인식틀과 방법론에 따라 재구축해야 하며, 운동론도 대안적 방법과 전략을 개발해야 하고, 사회과학을 포함한 학문 일반도 재구조화하겠다는 의욕과 노력이 그를 건설적 지성으로 평가해줄 수 있는 근거가 아닐까. 그가 이 대안의 재구축에 얼마나 성공하고 있느냐에 대한 평가는 그가 일련의 지적 작업을 마무리지을 때까지 시간을 두고 기다려보아야 할 일이다.

2. 분석단위

월러스틴의 세계체제분석에서 가장 핵심적인 쟁점은 아무래도 분석단위라고 할 수 있다. 분석단위의 쟁점이 얼마나 그의 사유에서 핵심적인가는 바로 분석단위의 문제가 그의 뒤집기 사유의 출발이자 끝이요, 여타 핵심적인 쟁점들도 이 문제와 불가결하게 연관되어 있다는 사실이 입증한다. 월러스틴에게 있어 분석단위는 예사로운 사안이 아니라 분석

자가 부딪히는 첫 질문이라는 중차대한 의미를 갖는 이슈다. 따라서 그
것은 그냥 주어지는 것이 아니라 치열하게 고민해야 할 연구과제다.

그의 세계체제분석은 개별적인 것을 전체 속에서 볼 수 있는 인식론
이고 실제 방법론에서는 "연쇄적 현실의 대부분을 결정하는 지배적 논
리들을 담아낼 만큼 시간적으로 충분히 길고 공간적으로 충분히 넓은,
그런 체제적 구조들"(월러스틴, 1994: 316) 안에서의 분석을 지향하기에
분석단위가 이같은 의도에 부합해야 한다. 그런 의도에 부합하는 분석단
위는 대규모적인 역사적 '사회체제'여야 한다. 그리고 그 사회체제는 자
기완결성과 내적 발전논리를 갖추고 있어야 한다(Wallerstein, 1974:
347). 따라서 그 '체제'는 사회과학자들이 당연시하는 (국민)국가도 아니
요, 민족사회도 아니고, 바로 세계체제이다.[4] 여기서 그의 첫 뒤집기가
출발한다. 즉 기존의 지배적 사회변동론이라 할 수 있는 근대화/발전론
은 대체로 민족사회내적 요인들을 부각시키는 인식론이며 일국적 발상
법에 서 있었기 때문이다.

그는 세계체제의 여러 유형 가운데서도 16세기 서구에서 대두한 자본
주의 '세계경제'를 그의 관심사로 삼았다. 그렇기 때문에 그가 분석하고
자 하는 세계체제는 아주 특수하고 매우 역사적인 체제이다. 그가 이 체
제가 갖는 특수성을 규명하기 위해 체계적 분석[5]을 시도한 바는 없으나,
이 체제의 역사성에 대해서는 그의 주저라고 할 수 있는 『근대세계체
제』 시리즈를 통해 나름대로의 기여를 하고 있다. 세계체제분석이 기왕
의 주류 사회과학에서 실종된 시간과 공간을 복원해냈다는 의의를 갖는

---

4) 국내학계에서도 정치학자들과 사회학자들이 월러스틴의 세계체제분석에 상대
   적으로 냉담한데, 그 이유의 일단이 바로 이 뒤집기에 있다고 생각된다. 국가
   와 민족사회에 침잠해 있던 이들에게 이 발상은 실로 수용하기가 거북한 성질
   을 띠었던 것이다.
5) 이런 측면의 작업은 현재 프랭크(A. Frank), 체이스던(C. Chase-Dunn), 아부럭
   호드(J. Abu-Lughod) 등에 의해 상당한 진척을 보이고 있다.

다는 주장도 그가 '역사적 세계체제'를 분석단위로 삼았기에 가능했다. 이 부분은 역사가인 브로델로부터 크게 영향을 입었다. 월러스틴은 브로델의 시간 유형 가운데 특히 '장기지속' 개념을 주목하여 "장기지속은 세계체제의 공간적 특질에 대한 시간적 상관물"이며 "세계라는 공간과 장기지속이라는 시간이 한 쌍으로 어울려 모든 특정한 역사적 세계체제를 구성한다"(월러스틴, 1994: 344-345)는 인식을 하고 있다. 이런 "역사적 세계체제"만이 구조적 사회변동 과정을 분석할 수 있는 단위가 된다.

사회과학자들이 절대시해왔던 국가나 민족사회는 계급, 인종, 성별, 가계 등과 다름없이 역사적 세계체제인 자본주의 세계경제의 제도적 구조들에 불과한 것이지 그들 자체로서 자기완결성을 갖는 실체가 아니므로 사회변동론의 온당한 분석단위가 될 수 없다는 것이 월러스틴의 입장이다. 사회과학자들이 흔히 정형화해서 인식하는 국가는 자본주의 세계경제의 역사적 전개과정에서 '창출된' 산물이기에 국가는 원초적이거나 초역사적 성격을 띠는 실체가 아니라, 오직 그것이 창출된 대규모 체제의 작동 속에서 그리고 그 연관성 속에서 확인되고 인식되어야 할 실체이다. 월러스틴에게 있어 국가는 '장기적이고 대규모적인 전체'를 파악할 수 있는 사회변동론의 단위가 아니다. 국가나 민족사회를 분석단위로 삼는 인식론은 국가나 민족사회가 상당 부분 자율적이고 독립적인 실체라는 19세기 서유럽의 사회변동론 전제에 입각하고 있는데, 그 인식론의 오류는 비단 월러스틴뿐만 아니라 틸리(Tilly, 1984) 같은 빼어난 역사사회학자에 의해서도 누누이 지적된 바 있다.

이와 같이 월러스틴의 '역사적 세계체제'라는 분석단위에는 시간과 공간이 복원되어 있을 뿐만 아니라 더 나아가 시간과 공간이 합일된 '시공간(Time Space)' 개념이 들어 있다. 이것은 브로델의 영향이지만 그에게서 한걸음 더 나아간 것으로 평가되고 있다(유재건, 1996: 36). 아울러 지성사적 배경을 따진다면 마르크스의 '구체적 보편'과도 유사한 분석단위인데, "역사적으로 형성되는 총체의 장을 끊임없이 확인하면서 그 내적 논리를 해명해야 하는 것"을 강조한 마르크스를 상기할 때 특히 그러하며(유재건, 1996: 40), 사실 월러스틴은 시공간이라는 범주를 통해 마르크스보다 더 철저하게 역사와 공간을 취급하였다고 하겠다. 말할 것도 없이 시간과 공간도 사회적 산물인 만큼 사회구조와 사회변동을 분석하는 데 핵심적이며, 시공간이 무시된 사회변동론이란 대저 무의미하다.

세계체제를 분석단위로 삼은 월러스틴은 국가나 민족사회, 그리고 심지어 이들을 다수 포괄하는 지역에서조차도 포착할 수 없는 여러 현상들을 분석의 과제로 삼아왔다. 가령 장기적 추세, 주기적 파동, 대규모 긴장과 갈등, 헤게모니체제와 같은 권력편제, 상품연쇄 등을 꼽을 수 있다. 세계체제분석이 세계체제를 분석단위로 삼는다고 해서 국가가 중요하지 않다고 해석해서는 안된다. 국가는 세계체제의 창출물이긴 하되 그 역할과 기능(월러스틴, 1993: 50-59)이 있는 매우 중요한 제도적 구조라는 것이 그의 인식이다. 국가는 자본축적의 규칙을 정하고 자본축적의 극대화를 위한 메커니즘으로 작동한다. 자본가들은 시장과 경쟁을 외치면서도 항상 독점을 추구하는데, "모든 독점은 정치적 기초를 지닌다"(월러스틴, 1994: 267)는 언명은 국가의 지원 없이는 경제의 지배에 성공할 수 없다는 점을 시사하고 있다. 이 경우에도 국가가 '자본가들의 국가'일 필요는 없으며, 국가가 자본주의체제를 유지하는 데 필수적 메커니즘이라는 인식도 이래서 가능하다. 반대급부로 국가는 자본가들의 지원을 받으며, 실상 국가가 강대하다(핵심국가)는 의미는 국가가 결정적으로 필요할 때에 그런 자본가들의 합의된 지원을 끌어낼 수 있는 능력을 지녔다는 것과 동일한 의미다. 이런 차원의 국가권력은 개별 국가가 세계경제의 어느 구역에 위상지어지는가를 결정하는 데도 핵심적이다.

자본주의 세계경제의 국가들은 공백상태에서 존재하는 것이 아니라 세계경제의 정치적 표현이자 그 상부구조인 '국가간체제'(월러스틴, 1993: 59-60)의 틀 안에 존재한다.[6] 국가간체제는 자본주의 세계경제의 영고성쇠와 대체로 고락을 같이해왔다. 자본주의 세계경제가 공고화되고 팽창함에 따라 그에 상응하는 국가간체제의 공고화와 팽창이 뒤따랐다. 따라서 자본주의 세계경제의 국가들은 국가간체제의 작용에 의해서 그 형태와 힘, 그리고 영역이 끊임없이 변해왔다. 근대국가의 자율성이나 국가주권은 하나의 신화에 불과하다. 국가들은 국가간체제의 필수적 부분으로서 형성되어왔고, 국가주권이란 것도 불평등적으로 부여되거나 박탈되었다. 국가간체제는 국가들이 작동해야만 했던 일련의 규칙이자 정당화체계였다. 이 규칙은 형성이나 시행에서 동의나 합의가 아니라 강제와 제약이 더 중요하게 작용하였다. 자본주의 세계경제의 상부구조로서 국가간체제가 아주 특이한 점은 그것이 과거와 달리 '세계제국'으로 전환되지 않았다는 사실이다.

앞서도 밝혔듯이 분석단위 문제는 단순히 분석단위의 문제로 끝나지 않는다. 사회변동론의 온당한 분석단위가 세계체제임이 주창된 이상, 분석단위는 다른 사안들과도 깊은 내적 연관을 맺는다. 그런 사안들 가운데 월러스틴은 국가발전, 변혁운동, 사회과학인식론 등을 중시하였다. 이들 사안들을 제대로 접근하기 위해서 월러스틴이 시종일관 강조하는 바가 일국 수준의 사고를 경계하고 조망을 세계체제 수준으로 높이라는 주문이다.

국가발전 문제만 하더라도 기존의 인식론을 단번에 뒤집는다. 1970년

---

6) 미국의 대표적 정치사회학자인 스카치폴(T. Skocpol)과 정치학자인 졸버그(A. Zolberg)는 바로 이 인식을 제대로 이해하지 못한 채 월러스틴을 비판한 바 있다.

대의 캐치워드였던 '발전' 문제는 사회과학의 핵심이슈였다. 당시에는
다수의 주류 사회과학자들은 말할 것도 없고 주변부 지역의 발전에 이
해관계가 있었던 국제기구들도 '국가발전/저발전'을 무슨 유행처럼 운위
하였다. 민족사회 내부의 인간자본 양성―문화적 개화, 심리적 전환, 교
육과 훈련―과 외부로부터의 생산자본 유입이 근대화/발전론의 다양한
갈래 속에서 강조되었음은 주지의 사실이다. 그런데 월러스틴은 '국가발
전'이 대다수의 경우 환상이라는 지적과 함께, 막상 발전하는 것은 (국
민)국가가 아니라 세계체제이며, 특정 국가가 '발전하였다'는 것은 바로
그 국가가 늘어난 세계체제의 물질적 부(富)를 보다 더 많이 자기 이름
앞으로 옮겨 놓은 데 불과하다는 지적을 한다(월러스틴, 1994: 제7장).
발전주의적 환상 혹은 발전주의 이데올로기에 대한 월러스틴의 치명적
공격이었던 셈이다. 그리고 실제로 발전의 격차가 좁혀지는 것이 아니라
상대적 양극화와 절대적 양극화 논리 때문에 세계체제의 상층과 하층
간의 격차는 계속 벌어져왔다는 것이다(월러스틴, 1993: 110-111).

월러스틴은 변혁운동 문제도 일국적 전략이나 접근을 절대 반대한다.
근대세계의 성립 이후, 특히 프랑스대혁명 이후 200년 간 벌인 정치투
쟁은 바로 이 일국적 전략 때문에 '실패'하고, 1989년에 '시효만료'를
선언해야 했다고 본다. 사회의 변동을 점검할 수 있는 분석단위가 일국
체제가 아니라 세계체제여야 한다는 입장에 서면 결국 사회행위가 발생
하는 수준이 일국 수준이 아니라 세계체제 수준이라는 의미이며, 바로
그렇기 때문에 세계체제 수준이 아닌 그 어떤 수준―그것이 일국 차원
이건 더 낮은 수준이건 혹은 다수의 국가들을 포함하는 지역 수준이건
―에서의 변혁 프로그램도 한계를 가질 수밖에 없다는 너무나 당연한
논리적 결론에 이르게 된다. 1989년에 목도한 사회주의국가들의 '시효
만료,' 마르크시즘의 변형인 '레닌이즘-스탈린이즘'의 좌초를 그 논거로

삼는다. 국가중심적 변혁론은 항상 한계를 가질 수밖에 없으며, 국가는 변혁을 관리·통제할 수는 있으되 '전체 세계체제의 거대한 이행'에는 오히려 '주요한 장애'수단이 된다(월러스틴, 1996: 12).

마지막으로 사회과학 인식론 문제는 이후에 별도로 상술할 것이므로 여기서는 '역사적 세계체제'라는 분석단위와의 연관성 차원에서만 간략하게 논급하고자 한다. 월러스틴이 사회과학의 분과학문 구조를 타파하고 통일학문을 지향한다(월러스틴 외, 1996)는 사실은 익히 알려져 있다. 그 지향의 근거는 인간의 사회행위가 정치·경제·시민사회 등의 영역으로 나누어질 성질이 아니라는 것이며, 그런 구분 위에 기초한 사회과학으로부터 시급히 탈피해야 한다는 주장이다. 사회과학 학문들의 통합은 말할 것도 없고, 더 나아가 사회과학과 역사의 통일성을 강조하고 있는데 이는 그의 분석단위에서부터 그 출발점이 있다. 그는 특히 법칙정립 대 개성기술이라는 허위적 대립구도를 넘어선 통일학문 혹은 단일학문을 지향하는데, 이는 특정 역사적 체제의 과정을 해석하는 일 외에 다른 길을 갖지 않는다고 보았다. '역사적 세계체제'는 보편주의 인식론을 탈피하되 단순 기술들의 집합에 빠지지 않기 위한 대안적 인식론의 출발이라고 할 수 있다. 그가 주창하는 역사적 사회과학은 특정한 시공간의 매개 속에서만 타당성을 가지며, 그 시공간이 바로 '역사적 세계체제'가 되는 셈이다.

3. 자본주의관

월러스틴이 자본주의를 어떻게 파악하였는가에 대해서는 이미 많은 논의[7]가 있었기에 이 부분은 자칫 불필요한 중복이 되지 않을까 싶기도 하지만, 이는 그의 세계체제분석을 논함에 있어 다시 한 번 짚어보지 않을 수 없는 핵심 쟁점이다.

그는 자본주의를 16세기 서구에서 대두한 매우 특이한 '역사적 세계체제'로 보았고, 이를 세계체제의 한 유형인 '세계경제'라 했다. 단일한 세계경제 안에는 위계적이고 지리적인 분업구조가 존재하며, 그 분업으로 상호연결된 생산의 구조들이 있는 공간에서 다수의 정치 및 문화구조들이 창출되고 작동한다고 보았다. 그런 과정 속에 장기적 추세와 주기적 파동이 작동하여 체제를 진전시키며 팽창시키고, 그 결과 유럽에서 시작된 세계경제가 19세기 말경에는 전지구를 그 논리와 경계선 안으로 편입시켰다고 했다. 세계경제의 상부구조로서 국가간체제 역시 공고화와 팽창의 궤적을 보였다는 점은 이미 지적한 그대로다.

위계적이고 지리적인 분업은 복잡한 '상품연쇄'들에 의해 얽혀 일어나며, 창출된 정치구조(국가)에 의해 '상품연쇄'상의 독점이 유리한 다수의 과정들이 소수 지역에, 보상 수준이 낮은 과정들이 다수 지역에 집중시켜진 결과 핵심-주변(반주변이라는 제3의 구역과 더불어)이라는 계서적 구조를 탄생시켰다. 창출된 물질적 부(富)는 불평등하게 분배되어 경제적 양극화를 초래하며, 국가들도 세계경제의 특정 구역에 자리매김 당해 정치적 양극화를 동반한다. 아울러 지리적 분업은 상품연쇄와 맞물려 상품생산을 우세하게 만들고, '세계시장'을 탄생시킨다. 세계체제분석에서 자본주의는 세계경제가 되며, 세계시장도 동의어로 사용되는 근거가 바로 여기에 있다.

그의 세계체제분석이 역동적인 생산관계를 무시한 유통론이며, 계급투쟁을 간과하는 경제주의라는 비판이 흔히 있어왔는데, 그 비판의 근거가

---

7) 국내학계만 하더라도 필자 외에, 나종일(1992), 유재건(1996), 김진철(1996) 등을 참조할 만하다.

바로 지리적 분업에 기초한 상품생산, 그리고 세계시장을 강조하였다는 점이라는 차원에서 이는 중대하다. 그러나 그가 자본주의 제일의 특징으로서 자본의 끊임없는 자기확대를 꼽은 점, 생산구조들간의 상품연쇄를 중시한 점을 감안할 때 유통론이라고 몰아부치는 데도 무리가 있으며, 비판할 근거는 못된다고 본다.[8] "전체로서의 자본주의적 생산은 생산과정과 유통과정이 분리되는 것이 아니라 통일이고, 자기확대하는 자본은 생산수단이 되어 교환가치와 연관되기"(유재건, 1996: 22) 때문이다.

자본주의를 세계경제 혹은 세계시장과 동일한 것으로 파악한 이상 월러스틴에게는 그의 비판가들이 주목하는 비자본주의적 요소들도 당연히 자본주의 세계경제의 간과할 수 없는 특징적 일부이거나 체제의 기능적 구성요소가 된다. 가령 비임노동의 존재, 주변지역의 존재(그리고 반주변부의 정치적 중요성), 사회주의국가, 인종차별주의, 성차별주의 등을 꼽을 수 있다. 이들 모두가 자본주의의 주된 특징인 끊임없는 자본축적을 위해 구조적 요인으로나 이데올로기로서 작동한다는 것이 월러스틴의 인식이다.

월러스틴의 자본주의관을 논함에 있어 그가 그의 스승인 브로델로부터 주고받은 교감을 살피지 않을 수 없다. 브로델은 자유주의자나 마르크스주의들의 고전적 자본주의 인식을 '거꾸로 뒤집었는'데, 월러스틴은 이런 개념규정을 주목한다. 즉 자유주의와 마르크스주의자들은 자본주의가 '자유경쟁시장'을 확립했다고 보았을 뿐만 아니라 자본가들이 '전문화'(상업, 산업, 금융 등으로 전문화)를 실천하였다고 보았는데, 이런 두 가지 인식을 뒤집었던 것이다. 브로델에게 있어 '진정한 자본주의'는 경쟁과 시장이 아니라 투기와 독점의 논리가 지배하는 곳이고, 어둡고 불투명하며, 힘과 농간이 판치는 '정글'이다(월러스틴, 1994: 275-276).

---

8) 이런 비판에 대한 체계적 반론으로, 유재건(1996)을 참조할 만하다.

따라서 자본주의는 반(反)시장적인 체제이며, 시장경제 위에 존재하는 '예외적인 이윤'영역과 관련되어 있다. 그에게는 경쟁과 독점이 자본주의시장의 서로 투쟁하는 두 개의 구조다. 그리고 오직 '독점의 꼬리표'로서 '자본주의'라는 말을 사용해야 한다고 했다. 또한 자본가들이 전문화를 실천하였다는 인식도 뒤집는다. 흔히 상업자본, 산업자본, 금융자본을 삼위로 구분하고 그들에 일종의 단계를 매기며 도덕적 평가를 하기도 하는 인식론을 반대한다. 자본가들은 '무한한 유연성'을 확보하고, '변화에 대한 수용력'을 높이기 위해 절대로 투자를 집중하거나 전문화하지 않는다는 것이 브로델의 인식이었다. 이런 점이 자본주의의 전역사를 놓고 볼 때 가장 근본적인 특징이라고 했다(월러스틴, 1996: 277).

브로델에게 있어 '시장'―물론 1980년대와 1990년대 들어 얘기되고 있는 신자유주의적 의미의 시장과는 전혀 다른―은 해방을 의미한다. 공정한 가격에 따라 경쟁이 이루어지는, 폴라니(K. Polanyi)[9]가 말하는 '자기조절적 시장'이 출현했다면 그 체제는 노동에 의한 잉여만 남는 '작은 이윤의 영역'이겠기에 해방과 개방을 요체로 하는 또 하나의 세계에 접근했음을 의미한다는 것이다. 브로델은 시장 세력과 반시장 세력 간의 끊임없는 긴장관계 혹은 투쟁구도를 주목하고 대다수 자유주의자나 마르크스주의들이 공히 드러내는 자본주의의 발전 결과 유토피아에 이른다는 '필연적 진보'에의 맹신을 경계하는데, 월러스틴의 여러 저술에서 그 영향이 드러난다.

물론 월러스틴이 이런 브로델의 관점을 전적으로 수용하지는 않지만, 그 역시 '해방하는 시장'(월러스틴, 1994: 282) 체제 정도만 된다면 공급과 수요가 진정한 가격을 결정한다는 점에서, 그리고 그렇게 되면 소

---

9) 월러스틴은 1992년 겨울 도쿄에서 필자와 자신의 학창시절 얘기를 나누면서 1950년대 자신이 콜롬비아 대학에서 폴라니로부터 들은 '일반경제사'라는 강좌로부터 가장 깊은 영향을 받았다고 술회한 적이 있다.

비자가 투명하게 자신의 경제생활을 설계할 수 있을 것이라는 점에서
평등을 지향하는 체제가 될 수 있다고 보는 듯하다. 다만 이런 역사적
체제가 도래할 가능성도, 또 살아 남을 가능성도 높지 않다는 것이 그의
현실인식이다.

4. 사회주의국가

1989년 기존 사회주의국가들의 붕괴가 있기 전까지 세계체제분석이
제기한 사회주의(국가)관은 이렇다 할 호응을 얻지 못했다. 그러나 1989
년 강고해 보였던 사회주의국가들이 허망하게 무너지자 세계체제분석은
주목의 대상이 되기 시작했다. 세계체제분석은 애당초 '사회주의체제'
같은 것을 인정하지 않았다. 사회주의국가들이 세계경제로부터 이탈하
여 독자적인 사회주의 세계체제를 구성하였다는 논점은 단일 세계경제
를 주장하는 세계체제분석에서는 도저히 수용될 수 없었다.

'사회주의국가' 역시 세계체제가 창출해낸 여러 형태의 제도에 불과
하고 따라서 세계경제, 특히 국가간체제의 기능적 일부이지 그들이 수합
적으로 모여 '사회주의 세계체제'를 구성할 수 없다고 보았다. 기존의
사회주의국가들은 시종일관 자본주의 세계경제의 일부로 그 속에 남아
있었다는 것이 월러스틴의 주장이었던 것이다. 물론 그들 국가들이 자본
주의 세계경제 속에서 상대적으로 덜 의존적이었다든가 자본주의를 천
명한 다른 주변부 국가들보다 덜 종속적이었다든가 하는 문제를 따져볼
수는 있다. 월러스틴은 소련이건, 동구 사회주의국가이건, 북한이건 사
회주의운동 세력이 국가권력을 장악한 결과 창출된 사회주의국가에 불
과하다고 본다. 그렇기 때문에 "소련·동구 공산정권의 몰락 훨씬 전부

터 제3세계의 민중이 일상생활에서 얻은 실감은 세계경제는 여전히 자본주의적 원칙의 지배 아래 있다는 것이다. 이른바 사회주의국가의 성립이라는 것도 아직까지는 이러한 세계경제 질서의 테두리 안에서 해당국의 사회주의운동이 정치권력을 장악한 것이라고 설정하는 쪽이 제3세계 민중생활의 실감에 오히려 가까운 것이다"(백낙청, 1994: 247)라는 언명에서 세계체제분석의 정확한 입장을 엿보게 된다.

자본주의 세계경제와 분리된 사회주의 세계체제를 상정하는 사람들이 논거로 제시하고 있는 핵심, 즉 "자본주의원칙이 사회주의국가간의 (교역을 포함한) 경제적 관계를 지배하지 않는다"는 주장에 대해서는 그 반박이 아이로니컬하게도 작고한 김일성 전 주석에 의해 간명하게 제시(Wallerstein, 1979: 제5장)된 바 있어 흥미롭다. 그의 논지에 따르면, 자본주의 세계경제 내에서 거래되는 모든 물품에는 '세계시장' 가격이 매겨진다는 것이고, 사회주의국가가 어떤 물품을 세계시장 가격 이하의 가격으로 사회주의국가에게 팔 수도 있다는 것이다. 그리고 그런 가격을 김일성은 '사회주의 시장가격'이라고 부르고 있는데, 여기서 중요한 점은 이 '사회주의 시장가격'이 비경제적 이유들을 반영한 정치적 결정물이라는 것이다. 그리고 기실 교역에 있어 이같은 정치적 고려가 개입되는 것은 사회주의국가들에만 국한된 것이 아니라 자본주의국가들간에도 아주 흔하게 발견되고 있다. 말할 것도 없이 이를 통해 잉여가 전이되며, 그렇기 때문에 가치법칙이 당연히 감안되지 않으면 안되는 거래인 것이다. 그리고 사회주의 시장가격이라는 것도 단기적으로는 순전히 정치적이지만, 장기적으로는 경제적인 계산들이 다 내포된 형태로 변하게 되며, 현실 사회주의국가들간의 교역 역사를 볼 때 실제로 그랬다는 것이다(Wallerstein, 1979: 112).

월러스틴은 기존 사회주의국가들을 세계경제 내에서 지위상승을 구가

하는 반주변부 국가들과 다름없다고 보았고, 그들의 '추격전략'을 중상
주의정책으로 이해했다. 그는 일국사회주의 건설계획이 자본주의 발전
계획과 언설만 달랐지 실제에서는 공업화, 농업증산, 도시화, 상품화 등
을 요체로 하였기에 동일하다는 사실을 적시한다. 그들이 반주변 국가인
이상 세계경제의 계서제 속의 중간지점에 자리매김하며, 그 결과 세계체
제를 탈양극화·안정화시키는 정치적 기능을 담당한다고 보았다. 이런
인식은 사회주의국가를 반체제세력으로 보는 정통좌파의 인식과는 매우
궤도를 달리해 쟁점의 소지가 있다. 냉전이란 것도 "미국과 소련에 의해
고도로 구조화되고 조심스럽게 견제된 형식적 갈등"에 그치고 말게 되
고, "소련은 미국보다 한 단계 아래의 제국주의 대리세력"(월러스틴,
1996: 22)으로 격하된다. "소련은 실제로 미국이 전세계에 걸친 헤게모
니를 더 잘 유지하도록 하는 조건에서만 자신의 영역 내에서 질서와 안
정을 보장하도록 기능했다"는 것이며, "제3세계에서도 소련이 미국에
대한 이데올로기적 방패 노릇을 했다"는 것이다(월러스틴, 1996: 25).

  덧붙이자면 사회주의운동이란 것도 자본주의 세계경제가 창출한 역사
적 산물이라는 것이다. 그래서 통상 사회주의운동은 자본주의를 적대시
하고, '반체제운동'화 한다. 그렇다고 해서 이 운동이 그리고 그 운동을
추진하는 세력이 자본주의 세계체제 바깥에 위치하는 것은 아니다. 구체
적으로 기존 사회주의국가들의 경우, 이념적으로 그리고 이론적으로 자
본주의를 적대시하고 반제국주의로 표상되는 반체제운동을 펼쳤다. 그
들은 이념적으로 그리고 이론적으로 자본주의 세계경제의 일부가 되는
것을 거부하였다. 그러나 실제로 어땠는가? 실제로 기존 사회주의국가들
은 적어도 국가간체제의 일원이 되고자 열망하였고, 세계경제에 참여하
여 그것이 갖고 있는 물질적 부를 나누어 갖고자 열망했고, 또 그런 요
구를 끊임없이 했다. 이 점에서는 여타 많은 반체제운동 세력들도 마찬

가지다. 월러스틴은 민족해방운동도 그러하며, 자본주의 세계경제의 각
종 하위구분이 벌이는 반체제운동도 마찬가지라고 보았다. 반체제운동
은 세계체제의 산물이며, 투쟁하되 그 체제 내부에서 투쟁한다. 기존의
사회주의운동 세력이나 민족주의운동 세력은 그 운동에 있어 '국가권력
장악 우선전략,' 그것도 일국 차원의 '국가권력' 전략을 택했기에 진정
한 반체제운동을 전개할 수 없었고, 결국 '국가권력' 유지에 급급한 나
머지 경색된 관료주의로 전락하였을 뿐더러 '세계시장'으로부터 가해 오
는 경제적·정치적·문화적 압력과 구속을 견디지 못해 종국에 백기를 들
고 말았다. 월러스틴은 해방세력이 일국 수준에 자신을 가둔 결과 150
년 간 투쟁하며 투자했던 정치적 프로젝트에서 역사적으로 아무것도 얻
지 못했을 뿐만 아니라, "숨이 끊어져버렸다"(월러스틴, 1996: 10)고 단
언한다.

5. 인식론

'역사적 세계체제'를 분석단위로 삼은 월러스틴이 산산조각난 기존의
사회과학 인식론에 일대 뒤집기를 시도하고(월러스틴, 1994), 뒤이은 재
구축을 요청하는 일(월러스틴 외, 1996)은 당연하기까지 하다.

그는 현대 사회과학을 자본주의 세계체제가 만들어낸 피조물이자 그
문화의 일환으로 본다. 끊임없는 축적을 요체로 하는 자본주의 세계체제
의 등장, 그리고 이와 상호작용관계 속에서 태동한 국가간 체제가 근대
적 의미의 사회과학을 형성시킨 역사적 배경이었다. 특히 19세기에 자
본주의 세계경제는 자신을 체제로서 정당화하기 위하여 현실에 대한 구
체적 지식을 필요로 하였다. 대학 내에 여러 사회과학 학문들, 즉 국가

와 시장을 다루는 정치학과 경제학, 그리고 그 나머지 잔여 영역들을 다루는 사회학, 그리고 '비서구세계'를 다루는 인류학 등이 근대적 지식체계로 제도화된 것은 이러한 체제적 필요에 부응하기 위한 것이었다.

따라서 현대 사회과학 인식론은 19세기에 제도화된 것이며, 지식의 한 형태로서 그 당시 지배적 사유를 고스란히 담고 있어[10] 매우 역사적인 지식이다. 우선 19세기 사유는 산업자본주의 시대의 반영이며, 자본주의의 발전과 중앙집권국가의 본격 등장이라는 19세기 거대한 사회적 전환에 의해 큰 영향을 받았다. 19세기 사유의 시대적 배경에는 보다 구체적으로 프랑스대혁명과 영국의 산업혁명이라는 두 사건이 중요하게 작용하였다. 이 두 사건은 새로운 사회이론을 자극하였고, 진보에 대한 신념의 융성을 초래하였다.

월러스틴은 '사회과학'이라는 용어 자체 속에 내재적 갈등이 포함되어 있고, 그것이 결국은 역사적 타협의 산물이라고 파악했다. 즉 19세기 당시에는 인간의 행동이 자연과학에서와 같은 방식으로 분석의 대상이 된다는 인식에 대해 반대가 있었다. 인문학 연구자들이 자연과학과 같은 정당성을 얻기 위해 '주제넘게도' 과학이라는 이름을 붙이는 데는 반대가 있어 'social'이라는 형용사를 붙임으로써 일종의 타협을 했다는 것이다(Wallerstein, 1992: 2). 따라서 '사회과학'이라는 말 속에 있는 '과학'의 의미에는 열망, 전제, 정당성에 대한 추구 등이 담겨져 있다. 19세기 유럽에서 사회과학이 제도화되었지만 사회이론들의 구체적 발전은 개별 국가가 처해 있던 특수한 상황이 달랐으므로 국가별로 다른 형태로 나

---

10) 분화, 통합, 질서, 조화, 발전의 단선성 등의 개념들이 두드러지게 발견된다. 그리고 개별 사회의 분리독립성, 개인주의, 사회변동에 대한 부정적 인식, 합법과 불법의 엄격한 분별성 등을 핵심적 내용으로 담고 있다는 점도 확인되고 있다. 그 이전까지 사회과학적 인식론의 전개과정에 대해서는 소광희 외, 『현대의 학문체계』, 민음사, 1994 참조.

타났다.

  그는 세계경제의 전개과정과 사회과학의 제도화를 연계시키고자 하였
는데, 19세기 자본주의 세계체제가 자신을 정당화하기 위해 발전시킨
일련의 사회과학 제도화 과정을 주목하고 있다는 점은 이미 언급하였다.
첫째, 인간공동체가 정치, 경제, 사회/문화라는 세 영역으로 분리될 수
있고, 실제로 분리되어 작동한다는 인식을 전제로 하여 이에 따라 정치
학, 경제학, 사회학이라는 사회과학의 분과 학문화가 일어났다는 점을
지적한다. 이후 학회가 이같은 삼분법에 조응하는 형태로 형성되고 대학
의 제도화가 뒤따랐다. 19세기의 이같은 사회과학의 제도화는 오늘날까
지 영향력을 발휘하여 사회과학을 '칸막이 치고,' 학자들을 제도적으로
분리시켜 교류와 소통을 단절시킬 뿐만 아니라 매스미디어를 통해 일반
인의 사고와 행위를 삼분법적으로 분리시킨다는 것이다. 이같은 제도화
의 배경 논리는 지식의 파편화이자, 지적 분업체제의 성립이다. 사회체
제는 분명 총체적이며, 이에 대한 지식마저도 총체적이어야 하는데, 사
회체제를 분석의 편리를 위해 영역별로 나누었고, 그에 따라 지식의 파
편화가 뒤따랐다. 말할 것도 없이 이 과정에서 사회체제의 많은 영역들
이 배제되었다(월러스틴 외, 1996).

  그는 특히 개성기술 대(對) 법칙정립이라는 허구적 긴장구조를 주목
했다. 이 둘의 갈림 역시 19세기에 있었던 사회과학의 제도화 과정의 산
물이다. 전통적인 역사학도 근대적인 과학으로 변형되어 대학 내에 자리
를 잡으면서 역사학과 사회과학의 인식론적 측면이 개성기술 대 법칙정
립이라는 양분법으로 갈렸다는 것이다.11)

  19세기 사유에 입각해 있는 현대 사회과학에 대한 회의는 내용면에서

---

  11) 프랑스의 사례를 위주로 이 문제를 다룬 김경일, 「프랑스 근대 사회과학의 성
      립」, ≪한국사회학≫ 제29집, 1995 참조.

는 근대성과 합리성에 대한 회의라고 볼 수 있다. 아울러 방법론에 대한 의문도 무시할 수 없다. 즉 단순화, 법칙화, 경험세계의 중시에 대한 문제제기의 결과 표준적 방법론이 도전을 맞은 것이다. 사반세기를 풍미했던 과학주의의 신성불가침은 '1968년 혁명'에 의해 비판과 정면도전을 받게 된다. 그와 더불어 정확성, 시간 개념의 실종, 단순화 등 고전 과학주의의 핵심요소들이 도전에 직면하게 된다. 사회과학계가 혼란에 빠진 것은 너무나 자연스럽다. 자연과학에서도 오차 없이 정확한 측정은 불가능하다는 보고가 나왔다. 따라서 계량화에 대한 경계심과 함께 역사성의 개념이 복원되고, 복잡한 현상을 복잡한 대로 '해석'하려 하고 '의미를 찾아내면' 되지 왜 단순화시켜야 하느냐는 의문이 제기되기에 이르렀다.

이와 관련하여 월러스틴은 프리고진(I. Prigogine)으로부터 영향받아 예측성, 정확성, 단순성 전제에 근본적 문제제기를 하며, 흔히 단순하다고 인지하는 현상들이 실제로 매우 복잡하다는 인식과 더불어 실제로 단순한 현상은 세상에 없다는 인식에 도달한다. '신과학'은 단순함의 과학이 아니라 복잡함의 과학이고, 그렇기 때문에 무질서를 단순화시킬 것이 아니라 무질서 속의 질서를 모색해야 한다고 주장한다. 시간은 흘러가는 것이고 되돌릴 수 없는 성질을 띤다는 전제를 뒤집고(프리고진, 1994: 9장), 역사성을 분석의 중심에 놓아야 한다고 주장한다. 그는 '신과학'으로부터 영향받아 뉴턴 과학의 전제인 경험적·수학적·기계적 접근에 대한 대안으로서 유기적이고 확률적이며 질적인 방법을 제시하면서 기존의 과학을 뒤집는다.

그는 특히 '복잡성'을 강조하는데, 복잡성이 사회과학과 자연과학을 수렴시키는 요인이라고 본다. 그는 복잡한 체계의 다이내믹 속에서 질서를 찾는 방법을 옹호한다. 복잡한 사회를 분석적 편이를 위해 작은 부분들로 해체시켜 다루어서는 안되며, 복잡한 문제들을 복잡한 대로, 인간

과 자연을 함께, 그리고 그들간의 연관성을 파헤치고자 해야 한다는 것
이다. 이같은 인식이 사회과학 재구축의 노선 가운데 하나다.

그는 세계체제분석이 가령 아날학파 전통이나 역사사회학 분야보다
좀더 구체적이며 양자에서 흐릿하게 되어 있는 몇몇 요소들을 적시하였
다고 주장한다(Wallerstein, 1990: 288). 앞서 분석단위 논의에서 이미
논급한 대로, 그는 전체로서의 세계체제, 역사적 체제로서의 세계체제
인식과 함께, 이 역사적 체제의 해석도구로서 '역사적 사회과학'을 주창
한다. 그는 이를 통해 법칙정립 대 개성기술, 특수성과 보편성, 역사성과
구조결정성 간의 긴장을 두고 대립·방황해온 사회과학을 탈피하여 그
극복을 모색한다. 그는 현재 '칸막이 쳐져' 있는 사회과학 분과학문들을
'통일과학'으로 편성해야 한다고 주장한다. 그는 자본주의 세계체제를
단 하나의 총체로 이해하여야 하며, 이 총체는 그 구조와 동인에 관한
이론화를 통해서 이해되어야 하지만, 동시에 전체로서의 체제의 역사를
그 기원에서부터 현재까지에 걸쳐 추적함으로써 이해되는 것으로 파악
한다. 이를 위해 '발견적' 방법과 '전체론적' 방법을 옹호한다.

그는 뒤집힌 사회과학을 재구축하기 위해 기왕의 보편주의가 '지역편
파주의적'이자 '특정주의적'이었다는 점, '인간'과 '자연'이라는 인위적
이분법(스노우, 1996)은 청산해야 할 대상이라는 점, '사회행위가 발생
하고 또 사회행위가 분석되어야 할 일차적 경계선을 제공하는 것이 국
가라는 생각을 거부'해야 한다는 점, '객관성'의 현혹성에 빠지지 말 것
등을 우선 제시한다(월러스틴 외, 1996: 3장). 진정한 보편은 기왕의 특
정주의가 배제한 세계의 무수한 부분들이 분석의 중심에 복귀될 때 비
로소 가능해진다는 것이다. 그 결과 '다문화적' 사회과학 혹은 '문화간'
사회과학을 요청한다. 그리고 객관성의 정치적 함축을 항상 염두에 두면
서 지식의 사회적 기초, 연구자의 정직성과 '간주관성'에 대한 존중, 지

식의 파편화에 대한 거부 등의 방향으로 싸워나가야 한다는 것이다.

그는 사회적 지식의 파편화를 문제삼는 차원을 넘어 지식 일반과 제반 지식제도들이 인문학·사회과학·자연과학이라는 삼분법으로 구분되어 있는 보다 큰 학문 현실도 문제삼는다. '세계체제'를 단일한 전체로 파악하고자 하는 사람에게 어쩌면 당연해 보이는 인식이기도 하다. 여기서도 그의 '뒤집기' 사유방식이 드러나는데, 지식의 제도화라는 것도 결국 역사적 창출이기 때문에 분명 저간의 맥락이 있었을 터이므로 그 과정에 대한 천착이 필요하며, 그런 과정에 개입된 세력이 누구였고 이해관계가 무엇이었는가를 따진다는 점에서 그렇다. 그는 스노우(C. P. Snow)가 말하는 '두 문화'의 불행을 극복하기 위한 창안으로 '사회과학화' 개념을 제시하는데, 인문학과 자연과학간의 만남을 사회과학이 중매할 수 있다는 뜻에서다.

6. 이행론

월러스틴은 '역사적 세계체제'로서의 자본주의 세계경제가 1970년대 초 이후 '위기'국면에 접어들었다고 했다. 그리고 여기서의 '위기' 개념은 체제의 이행과 같은 의미라고 했다(Wallerstein, 1983: 21). 자본주의 세계경제가 위기에 처했다고 보는 데는 우선 그것이 바로 '역사적' 세계체제이기에 그렇다는 근본적 인식에서 비롯된다. 한 '역사적 체제'에 위기가 존재한다는 것은 그 체제 속에 '구조적 중압'이 존재함을 뜻하고, 그 중압이 너무 커 '그 체제의 소멸이 유일한 결과로 나타나는 상황'을 가리키며, 정황이 그렇게까지 된 데는 그 '역사적 체제의 내부 모순들이 축적된 결과'이고, '현행 제도적 패턴 내의 조정을 통해서는 딜레마를 해결할 수 없는 정황'(Wallerstein, 1988: 582-583)이기도 하다. 그는 그런 구조적 중압이 세계체제의 경제, 정치 그리고 문화 세 영역에서 나타나고 있다고 보고, 그에 부합하는 위기의 '유형론'을 논한 바 있다.

자본주의 세계경제의 작동원리상 구조적 위기가 왜 '오는'지에 대한 논급은 그의 저술 여러 곳에서 쉽게 찾을 수 있는 상식적인 논의이다. 그런데 그가 세계체제의 현 정황을 위기로 파악한 데는 1970년대 초 이후 시작된 세계경제의 '축적위기'와 미국 헤게모니체제의 퇴조가 핵심적으로 작용한 것이 아닌가 하는 생각이다. 그가 자본주의 세계경제 제일의 특징으로 '끊임없는 자본축적'을 꼽았다는 점은 앞서 여러 차례 언급되었다. 현 체제가 위기에 접어들었다는 인식은 바로 그 체제의 속성인 '끊임없는 자본축적'이 난경을 맞고 있다는 이유에서 비롯되었을 것이다.

그는 현 정황을 역사적 자본주의의 위기로 진단하는 데 있어 지난 50여 년 동안에 걸쳐 일어났던 체제의 세 가지 구조적 변화를 주목한다(월러스틴, 1996. 11. 21). 첫째, 전세계에 걸친 '탈농촌화'이다. 이는 가속적인 도시 프롤레타리화와 동의어인데, 값싼 노동력 충원의 불가능성을 함축하고 있는 바, 끊임없는 축적을 다이내미즘으로 삼는 자본주의 세계경제로서는 결정적 타격이 될 수밖에 없다. 노동의 상품화, 즉 프롤레타리화가 한계점에 가까워지면 자본주의는 존립상의 근본적인 위기를 맞게 된다는 그의 '위기론'에 부합하는 인식이다. 자본축적자에게는 완전한 프롤레타리아화는 지연되는 것이 유리하며, '반(半)프로 가계'가 선호되는 이유도 여기에 있다.

둘째, 자본축적자들이 국가의 비호 아래 '비용의 외화'를 과도하게 추진시켜버린 결과 그 중압이 구조적 위기의 한 몫을 담당하고 있다는 것이다. 말할 것도 없이 역사적 자본주의 속에서 자본축적자들은 가능하다면 비용을 최소화하여 이윤의 극대화를 도모하는 것이 철칙이다. 이는 바꾸어 말하면, 자본축적자들이 자신이 내야 할 '청구서'를 지불하지 않고 축적활동을 하는 아주 '더러운' 비밀 가운데 하나다. 그러나 세계체제적 '비용의 외화'는 '생태학적 위기'라는 감내하기 힘든 부메랑이 되어 자본축적자들과 국가들의 부담으로 돌아와 해결을 요구하게 되었다.

셋째, 세계체제의 하층과 중간간부층에 의해 가해지는 부단한 '민주화의 압력'이 있다. 이에는 최저임금 보장, 후세들에 대한 교육 보장, 건강보장 등과 같은 항목들이 포함된다. 그런데 이 비용은 매년 상승한다는 특징을 갖는다. 자본축적자들에게 '청구서'의 규모가 점증한다는 말이며, 주지하듯이 자본축적자들은 이를 '사회화'한 결과 오코너(J. O'Connor)가 말하는 국가의 '재정위기'가 대다수 핵심국가들에게 초래되었다. 문제는 국가도 '재정위기'를 해결할 수 있는 방법이 없다는 점이며, 다른 메커니즘이 현 체제 속에는 존재하지 않는다는 점이다. 신자유주의에서는 이를 모두 개인의 책임으로 돌리고 있는 바, 우리 모두가 정도의 차이는 있을지언정 이 현실을 피부로 느끼고 있다.

월러스틴에게 있어 1989년이 의미심장한 것은 그가 '자유주의'로 규정한 세계체제의 지배적 이데올로기가 '붕괴'되었다는 점이다. 물론 이 같은 입장은 1989년 공산권의 붕괴 이후 나온 자유주의의 승리라는 일반적 주장을 논박하는 것이다. 월러스틴에 있어 '자유주의'는 프랑스혁명에서 싹이 트고 미국 헤게모니 기간 동안에 꽃을 피운 후 1970년대 초 이후부터 급격히 퇴조하다가 1989년에 공식적으로 붕괴되는 세계경제의 이데올로기이다(월러스틴, 1996). '자유주의'는 중도적 개량주의로서 자본축적자들에게는 축적의 자유를, 그리고 세계체제의 하층에게는 최소한의 정치적 참여와 물질적 복지를 담보해주는 일종의 합의이며, '위험한 계급들'을 길들이는 세계경제의 이데올로기인 셈이다. 1989년은 그런 자유주의적 합의가 깨진 역사적 시점이며, 세계체제는 '자유주의 이후'라는 '암흑기'로 접어들었다는 것이 월러스틴의 입장이다. 이것이 '암흑기'이자 위기인 것은 프랑스혁명을 계기로 '자유주의' 이데올로기가 형성된 후 정확히 200년 만에 그것이 붕괴되고, 세계체제가 '위험한 계급들'을 길들일 수 있는 새로운 이데올로기를 창출해내야만 하는 도전을 맞았다는 차원에서다. 물론 세계체제가 정확히 200년 전으로 복귀한 것은 아니다. 월러스틴은 우리가 진정한 해방을 기획하고자 한다면 지난 200년 동안에 세계체제의 '지리문화'상 어떤 일이 일어났는가를 명확히 인식해야 한다고 주장한다. 우리 당대의 지리문화는 변했고, 세계체제의 주역들도 다소간 과거와 차이가 난다. 세계체제의 상층은 다시 한 번 이데올로기적 편제를 만들어내어 순조로운 자본축적을 가능하게 할 것인가? 월러스틴은 이번에는 그것이 불가능하리라고 본다. 북반구의 정치지도자들은 전세계의 경제적 부담을 떠맡을 수 없다고 강조해왔다. 그래서 더욱 이 시기를 '암흑기', '이행기'로 규정하는 것이다.

이행기는 세계 대다수 대중에게 분명 혼돈스럽고 고통스런 기간이라는 것이 월러스틴의 입장이다. 그리고 이 '해체'의 기간이 앞으로 50년 이상 계속될 것이라 전망하고 있다. 이 기간은 '복잡성'과 '불명확성'이 우세한 '시공간'이다. 미래는 불투명하며, 변혁의 프로그램도 선명하게 떠오르지 않는다. 그러나 이 시공간은 첨예한 정치적·문화적 투쟁과 도덕적 선택을 강요하는 시공간이 될 수밖에 없으며, 어떤 '분기점'에 이르러 새로운 질서가 도출될 것이라는 희망을 가질 수 있는 시공간이다. 그는 '진보'의 필연성에 대한 맹신에 강한 회의를 여러 곳에서 표시하고 있다. 새로운 세계체제는 지금보다 퇴보할 수도 있다는 점도 상정해두어야 한다는 경고도 가끔 한다. 그는 우리에게 '법칙적' 사유가 아니라 '열린' 사유를 요청한다. 우리가 '소용돌이' 속에 빠져 있다면 그 사실을 우선 알고 빠져나가야 할 방향을 잡아야 하며 "지금 해야 할 자신의 노력이 그 방향으로 향하는 것임을 확신해야 한다"(월러스틴, 1996: 377)고 말한다.

7. 맺음말

월러스틴은 애당초 미국의 국내정치에 학술적 관심을 두었던 사회학자였다. 미국의 정치에 인종이라는 범주가 중대하다는 인식에 이르러 아프리카 지역연구로 그 학술적 기획을 넓히게 되었고, 아프리카에 가보니 아프리카는 그냥 아프리카가 아니라 '유럽 세계경제'가 팽창하면서 구축된 하나의 지역적 산물임을 깨닫게 되었다. 그래서 '유럽 세계경제'의 대두에 관련되는 서구경제사에 뛰어든다. 그 결과 그의 주저인 『근대세계체제』 시리즈가 구상되고, 그 제1권이 출간되면서 '세계체제분석'이라는 거창한 학술 기획을 제출한다. 세계체제분석은 그가 적시한 바와 같이 새로운 이론이 아니다. 그것은 새로운 이론에 대한 요청이다.

하지만 그의 세계체제분석을 아무리 그가 기존의 지배적 사회과학 인식론에 대한 하나의 '저항'이자 '문제제기' 정도로 받아들여 주기를 요청한다고 해서 그 정도에 머무를 수 없다는 것이 필자의 입장이다. 물론 그의 요청은 존중되어야 하고, 그의 작업이 우리시대 사회과학의 진전에 기여한 바가 사소하지 않다는 점은 많은 논자들이 합의하는 대로다. 그러나 그것은 일종의 시작, 즉 '뒤집기'에 만족하는 태도이지, 뒤집기 이후 흐트러진 파편들을 재구축해야 하는 건설적 지성의 징표는 절대 아니다. 월러스틴의 깊은 속내도 분명 재구축을 지향하고 있을 것으로 느껴진다. 그런데 우리 모두가 인지하듯이, 이 재구축이 실로 어렵다는 데 월러스틴의 지적 고뇌가 있을 것이다. 어떻게 보면, 그는 일만 잔뜩 벌여놓고 뒷감당을 못하고 있는 사람같이도 여겨진다.

다행스런 일은 그가 재구축 작업에 이미 뛰어들었다는 사실이다. 그 작업의 구체적 성과를 평가하기란 아직 때도 이르고, 또 어렵기도 하다. 그 작업이 가장 선명하고 구체적인 내용과 외양을 갖추고 나타나고 있는 분야가 바로 세계체제 문화의 일환인 학문 분야다. 『사회과학의 개방』에 사회과학 재구조화에 대한 몇 가지 구체적 실험 프로그램을 제시한 이후, 그는 전세계의 학문공동체가 참여하는 '진정한' 보편과 '통일과학'을 구축하기 위한 작업을 열성적으로 추진하고 있으며, 그 성과가 1998년에 일부 제출된 바 있다. 동서양의 경계도 무너지고 남북간의 경계도 무너지고, 모든 학문들의 구분도 무너지는 그런 대화와 소통의 지식세계가 건설될지는 현실적으로 다소 회의적이나, 그의 지향과 투쟁은 틀림없이 지울 수 없는 흔적을 남길 것이다.

월러스틴의 세계체제분석이 미국을 위시한 서양 사회과학계에 끼친 영향은 이미 막중하다고 평가할 수 있다. 그의 문제제기가 아직 포괄적 점검의 대상이 되지는 않고 있지만, 그의 가설들이 부분적으로 검증받기 시작한 지는 상당한 시간이 지났다. 예를 들자면, '자본주의 세계체제'의 삼층구조인 핵심-주변-반주변 구조의 항상적 존재에 대한 실증적 연구, '상품연쇄'에 대한 경험적 분석, 경제적 양극화에 대한 경험적 분석 등이 이 범주에 속한다. 이밖에도 질적 분석 방법에 따라 세계체제분석의 주요 가설들이 여러 학자들에 의해 심도 있는 논의의 대상이 되어온 지도 꽤 된다. 그러나 그에 대한 점검은 이제 시작에 불과하다고 말할 수 있을 정도다.

한국 사회과학계는 월러스틴의 세계체제분석에 대해 냉담한 태도를 보여왔다. 말할 것도 없이 한국적 현실을 포착하는 데 별 도움이 되지 않는다는 것이 이유일 테다. 그런데 정작 '한국적 현실'이라는 것이 무

엇인지에 대해 보다 체제적이고 역사적인 차원에서 생각해본다면 세계
체제분석이 제공할 수 있는 통찰력이 결코 만만치 않다는 것이 필자의
인식이다. 이를 필자의 편향이라고 한다면 받아들일 수밖에 없는 노릇이
나, 적어도 월러스틴의 주장을 진지하게 들어주는 자세만은 보여줄 필요
가 절실하다. 월러스틴의 주장대로 '이행기'라서 그런지의 여부는 제쳐
두고라도, 이 혼탁한 시공간에 살고 있는 우리로서는 그 어느 때보다도
'열린' 사유가 필요하겠기에 그렇다.

참고문헌

김경일. 1995, 「프랑스 근대 사회과학의 성립」, ≪한국사회학≫ 제29집.
김진철. 1996, 「세계체제론적 패러다임의 세계정치경제학적 함의」, ≪세계정
    치경제연구≫ 제3호.
나종일. 1992, 「월러스틴의 자본주의 세계체제론」, 『세계사를 보는 시각과
    방법』, 창작과비평사.
백낙청. 1994, 「분단시대의 최근 정세와 분단체제론」, ≪창작과비평≫ 가을
    호.
소광희 외. 1994, 『현대의 학문체계』, 민음사.
스노우, C. P. 1996, 『두 문화』, 오영환 역, 민음사.
유재건. 1996, 「마르크스와 월러스틴」, 한국서양사회학회 편, 『근대 세계체제
    론의 역사적 이해』, 까치.
이수훈. 1993, 『세계체제론』, 나남.
_____. 1996, 『세계체제의 인간학』, 사회비평사.
프리고진, 스텐저스. 1994, 『혼돈 속의 질서』, 유기풍 역, 민음사.
사이드, 에드워드. 1996, 『오리엔탈리즘』, 박홍규 역, 교보문고.
월러스틴. 1993, 『역사적 자본주의/자본주의 문명』, 나종일·백영경 역, 창작
    과비평사.
_____. 1994, 『사회과학으로부터의 탈피』, 성백용 역, 창작과비평사.
_____. 1996, 『자유주의 이후』, 강문구 역, 당대.
_____. 1996. 11. 21, 「자유주의 이후」, 경남대 극동문제연구소 초청 세미나

발제문.

월러스틴 외. 1996, 『사회과학의 개방』, 이수훈 역, 당대.

Tilly, C. 1984, *Big Structures, Large Processes, and Huge Comparisons*, N.Y.: Russell Sage Foundation.

Wallerstein, I. 1974, *The Modern World-System I*, N.Y.: Academic Press.

_____. 1979, *The Capitalist World-Economy*, Cambridge: Cambridge University Press.

_____. 1983, "Crises: The World-Economy, the Movements, and the Ideologies," in A. Bergesen(ed.), *Crises in the World-System*, Beverly Hills: Sage.

_____. 1988, "Typology of Crises in the World-System," *Review*, vol.11, no.4.

_____. 1990, "World-System Analysis: The Second Phase," *Review*, vol.13, no.2.

_____. 1992, "The Challenge of Maturity: Whither Social Science?" *Review*, vol.15, no.1.

에릭 올린 라이트
계급론, 분석적 마르크스주의, 대안체제론

신광영

1. 머리말

경험적인 계급연구로 잘 알려진 미국의 사회학자 에릭 올린 라이트 (Erik Olin Wright)는 미국 사회학계에서 68세대를 대표하는 전형적인 좌파 사회학자 가운데 한 사람이다.[1] 미국의 문화혁명이라고 부를 수 있는 68학생운동은 월남전에 반대하는 반전운동, 흑인을 포함한 소수인 종의 권리를 요구하는 민권운동, 여성차별에 저항하는 여권운동 등과 함께 미국을 포함한 서구 사회의 큰 틀을 바꾼 사회운동이었다. 68학생운동은 미국의 정치구조를 바꾸지 못했다는 점에서 정치적으로는 실패한 사회운동이었지만, 전통적인 가치체계를 붕괴시켰다는 점에서 문화적으

---

1) 68세대 저항문화권에 속하는 학자들은 대표적으로 사회학자 뷰라오이(Michael Burawoy), 스카치폴(Theda Skocpol), 경제학자 볼스(Samuel Bowles), 진티스 (Herbert Gintis), 에드워즈(Richard Edwards), 고든(David Gordon), 역사학자 브레너(Robert Brenner) 등을 들 수 있다. 이들보다 약간 윗 세대로서 68세대 저항운동을 지지했던 사회학자들로서 임마누엘 월러스틴(Immanuel Waller-stein), 자이틀린(Maurice Zeitlin) 등을 들 수 있다.

로는 크게 성공했다는 점에서 성공한 문화혁명이었다. 1968년 학생운동을 계기로 미국의 학계에서도 다양한 형태의 진보적 학문집단이 등장하게 되었는데, 미국 신좌파의 등장도 그러한 흐름을 잘 반영하고 있다.

1960년대 말부터 1970년대 초까지 영국의 신좌파와 마찬가지로 미국의 신좌파도 유럽 대륙에서 형성된 서구 마르크스주의 이론의 영향을 크게 받았다. 특히 프랑스 구조주의 마르크시즘과 독일 비판이론으로부터 영향을 받아 초기 68세대 대부분의 미국 신좌파 학자들도 알튀세르(L. Althusser)나 풀란차스(N. Poulantzas)와 같은 프랑스 마르크스주의 이론가들과 하버마스(J. Habermas)나 오페(C. Offe)와 같은 독일 비판이론가들의 영향을 크게 받았다. 특히 미국의 좌파 사회과학자들은 알튀세르나 하버마스 같은 철학자들보다는 풀란차스와 오페 같은 정치학자들의 영향을 더 크게 받았다. 주된 이유는 알튀세르나 하버마스의 철학이론보다 풀란차스와 오페의 자본주의 국가와 계급에 관한 논의들이 경험적인 연구에 더 용이하게 적용될 수 있었기 때문이었다. 물론 1970년대 이전까지 영국이나 미국의 경우 역사학계에서 마르크스주의 역사학자들이 크게 활동했지만,[2] 사회과학계에서는 마르크스주의적 전통을 지닌 독자적인 학문 풍토를 구축하지는 못하고 있었기 때문에, 유럽 대륙 마르크스주의 전통의 영향에서 크게 벗어나지 못하고 있었다.

1970년대 말부터 영미권에서 독자적인 마르크스주의 이론들이 발전했다. 대표적으로 분석적 마르크스주의가 바로 그것이다. 분석적 마르크스주의는 마르크스주의의 특징이 독특한 방법론(변증법)에 있다는 전통

---

2) 대표적으로 돕(Maurice Dobb), 힐튼(Rodney Hilton), 톰슨(E. P. Thompson), 힐(Christopher Hill), 홉스봄(Eric J. Hobsbawm), 앤더슨(Perry Anderson) 등이 마르크스주의 역사학의 전통을 고수했다. 마르크스주의 역사학자들에 대한 전반적인 기술은 Kaye(1984)를 참조하라. 마르크스주의 역사학자들에 대한 구조주의 마르크스주의자의 비판에 대해서는 Hirst(1985)를 참조하라.

적인 견해를 부정하고 사회이론으로서의 마르크스주의의 특징은 구체적인 이론의 내용(주장)에 있다는 점을 강조했다. 그리고 마르크스주의 이론을 분석하고 사회현상을 설명하는 방법으로 기존의 사회과학에서 발전된 방법론을 동원하여 전통적인 마르크스주의 이론이 보여주고 있었던 이론상의 애매모호함을 제거하고자 했다.

1976년부터 위스콘신 대학 사회학과에 재직중인 에릭 라이트는 사회학계에서 미국의 마르크스주의를 대표하고 있는 이론가 가운데 한 명이다. 라이트의 논의도 시기적으로 변화를 보이고 있다. 1970년대 논의가 주로 프랑스 이론가들의 영향을 받아서 이루어졌지만 1980년대 들어서는 영미권에서 등장한 분석적 마르크스주의 틀 내에서 이루어지기 시작했다. 분석적 마르크스주의는 철학적 논의를 중심으로 한 서구 마르크스주의와는 달리 경험적인 연구와 분석기법을 동원하여 사회과학적 논의를 중심으로 전개되었다. 분석적 마르크스주의자들은 이념적으로 공산주의자에서 사회민주주의 좌파에 이르기까지 다양한 스펙트럼을 보여주고 있지만, 논의의 엄밀성을 강조하고 있다는 점에서 공통점이 있다. 그러므로 분석적 마르크스주의자들 사이에서 이념적으로 어떤 정치적 지향의 공통점을 찾아내는 것은 어렵다고 본다.

좌파 사회학자로서 라이트가 보여준 연구자로서의 특징은 크게 두 가지다. 하나는 자신의 이론에 대한 끊임없는 성찰을 통해 자신의 이론을 비판하고 정교화하는 특징을 보여주고 있다. 이러한 라이트의 태도는 좌파 이론가들이 보이기 쉬운 경직된 자세에서 벗어나 개방적인 태도를 취했다는 점에서 바람직하게 보인다. 자신의 이론에 대한 종교적 집착과 다른 이론에 대한 배타적인 태도를 보여주었던 많은 좌파 학자들에 비해서, 자신의 이론에 대한 스스로의 비판과 성찰을 통하여 자신의 논의를 발전시켜왔다.

다른 하나는 다른 연구자들과 끊임없는 교류를 통해 집단적인 형태로 자신의 연구를 발전시켰다는 점이다. 1970년대 초 샌프란시스코 베이 지역(Bay area) 중심의 캐피탈리스테이트(Kapitalistate) 그룹에서부터 그 이후 분석적 마르크스주의 그룹3)을 거쳐 현재 대안체제를 모색하는 그룹에 이르기까지 각기 다른 학문을 포괄하는 다양한 좌파 학자들의 역량을 집단적으로 극대화시키는 방식을 택하고 있다는 특징을 보여주고 있다. 마르크스주의 학자들 가운데 정치적 이념의 준거집단으로서가 아니라 공동으로 학문을 연구하는 연구집단으로서 다른 학자들과 함께 연구활동을 하는 경우는 많지 않았다. 이러한 점에서 라이트는 연구방법에서도 공동저술이나 공동연구를 지속적으로 유지해왔다는 점에서 특이한 사례라고 볼 수 있다.

라이트의 마르크스주의에 관한 입장은 '사회학적 마르크스주의(sociological Marxism)'에 대한 논의에서 잘 드러나고 있다. 사적유물론이 자본주의의 동학과 역사적 과정을 논하고 있다면, 사회학적 마르크스주의는 자본주의의 모순적 재생산에 관한 이론이며 자본주의하에서 형성된 제도에 관한 이론으로 사적유물론과 사회학적 마르크스주의는 상호보완관계를 갖는다는 점을 강조하고 있다.

라이트는 마르크스주의에 관한 접근을 '마르크스주의 선전하기(propagating Marxism)' '마르크스주의 묻기(burying Marxism)' '마르크스주의 사용하기(using Marxism)' '마르크스주의 세우기(building Marxism)' 등 네 가지로 구분한다. 마르크스주의 선전하기나 묻기는 무조건 마르크스주의를 따르거나 무조건 부정하는 입장으로, 마르크스주의를 세계관

---

3) 분석적 마르크스주의자 그룹은 매년 9월에 모임을 갖는다고 하여 스스로를 구월모임회(September Group) 혹은 엉터리 마르크스주의 그룹이 아니라는 점을 강조하여 엉터리 마르크스주의에 반대하는 집단(Non-Bullshit Marxist Group) 등으로 불렸다.

과 같은 신념의 체계나 교의로 인식하고 있어서 마르크스주의를 사회과
학으로 인식하지 못하고 있다. 사회학에서 마르크스주의에 대한 입장은
사회연구에 마르크스주의의 관점을 활용하는 마르크스주의 사용하기라
고 구분하고, 본인은 자본주의에 대한 평등주의적이고 해방적인 정치적
전망을 모색하는 대안적인 이론틀로서 마르크스주의를 재구축하는 '마
르크스주의 세우기' 입장을 취하고 있다는 점을 밝히고 있다(Burawoy &
Wright, 2000).

2. 계급분석[4]

라이트의 계급분석은 20년에 걸쳐 『계급, 위기 및 국가(Class, Crisis &
the State)』(1978), 『계급들(Classes)』(1985), 『계급론(Class Counts)』(1995)
등 세 권의 저서를 통하여 제시되었다. 세 권은 각기 다른 특징을 지니
고 있다. 먼저 1978년에 출판된 『계급, 위기 및 국가』는 1975년 ≪뉴레
프트 리뷰(New Left Review)≫에 실린 라이트의 풀란차스 계급론 비판과
자신의 대안적인 계급이론을 제시한 논문을 포함하고 있다. 이 책은 풀
란차스와의 논쟁을 통하여 '모순적 계급위치(contradictory class lo-
cation)' 개념과 노동과정론에서 발전시킨 노동통제 개념을 계급이론에
적용한 자신의 초기 계급이론을 담고 있다. 『계급들』은 초기 계급이론
을 제시한 지 거의 10년 후인 1985년에 출간되었다. 여기에서 라이트는
로머(J. Roemer)의 착취론에 영향을 받아서 자신의 1970년대 이론을 수
정하여 착취관계에 기초한 계급론인 후기 계급이론을 제시하고 있다. 마

---

4) 라이트는 계급론이라는 용어 대신에 계급분석(class analysis)이라는 용어를 사
　용하고 있다. 이것은 계급에 관한 논의가 경험적인 사회과학적 논의의 대상이
　라는 점을 내세우기 때문이다. 그러므로 계급론은 계급분석의 한 영역이다.

지막으로 1996년에 출간된『계급론』은 이론적인 논의뿐만 아니라 통계적인 분석을 포함한 경험적인 계급분석을 통하여 계급이 현대 자본주의 사회의 여러 현상을 설명하는 핵심적인 결정요인이라는 점을 밝히고 있다. 이러한 점에서『계급론』은 20여 년 동안의 계급연구를 종결짓는 라이트의 최종적인 연구결과라고 볼 수 있다.

라이트의 초기 계급론은 풀란차스의 계급론 비판에서 출발하고 있다. 당시 알튀세르가 철학분야에서 프랑스 구조주의 마르크시즘을 대변하고 있었다면, 풀란차스는 사회과학분야에서 구조주의 마르크시즘을 대변하고 있었다. 풀란차스는 경제주의에 머물러 있었던 마르크스주의 계급론을 구조주의적 인식틀을 통하여 사회과학적 논의로 전환시키는 데 기여했다. 풀란차스의 계급론은 풀란차스 스스로가 "계급에 대한 구조적 접근"이라고 불렀을 정도로 알튀세르의 구조주의적 인식틀을 통하여 계급에 관한 논의를 전개시켰다. 1970년대 초 라이트는 구조주의 마르크시즘의 인식틀 자체를 적극적으로 받아들였지만, 풀란차스의 계급론에 대해서는 매우 비판적인 태도를 취했다. 라이트의 초기 계급분석은 '계급경계 문제'를 둘러싸고 벌어진 풀란차스와의 논쟁을 통하여 발전되었다.

라이트와 풀란차스의 논쟁은 주로 후기 자본주의 사회의 '계급경계 문제(the boundary question)'에 집중되었다.[5] 핵심적인 쟁점은 전통적인 육체노동자와는 다른 새로운 형태의 피고용자인 화이트칼라 피고용자들을 기존의 마르크스주의 계급론에서 어떻게 다룰 것인가 하는 문제에 관한 것이었다. 풀란차스는 전통적인 마르크스주의 인식이었던 모든 임금취득자를 노동계급으로 분류하는 것을 비판하고 프롤레타리아트 계급을 매우 엄격하게 한정시켰다. 그리고 대부분의 화이트칼라 피고용자들을 새로운 형태의 프티 부르주아지로 구분했다. 이러한 논의에서 풀란차스

5) 이 논쟁에 대한 비판적인 평가는 Meiksins(1986)를 참조하라.

는 경제적인 차원에서 마르크스의 생산적 노동과 비생산적 노동 그리고 정치적, 이데올로기적 차원에서 정신노동과 육체노동의 개념을 동원하여 육체노동을 하면서 동시에 생산적 노동을 담당하는 피고용자만 노동계급에 속하며 나머지는 모두 새로운 형태의 프티 부르주아지라고 하고 이를 신 프티 부르주아지(New Petite Bourgeoisie)라고 불렀다. 이들이 프티 부르주아지인 이유는 경제적인 차원이 아니라 이데올로기 차원에서 구 프티 부르주아지와 동일하게 개혁주의, 개인주의, 권력에 대한 물신적 숭배와 같은 이데올로기를 공유하고 있기 때문이다(Poulantzas, 1974: 287). 계급을 경제적인 관계에서만 구분했던 이전의 논의를 비판하고 대신에 경제, 정치, 이데올로기 차원을 고려한 '계급의 구조적 결정론'을 내세워 이데올로기 차원의 중요성을 신 프티 부르주아지 논의에 끌어들였다.

라이트는 풀란차스의 이론적 논의에서 ① 생산적 노동과 비생산적 노동이 분명하지 않다는 점과 ② 경제적인 차원에서 근본적으로 상이한 사회적 관계를 점하고 있음에도 불구하고 이데올로기적인 기준에서 구 프티 부르주아지와 신 프티 부르주아지를 동일한 프티 부르주아지로 범주화한 것은 경제적 관계를 지나치게 경시한 것이라고 비판했다(Wright, 1978: 44). 정치적 이데올로기는 여러 국면에 따라서 바뀔 수 있는 것이기 때문에 이데올로기 자체를 계급구분의 기준으로 삼는 것은 문제가 있다는 것이다.

대신에 라이트는 구 프티 부르주아지와 신 프티 부르주아지는 전혀 다른 계급이라고 주장했다. 그는 알튀세르의 사회구성체(social forma-tion) 개념을 받아들여 현대 자본주의는 자본주의적 생산양식과 소상품 생산양식이 접합(articulation)되어 있다고 주장하고, 신 프티 부르주아지는 자본주의적 생산양식에서 나타난 계급이며, 구 프티 부르주아지(자영업자)는 소상품 생산양식에서 잔존하고 있는 서로 다른 계급이라고 보았다. 그리고 전통적인 프롤레타리아트와는 다른 새로운 형태의 임금취득자를 "모순적 계급위치(the contradictory class location)"라고 불렀다(Wright, 1978: 61). 모순적 계급위치는 생산양식 내의 모순적 계급위치와 생산양식 간 모순적 계급위치로 나누어지며, 자본주의 생산양식 내 모순적 계급위치는 경영직과 관리직에 종사하는 피고용자들로 노동과정에서 자본가들의 기능을 담당하는 사람들이다. 라이트는 이러한 모순적 계급위치 이외에도 자본주의 생산양식과 소상품 생산양식 사이에 존재하는 소자본가와 반자율적 노동자도 모순적 계급위치를 차지한다고 보았다.

라이트에 따르면 자본주의 생산양식 내 부르주아지와 프롤레타리아트 사이의 모순적 계급위치는 후기 독점자본주의 발달의 산물로서 노동자들의 노동통제 상실, 자본의 기능분화와 기업 내 위계조직의 발달 결과이다. 라이트는 자신의 자본주의 노동과정 연구를 통해서가 아니라 브레이버만(H. Braverman), 마그린(S. Marglin), 에드워즈(R. Edwards) 등의 노동과정 연구결과를 바탕으로 '모순적 계급위치'라는 개념을 제시했다. 사회구성체와 모순적 계급위치 개념을 통하여 자영업자들이 대부분인 구 프티 부르주아지와 경영관리자들은 더 이상 동일한 프티 부르주아지 분파로 범주화되지 않았다. 『계급, 위기 및 국가』에서 집중적으로 다룬 노동계급 경계 설정 문제는 풀란차스의 계급론에 대한 비판에서 출발했고, 모순적 계급위치 개념을 통하여 새롭게 노동계급과 중간계급 구분에 대한 이론적 논의로 정리되었다.

라이트의 계급론은 이후 거의 20여 년 동안에 걸친 이론적인 작업과 경험적 연구를 통하여 지속적으로 정교화되었다. 1970년대 노동과정을 중심으로 이루어진 모순적 계급위치에 관한 논의는 1982년 로머의 『착취와 계급에 관한 일반이론(*A General Theory of Exploitation and Class*)』
의 논의를 받아들이면서 새로운 이론적 토대를 중심으로 전개되었다. 즉
계급구분의 이론적 관점을 통제 중심에서 착취 중심으로 바꾸었던 것이
다. 1985년『계급들』에서 제시된 수정된 계급론은 자신의 1970년대 계
급론에 대한 스스로의 비판에서 출발하고 있다. 구체적으로 비판의 내용
은 세 가지이다(Wright, 1985: 51-57). 첫째, '모순적 계급위치'라는 개
념에서 모순의 개념이 매우 모호하다는 점이다. 둘째, 노동과정에서의
통제와 권위를 중심으로 한 지배관계를 바탕으로 모순적 계급위치를 논
하고 있어서 경제적인 착취관계가 간과되고 있다는 점이다. 셋째, 프티
부르주아지를 구분할 때 자율성을 기준으로 하는 점과 국가사회주의 계
급관계를 설명하지 못한다는 점이다.

　라이트는 이러한 문제를 해결하기 위하여 착취에 관한 로머의 논의를
부분적으로 수정하면서 자신의 계급론에 도입했다. 로머는 노동시장이
존재하지 않는 경우에도 착취가 발생할 수 있다는 점을 이론적으로 증
명하고 마르크스가 언급한 노동력 착취는 자본주의 착취이며 여러 가지
다른 종류의 착취가 존재할 수 있다고 주장했다. 착취는 원천적으로 소
유의 불평등에서 기인하며 이는 계급관계와 일치한다는 착취·계급일치
원리를 수학적으로 증명했다. 라이트는 질적으로 다른 종류의 착취가 존
재한다는 점과 착취관계에서 모순적 계급위치를 논하는 계기를 로머의
착취론에서 찾고자 했다. 그는 착취의 원천으로 재산, 조직재, 기술 세
가지를 제시했다. 수정된 자신의 계급론에서 모순적 계급위치란 한 종류
(재산에 기초한 착취관계)의 착취관계에서는 착취를 당하지만, 다른 착
취관계(조직이나 기술에 근거한 착취관계)에서는 착취를 하는 계급위치
를 지칭하게 되었다. 착취는 착취를 하는 계급의 경제적인 복지가 착취
를 당하는 계급의 노동에 의존하는 경우에 발생한다. 그러나 경제적 억

압과는 달리 착취는 착취자와 피착취자 사이의 상호의존성을 바탕으로
하고 있다는 점이 특징이다(Wright, 1985: 75). 착취에 관한 로머의 새
로운 논의는 라이트가 계급론을 재구성하는 데 결정적인 기여를 했다.

　다른 마르크스주의 학자들과는 달리 라이트는 이론적인 논의뿐만 아
니라 경험적인 연구를 강조했다. 그의 경험적인 계급연구는 『계급론
(1996)』으로 출판되었다. 엄밀한 경험적 연구를 통하여 다양한 사회현상
을 계급에 기초하여 설명하고 있다. 계급경계, 세대간 계급이동의 폐쇄
성, 친구관계, 계급과 성, 계급의식, 계급형성 등의 다양한 사회현상이
계급을 통하여 구조화되고 있음을 경험적으로 밝히고 있다. 1997년에
출간된 『계급론』은 경험적인 연구결과뿐만 아니라 자신의 이론적 논의
를 최종적으로 정리하고 있는 20여 년에 걸친 라이트의 계급연구를 총
결산하는 저술이다. 여기에서 가장 특징적인 점은 노동시장에서 노동력
을 판매하면서 노동계급에 속하지 않는 피고용자들을 중간계급이라는
용어로 범주화하고 있다는 점이다. 피고용자들은 생산과정에서 권위와
기술 및 전문적 지식의 소유 여부에 의해서 구분되며, 중간계급은 권위
혹은 기술 및 전문적 지식을 소유한 피고용자들을 지칭한다. 1985년
『계급들』에서 제시된 조직재(organizational asset) 대신에 권위 개념을
다시 사용하고 있다. 중간계급의 권위는 자본가로부터 위임받은 것이며,
중간계급의 물질적 보상도 자본가에 대한 충성지대의 성격을 띠고 있기
때문에 조직재 대신에 지배관계에서의 권위를 중간계급 논의에 도입하
고 있다(Wright, 1997: 20-22).

3. 분석적 마르크스주의

　20세기 후반에 들어서 서구 사회에서 혁명적인 열기가 약화되면서 마르크스주의적 지적 전통도 큰 변화를 보여주었다. 1960년대 민권운동, 여권운동, 학생운동 등 새로운 사회운동들이 등장하면서 페미니즘, 생태주의 등 마르크스주의 이외의 다양한 진보이론들의 등장으로 마르크스주의 이론도 변화를 보여주었다. 이러한 변화 가운데 하나가 분석적 마르크스주의의 등장이다.[6]

　분석적 마르크스주의는 1970년대 말부터 영미권 학자들을 중심으로 한 마르크스주의 이론과 주류 사회과학의 분석적 방법의 결합을 통하여 유럽 대륙의 '서구 마르크스주의(Western Marxism)'[7]와는 또 다른 흐름을 구성하고 있는 마르크스주의이다.[8] 분석적 마르크스주의자들은 전통

---

6) 분석적 마르크스주의(Analytical Marxism)라는 용어는 1986년 로머가 편집한 책에 의해서 공개적으로 등장했다(Roemer, 1986). 분석적 마르크스주의에 관한 논의는 Roemer(1986), Wright(1989) 및 신광영(1994)을, 분석적 마르크스주의에 대한 가장 포괄적인 논의는 Mayer(1994)를, 대표적인 비판적 논의는 Roberts(1996)를 각각 참조하라.

7) 서구 마르크스주의는 루카치(George Lukacs), 코슈(Karl Korsch), 그람시(Antonio Gramsci), 아도르노(Theodor Adorno), 호르크하이머(Max Hork-heimer), 마르쿠제(Herbert Marcuse), 사르트르(Jean Paul Sartre), 메를로-퐁티(Maurice Merleau-Ponty), 알튀세르(Louis Althusser), 발리바(Etienne Barlibar) 등 주로 20세기 중엽의 유럽 대륙 마르크스주의 철학자들의 마르크스주의를 지칭한다. 이들은 정치적으로 그 당시 소련과 동구의 사회주의체제에 비판적인 태도를 취했으며 또한 고전적인 마르크스주의자들과는 달리 현실적인 좌파 정치와 단절되었다는 점을 특징으로 하고 있다. 서구 마르크스주의에 대한 가장 권위적인 설명은 Anderson(1976)을 참조하라.

8) 라이트를 비롯하여 영국의 코헨(G. A. Cohen, 철학), 미국의 쉐보르스키(Adam Przeworski, 정치학), 로머(John Roemer, 경제학), 브레너(Robert Brenner, 역사학), 볼스(Sam Bowles, 경제학), 진티스(Herbert Gintis, 경제학), 레빈(Andrew Levine, 철학), 벨기에의 패리스(Philippe Van Parijs, 경제학), 노르웨이의 엘스터(Jon Elster, 정치학) 등이 분석적 마르크스주의에 속하며, 다양한 사회과학분야와 철학을 포괄하고 있는 점이 특징이다.

적으로 마르크스주의자들이 거부한 분석적 방법(분석철학, 경험적인 사
회과학, 신고전파 경제학 등)을 동원하여 서구 마르크스주의의 한계를
극복하고, 마르크스주의의 이론을 정교하게 재구성하고자 시도했다. 이
들은 고전적인 마르크스주의 이론이 지니고 있는 애매모호함을 제거하
여 좀더 분명하고 객관적으로 이해될 수 있는 방법으로 마르크스주의
이론을 재구성하고자 했다. 분석적 마르크스주의의 가장 큰 특징은 마르
크스주의 이론의 특징이 연구방법[9]에 있는 것이 아니라 기존 사회이론
들의 내용과 다른 이론적인 내용(사적 유물론, 계급론, 이데올로기론, 국
가론 등)에 있다는 점을 강조한다는 것이다. 보다 정확하게 마르크스주
의 방법론의 여러 요소들이 "철학적인 원칙으로 남아 있기보다는 원인,
기제와 효과의 언어로 전환되어야 한다"는 것이다(Wright, Levine &
Sober, 1992: 6).

라이트는 사회적 현상을 설명하기 위한 방법으로 방법론적 개인주의
(methodological individualism)를 받아들이고 있다. 포퍼(K. Popper)나 하
이에크(F. A. Hayek) 같은 마르크스주의 비판가들이 마르크스주의를 비
판하기 위하여 동원한 방법론적 개인주의를 통하여 '마르크스주의의 합
리적 핵심(rational kernel)'을 살리려고 한다는 점에서 방법론적 개인주의
는 많은 쟁점을 불러일으켰다. 라이트, 레빈(A. Levine)과 소버(E. Sober)
는 사회이론의 설명방식으로서 방법론적 개인주의가 원자론(atomism),
급진적 전체주의(radical holism), 반환원주의(anti-reductionism)와 차이가
있다는 점을 강조하고 있다. 원자론은 개인들 사이나 사회적 실체들 사이

---

9) 이러한 견해는 대표적으로 루카치에 의해서 제기되었다. 루카치는 마르크스주
   의는 주요 명제가 경험적으로 타당하지 않은 것으로 밝혀질 수 있지만, 마르크
   스주의의 핵심은 특정 명제에 대한 믿음에 있는 것이 아니라 부르주아 과학과
   다른 연구방법론에 있다고 주장하고, 마르크스주의 방법은 변증법적 유물론이
   라고 주장했다. 이에 관해서는 Lukacs(1968)의 제1장 "What is Orthodox
   Marxism?"을 참조하라.

에서 나타나는 관계적인 속성을 인정하지 않고, 개인들이나 실체들의 독립적인 속성을 통하여 사회적 현상을 설명하고자 하는 입장이다. 급진적 전체주의는 개인들 사이의 관계는 사회 전체를 통해서만 설명될 수 있다고 보고 개인들 사이의 관계는 단순히 거시적인 구조의 현상에 불과하다고 본다.[10] 그리하여 개인은 단지 사회구조의 담지자로 인식될 뿐이다. 그러므로 거시적인 사회현상은 미시적인 과정으로 환원될 수 없다고 본다. 반환원주의는 사회현상에 대한 미시적인 수준에서의 설명을 인정하지만, 거시적인 사회현상이 미시적인 수준에서 설명될 수 없다는 입장이다. 그러므로 거시적 사회현상은 독립적인 속성을 지니고 있다는 점을 강조한다. 반면에 방법론적 개인주의는 거시적인 수준에서의 사회현상을 미시적인 수준에서의 사회현상에 대한 설명으로 대체시키려고 한다. 미시적 수준의 설명은 개인수준의 설명이 아니라 개인들 사이에서 나타나는 발현적 속성(emergent property)도 포함한다. 개인을 원자화된 주체가 아니라 관계적 주체(relational subject)로 보기 때문에 개인만을 사회현상의 출발점으로 보는 원자론과 결정적인 차이를 보인다.

그러나 라이트는 방법론적 개인주의와 관련하여 방법론적 개인주의가 거시적 사회현상의 미시적 기반과 동일하게 인식되는 경향에 대해서 비

<표 1> 사회현상의 설명방식

		집합적인 사회적 실체의 속성이 더 이상 환원됨이 없이 그 자체로 설명적이다	
		그렇다	아니다
개인들 사이의 관계가 설명적이다	그렇다	반환원주의	방법론적 개인주의
	아니다	급진적 전체주의	원자론

---

10) 대표적으로 이러한 입장은 프랑스 구조주의 마르크스주의자인 알튀세르의 이론에서 잘 나타났다. Althusser(1969) 참조.

판을 가하고 있다. 합리적·전략적 행위자 모형에 기초한 방법론적 개인
주의가 거시적인 사회현상의 미시적 기반을 규명하는 하나의 접근이며
사회화이론이나 정신분석학적 이론들도 미시적 기반을 규명하는 이론이
될 수 있다고 보았다(Wright, Levine & Sober, 1992: 126).

그렇다면 '분석적 마르크스주의'에서 '마르크스주의적인' 요소는 무엇
인가? 라이트는 마르크스주의적 요소를 네 가지로 제시하고 있다. 첫째,
마르크스주의의 이론적 전통을 따르고 있다. 그러나 마르크스주의를 믿
는 사람들과는 달리 마르크스주의의 핵심적인 명제들이 받아들여질 수
있는 조건을 규명하고자 한다. 둘째, 이론적 혹은 경험적 문제제기가 마
르크스주의 담론 내에서 이루어지고 있다. 셋째, 이러한 문제제기를 다
루는 언어도 마르크스주의 전통에 근거하고 있다. 넷째, 분석적 마르크
스주의자들은 마르크스주의의 규범적인 지향을 받아들이고 있다. 마르
크스주의를 거부하는 많은 급진적 이론들(포스트-마르크스주의, 페미니
즘, 급진적 민주주의, 시민사회론, 생태론)과는 달리 이들은 마르크스주
의의 합리적 핵심을 되살리고자 한다는 점에서 마르크스주의 전통을 유
지하고 있다고 보는 것이다.

오늘날 급진주의 이론적 전통에서 마르크스주의가 차지하는 비중은
크게 약화되었다. 페미니즘, 급진적 민주주의론, 생태학, 시민사회론, 탈
식민주의 등의 급진적 이론이 1970년대부터 크게 등장했다. 더욱이 다
양한 형태의 '포스트주의'도 급진적인 성격을 지니고 있다. 거대이론으
로서의 마르크스주의 이론이나 정치 이데올로기로서의 마르크스주의가
위기에 놓이게 된 상황하에서, 마르크스주의와의 일체성은 유지하되 다
른 방식으로 마르크스주의를 재구성하고자 한다는 점에서 라이트의 분
석적 마르크스주의는 부분적으로 시대성을 반영하고 있다고 볼 수 있다.

4. 대안체제

1990년대 들어서 라이트가 본격적으로 관심을 갖기 시작한 주제는 대안체제의 모색에 관한 작업이다. 자본주의체제가 지니고 있는 문제와 모순은 더욱 위기적인 양상을 보여주고 있으며, 국가주의적 사회주의 프로젝트는 더 이상 가능하지도 않고 바람직하지도 않은 체제로 판명이 났지만, 현실적인 대안에 관한 전망은 매우 불투명하다는 점에서 대안에 관한 본격적인 논의가 요구되고 있다. '역사의 종언'이 아니라 '전망의 종언'이 좌파에서 더욱 크게 가시화되고 있다는 점에서 대안체제의 모색은 학문적인 효과만을 지니는 것이 아니라 정치적인 효과를 갖는 프로젝트인 셈이다.

다른 좌파 학자들과 함께 진행하고 있는 대안체제에 대한 구체적인 모색은 제도적인 수준에서 자본주의의 대안을 논의하고 검증하는 작업을 중심으로 하고 있다. 다른 연구활동과 마찬가지로 1991년부터 '가능한 유토피아(The Real Utopia)' 프로젝트라고 명명된 대안체제에 대한 모색도 집단적인 작업으로 진행되고 있다. 라이트를 중심으로 경제학, 정치학, 철학, 사회학 등 다양한 학문분야에서 활동하는 진보적인 학자들 사이의 논의와 비판을 통하여 대안체제에 관한 논의들이 발전되고 있다. 라이트는 영국의 진보적 출판사인 Verso에서 출간하는 'The Real Utopia' 시리즈의 편집장을 맡고 있다.

대안체제의 모색은 이상과 현실적인 실천 사이의 긴장을 포함한다. 유토피아에 대한 꿈은 단순히 꿈으로 그치는 것이 아니라 정치적 의지로 표출되기 때문에 대안체제에 대한 모색은 실천적인 작업의 하나인 것이다. 현실에 대한 비판에서 그치는 것이 아니라 가능한 대안을 보다 구체적인 수준에서 제시하는 것은 좌파운동이 직면하고 있는 어려움을 적극적으로 돌파하는 것이다. 라이트는 이러한 작업의 중요성을 다음과 같이 표현하고 있다.

"억압이 없는 사회제도를 만들기 위하여 분명한 이해를 촉진시키는 것이 억압을 줄이기 위해 급진적인 사회변화를 만드는 데 필요한 정치적 의지를 창출하는 부분이다. 비록 실질적인 목적이 유토피아적 이상에 못 미친다고 하더라도 유토피아적 목적에 대한 강한 믿음이 무엇보다도 사람들로 하여금 현상에서 벗어나려는 동기를 부여하는 데 필요할 것이다. 그러나 막연한 유토피아적 환상은 우리로 하여금 진정한 목적지가 없는 여행을 떠나도록 권장하거나 혹은 더욱더 예상치 못한 나락에 빠지게 하는 여행을 떠나도록 권장하여 우리를 파탄에 이르게 할 수 있다"(Roemer & Wright, 1996: ix).

라이트가 편집 책임을 맡고 있는 'The Real Utopia' 시리즈는 현재까지 세 권이 출판되었다. 시장이 모든 문제를 해결할 수 있다고 보는 좌파는 한 명도 없지만, 그렇다고 국가의 중앙계획에 의해서 모든 문제가 해결될 수 있다고 믿는 좌파 또한 없다. 효율성과 평등주의로 나누어지는 시장과 국가의 긍정적인 역할이 어떻게 제도적으로 결합될 수 있을 것인가? 시장실패와 국가실패를 극복하는 길은 제도에 달려 있다. 그리고 그 제도는 자본주의를 강화시키는 제도가 아니라 사회주의 이념을 실현시킬 수 있는, 적어도 실현시키는 데 도움이 되는 제도이어야 한다. 'The Real Utopia'의 논의는 좌파의 입장에서 이러한 대안적 제도를 구체적으로 모색하는 데 초점을 맞추고 있다.

지금까지 The Real Utopia 시리즈로 세 권의 책이 출판되었으며 계속해서 새로운 책들이 시리즈로 출간될 예정이다. 이미 출판된 세 권의 책은 각각 『결사체와 민주주의(*Associations and Democracy*)』(1995), 『평등소유권(*Equal Shares*)』(1996)과 『평등주의 재조명(*Recasting Egalitarianism*)』(1998)이다. 이 세 권의 책은 대안적인 사회에서 지속가능하고 바람직한 제도가 구체적으로 어떤 모습을 띨 수 있는가를 모색하는 새로운 문제 제기를 잘 보여주고 있다. 먼저 『결사체와 민주주의』는 점차 복잡해지고 있는 사회적 이해와 요구를 민주적으로 해결하는 데 무능력함을 보여주고 있는 기존의 국가 대신에 개인들의 이해를 효과적으로 조직하고 대변하는 노조, 공장평의회, 주민조직, 환경단체, 여성단체, PTA(사친회) 등 제2차 결사체(the secondary association)를 활성화시켜 개인과 국가를 매개하는 역할을 강화시킴으로써 보다 평등주의적이고 민주적인 이념을 촉진시키는 결사민주주의(associative democracy)를 대의제 민주주의의 대안으로 제시하고 있다. 결사민주주의를 통하여 민주주의 제도의 재구축을 시도하고 있는 코헨(J. Cohen)과 로저스(J. Rogers)의 논문에 대한 여러 학자들의 논평과 비판 그리고 이에 대한 응답으로 구성된 이 책은 현재 진행되고 있는 다양한 대안적인 정치적 실험을 뒷받침하는 결사민주주의나 위임민주주의 제도에 대한 이론적인 틀을 제시하고 있다.

대의제 민주주의의 비효율성과 비대해진 국가에 대한 우파적인 대안은 국가를 축소시키고 개인의 자율성과 시장의 기능을 극대화시키는 것이다. 국가는 문제를 해결하는 해결사가 아니라 문제를 만들어내는 문제아라는 인식에서 출발하여 탈규제, 민영화, 복지축소, 작은 정부 등을 내세웠다. 반면에 좌파적인 대안은 국가의 기능을 확대시켜 사적 소유를 최소화하고 자원분배에 국가가 개입하여 평등주의를 실현시키는 것이었다. 빈곤, 실업, 불평등 등 자본주의 시장경제에서 발생하는 문제를 해결할 수 있는 유일한 행위자는 공적인 국가라는 점에서 국가의 역할과 기능을 강조했다. 결사민주주의는 국가의 강화만을 강조했던 좌파와는 달리, 국가의 강화가 대중의 정치적 위축을 낳았고 그 결과 대중의 국가통제가 결여되어 관료국가화를 낳았다는 점을 지적하고, 평등주의, 개인의 자유, 대중적 통제, 공동체와의 연대 같은 전통적인 가치를 실현시킬

수 있는 제도로서 논의되고 있다.[11]

『평등소유권』은 경제학자 로머의 쿠폰사회주의에 관한 논의이다. 이 논의의 핵심은 부의 집중을 막고 생산수단의 평등 소유를 실현하기 위한 경제제도를 모색하는 데 있다. 쿠폰사회주의체제는 단일 화폐로 구성된 자본주의 경제체제와는 달리 두 종류의 화폐로 구성된 경제체제이다. 즉 화폐는 각각 시장에서 상품거래를 위한 화폐와 기업의 소유권을 살 수 있는 쿠폰으로 나뉜다. 교환관계와 생산관계를 구분하여 교환관계의 장인 시장에서 교환을 목적으로 사용되는 화폐와 생산수단의 소유를 목적으로 사용되는 화폐를 구분한 것이다. 그리고 화폐와 쿠폰 간의 교환은 인정되지 않으며 소유권은 성인 남녀에게 동일한 양의 쿠폰으로 동일하게 주어진다. 쿠폰의 소유자는 이익배당권과 기업의 의사결정권을 갖게 된다. 그러나 쿠폰은 상속될 수 없으며 쿠폰의 소유자가 사망하는 경우 소유했던 쿠폰은 국가로 귀속된다.

쿠폰사회주의의 핵심은 자본주의 시장경제를 인정한다는 점과 평등주의적인 사회주의 이념을 동시에 제도적인 차원에서 구현한다는 점에 있다. 특히 쿠폰사회주의는 생산수단의 독점적 소유로 발생하는 부의 집중, 불평등 심화, 계급착취 등을 막기 위한 새로운 소유제도로서 쿠폰소유제도를 제시하여 사회주의 논의에 새로운 계기를 제공했다. 쿠폰사회주의의 주창자인 로머는 이러한 논의를 시장사회주의의 핵심적인 제도로 발전시키고 있다. 쿠폰사회주의는 시장사회주의에 관한 논의를 한 단계 진전시킨 논의라고 평가할 수 있다.

---

11) 대표적으로 이러한 형태의 정치는 시민들이 시의 예산계획에 참여하는 브라질 포르토 알레그레(Porto Alegre) 시, 치안과 교육을 시 정부 대신에 지역사회가 담당하는 시카고의 이웃관리위원회(Neighborhood Governance Council), 행정과 재정권을 개별 마을로 이관시켜 직접 민주주의와 대의제 민주주의를 결합시킨 서부 벵갈의 팬차야트(Panchayat) 개혁을 들 수 있다.

『평등주의 재조명』은 시장이 적절하게 조직되는 경우 좌파가 강조하는 평등주의를 보다 더 효과적으로 실현시킬 수 있다는 볼스와 진티스의 논의를 중심으로 하고 있다. 그들은 사회민주주의, 시장사회주의와 산업민주주의가 민주주의나 평등주의 이념에서 선호되지만, 생산성의 차원에서 자본주의만큼 생산성을 높일 수 있는 제도임이 이론적으로나 경험적으로 제시되지는 못했다는 점을 인정하고, 경제적 효율과 평등주의를 동시에 이룰 수 있는 가능성을 이론적으로 제시하고자 했다.

볼스와 진티스는 시장, 국가, 커뮤니티가 각기 장점과 단점을 가지고 있다는 점을 인정할 필요가 있고 또한 적절한 제도적 장치를 통해서 서로 보완적인 역할을 담당할 수 있다는 점을 강조하고 있다. 불평등한 사회는 불평등구조를 유지시키는 데 높은 비용이 요구되며, 평등한 사회가 협조와 신뢰를 촉진시킬 수 있으며, 자산의 불평등이 심한 경우 비효율적인 동기부여 구조가 형성된다는 사실에서 논의를 시작하고 있다(Bowles & Gintis, 1998: 5-11). 여기에서 제도적 장치는 부의 재분배로서 부의 재분배가 가장 핵심적이라는 점을 이론적으로 밝히고 있다. 국가와 시장의 공통적인 문제는 '조정 실패(coordination failure)'이며, 이는 동기부여 구조를 개선시킬 수 있는 부의 재분배를 통해서 해결될 수 있다는 점을 보여주고 있다. 즉 평등과 효율을 동시에 만족시키기 위해서는 기본자산을 대리인들에게 재분배하면, 대리인들은 그들의 행동에 더 책임을 질 것이고 효율성을 증대시키는 호응성(efficiency-enhancing accountability)이 강화될 것이라고 보았다. 이러한 재분배는 모든 생산수단의 재분배를 가져와 좌파의 목표인 평등주의를 실현하는 데 도움을 주게 된다는 것이다. 즉 평등주의와 생산성 향상을 동시에 실현시킬 수 있음을 논의하고 있다. 이는 소득 재분배에 기초한 사회민주주의가 아니라 '자산에 기초한 재분배'에 기초한 평등주의 시장경쟁 모델이다.

이미 출판된 책의 특징은 주제논문이 먼저 제시되고 이에 대한 16명의 학자들의 비판적 논의나 논평이 실려서 주제논문의 내용이 철저히 해부된다는 점에 있다. 『결사체와 민주주의』는 코헨과 로저스의 주제논문에 대한 유럽과 미국의 진보적인 학자들의 논평과 문제제기를 싣고 있다. 『평등소유권』의 경우도 로머가 시장사회주의에 관한 주제논문을 발표하고 이에 대한 논평이 경제학자, 철학자, 사회학자, 정치학자를 포함한 16명의 좌파 학자들에 의해서 제시되었다. 『평등주의 재조명』의 경우 볼스와 진티스가 주제논문을 발표하고 16명의 학자들이 논평하고 있다. 이러한 논의방식은 과거 마르크스주의 이론들이 보여주었던 애매모호함이나 이해하기 힘든 자기독백적인 논의를 허용하지 않는 분석적 태도를 잘 반영하고 있다.

5. 맺음말

기존의 사회이론에 비해서 마르크스주의 이론은 내적으로 많은 부하가 걸려 있다. 주류 사회과학 이론들이 전혀 문제시하지 않는 '이론과 실천의 문제'를 고려해야 하고, 동시에 기존의 사회과학 이론들과 마찬가지로 '경험적 타당성'과 '이론적 엄밀성'도 보여주어야 하는 과제를 안고 있다. 사회과학 이론으로서의 마르크스주의 논의는 자본주의 사회에 대한 도덕적 비판이 아니라 경험적 비판을 제시하여야 하고, 자본주의 사회를 대체하는 대안적인 사회를 제시하며 그것이 현실적인 정치적·사회적 관계 속에서 어떻게 가능한 형태를 취하고 있는가를 경험적으로 밝히는 것을 포함한다. 이것이 사회과학 이론으로서의 마르크스주의가 철학적 마르크스주의나 문학적 마르크스주의와 다른 점이다. 그러므로 20세기 후반 사회과학적 마르크스주의는 매우 복합적인 제약과 조건 속에서 발전해왔다.

라이트의 사회학은 먀르크스주의 전통에 뿌리를 두고 있지만, 20세기 후반 발전된 다양한 이론과 연구방법론을 마르크스주의 논의에 도입하고 있다는 점에서 특징을 보이고 있다. 이러한 점은 엄밀성과 확실성을 추구하는 그의 이론적 지향과 연관되어 있다. 오늘날 한편으로 학문적 개방성을 유지하면서 다른 한편으로 마르크스주의의 지적 전통을 유지하는 것은 쉬운 일이 아니다. 이것은 이미 굴드너(Gouldner, 1979)가 지적한 마르크스주의의 두 가지 흐름, 즉 과학으로서의 마르크스주의와 비판으로서의 마르크스주의 사이의 간극이 그만큼 넓다는 것을 의미한다.

라이트가 추구한 것은 이 두 가지를 통합하는 작업이다. 즉 과학적 비판으로서의 마르크스주의를 새롭게 발전시키는 것이다. 라이트의 마르크스주의 사회학 이론은 이러한 과제를 해결하는 하나의 길을 보여주고 있다. 자본주의 사회에 대한 계급분석을 통하여 기존의 주류 사회과학에 대한 엄밀한 비판을 보여주었고, 분석적 마르크스주의 논의를 통하여 마르크스주의의 과학화의 한 형태를 보여주었으며, 제도적 수준에서 대안체제에 대한 논의를 통하여 급진적인, 그러나 가능한 새로운 대안 모색을 시도하고 있다. 물론 다양한 다른 길이 가능할 것이다. 중요한 것은 마르크스주의 논의에서 '과학적 비판'으로서의 지위를 유지하도록 하는 것이다. 또한 이것은 마르크스주의 이외의 다른 급진적 이론에 의해서도 가능할 것이며, 그것은 라이트도 주장하는 것처럼 궁극적으로 정치적 선택이나 삶의 태도에 달려 있는 문제이다.

라이트의 작업은 현재진행형의 작업이다. 특히 대안체제의 모색과 관련된 일련의 작업이 라이트의 후기 작업의 핵심 부분이기 때문에 어떤 대안체제가 제도적 수준에서 제시될지 매우 궁금하다. 그리고 그것이 정치적 영향력을 갖기 위해서는 학자들 수준에서뿐만 아니라 일반 시민들 사이에서도 영향력을 발휘할 수 있어야 한다. 그때 비로소 과학적 비판에 기초한 이론적 논의들은 정치적 실천력을 획득하게 될 것이다.

참고문헌

신광영. 1994, 「마르크스주의의 위기와 분석적 마르크스주의」, ≪사회비평≫ 제5호.

Althusser, Louis. 1969, *For Marx*, London: New Left Books.

Althusser, Louis & Etienne Balibar. 1970, *Reading Capital*, London: New Left Books.

Anderson, Perry. 1976, *Considerations on Western Marxism*, New Left Books.

Burawoy, Michael & E. O. Wright. 2000, "Sociological Marxism"(미출간 논문).

Cohen, Joshua & Joel Rogers et al. 1995, *Associations and Democracy*, London: Verso.

Crompton, Rosemary. 1996, *Class and Stratification*, London: Polity Press.

Fung, Archon & Erik Olin Wright. 1999, "Experiments in Empowered Deliberative Democracy: Introduction"(미출간 논문).

Gouldner, Albin. 1979, *Two Marxisms*, New York: Seabury Press.

Hirst, Paul. 1985, *Marxism and Historical Writing*, London: RKP.

Kaye, Harvey. 1984, *The British Marxist Historians*, London: St. Matin's Press.

Luckas, George. 1968, *History and Class Consciousness*, Cambridge, Mass.: The MIT Press.

Mayer, Tom. 1994, *Analytical Marxism*, London: Sage.

Meiksins, Peter. 1986, "Beyond the Boundary Questions", *New Left Review* 157, pp.101-120.

Poulantzas, Nicos. 1974, *Social Classes in Contemporary Capitalism*, London: New Left Books.

Roberts, Marcus. 1996, *Analytical Marxism: A Critique*, London: Verso.

Roemer, John. 1982, *A General Theory of Exploitation and Class*, Cambridge, Mass.: Harvard University Press.

_____(ed.). 1986, *Analytical Marxism*, Cambridge: Cambridge University Press.

Roemer, John & E. O. Wright(eds.). 1996, *Equal Shares*, London: Verso.

Samuel, Bowles & Herbert Gintis et al. 1998, *Recasting Egalitarianism: Neo Rules for Communities, States and Market*, London: Verso.

Sitton, John F. 1996, *Recent Marxian Theory*, Albany: The State University of New York Press.

_____. 1982, *Equal Shares: Making Market Socialism Work*, London: Verso.

Wright, Erik Olin. 1978, *Class, Crisis & the State*, London: New Left Books, 김왕배·박희 역, 1985, 『계급과 국가』, 화다.

_____. 1985, *Classes*, London: Verso.

_____. 1989, *Debates on Classes*, London: Verso.

_____. 1994, *Interrogating Inequality: Essays on Class Analysis, Socialism and Marxism*, London: Verso.

_____. 1996, *Class Accounts*, Cambridge: Cambridge University Press.

_____. 2000, *Class Accounts*, student edition, Cambridge: Cambridge University Press.

Wright, Erik Olin, Andrew Levine & Elliott Sober. 1992, *Reconstructing Marxism: Essays on Explanation and the Theory of History*, London: Verso.

페미니스트 근대론자들
공/사 이분법 해체와 페미니즘적 시민권

장미경

1. 머리말

낸시 프레이저(Nancy Fraser)와 아이리스 영(Iris Marian Young), 앤 필립스(Anne Phillips)는 사회주의 페미니즘의 전통을 계승하는 학자로서, 근대적 사고에 기반하여 후기 자본주의 사회를 분석하고 그에 대한 대안을 마련하고자 하는 페미니스트들이다. 이들은 한편 근대적 사고의 한계를 지적하면서 탈근대적 대안을 제안하는 포스트 모더니스트들의 문제제기들을 진지하게 받아들이고, 페미니즘 정치에 어떻게 활용할 수 있는가를 모색한다. 또한 그간의 페미니즘의 거대·일반이론적 기획이 어려움에 봉착했으며, 이제 도전적이고 전복적이며 해체적인 불안정한 이론과 실제 '결론'보다는 '가정(假定)'에 관한 패러다임이 필요하다는 데 공감하고 있다. 나아가 '성'과 '계급'을 중심으로 한 과거의 이중체계론적 페미니즘을 뛰어넘어, 인종·민족·지역 등의 차이에 의한 다양한 억압과 복수적 변수를 탐구하는 페미니즘 이론이 필요하다고 보고 있다.

그러나 이들은 포스트 모더니스트들이 주장하듯 탈근대적 기획을 대안으로 내세우지 않는다. 근대적 기획으로 이런 과제들을 끌어안고자 한다. 그래서 이들은 탈근대적 쟁점, 즉 요구(need)와 담론의 정치, 다원적 차이 문제들을 다루면서도 근대적 쟁점이라 할 수 있는 노동과 국가, 평등, 민주주의 문제들을 결코 포기하지 않는다. 이들은 모두 근대사상이 페미니즘 정치를 기약하는 새로운 기초를 형성하며 다원적 차이에 대한 고려가 필요하지만, 이와 동시에 동맹과 연대로 나아가는 정치를 신뢰하고 있다. 이들이 담론과 문화이론가로 이전하기보다 여전히 공공영역과 민주주의 문제에 집중하는 정치이론가로 남아 있다는 것은 이들의 이런 생각을 입증해준다.

정치이론가로서 이들은 자유주의 사상과 복지국가 이론, 하버마스 이론의 남성중심적 편견을 지적하면서 요구와 담론 해석의 정치, 페미니즘적 시민권과 참여민주주의를 통한 대안을 제시한다. 프레이저가 푸코, 데리다, 로티 등의 담론이론을 수용하면서 페미니즘적 정치의 대안을 내세우고 있다면, 영과 필립스는 전통적 정치영역에 집중하며 시민권과 민주주의에 관한 대안을 마련하고자 한다. 이들이 후기 자본주의 사회에서 제기되는 다양한 쟁점들을 어떻게 바라보고 있으며, 이와 관련해서 각기 어떤 대안을 내놓고 있는지를 구체적으로 살펴보기로 하자.

2. 이중사회론 비판과 공/사영역의 재구성

세 페미니스트들은 모두 후기 자본주의 사회를 어떻게 봐야 할지, 그리고 이 사회에서 제기되는 중요한 문제들에 대해 어떤 관점을 가져야 할지 등의 문제에 관심을 보이고 있다. 이들은 특히 근대적 기획에 의거하는 하버마스 이론에 주목하면서 한편으로는 그의 남성중심적 편견을 비판한다. 또한 다원적 차이 문제와 공/사 영역의 문제를 탐구하고 있다.

1) 하버마스의 이중사회론 비판

세 페미니스트들 중 하버마스의 이론에 가장 큰 관심을 보이는 학자는 프레이저이다. 그녀는 하버마스의 남성편견을 지적하면서도 그의 이론틀을 벗어나지 않는 범위에서 대안을 제시하고 있다는 점에서 가장 하버마스에 근접한 페미니스트라 할 수 있다. 프레이저는 페미니즘 시각에서 하버마스의 가장 중요한 이론 중 하나인 이중사회론을 정면에서 공격하는 것으로부터 출발한다.

하버마스는 사회를 체계와 생활세계로 나누고 체계에서는 화폐와 권력이 지배하고(자본주의영역) 생활세계에서는 의사소통이 지배하고 있다고 보며(가족영역), 체계에서는 체계통합 행위가, 생활세계에서는 사회통합 행위가 나타난다고 정의하고 있다. 또한 하버마스는 두 영역에서 이루어지는 재생산의 형태도 사회적 노동 형태로 나타나는 '물질적 재생산'과, 아동의 사회화와 집단 정체성의 형성, 문화전통의 이전과 확대로 나타나는 '상징적 재생산'으로 이분되고 있다고 설명한다.

그러나 프레이저는 하버마스가 경제/가족, 공적 영역/사적 영역, 물질적 재생산/상징적 재생산, 체계/생활세계를 대립시킴으로써, 후기 자본주의 사회의 남성 지배적 성격을 보기 힘들게 하며 명확한 남성주의적 편견을 위장하고 있다고 본다. 또한 그의 행위 구분도 교환가치 노동을 기준으로 한 편파적 개념에 치우쳐 생산활동과 재생산활동을 임금노동에 국한시키고 있다고 비판한다. 이런 이분법은 가족 내 권력관계, 즉 가내 영역에서 규범적-가내적-가부장적 권력이 동시에 여성종속을 강화하는 요소로 작용하는 것을 간과하는 견해라는 것이다.

프레이저는 실제 가족과 사회의 두 영역에는 '관료적 가부장적 권력'과 '가내적 가부장적 권력'이라는 두 가지 형태의 권력이 동시에 존재하므로, 사회뿐만 아니라 가족도 화폐와 권력을 매개로 하는 가족재산 분배와 아내구타의 영역이자 강제와 폭력이 지배하는 의사결정의 지점이고, 서비스·노동·돈·성에 의한 보편적인 착취교환의 장소라고 주장한다. 또한 행위 측면에서도 각 영역에서 '규범적 행위'와 '의사소통적 행위'라는 두 차원의 행위가 동시에 나타나고 있다고 본다. 양육이란 아이의 사회적 정체성 구성뿐만 아니라 생물학적 생존을 위해 절대적으로 필요한 상징적·물질적 재생산의 성격을 지닌 '이중적(dual-aspect) 활동'이며, 마찬가지로 음식과 재화 생산도 물질적 재생산뿐 아니라 사회적 정체성을 재생산하는 이중적 활동이라는 것이다. 그런데도 이처럼 인간행위와 행위영역을 둘로 나누는 하버마스의 이분법은 여성종속을 정당화시키는 것과 마찬가지라는 것이다(Fraser, 1987: 31-39).

프레이저는 후기 자본주의 사회에서의 '부정의(unjust)'에 관한 논의를 통해 실천대안을 이끌어내고자 한다. 프레이저는 부정의를 착취, 경제적 주변화, 박탈(물질적 측면의 박탈) 등으로 나타나는 사회경제적 측면과, 사회적 재현·해석·의사소통 패턴에 뿌리 박혀 있는 문화적 지배, 불인정(권위적인 문화실천을 통한), 경멸 등으로 나타나는 문화적 측면으로 구분하고서 이런 구분은 단지 분석적인 구분일 뿐이며 둘은 서로 얽혀 있다고 생각한다.[1] 가장 물질적인 경제제도조차 구성적으로 환원 불가능한 문화적 차원을 가지며, 반대로 가장 담론적인 문화실천도 구성적이고 환원 불가능한 정치경제적 차원을 지니고 있다고 보기 때문이다.

---

1) 프레이저는 하버마스의 이분법을 비판하면서도 분석과 대안에서 그에 기초한 설명을 제시하고 있다는 점에서 모순성을 드러낸다. 비록 프레이저가 이분법을 실제적 차원이 아니라 분석적 차원에서만 인정하고 있다고 할지라도 말이다.

그러므로 경제적 부정의를 없애기 위해서는 정치경제적 재구조화(소득
재분배, 노동분업의 재조직화, 민주적 의사결정, 다른 기본 경제구조의
변형)를 위한 재분배투쟁뿐만 아니라, 주변화된 집단의 문화적 산물과
비하된 정체성에 대한 재평가, 문화적 다양성의 인정, 재현의 사회적 패
턴 변화, 자아의식을 변화시키는 해석과 의사소통을 위한 인정투쟁이 필
요하며, 반대로 문화적 부정의를 없애기 위해서도 인정투쟁뿐만 아니라
동시에 재분배투쟁이 필요하다고 주장한다. 프레이저가 보기에 이 재분
배-인정의 딜레마와 동시적 투쟁의 필요성을 가장 잘 보여주는 것은 젠
더(gender)와 인종이다. 젠더와 인종은 문화적 측면뿐만 아니라 경제적
측면을 동시에 포함하고 있으며, 따라서 불리한 젠더와 인종의 문제를
해결하기 위해서는 문화적 변화뿐만 아니라 정치경제적 변화가 필수적
으로 된다는 것이다(Fraser, 1995a: 68-81).

프레이저는 따라서 이런 문제를 해결하기 위한 구체적 대책으로 긍정
대책(affirmative remedies)과 변형대책(transformative remedies)이 필요하
다고 생각한다. 여기서 긍정대책이란 사회구조를 재구조화하지 않고 부
정의를 개혁하려는 주류 다문화주의적 경향과 관련이 있는 대책이며, 변
형대책은 기존 집단들의 정체성을 뒤흔듦으로써 기존 구조를 해체하고
재구성하려는 사회주의적 경향과 관련이 있는 대책이다. 긍정대책이 보
편주의적 '인정' 개념에 기초하고 있다면, 변형대책은 인정관계에서 상
호성과 연대성을 강화하려는 자기내재적(self-consistent) 대책이다.[2] 여

<hr />

[2] 역사적으로 긍정대책이 가장 주변적인 집단을 방치한 채 소득이전조치(사회보
험, 공적 부조)를 해온 자유주의 복지국가와 관계가 있다면, 변형대책은 정치경
제의 근본적인 구조 변화와 재분배를 꾀하는 보편적 사회복지 프로그램, 진보
과세, 완전고용 정책, 공적·집단적 소유, 사회적 평등화, 사회경제적 권리에 우
선순위를 부여하고 민주적 의사결정을 결합해온 사회주의 국가와 관련된 대책
이다. 동성애 정치의 경우에 적용시켜보면, 긍정대책이 동성애 혐오와 이성애
차별주의에 기초한 게이 정체성의 정치(gay-identity politics)와 관계가 있다면,
변형대책은 게이 정체성을 강화시키기보다는 호모/헤테로 이분법을 해체하고

<표 1> 재분배-인정의 딜레마와 긍정-변형 대책

	긍정 대책	변형 대책
재분배	자유주의 복지국가 재화의 형식적 재분배 집단 구분 오인 발생	사회주의 생산관계의 근본적 재구성 집단 구분 모호 오인 수정
인정	주류 다원주의 집단의 기존 정체성 인정 집단 구분	해체 인정관계의 근본적 재구성 집단 구분 모호

기에서 프레이저는, 긍정대책이 정치경제의 성별적 차원을 드러내지 못하고 유급/무급 노동간의 성별분업, 남/녀 성별분업을 공격하지 않은 채, 여성을 결여된 존재로 묘사하기 때문에 '인정에서의 부정의'를 증대시킬 수 있다고 보고, (사회주의 페미니즘에 친숙한) 변형적 재분배를 통해 인정문제를 제기해야 한다고 생각한다.

   그러나 그렇다고 해도 재분배-인정의 딜레마를 완전히 해결할 수 있는 이론적 방책은 없다. 그러므로 재분배-인정의 갈등을 최소화하는 접근을 통해 딜레마를 약화시키고, 사회주의 경제학이 해체적 문화정치와 결합되어야 한다는 것이다. 게이 노동자와 흑인 여성 등에서처럼 재분배-인정의 혼합형태가 존재하므로, 두 대책을 적절히 결합할 때 페미니즘의 목적 성취에 다가갈 수 있을 것이라고 제언한다(Fraser, 1995a: 82-91).

고정된 성 정체성을 불안정하게 하는 퀴어 이론의 정치와 관계가 있다. 동성애를 게이 정체성의 정치가 문화적 긍정성으로 본다면 퀴어 이론의 정치는 평가절하된 이성애로 보며, 성 정체성 집단의 분화를 게이 정체성의 정치가 증대시킨다면 퀴어 이론의 정치는 불안정하게 만든다.

2) 공/사 영역

이들 페미니스트들은 모두 공/사 영역을 구분하고 각 영역에 남성/여성을 편재해온 근대 자유주의 사상에 대해 비판적이며, 공/사 개념의 의미를 재정의할 것을 주장하고 있다. 후기 자본주의 사회에서 사적인 것들은 이미 공적 이슈로 되고 있으며, 사생활 보호는 개인의 행위와 기회, 참여의 자유를 보장하는 길이 되기 때문에 과거의 공/사 개념이 재정의되어야 한다는 것이다. 프레이저가 하버마스의 공/사 이분틀의 문제점을 지적하고 공/사 영역의 연속성 개념을 주장하는 데 집중하고 있다면, 영과 필립스는 이와 더불어 어떻게 공/사 개념이 재구성될 수 있는지를 모색하고 있다.

프레이저는 하버마스의 공/사 분석틀이 얼마나 무성적(sex-blind)인가를 보여줌으로써 기존 학자들의 남성 편향을 드러내려 한다. 하버마스의 '가족-공공영역-경제-국가'의 분석틀에서 공공영역의 시민과 사적 경제의 노동자는 남성으로만, 사적 가족의 소비자는 여성으로만 나타나는데, 이것은 그가 남성적 시민 역할을 문제화하지 않았으며 자본주의 노동시장이 어떻게 근대 남성 가장의 핵가족과 연결되어 있는지를 이해하지 못했음을 보여준다는 것이다(Fraser, 1987: 31-56).

이에 반해 영과 필립스는 공/사의 의미 재규정에 집중한다. 영이 보기에 공적인 것은 동질적인 것을 의미한다기보다는 개방적이고 접근가능하며 배제적이지 않은 것을 의미한다. 공적 토론과 표출에서 어떤 사회제도나 실천이 선험적으로 배제되어서는 안되며, 진실로 열려진 접근가능한 공적 공간 속에서 서로 다른 사회적 입장과 경험을 지닌 사람들이 의사소통할 수 있어야 한다는 것이다. 영은 또한 공/사에 대한 도전은 보살핌 윤리를 포함하지 않는 기존의 남성중심적 '정의' 개념에 도전하

는 것이라고 생각한다. 정의란 개인적 요구, 감정, 욕망과 대립되는 것이
라기보다는 사람들이 요구를 충족하고 욕망을 표현하게 하는 제도적 조
건을 이름짓는 것이라는 주장이다. 필립스도 헬드(David Held)와 그린
(Philip Green)의 참여민주주의적 기획을 끌어들여 여성이 실질적 평등
을 확보할 수 있는 대안을 통해 공/사 이분틀을 극복하려고 한다.[3] 그녀
는 현재 사적 생활의 조직방식이 여성의 민주적 참여를 가로막고 있다
고 보면서 정치적 민주주의를 이룩하기 위해서는 실질적인 사회평등이
전제되어야 한다고 생각한다. 남녀간의 정치적 평등은 여성의 가사노동
책임을 남성과 사회로 이전시키고, 여성과 남성을 가정/노동현장으로 분
리하는 관행 폐지, 시간의 평등화 등 가정의 실질적 변화를 포함해야 한
다는 것이다(Phillips, 1991: 95-96).

  그러나 영과 필립스는 공/사 영역과 공적·사적 활동의 구분 자체를
무화시키는 논의에는 반대를 표한다. 공/사 구분 자체가 문제되는 것이
아니라 공/사, 이성/감성, 남성성/여성성, 보편/특수 사이의 위계적 이분
법과 그것들간의 사회적 분리가 문제되는 것이라고 생각하기 때문이다.
결정에는 사적인 결정이 있고 아무리 공적 논쟁과 의사결정이 민주화된
다 하더라도 임신 여부의 결정, 섹슈얼리티 등 개인이 해결하기를 원하
는 문제가 있다. 그러므로 일상생활을 민주화해야 한다는 주장을 단순한
'공적 정치'로 대체해서는 안된다는 것이다(Phillips, 1991: 117-119). 아
렌트(Hannah Arendt)에 의하면 정치는 공적 행복이나 공적 해방을 추구
하는 것이고, 킨(John Keane)에 의하면 민주주의란 자주관리 기업, 민주

---

  3) 그린은 생산과 재생산 노동에서의 위계제 폐지와 민주적 노동분업을 강조하지
    만, 작업장 민주주의나 낭만적 사회주의자들의 절대적 사회적 평등이 최상의
    목표라고 생각하지 않는다. 그는 교육과 훈련에 대한 접근이 가능하고 자신의
    인생에서의 선택에 진정 자유로우며, 실질적인 직업 이동이 가능하고 각 개인
    이 시민으로서 동등한 자격을 가지는 진정한 참여민주주의를 대안으로 삼고
    있다(Phillips, 1991: 104).

적 노조, 강간위기센터, 게이와 레즈비언 집단, 공동주택, 시민사회에서의 다른 공공영역 형성 등을 이루는 것인데, 페미니스트들이 사적 영역의 본질을 탐색하는 데 실패한 것은 페미니스트들이 민주적 논쟁에 실패했음을 의미하는 것이 된다는 지적이다(Phillips, 1993: 86).

따라서 이들은 '사적인 것'의 정치화에만 집중하는 급진주의 페미니즘의 전략이 한계를 지니고 있다고 본다. 그들의 전략은 지배와 권력관계 지형을 포함하는 정치를 수립하기보다는 공/사 영역의 질적 차이를 그대로 놓아두고 공/사 분리를 재확인하는 데 그친다는 것이다. 이런 전략은 여성을 정치적 관심사로부터 후퇴시키고, '공/사'라는 서로 다른 종류의 활동을 구분하지 않음으로써 그와 관련된 적절한 해결책을 마련하지 못하게 할 우려가 있다는 것이다. 예를 들면 출산권을 사적 문제가 아니라 공적 문제로 보는 것은, 선택권을 '여성'이 아니라 사회에 부여해서 여성이 더 이상 선택권을 요구할 수 없게 만들며, 성적 관계나 가족관계를 노동영역이나 정치영역과 같은 방식으로 취급할 수 없다는 것이다. 영도 '개인 성생활'처럼 사적인 것이 분명히 존재하고 있으며, 집안에서 아내가 남편에게 가사분담을 요구하는 행위와 남성의 가사분담을 공개적으로 캠페인하는 행위는 엄연히 다르며, 시민이 정치적 결정에 참여할 때는 개인적 사안을 넘어서는 공평한 일반의지의 실현을 목표로 세워야 한다고 생각한다(Phillips, 1993: 55-74). 그래서 이들은 공/사 구분을 포기하기보다는 구분의 필요성을 인정하는 대안이 더 필요하다고 생각한다.

3. 차이 문제와 페미니즘

1) 집단-인지적 정치

이들은 모두 집단들간의 서로 다른 차이를 인정해야 한다고 주장한다. 특수한 경험과 문화, 사회적 기여가 공적으로 인정되고 인식하는 집단-인지적 정치(group-conscious politics)야말로 실질적 평등의 기초이기 때문이다(Young, 1990: 158-182). 이들은 모든 사람들을 동일한 원리와 규칙, 기준에 따르게 하는 동화주의나 동일성의 정치와 반대로, 차이의 정치는 피억압자나 불이익집단을 고려하는 참여와 포섭의 평등 개념으로 나아가게 하며, 주변집단들이 적극적으로 연대를 형성하고 자신들의 정체성에 긍정적 의미부여를 함으로써 기존 정치의 한계를 극복하게 한다고 본다. 실제 이것은 여성운동의 경험에서 여성들의 독자 조직화를 가능하게 했고, 보살핌과 양육 등의 노동을 재평가하게 하는 결과를 낳기도 했다는 것이다.

영은 나아가 이런 집단의 차이를 대립적이 아니라 관계적인 것으로 파악해야 한다고 주장한다. 집단의 차이를 대립적인 것으로 보면 다양한 차이범주들을 대립시키게 되고, 특정 규범과 다른 특성들을 일탈적인 것으로 취급하게 해 차이를 배제로 변화시키고, 남성/여성, 시민/노예 등의 위계적 이분법을 재생산하게 된다는 것이다. 이에 반해 차이를 관계적으로 볼 때는 서로 다른 집단들 사이에 잠재적으로 공통적인 속성, 경험, 목적을 공유하고 있음을 인정하게 되는데, 이때에 비로소 중심집단과 주변집단의 지위를 상대화·객관화할 수 있게 된다는 것이다(Young, 1990: 165-173). 이 집단-인지적 정치는 또한 '이익집단의 정치'와 구분된다. 이익집단의 정치는 사적 이해를 중심으로 한 개인적 관점을 극대화·제도화하고, 공적 의사결정과정에 참여하는 것을 봉쇄하며, 세부 제안이나 의사결정을 묵살하고, 사회생활을 분절화하며, 시민-국가 관계를 사사화(私事化)한다는 것이다. 그러므로 문화적 다원주의를 인정하지만 이익집단의 정치는 배제하는 집단-인지적 정치가 필요하게 된다(Young, 1990: 33-124).

2) 다원적 공공성

이들은 또한 하나의 공공성(publics)만을 인정하는 남성학자들의 공공성 개념에 이의를 표한다. 근대 정치이론과 실천에서 시민적 공공성은 보편적이고 공평한 이성 개념을 표현하면서, 이성/감정, 남성성＝이성/여성성＝감정, 욕망의 이분화 속에서 여성과 타자를 배제해왔다는 것이다. 이런 사고는 롤즈(John Rawls)를 비롯한 신자유주의자나 복지이론가, 하버마스에게도 공통적으로 나타나는데,[4] 사회집단들의 차이가 존재하는 현실에서 특정 집단의 공공성만을 보편화한다면 억압과 위계적 의사결정을 정당화하게 될 것이라는 주장이다(Young, 1990: 156-190).

프레이저는 공공성을 사회적 의미가 생성·순환·각축되고 재구성되는 지점이자 헤게모니와 문화를 형성하는 1차적 장으로서 사회제도 맥락의 담론과정에 위치하고 있다고 정의한다. 이 공공성은 후기 자본주의에서 이데올로기, 계급 등과 같은 다원적 축이나 상대적 권력에 따라 결정되는데, 이때 지배 블록은 특정 문제들을 공공적인 것으로 만들 수 있다.

---

4) 신자유주의자 롤즈는 근대 자유주의자들의 도덕이론을 비판하면서 다양한 사람들의 차이를 고려하는 정의 개념을 주장했지만, 그의 '원초적 입장(original position)' 개념 역시 참여자들 사이의 진실한 토론과 상호작용을 배제하고 있는 모델에 불과하다고, 다시 페미니스트들에 의해 비판받는다. 도덕적 합리성은 변증법, 어떤 사람의 이해(利害)도 억압하지 않는 동일한 권력조건하에서 다원적 주체들 사이의 상호작용의 산물로 이해되어야 한다는 것이다.

그러므로 정치적 무기로서의 공공성은 단순히 사적인 것을 공적으로 만드는 것이라기보다는 해석에 대한 담론투쟁, 즉 '담론의 공공성(discoursive publicity)'을 의미한다는 것이다(Fraser, 1990: 205). 프레이저는 공/사의 과잉 단순화나 이분법을 피하고, 다양한 사람들의 정체성·이해·욕구를 대안적으로 해석하는 대항적 담론공간, 즉 민주적 '하위부문의 대항적 공공성(subaltern counterpublic)'을 수립할 것을 주장한다. 성희롱을 둘러싸고 일어난 클라렌스 토마스/아니타 힐의 담론투쟁이 바로 이 대표적 예라 할 수 있다. 프레이저는 이처럼 후기 자본주의에서 공공성은 성적 차원뿐만 아니라 인종적·민족적 차원에서의 공공성, 정부와 주류 매체가 주도하는 주류적 공공성과 다른 대항적 공공성, 일상생활영역에서의 비공식적 공공성 등 다원적 공공성이 존재하며, 이 다원적 공공성을 통해 평등적·민주적 사회를 위한 투쟁을 전개할 수 있다고 지적한다(Fraser, 1995b: 287-308).

영도 이질적 공공성과 다원적 공공성이 필요하다고 생각한다. 참여자들의 요구를 사회정의와 양립시키고 집합적 토론과 민주적 의사결정을 가능하게 하기 위해서는, 공론장과 청문회에서 절차적 공정성을 보장하고, 특권층뿐만 아니라 피억압자의 목소리를 고려하며, 이익집단과 이데올로기 집단이 아닌 사회집단이 스스로를 표출할 수 있고, 무지개연합처럼 각 집단이 자율성을 가진 더 포괄적인 민주적 제도, 즉 이질적 공공성, 다원적 공공성의 공간을 마련해야 한다는 것이다(Young, 1990: 156-190). 필립스도 페미니즘 내에서 모성휴가나 보호법을 중심으로 한 '평등/차이' 논쟁을 뛰어넘어 다원적 차이에 대한 고려가 필요하다고 제안한다(Barett & Phillips, 1992: 4-8).

3) 관계적 정체성 지지: '시리즈'로서의 정체성

영은 정체성의 정치전략이 여성을 집단 개념으로 유지하게 하지만 여성집단을 하나의 속성으로 귀속시키는 본질주의의 오류를 반복하며, 특정 규범이나 경험을 특권화하고, 페미니즘 정치를 전횡화할 우려가 있다고 본다. 젠더는 '본질'이라기보다는 관계적 개념이므로 인종, 계급, 종교에 따른 고려가 필요하다는 것이다.[5] 그러나 이처럼 젠더 정체성을 복수적인 것으로 이론화하면 결국 '여성집단'을 '개인'으로 해체하고 마는 역설을 가져온다.

페미니스트들은 이처럼 페미니즘의 정치를 말하려면 여성을 집단적인 것으로 이해해야 하지만, 그것이 다양한 여성들을 하나로 귀속시키게 되는 한계를 갖게 되고, 그렇다고 해서 여성들 내부의 다원적 차이를 인정할 경우 페미니즘 정치가 어려워질 수 있다는 딜레마에 부딪히게 되는데, 영은 이 딜레마를 해결하기 위해 사르트르(『변증법적 이성 비판』, 1976)로부터 '시리즈(집합적 종, series)'라는 개념을 끌어온다.[6] 시리즈

---

5) 최근의 페미니스트들은 젠더 정체성의 복수성을 인정한다. 아이젠스타인(Zillah Eisenstein, *The Female Body and the Law*, 1989)은 더이상 성차만으로 문제를 해결할 수 없으며, 차이의 다원성을 고려하는 급진 다원주의로 나아가야 한다고 주장하며, 퍼스(Diana Fuss)도 여성집단을 공통점을 가진 하나의 속성으로 이름붙일 수 없고, 젠더 정체성을 지닌 여성들이 '여성연대'의 정체성을 창출하고 있다고 보고 있다. 퍼거슨(Ann Ferguson)과 모한티(Chandra T. Mohanty)도 남성, 여성이 서로 다른 인종적·계급적 기반을 지니고 있으므로 '젠더 위치'로 표현하는 것이 더 유용하다고 제언한다. 스펠만(Elizabeth Spelman)은 정체성이 사회적으로 구성된다고 보며, 버틀러(Judith Burtler)도 젠더 정체성을 묘사하는 시도는 규범적 권력을 지니고 있다고 보면서 젠더를 본질화시키는 논의에 반대한다(Young, 1995: 188-189).
6) 사르트르는 시리즈의 예를 버스를 기다리는 사람들에게서 찾아볼 수 있다고 말한다. 그들은 버스를 기다리는 동안 버스를 타려는 욕망 속에서 하나의 집합체로 되지만, 그들의 역사, 경험, 정체성이 반드시 같지 않으며 그들의 행위와 목적은 다를 수 있다. 그들은 버스가 오지 않을 때 버스 서비스에 대해 불평을 하거나 버스 대신 택시를 탈 것인가를 논의하게 되는데 이런 차원에서만 그들

란 적극적으로 공유된 목적을 형성하는 집단과 달리, 구성원이 그들의 행위가 지향하는 대상에 의해 수동적으로 통합되거나 다른 사람들의 행위의 물질적 결과에 의해 통합되는 사회적 집합체인데, 시리즈로 여성을 개념화하는 것은 모든 여성이 공통된 속성이나 공통된 상황을 가지고 있다고 전제하지 않고서도 사회적 집합체로서 여성을 생각할 수 있게 한다는 점에서 유용하다는 것이다(Young, 1995: 187-209).

4. 정치전략: 시민권과 민주주의

프레이저와 영, 필립스는 모두 근대적 기획을 통해 현재의 딜레마를 해결하려고 하지만, 프레이저가 포스트모더니즘을 부분 수용하면서 복지국가의 문제를 해석과 담론의 정치를 통해서 해결하려고 하는 데 비해서, 영과 필립스는 공공영역과 시민권을 통한 민주주의 해결책에 더 집중한다.

1) 복지국가와 '요구 해석의 정치'

프레이저는 하버마스, 푸코, 로티 등에 힘입어 해석과 의사소통의 사회문화적 수단을 이론화하는 모델을 개발, 역사적이고 문화적으로 특수한 담론을 사회적 집단성과 조화시키려고 한다. 공적으로 인정된 요구(need) 개념들(필요, 권리, 이익)에 대한 '요구 해석(need interpretation)

은 통합되어 있는 것이다. 시리즈에서 개인들은 고립되어 있지만 혼자는 아니며, 자신들을 집합체로 구성된 것으로 이해하며, 그들의 목적을 성취하려는 대상과 실천에 의해 다시 시리즈화된다. 시리즈의 구성원들이 물질적 환경을 바꾸는 데 무기력하다는 점에서 이 시리즈는 실천적으로는 무력한 실체이다(Young, 1995: 187-209).

의 정치'가 바로 이 모델이다(Marshall, 1994: 142). 여기에서 그녀의 관심은 '요구'가 아니라 '요구 담론'에 있다. 네트워크를 탐색하지 않는 약한(thin) 요구이론은 어떤 요구들이 제공되는가에만 관심을 가지고 '요구의 정치' 측면을 간과하므로 중요한 정치적 의문을 제기하지 않고 요구 해석 과정도 문제삼지 않는다. 그러므로 요구 해석의 정치, 즉 요구를 누가 정의하고 충족시킬 것인지를 결정하는 권력투쟁을 포함하는 사회적 담론 모델이 필요하다고 생각한다. 그녀는 미국의 사회복지제도가 남성 부양자를 중심으로 한 '남성적' 사회보험체계와 가내 수입 및 가정관리자-어머니를 중심으로 한 '여성적' 구호체계라는 두 성별체계 속에서 각기 다르게 발전해왔는데, 이런 분리된 두 체계가 지속되어온 것은 남성과 여성 요구에 대해 각기 다른 담론이 유지되어왔기 때문이라고 본다(Fraser, 1993: 1-16).

프레이저는 후기 자본주의 사회가 단순히 다원적이라기보다는 계층화·분화되어 있다고 보면서, 정치·경제·가내적인 것은 구조·영역·물체라기보다는 문화 이데올로기적이며, 고유하게 정치적/비정치적인 것은 선험적으로 존재하지 않는다고 생각한다. 예를 들면 미국에서 출산통제는 인종학살의 공포로 휩싸였던 1890년대에는 대단히 정치적인 문제였지만 1940년대에는 사적 문제로 여겨지는데, 이처럼 정치/사적인 것의 경계는 시·공간에 따라 달라진다는 것이다. 그녀는 후기 자본주의 사회에서 가족과 공식경제는 비정치적 영역으로, 그리고 탁아요구는 '누수적(runaway)' 요구가 되었다고 본다(Fraser, 1993: 166-171).

프레이저는 요구 담론을 크게 세 가지로 분류한다. 첫째는 요구가 아래로부터 정치화될 때 나타나는 대립적(opposition) 요구 담론이다. 이 담론은 경제, 가족/정치의 구분선을 문제삼고 새로운 담론적 공공성을 통해 새로운 사회적 정체성을 만들어내며, 새로운 집합 행위자나 사회운동의 자기구성의 계기로 작용한다. 둘째는 국가개입에 반대하고 사회복지 서비스를 감축하며 사기업에 대한 규제를 축소하려고 하는 재사유화 (reprivatization) 담론이다. 예를 들면 이 담론은 아내구타문제를 정치담론이라기보다는 가족·종교문제로 보거나 공장폐쇄를 사적인 문제로 보는 담론이다. 셋째는 충분히 정치화된 요구를 잠재적 국가개입의 대상으로 만드는 전문화(expert needs discourses) 담론으로, 이것은 대학에서 만들어지는 사회과학 담론, 사법제도·전문가단체·언론 등에서 만들어지는 법 담론, 사회행정 담론, 공사 의료부문의 치료 담론을 포함하며, 전문가층의 형성과 제도, 사회 문제 해결과 관련되어 있다. 전문가 담론은 국가와 사회운동을 연결하는 가교로서 행정 담론의 성격을 지니지만, 요구를 탈맥락화·재맥락화하고 행위자를 사회집단이나 정치운동의 구성원이 아니라 개인이나 이윤 최적화를 위한 행위자로 간주한다(Fraser, 1993: 171-175).

이때 '요구 해석의 정치'는 점차 '요구 충족의 정치'로 변화된다. 예를 들어 아내구타문제와 관련해서 살펴보면, 구타당한 여성들은 처음에 피해자로 상담소를 찾아오지만 그들 중 많은 여성들이 페미니즘에 눈을 뜨면서 점차 잠재적 페미니스트로서 상담자로 활동하게 된다. 그러나 이 활동이 성숙하면서 공적 규제와 전문화과정을 밟게 됨에 따라, 상담활동은 점차 구타당한 경험이 없는 전문 사회사업가가 대체하게 되는데, 이때 전문 상담자는 이 문제를 준심리학적 문제로 보게 되고 전문 상담자와 구타 여성들 사이의 갭은 확대되기 시작한다. 피난처 활동은 이때 개인적이며 덜 정치적인 문제로 되며, 정치의식화작업은 '배우자 구타'라는 중립적인 과학적 언어로 대치되게 되는 것이다. 이런 상황이 지속되면 다시 요구자들 사이에서 저항이 나타나게 되면서 잠재적 정치화의 가능성이 생긴다. 비공식적인 문화적 저항뿐만 아니라 공식적인 정치적

저항도 있었는데, 즉 남편으로부터 학대당했던 여성들이 아동학대에 관
심을 갖거나, 공적 사회사업기구가 하지 못하는 다른 정치적 실천을 개
발하며, 사회복지 프로그램의 행정적 해석에 도전하고, 정부기금의 의미
를 변형 또는 정부의 심리요법적 처우에 항의하는 등 여러 방식으로 저
항이 행해졌다(Fraser, 1993: 175-181).[7]

요구 해석의 정치에서, 이루어진 해석을 정당화하고 잘못된 해석을
구분해내는 것은 중요하다. 이를 위해서는 다양한 해석을 가능케 하는
사회과정 절차와 요구와 권리 사이의 관계가 고려되어야 하고, 요구가
배제적/포섭적, 위계적/평등적인가를 판단해야 하며, 개인주의적, 부르주
아 자유주의적 권리담론에 신중해야 하며, 권리보다 책임을 우위에 놓는
페미니스트들의 태도를 참조할 필요가 있다. 또한 권리를 배제한 요구를
강조할 때 나타나는 온정주의를 경계하면서 요구를 새로운 사회권의 토
대로 보아야 한다. 빈곤·불평등·억압이 없는 곳에서 공식적 자유권은
확대되고 집합적 자기결정에 대한 실질적 권리로 변형될 수 있다는 것
이다(Fraser, 1993: 181-187).

2) 사회구조와 제도적 맥락에 기초한 사회정의 개념

영은 기존 남성학자들의 사회정의 개념이 분배 패러다임에 한정되어
있다고 비판하면서 사회정의 개념을 새롭게 재정의한다.[8] 분배 패러다

---

7) 스톡(Carol Stack)은 1960년대 중서부 시에서의 AFDC 수혜자들의 친족망 연
   구에서 저항의 예를 발견하는데, 이들의 저항은 당시 복지권리운동이 사회에
   확산되는 데 일정 역할을 한다. AFDC의 수혜자들은 수혜범위를 어머니에게
   한정하는 주 행정부의 핵가족 범주 규정을 넘어서서 친족에게까지 확대, 수혜를
   받고 있었다. 또한 레인(Prudence Rain)은 1960년대 10대 흑인 임산부들이 상
   담교육을 받을 때 엉뚱한 대답을 하거나 유머러스한 답을 말함으로써 자신들
   이 원치 않는 교육과정에 저항했다고 설명한다(Fraser, 1993: 175-181).
8) 영은 기존 남성학자들이 사회정의 개념을 분배 측면에 한정시킴으로써 사회정

임은 사회관계들과 제도적 규칙들을 물화시키고, 과정을 무시하는 정적인 사회존재론을 낳으며, 원자론적 관점에서 파악하는 관점이라는 설명이다. 예를 들면 권력을 분배논리로 보는 것은 권력을 일종의 재산(stuff)으로 보는 것을 의미하는데, 이것은 권력이 산물이 아니라 관계라는 사실을 모호하게 하며, 권력을 가진 특정 행위자나 역할보다 피권력자에 초점을 맞추게 하고, 권력관계에서 두 행위자를 매개하는 더 큰 구조를 놓치게 한다는 것이다(Young, 1990: 30-33).

그러므로 영은 '분배'가 아니라 사회구조 및 제도적 맥락과 관련된 '지배와 억압 개념'에서 출발해야 한다고 본다. 여기서 제도적 맥락이란 생산양식보다 더 큰 범주를 말하는 것으로, 즉 구조와 실천, 그와 관련된 규칙과 규범, 그것들 사이의 사회적 상호작용을 매개하는 언어와 상징을 의미한다. 여기에는 의사결정 구조와 절차, 분업(주어진 지위에서의 임무 특성과 의미, 가치에 대한 정의, 협조, 갈등, 권위관계를 포함), 문화(사람들이 자신의 경험을 표현하고 의사소통하는 상징, 이미지, 의미, 습관적 행동, 이야기 등을 의미)가 포함된다. 이처럼 '분배'가 아니라 '분배의 개념화와 구성(creation)'으로, '분배의 결과물'이 아니라 '개인에게 자격을 부여하거나 제약하는 사회구조'로 나아가야 한다는 것이다(Young, 1990: 15-22).

그러나 영은 사회정의를 '선한 삶(good life)'과 등치시키는 논의에는 거리를 둔다. 사회정의에 인간본성과 인간적 선(善)을 포함시키는 테일

의의 의미를 축소시켰다고 비판한다. 즉 롤즈는 사회정의를 사회 기본구조의 분배 측면을 평가하는 기준으로, 런시만(Walter Runciman)은 재화의 분배를 평가하는 윤리적 기준으로, 갤스톤(Willam Galston)은 적절한 소유(rightful possession) 개념으로, 밀러(David Miller)는 수혜와 의무가 분배되는 방식으로 정의했다는 것이다. 사회주의자와 마르크스주의자들도 마찬가지인데, 넬(Edward Nell)과 오닐(Onora O'Neill)은 자본주의적 정의와 구별되는 사회주의 정의는 분배 원리에 있다고 설명하며, 닐슨(Kai Nielsen)도 분배정의에 초점을 맞추어 급진 사회주의적 정의 개념을 정교화한다(Young, 1990: 15-22).

러(Charles Taylor)의 견해와, 분배에 대한 비판뿐만 아니라 문화와 사회
화에 대한 비판 및 선한 삶을 정의 개념에 포함시키는 벤하비브(Seyla
Benhabib)의 견해에 반대하는 것이다. 영은 사회정의가 모든 도덕규범을
포함하거나 개인이나 집단의 선호 및 삶의 방식이라기보다는 제도적 조
건에 한정되는 것으로 본다. 사회정의란 사회적으로 인정된 제도에서 풍
부한 기술을 만족스럽게 배우고 사용하는 것, 제도 형성과 운영에 참여
하는 것, 다른 사람들과 즐기고 의사소통하는 것, 우리의 경험과 느낌,
사회생활에 대한 견해를 다른 사람에게 표현할 수 있는 것을 의미한다
는 것이다(Young, 1990: 33-38).

3) 민주주의와 시민권

이들은 근대 자유주의 이론가들이 시민권을 남성적인 가부장적 범주
에 근거하는 남성적 '개인'에 근거하여 정초했다고 비판한다(Phillips,
1991: 31-35; 1993: 57-65). 이들은 특히 페이트만(Carole Pateman)의
주장을 빌어, 여성들은 어머니·교육자의 역할을 통해 공적 서비스를 수
행해왔음에도 불구하고 여성들의 시민적 역할이 어떻게 배제되어왔는가
를 보여준다.9)

---

9) 페이트만도 근대 자유주의자들이 자유와 소유, 동의와 종속을 동일시하고 공/
   사 영역을 이분화하고 시민사회에서 가정영역을 배제함으로써 여성을 사적 존
   재로 만들었으며, 남편과 아내 사이의 성적 계약은 여성의 개인적 지위를 부정
   하는 기초가 되었다고 비판한다. 이로 인해 예를 들면 강간 재판에서, 여성의
   '동의'는 많이 고려되지 않았으며 심지어 여성이 동의하지 않았음을 법정이 인
   정할 때조차도 남성의 주장만을 관대하게 수용하게 되었다는 것이다. 또한 페
   이트만은 여성이 시민으로서 제대로 인정받지 못했다고 지적한다. 출산시에 죽
   은 여성은 전쟁에서 죽은 남성들처럼 국가를 위해 생명을 희생한 것이며 임신·
   양육에 평생 헌신한 여성들은 공적 작업을 수행했는데도, 군인과 노동자로 표
   상되는 시민의 범주에 여성이 포섭되지 못했다는 것이다.

영은 특히 시민 공화정의 공적 개념과 시민권에 주목한다. 영은 시민
권이 집단공동체가 공통적으로 가지고 있는 구성원 의식에 기초하며, 집
단 정체성을 둘러싼 정치조직화와 정책결정과정에서 다른 사람들과 상
호작용하는 것을 의미한다고 본다. 페이트만이 '성별적(sexually differ-
entiated) 시민권' 개념을 통해 남성과 다른 여성의 시민권을 주장했다
면, 영은 성뿐만 아니라 계급·지역·인종 등의 다른 차이를 고려하는 '집
단별(group differenciated) 시민권' 개념을 강조한다. 이 개념이야말로
다원적 차이들로 인해 발생하는 억압과 갈등을 효율적으로 인지·표출하
는 메커니즘을 제공한다는 것이다(Phillips, 1991: 46-50; Mouffe, 1992:
379).

필립스는 좀더 본격적으로 민주주의와 시민권을 조명하면서, 공적 영
역과 대표성에만 집중하는 자유주의적 민주주의의 한계뿐만 아니라 여
성을 가정 내 존재로서 가정해왔던 복지사상가들의 사고와 급진적 페미
니즘의 민주주의 전략의 한계를 뛰어넘을 것을 주장한다. 복지사상가들
은 시민권을 사회권을 포함하는(시민이 교육·고용에 접근하고 생계유지
소득을 지원받을 수 있는) 것으로 확장했지만, 가정/사회, 공/사 분리하
의 남성 부양자와 의존적 아내-자녀로 구성된 복지 모델을 기초로 하는
복지대책에 기초했고, 사회정의나 민주주의를 순전히 정치영역에 한정
시켜 언급했기 때문에 사적 영역에서의 민주화나 사회경제적 조건의 평
등화를 성취할 수 없었다는 것이다(Phillips, 1993: 107-108). 나아가 페
미니즘도 '사적인 것을 정치화'하는 것에만 주력함으로써 실천의 한계를
보였다고 지적한다. 여성들은 그간 권력을 국지적인 탈중심적 민주주의
가치와 연결시키고, 풀뿌리 행동주의 정치, 집합적 결정 요구, 공/사 영
역의 전통적 구별 거부, 지배와 종속관계를 인식하는 실천을 강조해왔지
만(Phillips, 1991: 38-45), 사적 부분의 정치화만을 강조함으로써 공적

부분의 정치화나 공/사 영역의 재구조화에 소홀히 한 측면이 있었다는 것이다. 여성들은 직접적인 대면적 만남에 의존함으로써 갈등을 은폐하고 여성들 사이의 합의를 도출해야 한다는 압박감 속에서 잘못된 합의를 강제하는 면이 있었다(Phillips, 1993: 103-110). 1970년대의 참여적 실천이 미시적인 수준을 강조했다면, 1990년대의 실천은 새로운 시민권에 기초한 실천지향을 지녀야 한다는 것이다.

필립스는 또한 페미니즘적 시민권 개념의 문제점을 지적한다. 여성운동이 보편/특수, 공/사의 이분법에 도전하고 정치에서의 관념과 일상생활방식 사이의 일치를 주장하면서 좋은 시민과 좋은 어머니 사이의 갭을 적절히 축소하는 데 기여해왔지만, 시민을 좋은 어머니가 되는 것으로 생각하는 모성적 시민권론자(엘쉬테인, 페이트만, 길리건)들의 주장은 문제가 있다는 것이다. 모성적 페미니즘(maternal feminism)은 여성의 우월한 지위로부터 페미니즘적 시민권의 개념을 발전시키려 하기 때문에 민주적 시민권과 양립할 수 없다고 생각한다. 교사, 무역업자, 회사 실무자, 보모, 예술가, 친구나 어머니 등 구체적 개인을 특수한 정치적 존재인 '시민'으로 변형시킬 때에만 올바른 시민권을 발전시킬 수 있다는 것이다. 시민권은 직접적 영역을 넘어서는 것이고 좋은 어머니가 된다고 해서 시민권과 직접 연결될 수 있는 것이 아니며, 정치적 권리와 자유문제를 다루고 적극적인 참여와 실질적인 시민적 개입과 통제를 요구하며 개인의 이익을 초월하는 정치를 추구해야 한다는 것이다(Phillips, 1993: 81-87).

낸시 프레이저와 아이리스 영, 앤 필립스 이들 근대적 페미니스트들은 모두 복잡하고 숨가쁘게 변화하며 여러 복합적 현상들이 마구 뒤섞여 있는 후기 자본주의 사회에서 바람직한 실천대안을 세우고자 노력하고 있다. 다원적 차이를 받아들이면서도 페미니즘의 정치를 결코 포기하

지 않는 이들의 대안들은, 현사회를 어떻게 바라봐야 하고 어떠한 실천
을 해야 할지에 대한 방향성과 탈근대적 현상과 문제들을 근대적 사고
의 기초하에서 현명하게 다루어가는 방식을 제시해준다. 탈근대적 일탈
현상이 빈번하게 일어나고 방향을 잃고 좌충우돌하게 만드는 사회에서,
이들은 열려 있지만 무력하지는 않은 비교적 균형적인 대안을 제시하고
있는 것이다. 이런 점에서 이들의 사회분석과 대안이론은 현재 우리가
부닥치는 딜레마를 해결할 수 있게 하는 한 가지 지침을 제시해준다고
하겠다.

참고문헌

이상화. 1996, 「하버마스의 사회 분석틀에 대한 여성주의적 비판」, 『하버마
　　스의 사상』, 나남출판.
장미경. 1996, 「시민사회론과 페미니즘」, ≪여성과 사회≫ 8호, 창작과비평
　　사.
Barett, Michéle & Anne Phillips. 1992, *Destablizing Theory*, London: Polity
　　Press.
Cohen, Jean C. & Andrew Arato. 1992, *Civil Society and Political Theory*,
　　Massachusetts & London: The MIT Press.
Fraser, Nancy. 1987, "What's Critical about Critical Theory? The Case of
　　Habermas and Gender", S. Benhabib & D. Cornell(eds.), *Feminism as
　　Critique*, London: Polity Press.
_____. 1990, "Struggle Over Need: Outline of a Socialist-Feminist Critical
　　Theory of Late-Capitalist Political Culture", in Linda Gordon(ed.),
　　Women, the State, and Welfare, The Univ. of Wisconsin Shystem.
_____. 1993, *Unruly Practices: Power, Discourse and Gender in Contemporary
　　Social Theory*, London: Polity Press.
_____. 1995a, "From Redistribution to Recognition? Dilemmas of Justice
　　in a 'Post-Socialist' Age", *New Left Review* 7·8, 212.
_____. 1995b, "Politics, Culture, and the Public Sphere: Toward a Post-

modern Conception", in Linda Nicholson & Steven Seidman(eds.), *Social Postmodernism: Beyond Identity Politics*, Cambridge: Cambridge University Press.

Marshall, Barbara L. 1994, "Gender Politics; Regulation and Resistance", *Engendering Modernity: Feminism, Social Theory and Social Change*, London: Polity Press.

Mouffe, Chantal. 1992, "Feminism, Citizenship and Radical Democratic Politics", in J. Butler and J. W. Scott, *Feminist Theorize the Political*, New York & London: Routledge.

Nicholson, Linda J. 1995, "Interpreting Gender", in Linda Nicholson & Steven Seidman(eds.), *Social Postmodernism: Beyond Identity Politics*, Cambridge: Cambridge University Press.

Pateman, Carole. 1980, *The Disorder of Women*, London: Polity Press.

Phillips, Anne. 1991, *Engendering Democracy*, London: Polity Press.

_____. 1992, "Feminism, Equality and Difference", in MaDowell & R. Pringle(eds.), *Defining Women*, London: Polity Press.

_____. 1993, *Democracy and Difference*, London: Polity Press.

_____. 1995, *The Politics of Presence*, Oxford: Clarendon Press.

Young, Iris Marian. 1990, *Justice and the Politics of Difference*, Princeton, New Jersey: Princeton University Press.

_____. 1995, "Gender as Seriality: Thinking about Women as a Social Collective", in Linda Nicholson & Steven Seidman(eds.), *Social Postmodernism: Beyond Identity Politics*, Cambridge: Cambridge University Press.

4

앤서니 기든스
후기 현대성과 제3의 길

김호기

1. 문제제기

이 글의 목적은 영국의 사회학자 앤서니 기든스(Anthony Giddens)의 사회이론을 검토하고 평가하는 데 있다. 기든스는 지난 30년 간 20여 권에 달하는 저작들을 통해 활발한 학문활동을 벌여왔을 뿐만 아니라, 최근 사회민주주의의 갱신을 위한 '제3의 길'을 제창해 영국 블레어 정부에 커다란 영향력을 행사하는 사회학자로 손꼽히고 있다.[1] 기든스의 사회이론을 일목요연하게 살펴보기란 그가 다루는 주제의 방대함을 고려해볼 때 간단한 일은 아니다.[2] 방법론에서 사회이론 그리고 정책대안

---

1) 흥미로운 것은 당대 사회학이론에 대한 기든스의 평가이다. 그는 최근 사회이론의 무게중심이 미국에서 유럽으로 이동했다고 주장하고, 루만, 부르디외, 벡을 대표적인 사회이론가로 지목하고 있다. 그리고 영국의 주요 사회학자로는 골드소프, 룩스, 홀, 바레트, 팔, 월프, 만을 꼽고 있는데(Giddens, 1996: 4-6), 이 가운데 기든스의 사회이론에 적지 않게 영향을 미쳐왔던 사회학자는 벡이다.

2) 카셀은 『친밀성의 구조변동』(1992)까지를 텍스트로 하여 고전 전통과의 만남, 행위와 구조, 시간과 공간, 지배와 권력, 현대성의 성격, 비판이론으로 나누어

에 이르기까지 기든스는 사회학의 모든 이슈들에 종횡무진 개입해왔으며,[3] 구조화이론이라 불리는 독자적인 사회이론을 구축해왔음은 널리 알려진 사실이다. 게다가 그의 사회이론에 대한 관심은 영국사회학은 물론 미국사회학과 독일사회학에까지 확대되어 논란이 갈수록 증대하고 있는 형편이다.

이런 기든스 사회이론에 대한 평가는 현재 극단적으로 나누어지는 듯하다. 한편에서 절충주의 또는 종합주의에 불과하다고 평가절하되어왔다면, 다른 한편에서는 하버마스와 푸코에 필적하는 동시대 거장의 하나로 고평되어왔다.[4] 어떤 것이 사실에 가까운 것일까. 여러 사람이 지적하듯이 기든스의 장점은 대륙과 영미의 복잡다단한 사회사상적 전통을 간결하게 정리하고 자신의 방식으로 종합하는 데 있다. 마르크스, 뒤르켐, 베버의 고전사회학에서 출발해 하이데거와 비트겐슈타인, 구조기능주의와 생활세계의 사회학, 그리고 비판이론과 탈구조주의를 비판적으로 종합하여 자신의 이론으로 체계화하려는 것이 기든스의 일관된 이론적 전략이다. 이런 비판적 종합이 독창성을 갖는 것이라면 그의 이론은

기든스 선집을 만든 바 있다(Cassell, 1993). 필자가 보기에 기든스 사회이론은 순수이론으로서의 구조화이론, 경험적 사실에 준거한 사회이론으로서의 현대성이론, 정책대안으로서의 제3의 길로 구분할 수 있으며, 독자적인 방법론으로 이중해석학을 제시하고 있다. 이런 주제들은 유기적으로 통합되어 있는 바, 구조화이론이 현대성 탐구의 이론적 출발점이었다면, 현대성 탐구는 제3의 길 모색의 사상적 지반을 이루고 있다.

3) 그가 집필한 『사회학』(1989)은 현재 세계에서 가장 많이 이용되는 사회학 교과서로 알려져 있는데, 그 주제들의 다양함은 기든스의 폭넓은 사회학적 관심을 엿볼 수 있게 해준다.

4) 기든스 사회이론에 대한 다양한 평가는 Bryant & Jary(1997)를 볼 것. 네 권으로 이루어진 이 책은 그 동안 기든스 사회이론을 비판적으로 검토하고 있는 93편의 연구논문들을 수록하고 있다. 이 책 이후에 발표된 기든스 이론에 관한 주목할 만한 연구로는 Meštrović(1998), Callinicos(1999)를 볼 것. 그리고 국내에서 이루어진 기든스 이론에 관한 주목할 만한 연구들로는 김중섭(1984), 박형준(1992), 김종엽(1997)을 볼 것.

성공한 것이라 볼 수 있지만, 그것이 병렬적 절충에 불과하다면 그의 이론은 실패라고 할 수 있다.

이 글은 크게 두 부분으로 나뉜다. 우선 전반부는 기든스 사회이론을 구조화이론(제2절), 후기 현대성 논의(제3절), 제3의 길 전략(제4절)으로 나누어 살펴본다. 이런 이론적 전개과정이 그 개별 이론들에 대한 평가를 떠나서 수미일관되어 있음은 주목을 요한다. 이어 후반부는 이런 기든스 사회이론을 몇 가지 주요 쟁점을 중심으로 비판적으로 검토한다(제5절). 현대 사회이론가 가운데 이례적으로 기든스는 이론적 착상에 기반하여 구체적인 정책대안을 제시하고 있는 사회학자이다. 제3의 길로 대변되는 이런 기든스 전략을 어떻게 볼 것인가. 이 글의 마지막에서는 이문제를 간략히 평가해보고자 한다.

2. 이론적 출발점: 구조화이론

널리 알려진 사회이론가들에게는 흔히 그들의 사회이론을 지칭하는 말이 있게 마련이다. 예컨대 하버마스는 비판이론가, 푸코는 탈구조주의자, 월러스타인은 세계체제론자 등으로 불리는데, 이런 명명들은 사회이론의 핵심적 가정을 포착하고 있다. 이것은 구조화이론의 경우도 마찬가지로, 구조화(structuation)는 기든스 사회이론의 전체를 관통하는 키워드이다.[5]

구조화 개념을 살펴보기 위해 기든스가 왜 이 개념을 도입하는가를

---

5) 기든스는 구조화이론을 구성하기 위해 기존의 개념들을 재정의하고, 구조화를 포함하여 새로운 개념들을 주조한다. 구조화이론을 이해하기 위해서는 이런 개념들에 대한 설명이 필수적이지만, 몇몇 핵심개념을 제외하고는 이 글에서 다루지 않는다. 이런 새로운 개념들의 정의에 관해서는 Giddens(1984)의 부록 구조화이론의 용어해설을 볼 것.

우선 주목할 필요가 있다. 전통적인 사회이론에 대한 기든스의 불만은
간단히 말해 결정론 또는 자원론의 약점에 있다.[6] 이런 불만은 특히 구
조기능주의와 구조주의로 대표되는 구조결정론에 두드러지는데, 기든스
에 따르면 그 약점은 기존의 구조 개념에 잘 나타난다. 즉 구조기능주의
는 구조를 사회관계나 현상의 유형화로, 구조주의는 현전과 부재의 교차
로 이해하여 행위에 외재하는 것으로 설정함으로써 행위와 구조의 역동
적인 관계를 설명하는 데 실패한다는 것이다(Giddens, 1977, 1979). 한
편 자원론도 문제가 없지는 않다. 자원론을 대표하는 해석적 사회학의
경우 행위와 의미에 대한 미시적 설명을 제공하고 있음에도 불구하고
그 행위에 가해지는 제약과 제재를 적절히 설명하지 못하는 약점을 갖
는다.[7]

사회적 객체의 제국주의와 주체의 제국주의를 동시에 거부하려는 것
이 기든스 이론의 출발점이라면, 결정론과 자원론에 내재된 이원론에 대
한 대안적 개념이 바로 구조의 이원성(duality)이다.[8] 여기서 구조의 이
원성이란 사회구조가 반복적으로 조직하는 실천의 '매개'이자 '결과'임
을 의미한다(Giddens, 1984: 74). 다시 말해 사회체계의 구조적 속성은

---

6) 기든스는 전후 서구의 사회이론에 정통적 합의(orthodox consensus)가 존재했
   다고 본다. 여기서 정통적 합의란 1960년대 후반까지 사회학에서 중간입장을
   견지하는, 그 기원이 19세기까지 거슬러 올라갈 수 있으며, 1950~60년대에
   새로운 형식으로 정교화된 일련의 이념들인 산업사회론, 기능주의 및 자연주의
   를 말한다(Giddens, 1979: 316-320). 구조기능주의자인 파슨스는 단연 이 정통
   적 합의의 핵심 이론가이다.
7) 기능주의와 구조주의에 대한 강한 불만과 행위자에 대한 강조로 인해 기든스
   의 이론은 자원론에 가까운 것으로 보이기도 한다. 실제로 기든스는 해석학적
   현상학, 일상 언어철학 그리고 생활세계의 사회학으로부터 적지 않은 영향을
   받았지만, 그렇다고 해서 구조로부터 가해지는 제약과 제재를 과소평가하는 것
   은 아니다(Giddens, 1976; 1979).
8) 구조와 행위의 이원론을 극복하기 위한 시도는 기든스 외에 엘리아스, 투렌,
   버거와 루크만, 부르디외, 바스카 등에 의해서도 이루어져왔다(Bryant & Jary,
   1991: 22). 기든스는 이들 이론으로부터 적지 않은 영향을 받아왔다.

행위의 외부에 존재하는 것이 아니라 행위의 생산과 재생산에 지속적으로 연관되어 있는, 오히려 사회적 관행에 의해 실증되고 있는 내적인 것이라 볼 수 있다. 구조화란 바로 이 구조의 이중성으로 인해 시간과 공간을 가로질러 사회적 관계가 구조지어지는 것을 말한다(Giddens, 1984: 476).

이런 구조의 이중적 성격을 부각하기 위해 기든스는 구조와 체계를 새롭게 정의한다. '구조'가 사회체계의 속성으로 구성된 규칙과 자원을 말한다면, '체계'는 규칙적인 사회적 관행으로 조직된, 행위자들 및 집합체들 사이의 재생산된 관계를 지칭한다(Giddens, 1979: 94). 이런 개념화에서 특히 중요한 것은 규칙과 자원으로서의 구조에 대한 독특한 정의이다. 기든스에 따르면, 규칙은 의미의 구성과 사회적 행동양식의 제재에 직접적으로 관련되어 있으며, 자원은 사회적 행위의 조정에 연관된 '권위적 자원'과 물질적 세계의 통제에 연관된 '할당적 자원'으로 나누어진다. 요컨대 구조는 사회적 행위의 생산 및 재생산에 사용되는 동시에 체계재생산의 수단이라는 점에서 제약인 동시에 가능성이라고 볼 수 있다.

기든스의 이런 구조 이해는 무엇보다도 기존 사회이론에서 구조 개념이 갖는 고정적이고 기계적인 성격을 탈피하고 행위의 자율성을 부각하기 위한 것이다. 구조의 이중성에 따르면, 행위자는 구조의 규칙과 자원으로부터 영향을 받는 존재이지만, 이와 동시에 규칙과 자원을 이용할 수 있는 존재이기도 하다. 기든스는 행위자의 이런 능력을 성찰적 감시(reflexive monitoring)로 개념화하는데, 이런 행위의 성찰적 감시가 행위의 의도하지 않은 결과를 만들어내고, 이 결과가 피드백을 통해 행위의 인식하지 못하는 조건을 이루게 된다고 본다(Giddens, 1979: 83). 이런 재생산과정에서 행위의 기준으로 기든스가 주목하는 것이 이른바 관행적 의식(practical consciousness)이다. 관행적 의식이란 '담화적 의식'과 '무의식'과 구별되는, 행위자가 사회화를 통해 획득하여 사회생활에서 활용하는 암묵적 지식을 말하며, 매일매일의 사회생활을 반복하는 '관례화'를 지탱해나가는 핵심요소이다(Giddens, 1979: 79-87; 1984: 115-120).[9] 주어진 조건하에서 관행적 의식에 기반한 관례화를 통해 사회생활을 지속해나가되 그 생활에 내재된 행위자의 성찰적 감시가 새로운 구조적 조건을 낳게 된다는 것이 기든스 이론의 핵심 가정이다.

　이런 일련의 개념화를 통해 기든스는 시간과 공간에 대한 이론화로 이동한다. 구조와 행위의 상호영향이 사회가 구성되는 과정이라면, 이 상호작용이 진행되고 또 이에 한계를 부여하는 시간과 공간을 어떻게 해명할 것인가는 매우 중요한 사회학적 과제이다. 구조화이론의 가장 독창적인 부분이라 할 수 있는 이 시간과 공간에 대한 논의의 이론적 자원은 하이데거의 실존철학과 헤거슈트란트의 시간지리학이다. 하이데거는 시간이 인간의 존재적 본성임을, 그리고 헤거슈트란트는 시·공간에서의 개인의 소재와 물리적 환경 속에서의 신체와 행위자의 제약을 강조한 바 있는데(Giddens, 1981: 49-74; 1984: 173-185), 이런 착상을 바탕으로 기든스는 시·공간의 장거리화(time-space distanciation) 개념을 주조한다. 시·공간의 장거리화란 사회가 시간과 공간의 짧은 또는 긴 간격상에 '뻗치게' 되는 과정, 다시 말해 시간과 공간을 가로지르는 사회체계의 확장과정을 말한다(Giddens, 1981: 121). 진화론의 '단순·복잡'의 대안적인 개념으로 제시된 이 시·공간 장거리화 개념은 사회체계들이 시간과 공간 내에 존재하는 동시에 그것들을 괄호침으로써 스스로를 구조화해나가는 과정을 설명하는 데 중요한 단서를 제공한다.

---

9) 기든스에 따르면, 이 관례화는 일상생활에서 이른바 존재론적 안전(ontological security)과 신뢰의 감정을 유지하는 데 필요불가결한 심리적 기제이다. 이런 논의는 자아정체성에 관한 논의로 직접적으로 이어진다.

이런 시간과 공간의 논의에 기반하여 기든스는 기존의 사회이론에 대한 두 가지 반론을 제시한다. 첫째, '질서의 문제'로서의 사회통합과 체계통합은 재해석되어야 한다. 기든스에 따르면, 현대 사회이론에서 사회질서가 어떻게 가능한가의 문제를 해명하는 것은 시간과 공간을 가로지르는 사회적 관계의 확장이 어떻게 개별적 현전과 부재를 통합시키는가를 설명하는 것에 달려 있다. 이에 기든스는 '사회통합'을 공·현전의 맥락에서 행위자 사이의 교호성으로, 그리고 '체계통합'을 확장된 시·공간을 가로지르는 행위자 혹은 집합체 사이의 교호성으로 새롭게 정의한다(Giddens, 1984: 78). 현대 자본주의사회에서 특히 주목할 것은 시·공간 변형에 따른 체계통합의 문제인데, 곧 시·공간 장거리화에 따라 상이한 시간과 공간에 놓여진 것들을 어떻게 묶어내어 새로운 사회적 결속을 창출할 것인가는 매우 중요한 사회적 과제라는 것이다.10) 둘째, 사회변동이론에서 진화론적 발상은 재고되어야 한다. 기든스에 따르면, 모든 사회생활은 '에피소드', 곧 특정한 시작과 사건 흐름 및 결과를 갖는 변동의 연속으로 이해될 수 있다. 그런데 이런 에피소드에 영향을 주는 시간과 공간의 국면이 존재하는데, 이른바 '세계시간'은 바로 이것을 말한다(Giddens, 1984: 35, 335-350). 기든스에게 사회변동이란 세계시간의 영향 속에서 진행되는 이런 에피소드들의 전환, 곧 연속적인 것이 아니라 단절적인 것으로 이해될 수 있다.

구조의 이중성과 시·공간 논의를 통해 개인과 사회, 사회질서와 변동에 대한 새로운 이론화를 모색하고 있는 기든스는 자신의 방법론으로 이중해석학(double hermeneutics)을 제시한다. 이중해석학이란 사회과학과 그들의 활동이 사회과학의 연구주제를 이루는 사람들 사이에서 진행되는 상호해석적 상호작용을 말한다(Giddens, 1984: 38-41, 376-379).

---

10) 이에 관한 더 발전된 이론은 다음 제3절에서의 시·공간 논의를 볼 것.

기든스에 따르면, 자연현상에 대한 연구와는 달리 사회과정에 대한 이론과 관찰은 그것이 기술하는 사건의 모집단에 지속적으로 개입·이탈·재개입한다는 점에 중요한 특징이 있다. 예를 들어 17세기 유럽 주권이론은 당시 사회적 추세에 대한 성찰의 결과이자 다시 사회적 추세에 스며들어 근대 사회세계를 구성하는 데 기여했기 때문에 오늘날 우리들의 사회적·정치적 성찰에 여전히 영향을 미치고 있다고 볼 수 있다.[11] 이런 이중해석학은 자연과학의 방법을 사회과학에 적용하려는 실증주의와 행위자의 의미 이해의 자율성을 강조하는 단순해석적 사회학의 대안적인 연구방법론으로서의 의의를 갖고 있다.

3. 후기 현대성과 삶의 정치

구조화이론이 기존의 결정론과 자원론에 대한 대안적 이론의 지위를 갖는 것이라면, 이런 이론적 접근은 현대사회의 변동에 대해 어떤 사회학적 설명을 제공할 수 있을까. 『사회학 방법의 새로운 규칙』(1976), 『사회 및 정치이론 연구』(1977), 『사회이론의 주요 쟁점』(1979), 『사회의 구성』(1984)을 통해 구조화이론을 완성한 기든스는 이후 일련의 연구들을 통해 현대성·탈현대성 논쟁에 개입, 독자적인 현대성 담론을 주조한다. 이런 과정에서 흥미로운 것은 그가 사적 유물론에 대한 비판을 전유하여 현대성 논의로 나아가고 있다는 점이다. 기든스는 『사적 유물론의 현재적 비판 1: 권력, 재산 그리고 국가』(1981)와 『민족국가와 폭력: 사적 유물론의 현재적 비판 2』(1985)를 통해 사회변동론으로서의 사적

---

11) 이런 이중해석학과 구조화이론의 경험적 함의가 잘 반영된 구체적인 연구 사례로 기든스는 윌리스, 감베타, 오페 그리고 잉검의 저작을 지목하고 있다 (Giddens, 1984: 381-426).

유물론을 비판적으로 검토하고 있는데, 이 두 책의 다음과 같은 결론은 현대성 담론의 밑그림을 이루고 있다. ① 사회변동의 필연적인 기제와 보편적인 동인의 부정 ② 사회발전의 보편적인 단계구분의 불가능함 ③ 사회는 개인들의 요구들로 이루어짐 ④ 계급갈등의 중심성에도 불구하고 노동자계급을 보편계급으로 설정하는 목적론과 자본주의, 산업주의, 감시, 전쟁의 산업화로 대표되는 현대사회의 다층성을 간과하는 존재론의 부정 ⑤ 성찰적 감시가 내장된 실체로서의 현대성(Bryant & Jary, 1991: 14).

그렇다면 현대성이란 무엇인가. 기든스는 현대성을 네 가지 제도와 그 관계성으로 개념화하는 바, 곧 자본주의(경쟁적인 노동과 상품시장 안에서의 자본축적), 산업주의(자연의 변형: '인위적 환경'의 발달), 군사적 힘(전쟁의 산업화와 관련된 폭력수단의 통제), 감시체제(정보에 대한 통제와 사회적 관리)가 그것이다(Giddens, 1990: 71). 이런 개념화에서 주목할 것은 다음의 두 가지이다.

첫째, 기든스는 진화론을 거부하고 불연속적 접근을 선택하고 있다(Giddens, 1985: 43-47; 1990: 20-22). 변화의 속도와 범위, 그 제도적 특성이라는 측면에서 현대성은 전통적 질서와 매우 상이한데, 특히 국민국가의 정치체계, 비동물적 동력자원에의 의존, 상품생산과 임노동 형태 등은 이전 사회체계에서는 쉽게 발견되지 않는 것이다. 둘째, 현대성의 제도적 발전과 세계적 확산은 이중적이고 양면적인 현상이다. 현대성은 이전의 어떤 사회체계보다도 커다란 안정성을 누릴 수 있는 기회를 제공하는 동시에 환경파괴, 전체주의의 가능성, 핵전쟁과 군사분쟁의 위험 등 중대한 위협의 암울한 측면을 지닌다. 역사적으로 대략 17세기 서유럽에서 시작하여 전세계적으로 확산되어온 이 현대성은 현재 커다란 위기와 전환에 직면해 있다.

기든스는 이런 현대성의 변화에 커다란 영향을 미쳐왔던 세 가지 주
도적인 사회변동을 주목한다(Giddens, 1994a: 17-20). 그 첫번째는 세계
화 경향의 강화이다. 여기서 세계화란 원거리 행위(action at distance),
곧 전지구적 의사소통 및 대중교통 수단의 발달에 따른 시간과 공간의
변형을 말한다.12) 이 세계화는 앞서 지적한 현대성의 네 가지 제도적 차
원을 세계자본주의 경제, 국제적 분업, 국민국가 체계, 세계 군사질서로
확장시켜왔다(Giddens, 1990: 81). 두번째는 탈전통적(post-traditional)
질서의 등장이다. 문화적으로 세계화된 사회에서 전통은 개방될 수밖에
없는데, 다시 말해 전통은 이제 스스로를 설명해야 하며, 따라서 질문과
담화에 개방적이어야 한다. 전통사회의 진리가 의례의 진실성에 의해 인
지되는 공식적 진리라면, 탈전통사회의 진리는 사실과의 조응과 논증에
의해 타당성을 획득하는 명제적 진리이다(Giddens, 1994b). 세번째는 사
회적 성찰성(reflexivity)의 확장이다. 이는 탈전통사회에서 개인이 자신
의 삶의 조건과 연관된 다양한 정보를 여과하여 이를 기반으로 행위하
는 것을 말한다. 과학적 지식을 포함하여 전문가가 생산한 정보는 더 이
상 특정 집단에 한정될 수 없으며 평범한 사람들에 의해 일상의 행위과
정에서 해석되며 운영되고 있다.

현대성에 대한 기든스의 주목할 만한 공헌은 당대의 상황을 탈현대성
이 아니라 후기(late) 또는 '급진화된' 현대성으로 이해할 것을 제안한다
는 데 있다.13) 당대의 사회는 현대성이 급진적이고 보편적으로 구조화되

---

12) 전근대에는 대다수 주민들에게 시간과 공간은 장소를 통해 연결되었지만, 시
   간 측정의 단일성과 시간의 사회적 조직의 단일성이 일치하게 되면서 시간은
   장소와 공간으로부터 분리되기 시작했다. 기든스는 이런 시간과 공간의 분리가
   장소귀속탈피의 조건을 이루고, 합리화된 현대적 조직을 움직이는 기제를 제공
   하며, 일원화된 역사적 해석을 가능하게 했다고 본다(Giddens, 1990: 31-35).
13) 기든스는 탈현대성을 제도적 변화, 포스트모더니즘을 건축, 미술, 문학 등에서
   의 변화로 구분하고, 자신의 관심은 후자보다 전자에 있다고 말한다(Giddens,
   1990: 58).

는 상황, 다시 말해 현대적 제도와 문화가 새로운 방식으로 조직화되고
있되 그렇다고 기존의 현대성과도 완전히 단절되지 않는 상황으로 이해
될 수 있다는 것이다.[14] 서구의 헤게모니가 점차로 쇠퇴하고 현대적 제
도가 전세계적으로 확장하는 세계화는 현대성의 이런 급진화된 성격을
잘 보여주고 있는데, 세계화는 우리의 개인적·사회적 삶을 새로운 방식
으로 구조화하고 있음에도 불구하고 현대성의 제도적 특징을 탈각하는
것은 아니기 때문이다. 오히려 기든스는 역전불가능한 방향 속에서 새로
운 탈현대 질서의 규범적 윤곽, 곧 자본주의, 산업주의, 군사적 힘, 감시
체제에 대응하여 후기절약체계, 기술의 인간화, 다층적 민주적 참여, 탈
군사화를 제시한다(Giddens, 1990: 168).

  이런 유토피아적 전망에도 불구하고 현대성의 제도적 전개과정은 신
뢰와 위험의 양면성으로 특징지어진다. 우선, 상징적 징표와 전문가체계
로 구성된 장소귀속탈피(disembedding) 기제, 이른바 추상체계는 사회적
관계와 상호작용뿐만 아니라 친밀성의 영역에까지 새로운 현대적 신뢰
를 창출하게 된다.[15] 하지만 이와 동시에, 이 추상체계로부터 새로운 형

---

14) 탈현대성 이론에 대한 기든스의 불만은 특히 보드리야르 비판으로 잘 나타난
   다. 그에 따르면, 전자매체를 통한 새로운 현실의 형성은 주목할 만한 현상이
   지만, 하이퍼리얼리티 개념은 매개된 경험의 광범위한 충격을 현대 사회체계의
   내부준거성과 혼동하고 있으며, 시간과 공간의 분리현상을 고려하지 않는 문제
   점을 갖고 있다(Giddens, 1991: 43, 73-74). 여기서 내부준거성이란 사회체계
   가 자율적이며 고유한 구성적 영향력에 의해 결정된다는 것을 의미하는데, 현
   대성의 전개과정에서 관찰할 수 있는 지식과 권력의 내부준거적 체계의 등장
   은 대표적인 사례라고 볼 수 있다.
15) 장소귀속탈피란 사회관계들을 지역적 상호의존의 맥락에서 '끄집어내어' 무
   한한 시간·공간 대에 걸쳐서 재구성하는 것을 말한다(Giddens, 1990: 35). 기
   든스는 분화 혹은 기능적 전문화의 대체개념으로 이 장소귀속탈피 개념을 활
   용하고 있다. 이런 시도는 분화를 현대 사회변동의 핵심적 측면으로 이해하려
   는 기존 사회학이론의 흐름, 곧 뒤르켐, 파슨스, 루만 그리고 하버마스의 사회
   이론에 대한 중대한 도전으로 볼 수 있지만, 그렇다고 문제가 없는 것은 아니
   다. 이에 관해서는 제5절을 볼 것.

태의 위험이 나타나는데, 추상체계의 위험사정(risk assessment)이 불완전하다는 바로 그 사실로부터 핵전쟁, 생태계파괴 등과 같은 새로운 형태의 위험이 발생하게 된다. 기든스는 인간이 사회적 삶의 조건과 자연에 지속적으로 개입함에 따라 새로운 위험이 등장해왔음을 부각시키는바, 이 새로운 형태의 위험을 인위적 불확실성(manufactured uncertainty)이라고 명명하고 있다. 구체적으로 현대성의 네 가지 제도적 차원은 각각 경제적 양극화, 환경의 위험, 민주적 권리의 붕괴, 대규모 전쟁의 위협이라는 내재적 한계에 부딪힐 수밖에 없다는 것이다. 문제는 이런 인위적 위험이 만들어낸 불확실성이 새로운 것이며, 따라서 구식 처방으로는 다룰 수 없다는 데 있다.

이런 현대성의 구조변동은 제도적 수준뿐만 아니라 개인적 삶의 미시적 차원에서도 관찰되고 있다(Giddens, 1991; 1992). 현대성의 미시적 차원을 관통하고 있는 질문은 왜 우리 시대에는 물질적으로 풍요로워져왔음에도 불구하고 삶에서 의미 있고 얻을 만한 것이 없다는 느낌이 갈수록 확산되고 강화되는가의 문제이다. 이에 대한 답변으로 기든스는 앞서 지적한 후기 현대성에 대한 논의로 되돌아간다. 세계화가 강화되고 전통적 규범이 소멸되는 후기 현대의 상황 속에서 자아는 이제 스스로를 형성하고 조직해야 하는, 다양한 가능성 가운데 특정한 것을 선택해야 하는 딜레마에 직면할 수밖에 없다. 다시 말해, 자아는 과거보다 많은 선택의 기회를 갖게 되지만, 이와 동시에 어떤 것도 선택할 수 없다는 고난을 경험한다는 것이다.

기든스는 이런 자아의 딜레마를 네 가지 범주로 구분한다(Giddens, 1991: 304-320). 그 첫번째는 현대성에 내재되어 있는 통일 대 분절화의 딜레마이다. 자아는 자기가 처한 맥락에서 일어나는 수많은 사건과 매개된 경험을 통해 통일과 분절화를 동시에 겪게 되는데, 통일이 과도

할 때 완고한 전통주의의 위험이, 분절화가 과잉될 때 권위주의에의 동조라는 병리가 나타난다. 두번째 자아의 딜레마는 무력함 대 전유이다. 시·공간의 변형과 추상체계의 탈숙련화에 따라 자아는 라이프스타일의 선택에서 많은 자유의 기회를 갖는 동시에 무력감을 경험하게 된다. 권위 대 불확실성은 세번째 딜레마인데, 어떤 최종적 권위가 부재한 탈전통사회에서 자아는 전념(commitment)과 불확실성 사이의 한가운데 놓여 있게 된다. 개인화된 경험 대 상품화된 경험은 자아의 마지막 딜레마를 이룬다. 자본주의가 고도화됨에 따라 자아는 이제 상품화의 경향과 영향력 속에서 스스로를 구성해야 하는 어려움에 직면한다.

이런 자아의 딜레마들이 낳는 개인적 무의미함을 벗어나기 위해 기든스는 자아의 성찰적 기획과 그에 기반한 삶의 정치를 새로운 대안으로 제시한다. 그에 따르면, 전통사회와는 달리 현대사회에서 행위자들은 사회적 규칙과 자원 그리고 행위자의 존재조건을 지속적으로 조정할 수 있으며, 이런 과정을 매개로 한 개인적·집합적 행위를 통해 그 사회구조를 변화시킬 수 있다. 자아의 성찰적 기획이란 자아의 형성을 개인적·사회적 변화에 연관시키는 성찰적 과정의 한 부분으로 탐구하는 것을 말하며,16) 삶의 정치(life politics)란 이런 자아의 성찰성에 기반하여 '우리가 어떻게 살아야 하는가'를 이슈화하는 '라이프 스타일의 정치'를 지칭한다. 구체적으로 '인간은 자아에 대해 어떤 책임을 갖고 있는가, 태어나지 않은 사람들의 권리는 무엇인가, 인간사에서 폭력의 사용에 어떤 제한이 가해져야 하는가, 개인은 자신의 신체에 대해 어떤 권리를 갖고

---

16) 래시가 지적하듯이, 기든스의 성찰성은 구조적 성찰성과 자아성찰성으로 구별할 수 있다(Lash, 1994a: 170-171). 기든스는 자아성찰성을 분석하기 위해 『현대성과 자아정체성』과 『친밀성의 구조변동』을 발표했는데, 특히 후자는 현대성의 내부준거적 하위체계로서의 섹슈얼리티에 대한 자아성찰성의 문제를 전면적으로 검토하여 커다란 주목을 받았다.

있는가' 등에 대한 답변을 성찰적으로 모색하는 정치가 삶의 정치이다 (Giddens, 1991: 358). 이런 삶의 정치에는 '전지구적으로 생각하고 지역적으로 실천하라'는 생태주의의 주장이 내재해 있을 뿐만 아니라, 자아와 타자의 감정까지도 동시에 배려하려는 이른바 감정의 민주주의의 울림 또한 깃들어 있다. 요컨대 삶의 정치는 낙태문제에서 핵전쟁의 위험에 이르기까지 전통적 윤리가 쇠퇴한 후기 현대 생활세계의 도덕적 딜레마에 대한 새로운 사적 민주주의의 규범적 재정초(再定礎)를 모색하고 있다.17)

기든스는 일찍이 현대성의 위기를 벗어날 수 있는 대안으로 유토피아적 현실주의(utopian realism)를 제시한 바 있다(Giddens, 1990: 160; 1994a). 이 유토피아적 현실주의는 철학적 보수주의와 정치적 급진주의를 결합시키는 것으로 구체화할 수 있는데, 여기서 특히 철학적 보수주의는 개방적 대화와 불완전성과의 공존을 강조한다는 점에서 중요하다.18) 성찰성이 높은 사회에서 개인은 삶을 영위해나갈 조건으로 어느 정도의 행위 자율성을 확보해야 하는 바, 전통을 비전통적 방식, 다시 말해, 대화 및 개방적 방식으로 보존하는 것이 그 방법이라는 것이다. 이런 대화민주주의야말로 오늘날 탈전통사회에서 중요성이 갈수록 증대하고 있는 삶의 정치를 위한 정치적 대안으로서의 의미를 갖는다.

그러나 기든스는 여기에 머물지 않고 이 삶의 정치와 제도적 억압과 불평등을 개혁하려는 해방의 정치(emancipatory politics)의 적극적인 결합을 부각시킨다. 해방의 정치는 전통과 관습의 굴레로부터 사회생활이

17) 이런 규범적 재정초는 하버마스의 논의를 연상시킨다. 하지만 기든스의 전략은 하버마스의 이상적 담화상황과 다르다. 이에 관해서는 제5절을 볼 것.
18) 기든스는 철학적 보수주의의 전통 속에 있는 학자들로 오크샷, 후기 비트겐슈타인, 가다머 등을 지목하는데, 이들로부터 행위에서의 구체적·전통적 지식의 중요성과 상호작용에서의 대화의 중요성에 대한 논의를 적극적으로 받아들이고 있다(Giddens, 1994a: 42-43).

해방되는 것을 뜻하는, 곧 착취, 불평등, 억압의 감소 및 제거, 권력과
자원의 평등한 분배를 목표로 하는 정치를 말한다. 이 해방의 정치의 중
요한 특징은 정의와 평등, 그리고 참여의 윤리가 제시되는 절대 명령에
복종하는 데 있다(Giddens, 1991: 321). 전통적인 노동운동과 이와 연관
된 기존의 사회민주주의 전략은 대표적인 해방의 정치로 지목된다. 불평
등에 대항하는 정치와 자기실현의 정치에 각각 대응하는 해방의 정치와
삶의 정치를 양 축으로 하고, 여기에 지역적인 정치와 전지구적인 정치
를 복합적으로 결합시키는 것이 후기 현대의 정치적 프로그램으로 제시
되고 있다.

4. 제3의 길

후기 현대가 신뢰와 위험, 기회와 위협이 공존하는 인위적 불확실성
의 시대라면, 어떤 전략이 새로운 정치적 대안이 될 수 있는가. 이에 기
든스는 보수주의, 사회주의 그리고 신자유주의로 대표되는 이른바 계몽
주의적 처방에 회의한다(Giddens, 1994a: 35-93). 먼저 보수주의가 과거
의 전통을 전통적인 방식으로 보존하려 한다는 점에서 근본주의적 위험
을 내포하고 있다면, 신자유주의는 시장 및 개인주의의 원리를 옹호하는
동시에 국가, 종교, 성, 가족의 영역에서 전통을 보존하고자 한다는 점에
서 모순적인 혼합물이다. 기존의 사회주의 정치 또한 불만족스러운데,
사회주의가 기반하는 사이버네틱 모형은 성찰성이 낮은 사회에서는 효
과적일지 모르지만 세계화와 사회적 성찰성의 정도가 높은 고도로 복합
적인 체계에서는 제대로 작동하지 못하기 때문이다.[19]

---

19) 기든스는 벡을 좇아 현대화를 단순 현대화와 성찰적 현대화로 구분한다. 벡에

그렇다면 어떻게 할 것인가. 후기 현대성이 직면한 문제들을 해결하기 위해 기든스는 앞서 지적한 바와 같이 해방의 정치와 삶의 정치의 적극적인 결합을 부각시킨다. 그 전략의 구체적인 목록은 다음과 같다. ① 손상된 연대의 회복 ② 공식적·비공식적 영역에서의 삶의 정치의 확산 ③ 발생적 정치(generative politics)에 대한 고려20) ④ 대화민주주의 ⑤ 적극적 복지(positive welfare)를 통한 복지국가 모델의 재편 ⑥ 폭력의 부정(Giddens, 1994a: 24-33). 이런 전략들을 가로지르는 공통의 문제의식은 전통적인 좌파와 우파의 이분법이 더 이상 유효하지 않으며, 현대성의 제도적 차원의 성찰적 재구조화와 그 제도에 대응하는 개인적·집합적 주체의 능동적 책임윤리의 형성이 후기 현대사회에서는 매우 중요한 과제라는 점이다.

이런 문제의식에 기반하여 기든스는 전후 서유럽을 풍미해왔던 제1의 길과 제2의 길을 넘어서는 대안적 프로그램으로 제3의 길을 제시한다.21)

따르면, 단순 현대화가 봉건사회를 해체하고 산업사회를 등장시킨 과정을 말한다면, 성찰적 현대화는 산업사회를 해체하고 새로운 현대성을 형성하고 있는 현대화를 지칭한다. 이에 관한 상세한 논의는 Beck(1986, 1994)을 볼 것.

20) 발생적 정치란 사회의 전반적 관심과 목표라는 맥락에서 개인과 집단이 무슨 일이든가 발생시키도록 하는 정치를 말한다. 즉 그것은 ① 사회적 동원과 참여를 위한 조건의 창출을 통해 희망하는 결과를 성취하려는 것 ② 정부 제도나 관련 기관에서 능동적 신뢰가 확립되고 유지될 수 있는 여건을 창출하는 것 ③ 특정한 프로그램 및 정책으로부터 영향받는 사람들에게 자율성을 부여하고, 실제로 여러 맥락에서 그런 자율성을 개발하는 것 ④ 행위의 윤리적 원칙의 개발을 촉진하고 윤리에 대한 사회주의의 무관심뿐만 아니라 시장원리와 권위주의의 불행한 신자유주의적 결합을 거부하는 것 ⑤ 정치권력을 분산화하는 것을 의미한다(Giddens, 1994a: 110; 1994c: 32). 간단히 말해 발생적 정치는 능동적 신뢰를 창출하기 위해 참여민주주의를 확장하는 것을 목표로 한다.

21) 제3의 길은 기든스 자신의 지적대로 20세기 초부터 최근 스웨덴의 사회민주주의에 이르기까지 기존 좌파와 우파의 전략과 구별되는 대안으로 활발히 토론 및 모색되어왔다. 기든스로부터 크게 영향받은 블레어도 정치 팸플릿인 『제3의 길』을 발표했는데, 기든스의 제3의 길이 이론적 성향이 강하다면, 블레어의 것은 정책적인 측면이 두드러진다(Blair, 1998). 블레어 노선에 대한 기든스의 우려에도 불구하고, 두 사람의 제3의 길은 헬드가 지적하듯이 규제 기제를

제1의 길이 '요람에서 무덤까지' 이르는 포괄적 복지국가를 목표로 했던 사회민주주의 기획이라면, 제2의 길은 시장에서의 자유를 극대화하고 국가의 간섭을 최소화하려는 신자유주의 프로젝트이다. 제3의 길은 제1의 길에 대해서는 시장의 효율성을 강조하고 제2의 길에 대해서는 사회적 평등을 부각시키는 전략으로 새로운 변증적 종합을 모색하고 있다. 이 제3의 길의 프로그램은 포괄적이다. 구체적으로 '급진적 중도, 새로운 민주국가, 활발한 시민사회, 민주적 가족, 신혼합경제, 통합으로서의 평등, 적극적 복지, 사회 투자 국가, 세계주의적 민족, 세계적 민주주의'가 그 정치적 어젠더의 목록을 이루고 있다(Giddens, 1998: 120).

이런 전략들은 언뜻 보면 좌파와 우파를 넘어서는(beyond) 것이 아니라 좌파와 우파 사이에서(between) 진동하는 한계를 노정하는 것으로 보인다.[22] 그러나 그 세부 전략들을 검토해보면 기든스의 정치적 기획이 그렇게 소박한 것은 아니다. 예를 들어 민주적 가족에 대한 그의 구상을 보면, '정서적 및 성적 평등, 관계에서의 상호 권리와 책임, 공동 양육, 평생 양육 계약, 아동에 대한 협상적 권위, 부모에 대한 자녀의 의무, 사회적으로 통합된 가족'을 구체적인 원리로 제시한다(Giddens, 1998: 151). 오늘날 급속히 진행되는 가족의 해체와 그 은밀한 폭력관계를 고려해볼 때 이런 문제의식은 적극 숙고할 만한 가치를 갖는다. 문제의 핵

통해 시장세력들 간의 균형을 추구하여 공정성과 효율성을 동시에 달성하고자 한다는 점에서 대단히 유사하다(Held, 1998: 128).

[22] 『제3의 길』에서 기든스는 좌파와 우파의 구별이 여전히 유효하다는 보비오의 『좌파와 우파』를 비판적으로 검토하고 있다. 구체적으로 그는 환경, 원자력, 지방자치, 유럽통합 등의 이슈들을 예시함으로써 기존의 좌파와 우파의 구별을 의문시하고 있다(Giddens, 1998: 86). 이런 쟁점들이 좌·우파의 전통적인 구분을 넘어서는 새로운 것이기는 하지만, 기든스는 그런 쟁점들에 내재된 자본주의 생산체제 및 계급관계의 성격을 여전히 과소평가하는 것으로 보인다. 예를 들어 생태위기를 낳은 원인에는 자연과 인간의 모순 그리고 자본과 노동의 모순이 중첩되어 있다.

심은 삶의 정치와 해방의 정치의 관계를 어떻게 볼 것이냐에 있으며, 기든스는 세계화하는 사회질서 속에서 전통과 자연의 변형이 야기하는 삶의 정치를 해방의 정치와 양립시킬 것을 강조하고 있다. 노동운동으로 대표되는 해방의 정치와 신사회운동으로 대표되는 삶의 정치가 서로의 자율성을 승인하면서 변증적으로 결합할 때 후기 현대가 직면한 딜레마를 극복할 수 있다는 것이 그의 일관된 주장이다.

『제3의 길』이 그 부제처럼 '사회민주주의의 갱신'을 목표로 하고 있다면, 제3의 길의 중핵적 가치는 물론 사회적 평등이다(Giddens, 1998: 160-170). 기든스에 따르면 빈곤층은 사회 중심에서 강제적으로 배제되는 동시에 부유층은 스스로 배제하려는 경향을 보여주고 있는 것이 당대 서구사회의 현실이다.23) 따라서 평등은 포괄의 개념으로 다시 정의되어야 하며 국가의 일차적인 과제는 분열된 사회를 포괄적 공동체로 재구조화하는 데 있다. 이런 문제의식은 사회 투자 국가와 이와 연관된 적극적 복지에 잘 나타나고 있는 바, 국가는 기존 복지제도를 고수할 것이 아니라 직업훈련, 교육개혁 등을 통해 새로운 고용창출에 주력해야 한다는 것이다. 현재 진행되고 있는 탈산업사회 및 정보사회의 도래를 지켜볼 때 이런 전략은 일단 현실적 의미를 갖고 있는 것으로 보인다. 사회를 계급적·성적·지역적으로 양단화시켜왔던 대처리즘의 두 국민 전략을 넘어서서 한 국민 전략을 새롭게 재구성하는 것, 다시 말해 '급진적 중도' 세력이 주도하여 새로운 민주적 통합국가를 달성해내는 것이 바로 제3의 길의 목표라 할 수 있다.

---

23) 이른바 계급이하층(underclass)과 래시가 말하는 '엘리트의 반란'은 이런 상반된 배제의 구체적인 양상으로 지목할 수 있다.

5. 비판적 토론

기든스의 사회이론에 대한 비판적 논평들은 이제까지 초기 사상의 형성 배경에서부터 최근 제3의 길에 이르기까지 다양하게 이루어져왔다. 브라이언트와 재리는 이런 비판적 쟁점들을 9개 영역으로 분류한 바 있는데(Bryant & Jary, 1997), 여기서 그 논의들을 모두 검토하기란 어렵다. 따라서 아래에서는 구조화이론, 시간과 공간의 논의, 성찰적 현대성, 그리고 제3의 길이라는 쟁점을 중심으로 기든스 이론을 비판적으로 평가해보고자 한다.

첫째, 구조화이론은 기든스 사회이론의 출발점이다. 앞서 지적했듯이 행위와 구조의 상호관계를 주목하여 사회가 어떻게 구성되고 변화되는가를 이론화하려는 것이 구조화이론의 목표이다. 그렇다면 이런 구조화이론을 어떻게 평가할 수 있는가. 대다수 현대 사회이론이 그러하듯이 이론적 구성의 출발이 타당하다고 해서 그 결과가 반드시 설득력이 높은 것은 아니다. 이론의 내적 일관성과 현실설명력이라는 차원에서 볼 때 구조화이론에서는 두 가지 쟁점이 제기될 수 있다.

우선 문제시할 수 있는 것은 기든스 특유의 절충주의 혹은 종합주의이다(Hirst, 1997). 주지하듯이 기든스는 구조기능주의에서 해석적 사회학, 마르크스주의 사회학에 이르기까지, 그리고 지리학, 심리학, 역사학에 이르기까지 다양한 원천의 사회사상 및 사회이론을 구조화이론에 적극 통합하고 있다. 사회이론의 토론에서 절충주의라는 비판은 비단 기든스뿐만 아니라 하버마스나 홀의 이론에 대해서도 지적되어왔던 바이다. 하지만 현실세계의 복합성을 고려하여 다양한 이론적 접근들을 절충하는 것 자체가 비난받을 필요는 없으며, 오히려 중요한 것은 과연 이런 종합이 얼마나 내적 일관성을 유지하고 있으며 이론적 설명력이 높은가의 문제이다. 기든스에게 사회이론이란 현실세계를 설명하는 유용한 수단으로서의 의미를 갖는 것이자 경험적 적용을 통해 검증될 수 있는 한에서만 타당성을 갖는다. 앞서 살펴보았듯이 구조화이론은 그 내적 일관성을 유지하면서 사회의 구성과 변동에 대해 납득할 만큼 체계적인 설명을 시도하고 있는 것으로 보인다. 나아가 기든스는 이런 구조화이론의 착상에 기반하여 현대성의 구조변동에 관한 제도적이고 미시적인 분석을 제공하고 있다.

한편 관행적 의식 또한 중요한 쟁점이다. 그 자신이 지적하듯이 관행적 의식의 적극적 이론화는 구조화이론의 중핵을 이루고 있다(Giddens, 1984: 27-28). 후기 비트겐슈타인의 언어철학, 슈츠의 생활세계사회학, 가핑클과 고프만의 사회이론으로부터 영향을 받은 관행적 의식은 그 자신에 내장되어 있는 성찰적 감시를 부각시킨다는 점에서 비판이론과 탈구조주의 비판의 중요한 이론적 무기이다. 일상생활을 구성하는 사회적 행위의 관례적인 성격을 고려할 때 이 관행적 의식의 재발견은 매우 중요하고 타당한 것으로 보인다. 그러나 이런 관행적 의식이 담화적 의식이나 무의식보다 중요하다는 기든스의 주장은 재고되어야 한다. 왜냐하면 담화적 의식과 무의식에 기반한 사회적 행위가 관행적 의식에 기반한 일상적 행위보다 덜 중요하다고 보기는 어렵기 때문이다. 이론사적으로 기든스는 가다머와 하버마스, 비트겐슈타인과 라캉 사이에서 가다머와 비트겐슈타인의 이론에 기울어져 있다(Craib, 1992). 인간 행위에 대한 그의 이론적 가정은 행위의 일상적 성격을 부각하는 데 설득력이 높은 것으로 보이지만, 그런 행위의 생산 및 재생산 과정에 내재된 이데올로기적 성격을 과소평가하고, 행위에 대한 과잉 인본주의적 해석의 위험이 내재되어 있다.[24] 특히 후자의 문제와 관련하여 구조와 행위의 상호작용

---

24) 이런 인본주의적 경향은 구조화이론의 중요한 특징 가운데 하나로 지목할 수

의 중요성을 강조하는 것과 구조와 행위의 상호영향의 정도를 가늠하는 것은 별개의 문제일 수도 있다는 점은 주목되어야 한다.

둘째, 기든스 사회이론의 주요 공헌 중 하나는 시간과 공간의 이론화에서 찾을 수 있다. 기든스는 시·공간 범주의 변화를 현대성의 제도적 발전에 내재된 중요한 경향으로 파악하고 사회적 관계와 상호작용이 기존의 시·공간의 경계를 넘어서는 새로운 현실이 창출되어왔음을 부각시킨다. 사회학 분석대상으로서의 사회현실이 시간과 공간의 조건 속에서 구성되는 것이라면, 현대성에 내장된 시·공간의 문제를 이론화하려는 이런 시도는 기존의 사회이론 패러다임에 대해 중대한 비판적 함의를 갖는다. 앞서 지적했듯이 기든스의 시·공간 논의는 역사에 대한 진화론적 해석을 비판하고 단절론적 시각에서 현대성을 사회학적으로 해석하는 데 중요한 단서를 이룰 뿐만 아니라, 세계화에 대한 독자적 이론화의 지반을 제공하고 있다.

하지만 이런 시·공간이론에도 문제가 없는 것은 아니다. 우선 주목할 수 있는 것은 그 중심개념으로 제시되는 시·공간 장거리화와 장소귀속 탈피이다. 기든스는 이 두 개념에 기반하여 진화이론과 분화이론을 적극 비판하고 있지만, 이러한 단절론적 역사해석은 제한된 설명력을 갖는 것으로 보인다. 시·공간 변형을 낳은 요인으로 기든스는 기술, 교통, 정보 수단의 발달과 화폐 및 전문적 지식의 등장을 지목하고 있는데, 이런 현대적 제도의 발전은 적어도 그 에피소드 내에서는 진화의 과정이자 분

있다. 지식사회학적 시각에서 본다면 구조화이론은, 한편에서는 1960~70년대 유럽을 풍미한 두 개의 구조기능주의, 곧 강단사회학에서 파슨스의 기능주의와, 마르크스주의 사회학에서 알튀세르의 기능주의에 대한 강력한 반비판이자, 다른 한편에서는 1960~70년대 유럽에서 커다란 영향력을 행사한 두 개의 사회사상, 곧 하버마스의 정치적 엘리트주의와 푸코의 정치적 무정부주의에 대한 새로운 대안으로서의 의미를 갖는 것으로 주조되어왔다. 기든스 사상 형성의 개인적, 지적, 사회적 배경에 관해서는 Giddens & Pierson(1998)을 볼 것.

화의 과정으로 볼 수 있기 때문이다. 이 점에서 오히려 시·공간 장거리
화와 장소귀속탈피는 기존 진화이론과 분화이론이 결여하고 있는 시·공
간이론을 보완하고 있는 것으로, 다시 말해 하나의 매개범주로 이해될
수 있다. 한편, 공간에 대한 기든스의 이론화는 시간에 대한 이론화와
비교해 취약한 것으로 보인다. 어리가 지적하듯이 '장거리화를 통한 현
대화'에 관한 기든스의 설명은 지역적 맥락 또는 장소의 중요성이 새롭
게 부각되는 것을 과소평가하는 약점을 갖는다(Urry, 1991). 오늘날 세
계화는 사실 이중적인 결과, 즉 사회생활이 전지구적으로 보편화되는 동
시에 국지적으로 특수화되는 결과를 낳고 있으며, 이른바 글로컬라이제
이션(glocalization)은 바로 이런 현상을 지칭하는 개념이다. 이런 점에서
특히 지방화가 이루어지고 있는 장소는 새로운 '정체성의 정치'의 한 지
반을 이루고 있다는 점은 새롭게 주목될 필요가 있다.

  셋째, 현대성에 대한 기든스의 논의에서 중핵을 이루는 개념은 단연
성찰적 현대성이다.[25] 기든스는 행위자의 성찰성에 기반한 대화민주주
의를 적극 부각시켜 포스트모더니즘의 정치적 무정부주의를 거부하는
동시에, '보증 없는 비판이론'으로서의 유토피아적 현실주의를 제시함으
로써 모더니즘의 과도한 규범주의를 비판한다(Giddens, 1994a: 276). 그
런데 이 유토피아적 현실주의는 유토피아주의와 현실주의의 이론적·실
천적 긴장을 강조하고 있음에도 불구하고 현실주의적 맥락을 여전히 과
소평가한다는 점에 문제가 있다. 담론영역에서 나타나는 권력의 비대칭

----

  25) 이런 기든스의 논의는 푸코와 데리다로 대표되는 프랑스의 탈구조주의와 하
    버마스로 대표되는 독일의 비판이론과는 구분되는 이른바 성찰적 사회학이라
    부를 수 있는 제3의 흐름을 대변하고 있다. 한편 부르디외 역시 성찰적 사회학
    을 제시하고 있는데, 그가 말하는 성찰성은 우리 지식의 무의식적 전제에 대한
    체계적 반성을 의미한다(Bourdieu & Wacquant, 1992). 이런 부르디외의 개념
    화는 실천감각 또는 아비투스를 강조한다는 점에서 기든스와 벡의 이론과 구
    별되고 있다(Lash, 1994b: 289).

적 관계를 주목할 때 대화가 반드시 합의를 상정하지 않는다는 점에서 하버마스에 대한 기든스의 비판은 정당할지 모르지만,[26] 대화민주주의는 그 대화가 정치·이데올로기적 위계구조 속에서 이루어진다는 사실을 여전히 간과한다는 점에서 과잉낙관주의의 문제를 갖는다. 단적으로 말해, 앤더슨이 인용하는 코제브의 주장처럼, 실제의 역사적 토론은 언어로 수행되는 것이 아니라, 한편으로는 곤봉, 칼 또는 대포를, 다른 한편으로는 낫, 망치 또는 기계를 가지고 수행되는 것이기도 하다(Anderson, 1994: 42).

성찰적 현대성의 약점은 현대성의 제도적 차원에 대한 정식화에서 비롯된다. 기든스의 정식화는 각 제도들간의 관계에 대한 의문, 곧 어떤 것이 더 중요하고 상호 어떤 영향을 미치는가에 대한 설명이 여전히 취약하다(Bradley, 1996: 37). 후기 현대사회의 복합현실을 다층적으로 이해하려는 그의 시도는 공감할 수 있다 하더라도,[27] 그 요소들이 과연 어떤 인과관계를 갖는가에 대한 설득력 있는 논리가 부재하는 한 모호한 절충주의라는 비판으로부터 그리 자유로울 수 없는 것으로 보인다. 사적 유물론에 대한 기든스의 비판은 이런 약점을 그대로 노정하고 있다. 기

26) 기든스는 대화민주주의가 철학적 공리가 아니며 반드시 동의를 획득하지 않는다는 점에서 자신의 전략과 하버마스의 이상적 담화상황을 구별하고 있다(Giddens, 1994a: 133). 흔히 현대성을 옹호하는 대표적인 이론가로 하버마스와 기든스가 손꼽히고 있는데, 하버마스는 계몽주의를 완고하게 옹호하고 있는 반면에 기든스는 계몽주의의 한계를 인식하고 탈현대성의 문제제기를 의식하면서 현대성을 검토하고 있다. 이 점에 주목하여 메스트로비치는 기든스를 '마지막 모더니스트'라고 부르기도 한다(Mĕstrović, 1998).

27) 이런 다차원적 설명에 바로 기든스의 고민이 놓여 있다. 기든스는 자신에게 언제나 끊임없는 영감을 불러일으켰던 마르크스, 뒤르켐, 베버의 고전사회학의 한계를 다음과 같이 요약하고 있다. 고전사회학은, 첫째 현대성의 본질을 단하나의 변동원리로 설명하고 있고, 둘째 사회학에 대한 개념 규정을 유보하여 국민국가를 비롯한 다른 층위의 제도적 차원에 대한 분석을 결여하고 있으며, 셋째 사회학적 지식을 자연과학과 동일시하거나 그 지식의 성찰적 과정을 제대로 포착하지 못하고 있다는 것이다(Giddens, 1990: 26-31).

든스는 사적 유물론에 내재된 진화론적 발상, 기능주의와 경제결정론, 그리고 계급환원론을 비판하고 있지만, 라이트가 지적하듯이 자본주의 사회에서 생산관계는 사회변동의 전체과정에 대해 기본적인 한계를 부여하는 중요성을 갖고 있다고 볼 수 있다(Wright, 1997). 후기 현대사회에서도 현대성의 제도적 특성이 지속되는 것이라면, 자본주의 생산관계의 중심성을 어떻게 볼 것인가의 문제는 여전히 논란거리라고 할 수 있다.

넷째, 그렇다면 제3의 길은 어떻게 볼 수 있는가. 전체적으로 제3의 길은 다양한 정책 목록들을 제시하고 있음에도 불구하고 그 현실적 상상력은 좌파와 우파의 전략을 평면적 수준에서 절충하는 약점을 벗어나지 못한 것으로 보인다.[28] 좌파 전략의 전통적 정체성이 무엇보다도 시장과 자본에 대한 국가의 통제, 노동자계급과 사회적 약자의 보호에 있음은 주지의 사실이다. 그러나 제3의 길이 제시하는 전략들은 시장과 자본의 통제에 대해서 침묵하고 있을 뿐만 아니라 노동자계급과 사회적 약자에 대한 보호 프로그램 또한 불투명하다. 기든스는 교육개혁과 직업훈련을 통한 적극적 복지정책을 주장하고 있지만, 실업문제를 해결하기 위한 전략의 하나로 제시되고 있는 노동시간 단축이나 기본소득 보장 프로그램에 대해서는 거의 관심을 기울이지 않고 있다.[29] 최근 서유럽에서 제3의 길에 대한 비판여론이 점차 확산되는 것도 이런 제3의 길의 정책적 빈곤과 무관하지만은 않은 것으로 보인다.

---

28) 제3의 길에 대한 다양한 비판들에 관해서는 Hobsbawm(1998)을 볼 것. ≪마르크시즘 투데이(*Marxism Today*)≫의 특별호인 이 책에는 블레어의 제3의 길에 대한 홉스봄, 헬드, 네언 등의 비판을 수록하고 있다.

29) 실업문제가 당대 서유럽 사민주의 정부들의 최대 현안임을 주목해볼 때 블레어 정부의 적극적 복지정책과 조스팽 정부의 노동시간 단축정책은 이른바 기든스가 말하는 급진적 중도와 전통적인 좌파와의 거리를 가늠케 하는 하나의 징표라고 볼 수 있다.

전지구적 수준에서 관찰되는 자본의 세계화 또한 숙고되어야 할 쟁점이다. 기든스는 세계 자본주의 경제를 세계화의 제도적 차원의 하나로 설정하고 있지만, 바로 그 자본의 세계화가 탈전통적 현실 및 규범의 주도적인 기준이 되고 있다는 점을 과소평가하고 있다. 오늘날 점증하는 세계화 경향 가운데 가장 중요한 것은 금융자본의 세계화이며, 이 금융자본의 세계화가 사회 및 문화적 영역의 세계화를 압도하고 있는 것은 부정할 수 없는 현실이다. 제3의 길이 전지구적 민주주의의 중요성을 강조하고 있음에도 불구하고 금융자본의 세계화로부터 커다란 영향을 받고 있는 국가들에게 그것은 여전히 추상적인 구호의 수준에 머물러 있다. 문제의 핵심은 시장의 역동성을 강조하는 신혼합경제와 토빈세로 대표되는 신케인스주의적 통제가 과연 어느 정도까지 조화될 수 있는가에 있다(Callinicos, 1999: 85). 국가와 시장의 관계를 제로섬 게임으로만 볼 필요가 없다 하더라도 국가의 개입과 시장의 자율성이 언제나 양립할 수 있는 것은 아니다.

지금까지의 논의를 종합해볼 때 기든스 사회이론은 성취와 한계를 동시에 보여주고 있다. 우선 구조화이론은 기존 사회이론의 결정론과 자원론을 극복하여 사회학의 오랜 과제인 구조와 행위의 관계를 적극적으로 이론화하는 데 나름대로 성공하고 있다. 또한 기든스는 구조화이론에 기반하여 현대성에 대한 거시적 설명과 미시적 설명을 효과적으로 결합하고 있다. 기든스는 그 누구보다도 사회의 질서가 어떻게 가능한가, 그리고 그 질서는 어떤 메커니즘을 통해 변화되는가에 대한 사회학적 연구의 정체성을 명확하게 인식하고 있는 사회학자로 평가할 수 있을 것이다. 하지만 그가 제시하는 제3의 길은 구조화이론과 현대성 담론의 풍부함과 비교해볼 때 빈곤한 정책대안인 것으로 보인다. 오늘날 대안적인 발전 모델을 모색하는 데 중핵적인 이슈는 단연 시장의 조절과 통제의 문제이다. 현대성의 경이로운 발명품 가운데 하나로서의 근대시장은 그 주도원리인 경쟁에 내재된 규율 기제를 통해 효율성을 제고할 수 있는 제도이다. 그러나 시장은 폴라니가 지적하듯이 자기파괴적인 경향을 내장하고 있으며, 이런 경향을 제어하기 위해서는 비시장적 장치의 개입이 불가피한 제도이기도 하다. 이런 시장을 어떻게 조절하고 통제할 것인가에 대한 구체적인 전략이 부재하는 한, 제3의 길은 정치적 수사에 머물러 있을 수밖에 없을 것이다.

참고문헌

김종엽. 1997, 「자아정체성과 정치」, ≪경제와사회≫ 가을호.
김중섭. 1984, 「기든스의 구조화이론과 사회행위」, ≪현상과인식≫ 8권 1호.
박형준. 1992, 「안토니 기든스의 구조화 이론과 근대성」, ≪한국사회학≫ 26집(가을호).
Anderson, P. 1994, "Comment: Power, Politics and the Enlightenment", in D. Miliband(ed.), *Reinventing Left*, Cambridge: Polity.
Beck, U. 1986, *Risikogesellschaft*, Frankfurt: Suhrkamp.
_____. 1994, *Die Erfindung des Politischen*, Frankfurt: Suhrkamp.
Blair, T. 1998, *The Third Way: New Politics for the New Century*, London: Fabian Society.
Bourdieu, P. & L. Wacquant. 1992, *An Invitation to Reflexive Sociology*, Chicago: The University of Chicago Press.
Bradley, H. 1996, *Fractured Identities*, Cambridge: Polity.
Bryant, C. & D. Jary. 1991, "Introduction: Coming to Terms with Anthony Giddens", in C. Bryant & D. Jary(eds.), *Giddens' Theory of Structuation: A Critical Appreciation*, London: Routledge.
_____(eds.). 1997, *Anthony Giddens: Critical Assessments*, vol. 1-4, London: Routledge.
Callinicos, A. 1999, "Social Theory to the Test of Politics: Pierre Bourdieu and Anthony Giddens", *New Left Review*, No. 236.

Cassell, P.(ed.). 1993, *The Giddens Reader*, Stanford: Stanford University Press.

Craib, I. 1992, *Anthony Giddens*, London: Routledge.

Giddens, A. 1976, *New Rules of Sociological Method*, New York: Basic Books.

_____. 1977, *Studies in Social and Political Theory*, London: Hutchinson, 김중섭 역, 『정치사회이론 연구』, 대영사.

_____. 1979, *Central Problems in Social Theory*, London: Macmillan, 윤병철·박병래 역, 『사회이론의 주요 쟁점』, 문예출판사.

_____. 1981, *A Contemporary Critique of Historical Materialism*, Berkeley: University of California Press, 최병두 역, 『사적 유물론의 현대적 비판』, 나남.

_____. 1984, *The Constitution of Society*, Cambridge: Polity, 황명주·정희태·권진현 역, 『사회구성체론』, 자작아카데미.

_____. 1985, *The Nation-State and Violence*, Cambridge: Polity, 진덕규 역, 『민족국가와 폭력』, 삼지원.

_____. 1989, *Sociology*, Cambridge: Polity, 김미숙 외 역, 『현대사회학』, 을유문화사.

_____. 1990, *The Consequences of Modernity*, Cambridge: Polity, 이윤희·이현희 역, 『포스트 모더니티』, 민영사.

_____. 1991, *Modernity and Self-Identity*, Cambridge: Polity, 권기돈 역, 『현대성과 자아정체성』, 새물결.

_____. 1992, *The Transformation of Intimacy*, Cambridge: Polity, 배은경·황정미 역, 『현대사회의 성·사랑·에로티시즘』, 새물결.

_____. 1994a, *Beyond Left and Right*, Cambridge: Polity, 김현옥 역, 『좌파와 우파를 넘어서』, 한울.

_____. 1994b, "Living in a Post-Traditional Society", in U. Beck, A. Giddens and S. Lash, *Reflexive Modernization*, London: Polity, 임현진·정일준 역, 『성찰적 근대화』, 한울.

_____. 1994c, "Brave New World: The New Context of Politics", in D. Miliband(ed.), *Reinventing the Left*, Cambridge: Polity.

_____. 1996, *In Defence of Sociology*, Cambridge: Polity.

_____. 1998, *The Third Way: The Renewal of Social Democracy*, Cambridge: Polity, 한상진·박찬욱 역, 『제3의 길』, 생각의 나무.

Giddens, A. & C. Pierson. 1998, *Conversations with Anthony Giddens*, Cambridge: Polity, 김형식 역, 『기든스와의 대화』, 21세기북스.

Held, D. 1998, 「세계화는 운명이 아니다」, E. Hobsbawm et al., *Marxism*

    Today-Special Issue of Oct-Dec., 노대명 역, 『제3의 길은 없다』, 당대.

Hirst, P. 1997, "The Social Theory of Anthony Giddens: A New Syncretism?", in C. Bryant and D. Jary.(eds.), *Anthony Giddens: Critical Assessments*, vol. 3, London: Routledge.

Hobsbawm, E. et al. 1998, *Marxism Today-Special Issue of Oct-Dec.*, 노대명 역, 『제3의 길은 없다』, 당대.

Lash, S. 1994a, "Reflexivity and its Doubles", in U. Beck, A. Giddens & S. Lash, *Reflexive Modernization*, Cambridge: Polity, 임현진·정일준 역, 『성찰적 근대화』, 한울.

_____. 1994b, "Expert-Systems or Situated Interpretation?", in U. Beck, A. Giddens & S. Lash, *Reflexive Modernization*, Cambridge: Polity, 임현진·정일준 역, 『성찰적 근대화』, 한울.

Meštrović, S. 1998, *Anthony Giddens: The Last Modernist*, London: Routledge.

Urry, J. 1997, "Time and Space in Giddens' Social Theory", in C. Bryant and D. Jary(eds.), *Anthony Giddens: Critical Assessments*, vol. 3, London: Routledge.

Wright, E. O. 1997, "Giddens' Critique of Marxism", in C. Bryant and D. Jary(eds.), *Anthony Giddens: Critical Assessments*, vol. 3, London: Routledge.

스튜어트 홀

이데올로기와 재현의 정치

박선웅

1. 머리말

고전의 중요성은 여러 가지가 있겠으나 무엇보다도 현대의 중심적인 흐름과 문제 그리고 그것의 해결에 대한 통찰력을 제공하는 데 있을 것이다. 고전사회학자들은 사회학의 커다란 경계를 정해주고 특정한 연구 주제를 설정해주었으며 그 주제에 대한 방법론도 제시해주었다. 비교적 최근에 부상한 문화사회학의 영역도 고전에 기초하고 있으며 고전사회학자들의 문제의식에서 출발하고 있다. 돌이켜보면, 문화는 고전사회학자들의 중심적인 이슈 중 하나임을 알 수 있다. 베버는 비교연구를 통하여 의미의 문제(the problem of meaning)에 대한 종교적 해답이 인간의 행위를 동기화하며 특정한 제도적 유형과 선택적 친화력이 있음을 보여주었다. 또한 그의 '카리스마' 개념은 문화와 사회의 구조적 변동을 야기하는 행위자의 측면을 이해하는 데 도움을 준다. 뒤르켐은 원시종교에 대한 연구를 통해 상징체계가 근본적으로 이항대립적 분류체계로 구성되어 있다는 점, 집합의식이 의례를 통해 재생산되며 그 과정에서 사회적 결속이 강화된다는 점을 밝혀주었다. 마르크스는 자본주의 생산양식에서 이데올로기의 기능과 물질적 조건에 대해 가르쳐주었다.

그런데 마르크스는 이데올로기가 자체의 "역사를 가지지 않는다"(Marx, 1989: 47)고 봄으로써 베버와 뒤르켐과 달리 문화에 대한 연구를 더 이상 발전시키지 않았다. 마르크스는 그의 추종자에게 문화의 빈 상자를 채워야 할 이론적 숙제를 남겨주었다. 단순히 이론적 숙제만은 아니었다. 노동계급이 자본주의 체제에 동화되고 포섭되는 과정을 지켜본 마르크스주의자에겐 실천적 숙제이기도 했다. 마르크스의 숙제를 푸는 데 가장 큰 공헌을 — 이론적으로나 실천적으로 — 한 학자들을 꼽으라면, 스튜어트 홀(Stuart Hall)도 그 중 하나임에 이견을 보일 사람은 많지 않을 것이다.

홀의 기본적인 문제의식은 문화를 '문제화(problematizing)'시키는 것이다. 이는 특정한 문화질서가 어떻게 생산되고 유지되는지, 즉 '선택적 전통'의 작용에 의해 자연스럽게 받아들여지고 당연하게 여겨지는 문화 생산의 환경과 조건들은 무엇이고, 다른 대안들을 능동적으로 굴복시키고 지배적인 구조 내에서 주변화시키거나 그 속으로 통합시키는 메커니즘은 무엇이며, 사회구성체의 문화들에 대한 특정한 배치가 위계화된 다른 사회적 제도에 미치는 영향은 무엇인가에 대한 질문을 던지고 규명하는 작업이다. 간단히 말해서, 문화의 문제화는 이데올로기와 재현의 정치에 초점을 둔다.

위의 문제들을 풀기 위해 홀은 마르크스주의 전통 안에 있으면서도 다른 이론적 시각에 대해 개방적이고 그것을 비판적으로 수용함으로써 마르크스주의 문화연구의 지평을 확대시켜나갔다. 그의 이론적 항해는 문화주의에서 출항하여, 기호학, 알튀세르(Althusser), 그람시(Gramsci),

페미니즘, 정신분석학을 거쳐 최근에는 포스트모더니즘까지 참으로 긴 여정이었다. 홀은 이 항해를 하는 동안에 비환원론적 마르크스주의 문화 이론을 정교화했을 뿐만 아니라 정치적 논쟁에 적극적으로 참여함으로 써 유기적 지식인의 모범을 보여주었다.

홀의 지대한 공헌과 풍부한 이론적 유산에도 불구하고 우리 학계는 아직까지 체계적으로 그에 대한 연구가 이루어지지 않은 실정이다. 이런 상황에서 이 글의 일차적인 목적은 홀의 이론적 항해의 궤적을 추적하고 경험적 연구들을 살펴보는 데 있으며, 이차적으로는 그것을 통해 문화정치의 이론적·경험적 이슈들을 친숙하게 하는 데 있다. 홀의 방대한 작업을 충분히 다루기에는 주어진 지면 외에도 필자의 지식이 너무 모자라므로, 홀의 이론적 항해에 주목할 만한 영향을 미쳤던 초기 문화주의, 구조주의, 그람시, 포스트모더니즘에 초점을 두며 논의를 전개하고자 한다.

2. 문화주의의 문제틀: 비환원론적·인간주의적 마르크스주의 문화연구의 모색

홀의 문화연구는 1950년대 후반부터 등장하여 영국 문화연구의 새로운 지평을 열었던 호가트(Hoggart)의 『교양의 효용』(1958), 윌리엄스(Williams)의 『문화와 사회』(1961), 『장구한 혁명』(1965) 그리고 톰슨(Thompson)의 『영국 노동계급의 형성』(1968) 등 문화주의의 영향을 받으며 출발했다. 문화주의는 문화에 대한 기존의 인식과 연구방법 그리고 경제결정론적인 마르크스주의와의 단절을 시도하면서, 초기 홀의 문제틀을 형성했다.

호가트는 리비스주의의 고급문화/대중문화의 이분법적 틀을 거부하고 생생한 노동계급문화를 하나의 '텍스트'로 해독했다. 이를 통해 그는 한편으로 리비스주의가 폄하한 노동계급문화에서 공동체적이며 자생적인 측면을 부각시켰으며, 다른 한편으로 프랑크푸르트 학파의 문화산업론이 강조한 노동계급의 수동적 문화수용이 아닌 능동적 문화생산을 조명했다. 그는 노동계급의 문화적 자생성이 상업화된 대량문화의 저속화를 벗어나게 할 수 있을 것으로 기대하면서 문화주의의 길을 열었다.

윌리엄스는 문화를 인간의 절대적 가치나 문서화된 기록들로 한정하는 리비스주의 전통을 넘어서서 하나의 '총체적인 삶의 방식'으로 인류학적 정의를 함으로써 문화주의적 분석의 지평을 확대했다. 그는 문화연구를 "삶의 방식 전체에 내재한 요소들의 관계에 대한 연구"(Williams, 1965: 63)라고 정의하고, 특정한 집단이나 계급사회가 공유하는 가치들의 짜임새인 감성의 구조(structure of feeling)를 시나 건축물, 패션에 이르기까지 다양한 자료들을 통해 재구성하는 것이라 했다. 그래서 특정한 시기에 모든 실천과 상호작용들 사이에서 만들어지는 유형들이 어떻게 체험되고 경험되는가를 파악하고자 했다. 윌리엄스의 문화정의는 문화를, 단순히 토대를 반영하고 토대에 의해 결정되는 상부구조의 한 부분으로 간주하는 속류 유물론이나 경제결정론에 대한 비판을 담고 있다. 그는 실천들의 상호작용 속에서 형성되는 실천의 복합체와 그 속에 내재하며 실천들을 구분해주는 유형과 조직형태들을 '총체성'으로 보면서 '결정'의 문제를 비환원론적으로 상대화시켰다.

톰슨은 호가트가 낭만적으로 기대했던 노동계급의 역사적 능동성을 경험적으로 보여주었을 뿐만 아니라, 이를 위해 윌리엄스가 정의한 총체적 삶의 방식으로서의 합의된 문화보다는 문화들간의 투쟁, 긴장, 갈등에 초점을 두었다. 그는 사회적 의식과 존재와의 변증법적 상호작용을 통해 주어진 조건에서 인간들이 역사를 만들어가는 과정을 중시했다. 그런 관점에서 톰슨은 의식과 존재를 매개하며 그 둘을 모두 포함하는 경험을 특히 강조했다. 그에 따르면, 계급이란 구조에 의해 범주화되는 것이 아니라 동일한 생산관계에 편입된 사람들이 역사적으로 중요한 여러 연관된 사건들에 대한 체험, 이해와 해석을 공유하면서 그들의 의식 속에서 생성된다.

호가트, 윌리엄스와 톰슨은 문화분석의 차이점에도 불구하고 적어도 크게 두 가지 면에서 홀의 문제틀에 영향을 주었다. 하나는 고전적 마르크스주의와 달리 문화를 더 이상 주변적이거나 단순히 반영된 것으로 보지 않는 데 있다. 초기 뉴레프트 운동을 주도했던 이들 문화주의자들은 전후에 새롭게 대두되는 사회구성체와 그 모순에 대한 적절한 분석과 대안을 제시하지 못하는 경제결정론적 마르크스주의에 대해 강한 회의를 갖고, 새로운 사회변동과 이에 따른 문화적 세력 변화를 정확히 읽어내기 위해 비환원론적 마르크스주의 문화연구를 모색했다. 바로 여기에서 홀의 가장 기본적인 문화연구의 문제틀이 시작된다고 볼 수 있다(Hall, 1980a; 1980b; 1992a). 그가 이후에 논의할 기호학, 알튀세르, 그람시 그리고 최근의 포스트모더니즘에 이르기까지 다양한 문화이론을 비판적으로 수용하고 논쟁을 전개한 것은 비환원론적 마르크스주의 문화연구를 정교화하기 위한 이론적 항해인 것이다.

다른 하나는 대중에 대한 인식의 변화이다. 프랑크푸르트 학파에 의해 묘사된 대중(the mass)은 수동적이고 원자화되어 있으며 저급한 상업문화에 의해 탈정치화된 무리들이다. 이에 반해, 문화주의자들은 역사적 주체로서의 대중의 능동성을 복원하고자 했다. 그들은 엘리트주의적, 도덕적, 심미적인 문화 접근에서 구축한 고급문화/대중문화의 이분법을 거부하고 대중문화의 자생성과 저항성을 부각시키려 했다. 홀(Hall, 1981)

은 대중을 계급적 축으로만 재단할 수 없고 모든 사회적 모순 속에서 지
배당하는 여러 층들의 총체라고 보았으며, 대중보다는 피지배 집단의 유
기적 결합체를 의미하는 '민중(the popular)'의 개념을 선호했다.

패디 화넬(Paddy Whannel)과 함께 쓴 홀의 첫번째 저작『민중예술
(*Popular Arts*)』(1964)은 고급문화는 좋고 대중문화는 나쁘다는 인식을
배격했다. 홀은 그런 엘리트주의적 인식이 산업사회에 대한 비판을 제공
하기는 했으나 진정한 대중문화를 재창조하기 위해 현존하는 사회 내에
서 성장의 기점을 발견하는 노력을 저해한다고 보았다. 그는 바로 그 지
점을 대중성 속에서 작용하는 민중예술에서 찾고자 했다.

> 이 예술은 비록 '유기적 공동체'의 '삶의 방식'이 만들어낸 산물도 아니고
> '민중에 의해 만들어진 것'도 아니지만, 그렇다고 고급예술에 함께 적용될 수
> 도 없는, 민중을 위한 대중예술이라고 할 수 있다(Hall & Whannel, 1964: 59).

그리고 홀은 대중들이 민중예술, 즉 좋은 대중문화와 나쁜 대중문화
를 식별할 수 있는 분별력을 훈련시키는 것이 중요하다고 주장했다.[1]

홀은 문화주의가 인류학적 문화개념을 도입하고, 경험에 우위를 두고
역사적 행위자를 강조하는 휴머니즘과 문화에 대한 반환원론적 입장에
동의하면서도, 이데올로기적 작용에 대한 이론적인 작업이 미약하다는
점[2]과 실제의 역사적 움직임을 일관성 있게 분석해내는 틀의 부재, 여

---

1) 홀은 문화적 상대주의를 철저하게 수용하지 못했으며 리비스주의의 이론적 속
   박으로부터 완전히 자유롭지 못했다. 홀이 반대한 것은 고급문화와 대중문화에
   대한 이분법적 사고에서 오는 대중문화에 대한 무차별적 비판이었다. 하지만
   대중문화와 민중예술의 구분 역시 이분법적 사고이며, 그 구분의 기준이 고급
   문화/대중문화의 구별기준과 크게 다르지 않다는 점에서 여전히 리비스주의적
   이다.
2) 홀은 마르크스주의 문화연구 내에서 계급문화와 이데올로기가 혼동되어 사용
   되어왔음을 지적하면서, 계급문화란 주어진 생산양식으로부터 특정하게 형성되
   는 계급의 사회적 실천과 관계의 양식과 그 양식으로부터 발생하는 특정한 가

러 실천들을 '실천 일반'으로 환원시키려 하고 여러 영역들 속에 내재하는 공통적이고 유사한 '형식들'을 찾으려는 표현적 총체성에로의 경향성, 그리고 특히 인간의 작용에 제약을 주는 한정적 조건을 간과함으로써 빠지게 되는 주의주의(voluntarism)를 비판했다(Hall, 1980a; 1980b).

3. 구조주의의 비판적 수용: 의미작용과 이데올로기

초기 문화주의의 문제틀은 비록 '토대/상부구조'의 은유로부터 단절했지만 특정한 문화질서가 어떻게 생산되고 유지되는지, 즉 지배적인 문화적 질서가 선호되며 대안들을 주변화하거나 통합하는 과정과 메커니즘을 밝히는 데 별다른 분석적 유용성을 제공하지 못했다. 홀이 지향한 문화연구의 문제틀은 문화적 실천의 상대적 자율성뿐만 아니라 '지배 내 구조(structure in dominance)'의 문제를 이론화할 수 있어야 했으며, 바로 이 지점에서 홀은 구조주의에 주목하지 않을 수 없었다. 지배 내 구조는 또한 인간의 행위를 제약하는 조건이므로, 문화주의의 주의주의를 극복할 수 있느냐의 문제와도 연관되었다.

우선 구조주의는 문화적인 것의 특수성과 환원 불가능성을 강조한 점에서 문화주의의 인식과 연결되었다(Johnson, 1979: 56-7). 구조주의 관점에서 문화는 단순히 반영물이 아니라 그 자체가 하나의 실천, 즉 의미작용의 실천(signifying practices)이며, 그 자신의 한정된 산물인 의미를 가진다. 구조주의의 일차적 관심은 의미가 생산되는 방식 혹은 그것을

치와 의미를 의미하며, 이데올로기는 자신의 존재조건에 대한 상상적인(imaginary) 재현체계라 했다. 이데올로기는 언어와 의식적 실천을 매개로 하여 정교화되며, 계급은 그것을 통해 그들의 사회적 실천을 경험하고 이해하고 설명한다고 했다(Hall, 1979: 322).

하나의 실천으로 정해주는 문화의 내적인 형식과 관계에 있다.

소쉬르(Saussure)를 필두로 한 구조주의 언어학자들은 의미작용을 언어 속에서 요소들이 선택되고 결합되고 접합되는 방식으로 설명했다. 사회적 실천으로서의 언어는 개인적 발화자들의 단순한 합계나 개인적 발화들로 환원시켜 파악할 수 없으며, 그것들을 구조화하고 결정하고 제한하는 '관계들의 체계', 즉 문법을 통해서 이해될 수 있다. 따라서 구조주의적 분석은 의미작용 실천의 고유한, 즉 환원불가능한 문법을 규명하는 데 초점을 두었다. 레비스트로스(Lévi-Strauss, 1972)는 소쉬르의 기호학을 문화의 과학적이고 비환원론적인 연구를 위한 모델로 제시했다. 그에 따르면, 문화란 다양한 사회적 실천들을 분류하는 목록이나 분류체계로서, '의식'의 산물이라기보다 역사적으로 일정한 의식형태들을 생산해내는 데 매체가 되는 무의식적 범주들과 틀이다. 레비스트로스는 의미가 생산되고 변형되는 방식을 파악하기 위해 소쉬르처럼 구조 내부의 관계, 배열, 부분들 간의 접합 논리 등 공시적 분석 수준을 통시적인 것보다 우선시했다.

알튀세르는 기호학에서 강조하는 문화적 문법, 즉 의미작용의 실천을 조직하고 의미를 생산하는 무의식적 범주가 이데올로기적 작용을 한다는 사고를 함으로써 홀의 지배 내 구조 문제를 풀 수 있는 이론적 실마리를 제공했다. 물론 그의 '상대적 자율성'과 '중층적 결정' 개념에서 알 수 있듯이, 사회구성체 내의 다양한 실천들의 관계를 표현적 총체성이 아닌 구조적 총체성으로 파악하고 결정성의 문제를 비환원론적 방식으로 공식화하려고 노력한 공헌 역시 간과할 수 없지만,[3] 문화주의에서

---

3) 알튀세르의 이론화는 상당한 영향력을 발휘했지만 그것의 문제점에 대해 그동안 많은 비판도 있어왔다. 홀 자신도 '상대적 자율성'의 개념적 모호성을 제기했으며(상대적이란 무슨 뜻이며, 자율성이란 어떻게 자율적인가), 구조주의적 인과성이 자가발전식의 '표현적 총체성'에 불과함을 지적했다(Hall, 1980a:

무시되어온 이데올로기 개념을 정교화하기 위한 이론적 작업은— 비록 개념적 일관성이 없어 보이지만— 홀뿐만 아니라 마르크스주의 문화연구에 지대한 영향을 미쳤다. 알튀세르는 이데올로기가 관념들의 체계가 아니라 물질적으로 존재하고 사람들이 상상적인 방식으로 자신들의 존재조건과 맺는 현실적 관계를 체험하게 하는 이미지, 재현, 범주들이라고 했다(Althusser, 1971). 이데올로기는 조건들이 재현되고 체험되는 매체가 되는 무의식적인 범주인 것이다. 또한 그는 이데올로기가 호명에 의해 주체를 구성한다고 했다.

홀은 이데올로기적 국가장치 중 하나인 미디어를 분석하는 데 기호학과 알튀세르의 이데올로기론을 활용했다(Hall, 1972; 1973a; 1973b; 1974; 1979; 1982). 그는 미디어 담론에 대한 기호학적 분석을 통해 지배 이데올로기의 작동방식을 살펴보고자 했다. 홀은 미디어 연구의 흐름을 1920년대부터 1980년대까지 크게 세 가지로 구분했다(Hall, 1982). 첫번째 시기인 1920년대에서 40년대까지는 프랑크푸르트 학파의 시각에서 미디어를 대중문화에 부정적인 효과를 끼치는 것으로 보았으며, 두번째 시기인 1960년대까지 미국의 주류 매스미디어 연구는 다원주의적 시각에서 미디어가 다원화된 사회모습과 이미 성취된 규범적 합의를 반영 또는 표현한다고 보았다. 홀이 주목한 것은 1960년대 이후에 등장한 비판적 미디어 연구로서 미디어의 '의미작용 실천', 즉 실재의 구성과정과 그 과정 속에서 미디어의 이데올로기적 작용과 효과였다. 이와 관련하여 홀은 두 가지 핵심적인 질문을 제기했다.

---

33). 그런데도 이데올로기를 계급으로 환원시키지 않으면서 전자를 계급 구조화된 사회구성체의 재생산에 기능적으로 본 점에서 유물론적이면서도 비환원적인 문화연구의 가능성을 열어놓았다고 주장하면서 홀은 알튀세르의 공헌을 높이 평가했다.

첫째, 지배적인 담론이 어떻게 스스로를 유일한 설명으로 확인시키고, 대안적인 혹은 경쟁적인 정의에 대해 제한하거나 금지 혹은 배척을 유지하는가? 둘째, 세상의 사건을 기술하고 설명하는 것을 책임지는 기관들이― 현대사회에서는 단연코 대중매체다― 지배적인 커뮤니케이션 체제 내에서 선호되는 혹은 제한된 의미의 범위를 어떻게 성공적으로 유지하는가? 이와 같이 어떤 것에 대해 적극적으로 특권적 지위를 주거나 혹은 그것을 선호하는 작업이 실제로는 어떻게 달성되었는가?(Hall, 1982; 임영호, 1996b: 253에서 인용)

두 질문은 모두 '의미작용의 정치'에 관한 것으로 '문제적인(proble-matic)' 사건들을 특정한 방식으로 의미화하는 미디어의 구조화된 인코딩(encoding)에 초점을 둔다. 바르트(Barthes)에 의한 일차적/이차적 의미작용의 구분에 터하여, 홀은 뉴스의 의미작용을 두 가지 수준으로 구분하여 분석했다. 하나는 뉴스 가치인데, 뉴스에 관한 전문직업 이데올로기의 관점에서 기사를 정교화시키는 것이다. 뉴스 가치는 신문 담론에서 어떤 것이 뉴스거리가 되는가에 대한 상식―자연스럽게 그리고 때로는 무의식적으로 받아들이고 있는 사회적 지식― 에 기초하고 있다. 홀에 따르면, 뉴스 제작자들이 강조하는 균형, 중립성, 객관성, 전문직주의 그리고 합의 등의 원칙들은 그들로 하여금 권력으로부터 자율적인 위치를 점하도록 보이게 하지만, 실제로는 뉴스의 두번째 의미작용의 수준에서 지배 이데올로기를 재생산한다. 미디어는 보편화된(혹은 합의된) 의미규칙을 활용함으로써 '뉴스 앵글'을 다소 다르게 굴절시키는데, 특정한 방식으로 굴절시키는 것의 배후에는 이데올로기적 주제들이 작용하고 있다는 것이다. 미디어 담론의 이데올로기적 효과는 그것에 의한 현실의 특정한 재현을 당연한 것으로 인식하게 하는 점이며,[4] 이로써 이데올로

---

4) 홀(1982)은 이를 미디어 담론의 '현실효과'라 불렀다. 그는 미디어 담론이 현실 자체를 투명하게 반영한다고 보는 것은 자연주의적 환상이라고 비판하면서, 오히려 담론이 현실을 구성한다고 주장했다. 즉 현실은 미디어 담론의 의미작용의 효과이자 결과인 것이다. 그러면서 홀은 담론이 세계에 대한 가정과 진실

기 자체가 은폐된다. 또한 미디어 담론의 이데올로기적 작용은 무의식적이며 상식적인 분류체계에 의해 특정 개인 혹은 집단을 범주화하고 '성스러운' 의미를 부여하든지ㅡ예를 들어 이성적, 합리적, 정의로운 등으로ㅡ혹은 오염시키든지 함으로써ㅡ예를 들어 불량배, 음모자, 선동자, 질서파괴자 등으로ㅡ그들을 포섭 혹은 배제시키는 효과를 일으킨다.

> '뉴스 가치'의 구조는 … 스토리와 사건을 사람들과 '자연스럽게' 연결시켜 준다. 즉 익명의 사건에다 사회세계에서의 특성, 지위, 위치를 덧붙인다. 그것은 비인격적인 역사적 세력의 배후에서 '드라마' '인간적 관심사'를 찾아낸다. 하지만 이런 기능적인 가치들은 결국 중립적인 가치가 아니다. 알튀세르가 주장했듯이, 어떤 담론이 이데올로기적으로 되는 것은 바로 '주체의 범주'를 갖고 작동함으로써, 또 독자가 '친숙한 것으로 인식'하게 함으로써 가능해진다 (Hall, 1972; 임영호, 1996b: 324-25에서 인용).

이처럼 홀에게 있어서 미디어 담론에 의한 현실의 구성과 여론 형성의 구체적 과정은 '지배 내 구조화된' 과정인 것이다. 특히 권력 엘리트들은 쟁점을 구체화하는 과정에서 지배적인 역할을 하고, 자신들이 선호하는 해석을 뒷받침하는 자료와 정보를 제공할 수 있으며, 기존의 묵시적인 합의를 조성함으로써 여론 형성에 강력한 위치를 점하고 있다고 홀은 말했다.

홀은 구조주의 덕분에 문화적인 것을 의미작용의 실천으로 파악할 수 있었으며 그것의 물질적 조건과 한정적인 측면을 고려할 수 있었다. 그러나 인간의 경험과 역사성을 중시하는 문화주의의 이론적 환경에서 출발한 홀은 구조주의의 형식주의, 반인간주의와 몰역사성에 만족할 수가

이라고 할 수 있는 것 사이에 일종의 등가체제를 확립하는 효과를 가져온다고 했다. 이런 점에서 홀은 알튀세르와 마찬가지로 이데올로기가 과학적 지식과 달리 폐쇄된 범위 내에서 우리가 이미 알고 있는 사물에 대한 인지를 순환적으로 재생산한다고 했다.

없었다. 알튀세르의 이론에 자리잡고 있는 기능주의적 논리가 자본주의 생산양식의 재생산을 위한 이데올로기의 기능적 작용을 설명해주지만, 그 논리에 따르자면 노동계급이나 일반 대중은 단순히 지배 이데올로기의 담지자로서 자본주의체제에 필요한 순응적인 인간들일 뿐이다. 결국 인간이 스스로 역사를 만들어가는 능동적 행위자로서의 모습은 구조주의에서 찾아보기 힘들다. 자본주의 사회구성체를 작동시키는 구조의 기계는 저항, 투쟁, 갈등에 대한 이론적 작업을 허용하지 않았으므로,[5] 이런 문제점을 해결하기 위해 홀이 이론적 탐험을 시도한 것은 그람시 이론이었다.

4. 구조주의에서 그람시에로: 헤게모니와 접합

홀에게 그람시의 이론적 매력은 무엇보다도 '헤게모니' 개념에 있었다. 홀은 그람시의 헤게모니 개념을 문화적 권력과 이데올로기의 문제에 한정시키는 입장과 달리 "'결정적인 경제적 핵심부'에 대한 지도권을 확보한 어떤 기본적 사회집단이 이 지도권을 시민사회와 국가 전반에 걸친 사회적, 정치적, 문화적 리더십과 권위의 계기로 확대시켜, 일련의 '국가적 과제'를 통해 사회구성체를 통일하고 재구성함으로써 유기적 경향을 달성할 수 있게 되는 그런 모든 과정을 지칭"했다(Hall, 1980a: 35). 그람시는 기본적으로 물질적 생산이 조직화되는 방식에 토대를 두면서도, 헤게모니가 창출되는 과정을 사회구성체 내의 복잡하고 다양한

---

5) 홀은 알튀세르가 이데올로기를 투쟁으로 묘사함으로써 기능주의적 색채를 희석시키려고 했지만 그것이 표면적인 주장일 뿐 알튀세르의 문제틀에 이론적인 영향을 준 것은 아니라는 면에서 단지 "제스처에 불과"하다고 비판했다(Hall, 1980a: 35).

측면들간의 관계가 연결되어지는 계기로 파악했다. 이처럼 그람시의 사회구성체에 대한 인식이 유물론적이면서 비환원론적이라는 점에서 홀이 지향하는 문화주의적 문제틀에 적합했다.

게다가 그람시의 헤게모니론은 구조주의의 비역사성과 형식주의, 이론주의적 경향을 수정할 수 있게 해준다. 헤게모니를 창출하는 과정은 구체적인 사회형태, 경쟁적인 세력들의 세력균형 그리고 역사적 국면에 따라 다양한 모습을 띠며, 그만큼 헤게모니의 획득 여부도 특정 변수에 의해 결정되는 것이 아니라 결코 보장되지 않으며 우연적(contingent)이다. 따라서 이에 관한 분석은 역사적으로 구체적이며 국면적(conjunc-tural)일 수밖에 없다. 홀은 특정한 국면에서 알튀세르가 개념화한 이데올로기의 작용을 파악할 수 있게 되었다.

특히 그람시의 사고에서 이데올로기적 영역이 헤게모니 획득을 위해 대중의 동원과 동의를 둘러싼 경합과 투쟁의 영역이라는 점에서, 홀은 그람시로부터 단지 이데올로기를 투쟁이라고만 말한 알튀세르의 이론적 제스처를 보완할 수 있는 가능성을 발견한다. 그람시는 헤게모니를 지속적으로 고정된 상태가 아닌 특정한 투쟁현장의 일시적인 정복으로 봄으로써 지배와 저항의 가능성을 동시에 고려했다. 이로부터 홀은 "문화나 일상적인 언어영역 속에서 자본주의체제의 '지배성'이 구현된 것(즉, 이데올로기적 지배구조)을 밝혀내면서 동시에 그 속에서 저항과 변화의 가능성"을 읽어내고자 했다(임영호, 1996a: 20).

그람시의 헤게모니론에 내포된 국면에 대한 강조, 집단들간의 세력균형, 지배 이데올로기의 의미작용, 그것에 대한 저항과 투쟁 등의 착상은 홀의 접합이론의 틀 속에서 결합된다. 접합이란 어떤 조건에서 두 개의 다른 요소를 서로 통일시킬 수 있는 연결형태를 의미하며, 그것은 반드시 필연적이거나 절대적이지 않다. 홀은 접합이 특정 시점에서의 다양한 사회적 조건에 따라 이루어지는 임의적인 것이지만 궁극적으로 구조의 결정으로부터 자유롭지 못하다는 사실을 전제하는 동시에, 지배 이데올로기에 의해서 주어진 의미에 저항할 수 있는 주체의 능력 역시 이 접합과정에 영향력을 행사한다고 보았다(Fiske, 1996: 218). 홀의 접합개념은 일방적인 이데올로기적 지배가 아니라 지배와 피지배 세력 간에 전개되는 의미작용의 정치를 의미한다. 이로써 사회는 특정한 역사적 세력과 이데올로기 사이의 접합과 재접합이 끊임없이 진행되는 가운데 역사적으로 구체적, 다중적, 모순적인 결정인을 갖는 복합적인 통일체로 규정된다. 사회의 '통일성'은 다양한 사회적 요인들과 이데올로기(혹은 담론들)의 접합의 결과가 되는 셈이다(Grossberg, 1996a: 156). 홀은 헤게모니와 접합이론을 갖고 구조, 행위, 그리고 특정 국면 등의 세 가지 분석수준을 동시에 고려할 수 있게 되었다.

  그람시의 이론적 영향은 홀의 미디어, 하위문화, 국가와 시민사회제도, 대처리즘 등에 대한 국면분석 그리고 정체성 연구에서 잘 드러난다. 홀은 미디어 자체가, 지배 이데올로기가 정교화되는 영역이면서 또한 저항 이데올로기와 서로 부딪치는 장소이기도 한데, 경합하는 사회적 세력들이 자신들의 상황정의에 사람들이 좀더 귀를 기울이게 하려고 노력하는 양측의 전략으로 인해 방송은 딜레마에 빠지기 쉽다고 했다(Hall, 1974). 「기호화/기호해독」(1980c)에서, 홀은 미디어 수용자를 단순히 지배 이데올로기에 의해 호명되는 수동적인 주체가 아니라 메시지를 다양하게 해석하며 의미를 생산하는 능동적 주체로 파악했다. 그는 독자들의 해독방식을 ① 헤게모니적·지배적 정의를 따르는 '선호적' 해독 ② 기본적으로 지배적 정의를 따르지만 부분적으로 대안적인 의미를 생산하는 '타협적' 해독, 그리고 ③ 지배적 정의를 거부하는 '대항적' 해독으로 구분하여 미디어 담론을 둘러싼 이데올로기적 투쟁과 지배 이데올로기의 전복 가능성을 이론화했다. 또한 홀은 미디어 담론이 지배적인 의미규칙에 따라 일탈적 의미를 내포하는 기표를 특정한 저항세력에게 접합함으로써 '정치적인 일탈자(political deviant)'를 생산하는 이데올로기적 작용을 분석하고(Hall, 1973b; 1979), 이데올로기적 투쟁을 지배적인 의미체계로부터의 탈접합 그리고 의미전복을 위한 재접합의 실천으로 규정했다(Hall, 1982).

문화적 영역에서의 지배와 피지배 간의 갈등과 투쟁은 홀의 하위문화 연구에서도 핵심적 주제였다. 홀은 권력의 중심에 있지 않은 집단이나 계급이 자신의 종속적인 위치나 경험을 그들의 문화 내에서 표현하고 표출하는 가운데 하위문화가 형성되고, 하위문화는 "지배문화에 종속될 뿐만 아니라 투쟁의 영역으로 들어가기도 하고 적응을 시도하거나 협상, 변용, 저항 또는 그것의 헤게모니를 전복하려는 시도를 보여준다"고 했다(Clarke et al., 1976). 홀이 하위문화에 주목하는 이유는 하위문화의 구성원들이, 비록 그들의 계급을 규정하는 경험이나 조건의 결정론적인 요소들로부터 자유로울 수 없지만, 테디 보이(teddy boy), 모드(mod)나 스킨헤드(skinhead)에서 보듯이 그들의 독특한 의상, 말투, 레저, 라이프 스타일, 사회적 관계, 가치 등을 발전시키고 그것을 통해 지배문화를 문제화시킴으로써 그들이 부딪히는 물질적·계급적 경험 등에서 비롯되는 문제들에 대해 다른 문화적 반응이나 해결책—예를 들면 지배문화의 변용이나 전복 등—을 제시할 수 있기 때문이다. 이런 맥락에서 소수인종, 여성, 동성애 집단, 히피, 펑크 등 주변화된 소수집단의 하위문화가 지배 이데올로기의 지배성이 가장 취약하다는 점에서 '진지전'의 전략적 요충지라고 볼 수 있다(임영호, 1996a: 21).

홀의 구체적인 역사적 국면분석은 헤게모니와 대중으로부터의 동의를 창출하고 생산하는 방식에 대한 그의 관심이 정치구성체, 국가와 시민사회 기구, 제도적 정책과 실천 등에 접목되면서 이루어졌다(Hall et al., 1978; Hall, 1988, 1996). 특히 홀은 영국의 신보수주의인 대처리즘이 진보적 정당의 정치적 기반인 노동자계급의 지지를 받으면서 출범하게 된 배경을 설명하고자 했다. 홀은 1979년 영국의 총선에 앞서 대처의 이데올로기적 전략, 즉 바로 전 해의 '불만의 겨울(Winter of Discontent)' 동안 인플레이션에 항의하며 일어난 저임금 공공 서비스 노동자들의 폭동을 생활수준의 잠식과 협정 임금차를 지키려는 노력으로 해석하지 않고, 대신에 무방비의 병자, 노인, 중환자 그리고 죽은 후에도 매장되지 않은 일반 민중에게 거만하고 비인간적이고 냉담한 노조의 힘을 휘두른 것으로 해석하도록 의미작용을 부여한 것이 성공했다고 분석했다. 홀은 오로지 경제적 이익만을 추구했던 노동조합이 신보수주의자들의 이데올로기적 전략에 의해 재편된 세력균형과 투쟁조건에 적절히 대응하지 못하면서 결국 정치적·이데올로기적 투쟁에 굴복하게 되는 결과를 초래했다고 보았다. 또한 홀은 탈산업사회, 포스트포디즘, 포스트모더니즘으로 지칭되는 '새로운 시대'의 의미 속에 반드시 신보수주의의 정치적 의제가 새겨져 있는 것이 아니라고 하면서, 새로운 변화들과 대처리즘과의 이데올로기적 접합을 독해했다.

그람시의 영향은 홀의 후기 작업의 중심 주제였던 정체성의 연구에서도 지속적으로 발견된다(Hall, 1986; 1997a; 1997b). 이에 대해서는 홀의 마지막 이론적 항해지인 포스트모더니즘과도 관련이 있으므로 다음 절에서 논의를 하겠다.

5. 포스트모더니즘, 탈식민 담론 그리고 정체성의 정치

사실 포스트모더니즘에 대해 홀의 입장은 매우 비판적이었다. 그는 포스트모던한 새롭고 통일된 역사적·사회적 조건이라는 것이 존재한다는 사실 자체를 인정하지 않는다. 그가 보기에 포스트모던 조건은 모더니즘이 진행되면서 그 속에 내재되어 있던 일련의 다양한 경험들이 불균형하게 발전된 것이나, 혹은 오래된 확실성이 위기에 처하기 시작한 방식에 명명한 것에 불과했기 때문에 질적으로 모더니즘과의 절대적 단절을 의미하지 않았다.6) 구체적인 문화분석에서 그람시의 헤게모니 개념을 적용하여 문화나 일상적인 언어영역 속에 스며든 자본주의 사회구성체의 지배 내 구조를 밝히고, 동시에 그것에 대한 저항적 실천과 변화의 가능성을 읽어내려 했던 홀은 포스트모더니즘이 투쟁과 저항의 가능성을 배제시켰다고 비판했다. 그는 포스트모더니즘이 새로운 변화들을 긍정적으로 바라보고 그것에 대한 적응만을 제시하는 실천적 메시지에서 모순되는 세력이나 반대 경향 그리고 저항의 가능성 자체를 발견할 수 없다고 했다(Grossberg, 1996b: 132).

포스트모더니즘이 정치적 실천의 가능성을 배제하는 데는 담론의 자율성에 대한 지나친 강조도 있다. 홀은 사회적 실천의 언어적, 담론적 측면을 인정하면서도 담론의 의미작용이 완전한 자율성을 가지며 어떠한 결정으로부터도 자유롭다는 인식에는 반대했다(임영호, 1996a: 19). 투쟁과 변화의 가능성을 남겨두지 않는 경제적 환원론이나 결정론을 거부했듯이, 홀은 실천 가능성을 배제한 포스트모더니즘의 담론적 결정론

6) 홀은 '포스트'의 의미를 일련의 확장된 문제들, 즉 어떤 문제틀의 토대 위에서 계속 사고하는 것을 의미했고, 자신을 후기 마르크스주의자나 후기 구조주의자로 불렀던 것을 생각해보면(Grossberg, 1996b: 148-149) 포스트모더니즘에 대한 인식 역시 모더니즘의 토대에서 그리고 그것의 연속선상에서 파악하고 있음을 알 수 있다.

을 받아들일 수가 없었다. 위에서도 언급했듯이, 홀에게 있어서 이데올로기나 담론의 의미작용은 어디까지나 상대적 자율성을 갖는 것이며, 이데올로기 투쟁 역시 경제적, 문화적, 정치적 투쟁의 넓은 영역 내에 위치하고 특수한 사회적 조건하에서 그것들과 접합된다.

담론의 결정성뿐만 아니라 다른 한편으로 홀은 포스트모더니즘이 대안 없는 해체론적 문화정치를 제시하거나 재현의 부정으로 인해 이데올로기 작용이나 투쟁에 관해 침묵하는 것을 비판했다. 재현 행위와 의미작용의 종말을 말하고 의미의 존재 자체까지도 부정하는 보드리야르와 같은 시각과는 달리, 홀이 보기에 한 가지 의미규칙의 파괴는 의미규칙의 다원화로 이어지며, 그럼으로써 오히려 기호화 과정이 더욱 풍부해진다. 다시 말해, 홀은 문화의 생산과 소비양식이 질적으로 변화한 것이지 재현 자체가 붕괴한 것은 아니라고 보았다(Grossberg, 1996b: 136-37). 또한 푸코가 이데올로기적 차원이 포함되지 않은 담론을 논의하는 것에 대해, 홀은 이데올로기를 간과하고 저항의 문제를 개념화할 수 없다고 하면서 그를 전형적인 아나키스트라 불렀다.[7]

포스트모더니즘에 대한 홀의 비판에도 불구하고, 그로스버그가 지적하듯이 둘은 주체에 대한 사고와 정치적 전략 면에서 유사하다(Grossberg, 1996b: 166). 두 입장이 모두 통일되고 안정적이고 자기 결정적인 주체의 설정을 문제시하며 대중을 수동적으로 조작되는 존재라기보다는 능동적인 투쟁의 지점(site)으로 보고 있다. 정치적 전략과 관련하여, 특정 권력이나 지배관계에 대항하는 국지적 투쟁을 수반한 연대성을 강조한다는 점도 홀과 포스트모더니즘에서 공통적으로 발견된다. 특히 홀의

---

7) 그러나 푸코가 이데올로기 개념을 거부했지만 이론의 궁극적인 목적과 분석적인 방법에 있어서 홀과 그다지 다르지 않다는 피스크의 주장은 옳다. 예를 들어, 푸코의 '진리를 생산하는 담론의 권력 개념'과 홀의 '실재를 생산하는 재현작용 개념'은 거의 유사하다(Fiske, 1996: 216).

탈식민 담론과 정체성 연구는 푸코에게 상당한 이론적 빚을 지고 있다.

자메이카 출신의 흑인으로서 영국 사회에서뿐만 아니라 조국에서도 주변부에 머물 수밖에 없었던 성장배경으로 인해 홀은 문화적 정체성과 자리매김(positionality)의 문제에 큰 관심을 가졌다. 그는 자신의 경험을 고향을 잃고 전세계로 흩어져야 했던 유태인들에 비유하여 디아스포라 적인 체험이라고 규정했는데, 지구화의 거대한 흐름을 통해 세계적인 것과 국지적인 것이 접합되는 상황하에서 이제 사람들은 디아스포라적인 정체성을 일반적으로 경험하게 되었다고 했다. 후기 근대사회로 들어서면서 안정적이고 통일된 정체성으로부터 이질적이고 모순적이며 파편화된 정체성의 전환을 의미하는 포스트모던한 체험은 곧 디아스포라적 경험이기도 한 것이다(Chen, 1996: 490). 홀은 통일되고 응집적인 정체성은 이제 환상에 불과하다고 하면서 우리를 둘러싼 문화적 재현체계 속에서 지속적으로 형성, 변형, 해체, 재구성되는 '포스트모던 주체'를 상정했다.

이런 관점에서, 홀은 자신의 독특한 식민지적 긴장의 경험을 토대로 백인 중심적 혹은 서구 중심적인 지배담론에 의한 문화적 정체성의 형성과 문제점에 접근하면서, 왜곡된 정체성을 폐기하고 중심과 주변의 해체를 요구하는 탈식민주의 담론을 발전시켰다(Hall, 1992b). 특히 그는 백인 중심의 영국 정체성 혹은 '영국스러움(Englishness)'에 의문을 제기했다. 홀에 따르면, 영국스러움과 같은 민족 정체성은 민족문화 등 결코 정치적으로 보이지 않는 문화적 레퍼토리의 재구성을 통해, 파편화된 이질적 주체들의 정체성을 하나의 "응축되고, 동질적이며 통일된" 구성체로 주조된 것에 불과했다(Hall, 1997a: 22). 그런데 영국스러움의 민족 정체성이 구성되는 과정은 동시에 '비영국스러움'에 대한 범주화, 즉 타자로 분류되는 소수민족과 인종은 순수한 영국스러움에 대립되는 존재로, 그것을 오염시키는 존재로, 따라서 억압되거나 제거되어져야 할 존재로 위치지어진다. 홀은 전지구화의 물결이 민족국가나 민족경제의 경계를 허무는 상황에서, 민족 정체성은 대처리즘에서 나타나듯이 더 공격적이고 편협하며 배타적인 형태의 민족주의나 인종주의에 의해 창출될 위험이 높다고 했다.

한편, 홀은 그가 "전지구적 포스트모던"이라고 불렀던 새로운 형태의 전지구화 물결이 초래할 수 있는 '탈식민지적' 정체성 문제를 날카롭게 포착했다. 포스트모던 형태의 전지구화는 미국적 대중문화가 주류를 형성하고 지배적인 세력으로 작용하고 있지만 지역의 토착문화와 정체성의 차이를 인정할 뿐만 아니라 부각시키는 다민족적이며 탈중심적인 성격을 갖는다. 식민지 담론에 의해 주변화되고 왜곡되어진 소수 민족이나 인종은 이제 자신의 관점에서 고유의 전통, 역사, 문화 그리고 정체성에 대해 말할 수 있게 되었지만, 다른 한편으로 그것이 포스트모더니티의 전지구화에 의해 지나치게 위협을 받을 경우, 대처리즘에서와 마찬가지로 국수주의와 근본주의에 의해 배타적인 정체성이 구축될 위험이 있다고 홀은 지적했다.

홀에게 있어 정체성은 문화정치의 핵심에 놓여 있으며 이데올로기적 투쟁의 산물이다. 홀은 정체성을 형이상학적 주체에서처럼 본질적인 '무엇'에 기반한 것이 아니라 특정한 역사적 맥락에서 다양한 사회적 세력들의 이데올로기 전략과 경합에 의해 자리매김되는 것으로 보았다(Hall, 1997b). 그는 주체가 담론에서 그리고 그것에 의해 위치지어지며, 담론은 특정한 사회적 관계 속에 자리잡고 있으면서 그것과 접합되고 투쟁을 통해 재접합된다고 보았다. 바로 이런 점에서, 홀의 정체성 연구는 그가 오랜 기간을 통해 추구해왔던 비환원론적 마르크스주의 관점에서 이데올로기와 재현의 정치를 분석한 표본이라 하겠다.

6. 맺음말

끝으로 홀의 문화론을 정리해보면, 우선 그는 초기 문화주의로부터 경제결정론적 마르크스주의의 한계를 극복하고 비환원론적 마르크스주의 문화연구의 가능성을 모색하게 되었다. 호가트의 노동계급문화에 대한 텍스트 분석, 윌리엄스의 인류학적 문화개념, 톰슨의 노동계급의 문화적 형성은 홀로 하여금 문화를 내용(what)으로부터 방식(how)으로 혹은 실천으로 이해할 수 있게 해주었으며, 대중성의 수동적 의미를 능동적인 역사적 주체로서 파악할 수 있게 했다. 홀은 기호학으로부터 무의식적 범주 혹은 분류체계로서의 문화, 의미작용 실천의 이항대립적 원리, 의미작용의 자의성 등을 배웠으며, 알튀세르 덕분에 문화와 이데올로기의 상대적 자율성의 개념화뿐만 아니라, 의미작용의 실천을 조직하고 의미를 생산하는 무의식적 범주가 이데올로기적 작용을 한다는 사고를 하게 되었다. 이런 관점에서 홀은 미디어 담론에 의해 구성된 현실의 재현이 지배적인 의미규칙에 따라 지배를 재생산하는 이데올로기적 작용을 하고 있음을 보여주었다. 그람시의 헤게모니 개념을 통해 홀은 비로소 구조주의와 문화주의, 구조와 행위를 매개할 수 있었다. 홀에게 헤게모니 창출을 위한 이데올로기적 투쟁은 기표와 기의, 즉 특정한 사회적 존재나 사건과 특정한 의미의 접합, 탈접합 그리고 재접합의 과정이었다. 홀은 정체성이 하나의 응축되고 동질적이며 통일된 구성체가 아니라 파편화되고 이질적이며 모순된 주체가 문화적 레퍼토리에 의해, 내러티브에 의해 만들어진 것이라는 포스트모더니즘의 인식을 공유하면서, 문화적 정체성을 다양한 사회적 세력들의 이데올로기 전략과 경합에 의해─우리가 미처 의식하지 못한 사이에─자리매김된(혹은 접합된) 주체라고 했다. 따라서 홀은 정체성이 문화정치 영역에서 핵심적 위치를 차지하고 있다고 보았다.

이런 맥락에서 볼 때, '문화를 문제화'하려는 홀의 문화연구를 정치적 실천과 분리하여 생각할 수 없다. 민주주의 사회에서 모든 형태의 지배는 정당화되어야 한다고 전제된다면, 정당성의 자원은 언제나 문화적 의미체계로부터 동원된다. 누가 지배하고 지배받을 것인가, 누가 시민사회의 구성원으로서 선택되고 배제될 것인가 혹은 인정되고 거부될 것인가, 누가 이 사회의 영웅이며 적인가, 누가 국가로부터 보호를 받을 자격이 있는가 등의 문제는 그 문제가 어떤 의미, 상징, 가치에 의해 재현되는가, 즉 접합의 양상이 어떻게 이루어지는가에 따라 크게 좌우된다는 사실이 바로 홀이 강조하는 바이다.

이와 같이, 홀의 문화연구는 문화, 시민사회 그리고 정치의 관계를 조명하는 데 많은 이론적 시사점을 준다. 또한 우리 사회에서 일어나고 있는 의미작용의 정치를 경험적으로 살펴보는 데도 매우 유용하다. 홀의 이론적 가이드라인에 따라 몇 가지 질문을 던지자면, 우리의 지배적인 문화적 문법은 무엇이며, 그 문법에 따라 미디어 담론이 특정 사건에 대해 어떻게 재현하는지, 미디어뿐만 아니라 다른 이데올로기적 국가장치 —예를 들면 학교, 종교기관이나 정당— 는 지배적 담론 형성에 어떤 역할을 하는지, 어떤 사회적 세력이 왜 특정 이데올로기적 투쟁에 가담하는지, 저항세력은 어떤 의미규칙에 의해 어떤 상징을 동원하는지 등은 앞으로 우리의 문화적·이데올로기적 지형과 상징투쟁의 역동성을 이해하기 위해 제기되고 연구되어야 할 이슈들이다.

참고문헌

임영호. 1996a, 「스튜어트 홀의 문화이론과 그 함의」, 임영호 편역, 『스튜어트 홀의 문화이론』, 한나래.

_____ 편역. 1996b, 『스튜어트 홀의 문화이론』, 한나래.

Althusser, Louis. 1971, "Ideology and Ideological State Apparatus," in _Lenin and Philosophy and Other Essays,_ New York: Monthly Review Press.

Chen, Kuan-Hsing. 1996, "The Formation of a Diasporic Intellectual: an Interview with Stuart Hall," in David Morley & Kuan-Hsing Chen (eds.), _Stuart Hall: Critical Dialogues in Cultural Studies_, London: Routledge.

Clarke, John, Stuart Hall, Tony Jefferson & Brian Roberts. 1976, "Subculture, Cultures and Class," in S. Hall & Tony Jefferson(eds.), _Resistance through Rituals: Youth Subculture in Post-war Britain_, London: Hutchinson; 박명진 외 편역, 『문화, 일상, 대중』, 한나래.

Fiske, John. 1996, "Opening the Hallway: Some Remarks on the Fertility of Stuart Hall's Contribution to Critical Theory," in David Morley & Kuan-Hsing Chen(eds.), _Stuart Hall: Critical Dialogues in Cultural Studies_, London: Routledge.

Grossberg, Lawrence. 1996a, "History, Politics and Postmodernism: Stuart Hall and Cultural Studies," in David Morley & Kuan-Hsing Chen (eds.), _Stuart Hall: Critical Dialogues in Cultural Studies_, London: Routledge.

_____. 1996b, "On Postmodernism and Articulation: An Interview with Stuart Hall," in David Morley & Kuan-Hsing Chen(eds.), _Stuart Hall: Critical Dialogues in Cultural Studies_, London: Routledge; 임영호 편역, 1996, 『스튜어트 홀의 문화이론』, 한나래.

Hoggart, Richard. 1958, _The Uses of Literacy_, Harmondsworth: Penguin.

Hall, Stuart. 1972, "The Determination of News Photographs," _Working Papers in CulturalStudies_, no.3; 임영호 편역, 1996, 『스튜어트 홀의 문화이론』, 한나래.

_____. 1973a, "The 'Structured Communication' of Events," in _Obstacles to Communication Symposium_, Paris: UNESCO.

_____. 1973b, "Deviancy, Politics and the Media," in M. McIntosh & P. Rock(eds.), _Deviancy and Social Control_, London: Travistock.

_____. 1974, "Media Power: The Double Blind," _Journal of Communication_, vol. 24, no.4; 임영호 편역, 1996, 『스튜어트 홀의 문화이론』, 한나래.

_____. 1979, "Culture, the Media and the 'Ideological Effect'," in James Curran et al.(eds.), *Mass Communication and Society*, Berverly Hills: Sage.

_____. 1980a, "Cultural Studies and the Centre: Some Problematics and Problems," in S. Hall et al.(eds.), *Culture, Media, Language: Working Papers in Cultural Studies, 1972-1979*, London: Hutchinson/CCCS; 임영호 편역, 1996, 『스튜어트 홀의 문화이론』, 한나래.

_____. 1980b, "Cultural Studies: Two Paradigms," *Media, Culture and Society*, no.2; 임영호 편역, 1996, 『스튜어트 홀의 문화이론』, 한나래.

_____. 1980c, "Encoding/Decoding," in S. Hall et al.(eds.), *Culture, Media, Language: Working Papers in Cultural Studies, 1972-1979*, London: Hutchinson/CCCS; 임영호 편역, 1996, 『스튜어트 홀의 문화이론』, 한나래.

_____. 1981, "Notes on Deconstructing 'the popular'," in Raphael Samuel (ed.), *People's History and Socialist Theory*, London: RKP.

_____. 1982, "The Rediscovery of 'Ideology': Return of the Repressed in Media Studies," in Michael Gurevitch et al.(eds.), *Culture, Society and the Media*, London: Methuen; 임영호 편역, 1996, 『스튜어트 홀의 문화이론』, 한나래.

_____. 1983, "The Problem of Ideology: Marxism without Guarantees," in Betty Matthews(ed.), *Marx: A Hundred Years On*, London: Lawarence & Wishart; 임영호 편역, 1996, 『스튜어트 홀의 문화이론』, 한나래.

_____. 1985, "Signification, Representation, Ideology: Althusser and the Post-Structuralist Debates," *Critical Studies in Mass Communication*, vol.2, no.2; 임영호 편역, 1996, 『스튜어트 홀의 문화이론』, 한나래.

_____. 1986, "Gramsci's Relevance for the Study of Race and Ethnicity," *Journal of Communication Inquiry*, vol.10, no.2.

_____. 1988. *The Hard Road to Renewal: Thatcherism and the Crisis of the Left*, London: Verso.

_____. 1992a. "Cultural Studies and Its Theoretical Legacies," in Lawrence Grossberg et al.(eds.), *Cultural Studies*, London: Routeldge.

_____. 1992b. "The Question of Cultural Identity," in Stuart Hall et al. (eds.), *Modernityand Its Futures*, Cambridge: Polity Press.

_____. 1996, "The Meaning of New Times," in David Morley & Kuan-Hsing Chen(eds.), *Stuart Hall: Critical Dialogues in Cultural Studies*, London: Routledge.

_____. 1997a. "The Local and the Global: Globalization and Ethnicity," in Anthony King(ed.), *Culture, Globalization and the World-System*, Minneapolis: University of Minnesota Press.

_____. 1997b. "Old and New Identities, Old and New Ethnicities," in Anthony King(ed.), *Culture, Globalization and the World-System*, Minneapolis: University of Minnesota Press.

Hall, Stuart, Chas Critcher, Tony Jefferson, John Clarke & Brian Roberts. 1978, *Policing the Crisis: Mugging, the State and Law and Order*, London: Macmillan.

Hall, Stuart & Paddy Whannel. 1964, *The Popular Arts,* London: Hutchinson.

Johnson, Richard. 1979, "Histories of Culture/Theories of Ideology," in Michele Barett et al.(eds.), *Ideology and Culture Production*, London: Croom Helm.

Levi-Strauss, Claude. 1963, *Structural Anthropology*, vol.1, New York: Basic Books.

Marx, Karl. 1989, *The German Ideology,* New York: International Publishers.

Thompson, E. P. 1968, *The Making of the English Working Class*, Harmondsworth: Penguin.

Williams, Raymond. 1961, *Culture and Society*, Harmondsworth: Penguin.

_____. 1965, *Long Revolution*, Middlesex: Pelican.

데이비드 하비

공간의 정치경제학과 포스트모더니티

최병두

1. 머리말

우리는 다음과 같은 네 가지 의문에서 세계적 지리학자이며 마르크스
주의자인 데이비드 하비(David Harvey)의 역사·지리유물론을 이해하고
자 한다. 첫째, 공간이란 무엇인가? 둘째, 공간의 관점에서 정치경제학은
어떻게 재구성될 수 있는가? 셋째, 오늘날 서구 사회를 특징짓고 있는
포스트모더니티의 '공간적' 조건은 무엇인가? 넷째, 이러한 현재적 조건
을 극복하고 나아갈 보다 규범적인 공간, 즉 정의와 희망의 공간은 어떠
한 것인가?

인간은 사회적 동물일 뿐만 아니라 시·공간적 동물이다. 인간은 자신
의 태어남에서부터 시·공간적으로 조건지어지며 시·공간 속에서 부단히
생활하다가 겨우 한 평의 땅 속으로 되돌아가게 된다. 공간은 시간과 더
불어 인간의 삶을 가능하게 하고 또한 규정하는 극히 거시적이면서도
또한 동시에 매우 미시적인 조건이다. 뿐만 아니라 어떠한 사회일지라도

일정한 시간과 공간 속에서 자신의 영역을 확보하고 유지·발전·소멸하는 과정을 겪게 된다. 한 사회의 공간적 형태는 그 사회의 변화과정의 결과이며, 또한 이를 규정하는 조건이 된다. 그러나 공간을 다루는 학문들, 대표적으로 지리학, 도시계획학, 지역개발학, 건축학, 도시공학, 조경학 등등은 여전히 공간이 무엇인지를 알지 못한다. 뿐만 아니라 그동안 공간을 직접 다루지 않았던 사회과학들이나 철학들은 자신의 연구주제들이 시간성과 '공간성'을 함의한다는 사실을 이해하지 못하거나 또는 이해하지 않으려 한다. 그러나 문제는 비록 인간이 공간 또는 공간성을 이해하지 못하거나 또는 이해하지 않는다고 해서, 공간이 인간의 생활과 사회의 변화를 규정하지 않는 것은 아니라는 점이다. 따라서 공간이란 무엇인가라는 의문은 항상 우리의 인지 속에 의식되거나 또는 무의식적인 상태로 맴돌고 있다.

이러한 공간에 관한 인식을 위해 다양한 방법론과 이론들이 동원될 수 있다. 공간을 명시적으로 다루는 학문분야들뿐만 아니라 그렇지 않은 학문분야들에서 제시된 방법론이나 이론들일지라도, 공간을 인식하기 위한 방법론과 이론으로 원용되거나 비판될 수 있다.[1] 왜냐하면 인간의 의식 또는 보다 좁게는 학문적 인식의 대상은 항상 공간성을 내포하고 있으며, 또한 이러한 의식이나 인식행위 자체는 시·공간 속에서 형성되기 때문이다. 그러나 원용된 어떤 방법론이나 이론이 무작위적으로 공간을 가장 '잘' 이해하도록 하는 것은 아니다. 모든 방법론과 이론들은 이미 그 속에 이데올로기적 속성을 내포하고 있기 때문이다. 우리는 공간

---

1) 예를 들어, Massey(1992)는 사회과학과 철학 일반에서 최근 '공간'이 부쩍 많이 논의되고 있지만, 공간의 개념이 왜곡되고 있다고 주장한다. 공간의 문제와 관련하여 보다 최근에 국내에서 출판된 문헌들로는 한국공간환경학회(1998), 김왕배(2000)가 있으며, 또한 번역, 소개된 것 중 Savage & Warde(1993), Soja(1993)를 참조할 수 있다.

을 이해하고 설명할 뿐만 아니라, 기존의 방법론과 이론을 이데올로기적
으로 비판하기 위한 방법론으로서 이른바 정치경제학 또는 마르크스이
론을 고려할 수 있다.[2] 물론 공간에 관한 정치경제학적 분석은 그 자체
로서 이데올로기로부터 완전히 자유로운 것은 결코 아니다. 뿐만 아니라
기존의 마르크스주의 이론들은 그 이론체계 속에서 공간의 문제를 핵심
적으로 다루지는 않았으며, 이로 인해 공간이라는 연구주제에 대해서는
어떤 '공백'을 남기고 있다.[3] 따라서 '공간의 정치경제학'은 항상 비판
적 연구자들의 적극적인 관심 속에서 도전을 기다리고 있다.

그러나 아직 '공간의 정치경제학'이 완결되지 않은— 엄밀히 말해, 이
는 항상 미완의 상태에서 개방된 채 끊임없이 새로운 도전을 기다리고
있지만— 상황에서, 공간에 관한 새로운 여러 가지 방법론과 이론들이
제시되고 있다. 이들은 포스트구조주의, 포스트모더니즘, 포스트포드주
의 또는 총괄하여 포스트마르크스주의라고 할 수 있는 다양하고 새로운
주장들과 개념들, 그리고 인식체계들을 포함한다. 이들이 '공간'을 명시
적으로 취급하든지 그렇지 않든지 간에, 그 내용 속에 공간성을 내포하
고 있으며, 따라서 공간의 문제를 인식하는 데 원용될 수 있다. 사실 이
들은 또 다른 의미에서 '공간의 정치경제학'에 대한 새로운 도전으로 받
아들여질 수 있다. 최근 이와 같이 새로운 인식체계들이 관심을 끌고 있
는 것은 기존의 정치경제학적 인식틀이 현대사회가 처해 있는 시·공간
적 현실을 제대로 이해 또는 설명하지 못하기 때문이라고 주장된다. 오
늘날 현대사회의 공간이 100여 년 전 마르크스가 살았던 사회의 공간과
는 비교가 되기 어려울 정도로 많이 변화했음은 사실이다. 이러한 역사
적 변화 속에서, 현재 서구 사회는 '포스트모더니티'라고 불리는 새로운

---

2) 한국공간환경학회(2000) 참조.
3) Harvey(1982) 참조.

문화양식의 조건과 그 시·공간적 또는 역사·지리적 배경에 의해 규정되고 있다.[4] 그러나 양 시대의 사회공간을 공통적으로 규정하고 있는 가장 근원적이고 추상적인 배경은 여전히 '자본주의'라는 사실이다. 따라서 정치경제학은 포스트모더니티의 시·공간적 조건을 포착하면서도, '자본주의적 공간'의 역사적 현실을 분석하고 또한 이를 극복할 수 있는 거대이론이 될 수 없는가 하는 의문은 여전히 남게 된다.

다른 한편, 자본주의체제의 기본적인 바탕 위에서 전개되고 있는 포스트모더니티의 조건들을 극복하기 위하여, 또는 극복하게 된다면, 우리는 어떠한 새로운 사회공간을 전망할 수 있는가 하는 문제가 제기될 수 있다. 즉 자본주의체제의 과학적 분석과 포스트모던 현실─세계화라는 가장 거시적인 공간에서부터 신체의 미시적 공간에 이르기까지─에 대한 철저한 해석과 더불어, 우리는 현재 사회공간의 한계를 극복하고 나아가 새로운 미래사회를 열어가기 위하여 보다 규범적인 공간의 개념이나 이론을 필요로 한다. 이러한 규범성은 정의의 개념이나 나아가 '유토피아'의 개념 등으로 포착될 수 있다. 그러나 공간에 관한 이러한 규범적 개념화는 다양한 철학 및 사회이론의 전통과 상이한 관점 및 이해관계에 따른 주장들과 관련하여 구축되기 때문에, 정의나 유토피아의 개념 자체가 특정한 지배집단의 이익을 위해 동원되기도 한다. 이러한 점에서 오늘날 자본주의적 경제정치체계에 만연해 있는 신자유주의는 시장 메커니즘의 자율성에 기초하여 부르주아적 유토피아를 추구하는 이데올로기라고 할 수 있다. 그러나 사회공간에 관한 규범적 개념들이 이와 같이 이데올로기적 성향을 내포하거나 또는 이러한 목적으로 이용된다고 할지라도, 이러한 개념화를 완전히 포기하기보다는 실제 사회적 과정 속에

---

4) 그러나 하비는 역설적으로, "포스트모더니티의 주요 조건들 가운데 하나는 아무도 그것을 역사적·지리적 조건으로 논의하지 않는다는 것"이라는 점을 강조하고 있다(Harvey, 1989a).

뿌리를 내리도록 하는 실천이 다시 강조되게 된다.

하비는 자신이 명명한 연구의 지향, 즉 '역사·지리유물론'을 기본축으로 하여 이러한 네 가지 의문 속에서 자신의 사상체계를 선회시키면서 그 높이를 더해가고 있다. 그의 역사·지리유물론은 "실재 존재하는 지리와 이미 성취한 역사의 자기 중량에 의해 부과된 한계들을 탐험하는 것"이며 또한 "근본적인 지향적 전망" 즉 "물질적 필요 너머에 있는 자유의 영역을 탐험하여, 일반 민중이 … 자신의 지리와 역사를 창조할 수 있는 권력을 갖는 새로운 사회 형태의 창조를 향한 길"을 정립하기 위한 것이다.5) 이러한 역사·지리유물론은 하비의 '쉼 없는' 역사지리적 분석과 끝없는 '사회공간적 상상력'에 의해 점차 체계화되고 있으며, 또한 시·공간적으로 보다 넓은 영향력을 발휘하게 되었다.6) 물론 역사·지리유물론을 위한 하비의 이러한 노력이 어느 정도 성공적이었는가에 대한 평가는 아직 이르다. 왜냐하면 그가 주장하고 있는 것처럼 "역사·지리유물론은 폐쇄되고 고정된 이해방식이라기보다는 개방적이고 변증법적인 연구방식"이며, 따라서 이는 한 개인에 의해 완결될 수 있는 것은 결코 아니기 때문이다(Harvey, 1993a). 또한 그에 대한 개인적 평가는 역사·지리유물론에 관한 그의 주장이 과거 역사와 현재 지리에 대한 분석에서 어느 정도 설득력이 있는가라는 점뿐만 아니라 역사·지리적 미래세계 속에서 어느 정도 실천 또는 실현될 것인가에 의해서 평가될 것이다. 그러나 그의 주장들이 지리학뿐만 아니라 사회과학 일반에 이미 엄청난 영향을 미치고 있음은 분명한 사실이다.7) 이러한 하비의 주장들이

---

5) Harvey(1984: 1-11). 이 글은 《공간환경》 제34호에 번역(이강원 역)되어 있다.

6) 하비의 학문적 관심의 발달과정에 관한 자신의 직접적 설명으로 《공간환경》 제50호에 실린 「데이비드 하비의 학문세계: 변화과정과 현재의 관심」을 참조하라. 이 글은 하비가 1995년 6월 한국을 방문했을 때, 한국공간환경연구회 회원들을 위해 강연한 내용을 녹취한 것이다.

한국 사회에 어느 정도 적용될 수 있는가에 대한 평가는 다소 다른 문제인 것처럼 보이지만, 사실 같은 맥락에서 논의될 수 있다.[8] 그의 주장들은 분명 한국 사회와는 다른 서구 사회의 역사·지리를 배경으로 제시된 것이며, 따라서 문제는 한국 사회의 연구자 및 대중들이 그의 주장들을 상이한 역사·지리를 가지고 있는 한국 사회에 학문적으로, 나아가 대중적으로 어떻게 적용시킬 것인가에 달려 있다. 그리고 그의 주장들이 이미 한국 사회에 학문적으로만이 아니라 대중적으로도 상당한 영향력을 미치고 있음은 분명한 사실이다.

이러한 예비적 인식 속에서, 우리는 이 글에서 하비의 주장에 따라 ① 공간이란 무엇인가 ② 공간이라는 주제는 정치경제학의 틀 속에 어떻게 자리지어질 수 있는가, 또는 정치경제학은 공간이라는 관점에서 어떻게 재구성될 수 있는가 ③ 포스트모더니티의 조건은 무엇이며, 여기서 공간은 얼마나 중요한 역할을 하고 있는가 ④ 규범적 공간, 즉 정의와 희망이 충족될 수 있는 유토피아적 공간은 어떻게 추구될 수 있는가 등의 의문들을 논의하고자 한다. 그러나 논자의 입장에서, 한 편의 짧은 글 속에서 수많은 주제들에 관해 복잡하게 관련지어져 있는 그의 주장을 어떻게 요약하여 소개할 것인가라는 점뿐만 아니라 그의 최근 주장들을 과연 제대로 이해하고 있는가라는 점에서 다소 당혹스러움을 느낀다.[9] 물론 우리에게 필요한 것은 하비의 주장 자체에 관한 이해가 아니라[10]

---

7) 하비의 1970년 초기 저작들에 관한 소개서가 이미 단행본으로 출간된 바 있다. Paterson(1984) 참조.

8) 최병두(1993) 참조. 또한 그의 저서들에 관한 국내 서평으로, 조원희(1991), 김덕현(1995), 임서환(1995) 등을 참조하라.

9) 이 글의 제2절은 공간의 개념에 관해 그의 저서들을 총괄적으로 개관하지만, 제3절은 주로 Harvey(1982), 제4절은 Harvey(1989a), 그리고 제5절은 Harvey(1996; 2000)을 요약, 재구성하고 있다.

10) 하비는 1995년 한국을 방문한 바 있으며, 당시 함께 방문했던 저명한 학자들과의 좌담으로, 하비, F. 제임슨, M. 미요시, 백낙청의 좌담, 「변혁운동과 녹색

우리의 역사·지리적 현실에 관한 이해를 위한 스스로의 깨우침이다. 이러한 깨우침을 위해 연꽃은 얼마나 피었다가 져야 할지 알 수 없다.

2. 공간의 개념적 재인식

인간이 태어나서 처음 눈을 뜨고 보는 것은 공간 속에 위치지어져 있는 사물들일 것이다. 이와 같이 인간이 태어난 후 영위하는 일상생활 속에서 사물들은 일정한 공간적 위치를 가지고 있으며, 공간은 분리된 어떤 실체라기보다 그 사물들이 처해진 위치 또는 장소로서 인지된다. 또한 인간은 이러한 사물들과의 관계 속에서 자신의 위치를 가늠하게 된다. 즉 인간은 사물들의 관계적 위치와 이들간의 관련성으로 공간을 인식한다. 그러나 근대 (서구적) 학문체계 속에서, 우리는 이와 같이 우리의 체험을 통해 형성된 관련적 공간으로서가 아니라 점과 선으로 이루어진 기하학적 공간 또는 어떤 좌표체계를 가진 절대적 공간을 배우게 된다. 이러한 공간들은 사물들이 위치지어지기 전의 '텅 빈' 공간 또는 체험되기 이전의 선험적 공간이다. 그리고 우리는 이러한 학문적 지식들을 응용하여 사물들을 유크리드적 기하학과 데카르트적 좌표체계의 언어를 동원하여 공간적으로 재현시키고자 한다.

공간에 관한 근대적 의식체계를 형성하게 되는 이러한 과정은 그러나 공간과 사물을 완전히 분리된 것으로 인식하도록 하며, 또한 이들을 재현하기 위한 언어들도 공간(시간)적 언어와 (사물의) 본질적 언어로 분리시켜버린다(Harvey, 1973). 사물들은 시·공간적 위치와는 무관하게 그 고유한 성질을 나타내는 본질적 언어로 표현되는 한편, 공간상의 점은

사상」(《창작과 비평》 23(4), 1995)을 참조할 수 있다.

절대좌표체계에 따라, 점들간의 관계는 수치로 표시된 물리적 길이(거리)로, 그리고 이러한 길이들에 따라 사물들의 면적이나 입체들이 표현되게 된다. 그러나 실제 이러한 공간언어는 공간을 결코 완전하게 표현하지 못한다. 왜냐하면 공간은 단순히 물리적 공간이 아니며, 항상 그곳에 위치지어져 있는 사물들과 함께 생성하고 유지·발전하며 소멸되고 재생성되기 때문이다. 즉 공간은 단지 물리적 속성을 가지는 지표면의 일부일 뿐만 아니라 지형, 기후, 토양, 식생 그리고 공장, 관청, 학교, 주택 등이 입지해 있는 자연·인문환경적 공간이며, 노동의 분업, 국가나 행정구역의 경계, 사회집단의 주거지가 펼쳐져 있는 사회적 공간이며, 인간의 감정과 애정이 깃들여져 있으며 이를 표현하는 상징과 기호들로 가득 차 있는 문화적 공간이다. 사실 우리는 이러한 공간들을 지칭하기 위해 많은 공간적 단어들, 예를 들어 입지, 위치, 장(場), 영토, 권역, 지역, 자리, 곳, [거]처(處), 장소, 터전, 구획, 경관 등등을 사용하며, 그 외에 많은 공간적 용어들이나 상징 또는 은유를 나타내는 단어들(예를 들어 도시, 농촌, 마을, 토지, 땅, 칸, 중심, 주변, 집중, 분산, 가까움, 옆, 앞, 왼쪽 등등)을 사용한다.

하비는 그의 초기 저작 『지리학에서의 설명(*Explanation in Geography*)』(1969)에서부터 이와 같이 공간을 개념화하는 데 발생하는 문제들과 부딪혔고, 초기에는 기하학적 공간언어의 불가피성 또는 심지어 그 유의성을 인정하는 경향이 있었다. 그리고 그 다음 저작 『사회정의와 도시(*Social Justice and the City*)』(1973)에서 이 문제를 해소하기 위해 공간을 세 가지 유형, 즉 절대적 공간, 상대적 공간, 관련적 공간으로 구분했다. 절대적 공간이란 사물과 분리된 공간 그 자체, 상대적 공간이란 사물의 개체들이 위치지어져 있는 공간, 관련적 공간이란 사물들이 단순한 개체가 아니라 이들간의 관련성으로 존재하며 이러한 관련성으로 해서 형성된 공간을 의미한다.[11] 이렇게 유형화된 공간의 개념들은 현실세계 속에 각각 분리되는 것이 아니라 이들의 총체로서 존재하며, 따라서 어떤 분석에 앞서 우선적으로 결정되는 것이 아니라 분석과 동시에 다루어지게 된다. 뿐만 아니라 그에 의하면 "공간을 적절하게 개념화하는 문제는 공간에 투영되는 인간 실천을 통해 해결된다. 다시 말하면 공간의 본질에서 야기된 철학적 의문에는 철학적 해답이 없다. 그 답은 인간의 실천 속에 놓여 있다"고 주장된다.[12]

이러한 공간 개념의 유형화는 하비의 가장 대표적인 역작 『자본의 한계(The Limits to Capital)』(1982)[13]에서도 여전히 유의한 것으로 인정된다. 특히 이 저작에서 그는 마르크스의 이론에서 공백으로 비어 있는 공간에 관한 주장들을 추가하여 이를 재구성하고자 한다. 물론 자본주의 사회에서 공간은 시간에 의해 점점 지배 또는 '소멸'되어가고 있으며, 또한 공간은 철학적 및 사회이론적 논의에서 배제되게 된다. 하비는 왜 이러한 현상이 발생하게 되었는가에 대한 원인의 규명에 초점을 두고[14]

---

11) 하비의 예시에 의하면, 사유재산권은 독점적 통제를 가능하게 하는 절대적 공간을 형성하며, 거리의 마찰을 극복하기 위한 거리의 이동은 상대적 공간에서 이루어지고, 단위별 토지가 다른 구획의 토지와 관련성을 가지기 때문에 얻게 되는 수익(지대)은 관련적 공간에서 발생한다(Harvey, 1973).

12) 하비의 이러한 공간 개념은 르페브르(Lefebvre)로부터 많은 영향을 받은 것처럼 보인다. Harvey(1973) 제3부 '종합' 참조. 그러나 이 책의 전반부에서 하비는 '공간적 형태'는 '사회적 과정'에 의해 기본적으로 규정되는 것으로 인식하고 있는 것처럼 보인다. 이러한 공간 개념은 아마 카스텔(Castells)의 구조주의 마르크스주의적 도시사회이론으로부터 다소 영향을 받은 것 같다. 지리학에서는 1970년대 후반부터 1980년대 초반에 이르기까지 공간과 사회 간의 관계에 관한 상당한 논쟁이 있었다.

13) 특히 『자본의 한계』(최병두 역, 1995) 446-450쪽 참조.

14) 그에 의하면 "공간에 대해 시간에 주어진 우선성은 그 자체로서 잘못된 것은 아니다. 사실 이는 사회적 실행의 진보를 주요하게 반영한다. 그러나 빠진 것은 이러한 우선성을 지지하는 실행의 함의이다. 이러한 관점에서만, 우리는 입지, 장소, 공간성 등이 인간 만사에 강력하고 자율적인 것처럼 보이는 힘으로서 그 자신을 재천명할 수 있는 상황들을 이해할 수 있다"(Harvey, 1985a: 11).

다양한 공간적 개념들을 도입한다. 예를 들어 그는 생산과 소비 간의 공간적 분리에 내재된 모순의 지적에서부터 출발하여, 자본순환을 촉진시키는 건조환경(고정자본과 소비기금), 지대문제를 유발하는 토지, 경제적 활동들의 공간 편성, 특히 자본의 공간적 이동성과 고정자본의 장소특정성, 그리고 자본축적의 위기를 회피하기 위한 '공간적 조정(spatial fix)', 자본주의의 세계 공간경제와 지역 동맹 등을 논의한다. 그에 의하면 자본주의 사회에서 공간은 단지 자본의 활동무대 또는 노동의 투쟁장소라는 수동적 역할을 하는 것이 아니라, 위기에 처한 자본을 구제해주는 적극적 수단이며, 노동의 투쟁을 강화시켜주는 활성적 매체가 된다.

그러나 하비의 중기 저작들에서 나타나는 이러한 공간적 개념들은 비록 사회적 사실들(또는 사물들과 행위들)과 접합된 관계 속에서 주장되고 자본주의 사회의 동태성과 그에 내재된 모순(또는 위기)을 이해하는 데 크게 기여했다고 할지라도, 기본적으로 물질적 또는 객관적 공간에 기초했다. 물론 여기서 하비가 개념화하고자 하는 물질적·객관적 공간이란 "어떤 면에서는 시간보다 더욱 복잡한 방식으로 …, 보통 측정될 수 있고 명확하게 정의될 수 있는 것들의 객관적 속성으로서 공간"을 의미하는 것이 아니라, "시간이나 공간이 물질과정과 동떨어진 채 객관적 의미를 획득할 수 없으며, 물질과정에 관한 연구를 통해서만 시간과 공간에 대한 개념을 올바르게 구축할 수 있다는 사실"을 결론적으로 함의한다(Harvey, 1989a). 그럼에도 불구하고 그는 최근 저작들에서 단순한(또는 좁은 의미의) 물질적 실행과 관련된 공간만이 아닌 경험된 공간, 나아가 주관적 공간, 즉 인지된 공간과 상상된 공간의 의미에 대해서도 큰 관심을 가지게 되었다.

이에 따라 하비는 르페브르(Lefebvre, 1974)가 제시한 세 가지 차원의 공간과 이로부터 영감을 받아서 자신이 설정한 공간적 실천의 네 가지

<표 1> 공간적 실천의 '격자표'

	접근성과 거리화	공간의 전유·이용	공간의 지배·통제	공간의 생산
물질적 공간실천 (경험)	재화·화폐·노동력· 정보 등의 흐름; 교통·통신체계; 시장· 도시계층; 집적	토지이용과 건조환경; 사회적 공간과 여타 '권역' 지정; 의사소통과 사회적 연계망	사적 토지소유; 국가와 행정적 공간 구분; 배타적 지역사회와 근린; 배제적 지구 지정과 여타 사회통제 형태(치안과 감시)	물리적 하부구조의 생산(교통·통신, 건조환경, 토지정리 등); 사회적(공식적·비공식적) 하부구조의 영역적 조직화
공간의 재현 (인지)	거리의 사회적·심리적·물리적 측정; 지도제작; '거리마찰이론'(최소노력의 원리, 사회물리학, 재화의 도달범위, 중심지 및 여타 입지이론)	개인적 공간; 점유 공간에 관한 심상지도; 공간적 계층; 공간의 상징적 재편, 공간적 '담론들'	금지된 공간; '영역적 규정'; 지역사회; 지역문화; 민족주의; 지정학; 계층들	지도화·영상재현·통신 등의 새로운 체계들; 새로운 예술적·건축적 '담론들'; 기호학
재현의 공간 (상상)	유인/격퇴; 거리/욕망; 접근/거부; '미디어가 곧 메시지'임을 초월	친숙성; 화목한 가정; 열린 공간; 대중적 스펙터클의 장소(거리, 광장, 시장); 聖像 그림과 벽낙서; 광고	비친숙성; 두려움의 공간; 자산소유와 점유; 제식(祭式)의 기념과 공간구축; 상징적 장벽과 상징자본; '전통'의 구축; 억압의 공간	유토피아적 계획; 상상적 경관; 과학소설적 존재론과 공간; 예술가들의 스케치; 공간과 장소의 신화; 공간의 시학, 욕망의 공간

주: 하비는 출처로 르페브르로부터 부분적으로 영감을 받았다고 적고 있다.
출처: Harvey(1989a: 272).

측면을 서로 관련시켜 공간적 실천의 격자표를 제시한다(<표 1> 참조). 여기서 '물질적·공간적 실천'은 생산과 사회적 재생산을 보장하기 위하여 공간 속에서 그리고 공간에 걸쳐 발생하는 물리적·물질적 흐름, 이전, 상호행위와 관련되며, '공간의 재현'은 이러한 물질적 실천들이 논의되고 이해될 수 있도록 해주는 (일상적이든 또는 학술적이든 간에) 신호와 기호, 부호, 지식 등의 모든 재현수단들을 포함하며, '재현의 공간'은 공간적 실천을 위한 새로운 의미나 가능성을 떠올리게 해주는 정신적 고안물(예를 들면 '공간적 담론', 이상향적 계획, 상상적 경관, 특정 건조환경, 그림, 박물관 등등)을 의미한다. 그리고 네 가지 공간적 실천은 서로 독립적인 것이 아니라 때로 동시적으로 이루어진다. 하비는 이와 같은 공간의 개념화를 위한 것이 아니라, 모더니즘과 포스트모더니즘이 역사 속에서 변화하는 공간적 경험을 어떻게 반영하고 있는가를 심도 있게 토의하기 위한 출발점으로 제시한다.

이와 같이 포스트모더니즘과 관련된 집중적 논의 이후 하비의 공간 개념화는 상당히 변화하게 된다. 즉 그는 포스트모더니스트들이 강조하는 장소의 개념에 비판적 관심을 가진다. 그는 이들이 강조하는 공간의 개념화, 즉 특이한 은유적 범주를 담고 있으며 정체성을 유발하는 심리적 애정이나 존경의 표시로 사용되기도 하는 장소, 그리고 무수히 많은 차이와 타자성이 존재하는 장으로서의 '영역'과 '공간'들이 존재함을 인정한다. 달리 말해서 공간의 개념에서 장소의 개념으로 관심을 옮김으로써, 포스트모던 수사인 '타자성'과 '차이'라는 문제가 명확해지며, 나아가 "영토 위주의 장소에 바탕하여 형성된 정체성은 특히 민족이나 인종, 사회적 성, 종교, 계급성들과 서로 중복될 경우, 진보정치나 반동적·배타적 정치 양쪽 모두에서 가장 확실한 동원의 토대로 기능한다"는 사실을 이해하게 된다(Harvey, 1993a). 그러나 하비에 의하면 장소가 마치 어떤 인과력을 가지는 것처럼 생각하는 것은 조잡한 물신론에 빠지는 것이며, 그렇지 않기 위해 "장소는 하나의 사회과정으로 간주"되어야 하며, "장소 생산의 의미 변화는 다양한 사회적 질서의 영역들 속에서 해석되어야 한다"고 주장된다. 이러한 점에서 하비는 공간에서 장소로 옮겨간 그의 관심을 다시 공간으로 되돌리고자 한다.

문제는 공간이 만들어내는 장소의 특수성과 차이에 직면하여 어떻게 공간에 관한 일반이론을 유지하고 정교화시킬 것인가라는 점이다. 그러나 이 문제는 결코 간단한 작업이 아니며, 어떤 이중적 난점을 안고 있다. 우선 "기존 사회이론에 공간을 결합시키는 일은 그 유형을 막론하고 한결같이 그 이론의 힘을 훼손시키는 것처럼 보인다." 즉 공간의 문제를 다루면서 관심을 가지게 되는 "우연성과 구체성, 타자성들은 모든 형태의 사회과학 메타이론을 근본적으로 침해하는 것, 심지어 '해체'하는 것이라고 여겨질 수 있었다(Harvey, 1993a). 뿐만 아니라 포스트모던 사상의 주요 전제들 가운데 하나, 즉 정체성과 '장소들'이 사회적 질서 속에서 담론적으로 구축된다는 사실은 장소나 정체성의 형성이 아주 우연스러운 경우들을 제외한다면 물리적 입지나 영토적 표현과는 거의 아무런 관련도 맺지 않음을 뜻한다. 한편으로 어떻게 공동체와 장소들이 표현되고 상상되는가, 다른 한편으로 구체적인 사회적 실천들을 통해 이들이 어떻게 생생하게 구성되는가라는 두 문제 사이에 어쩔 수 없는 단절이 존재할 경우, 그러한 담론은 단숨에 혼란에 빠지게 된다.

하비는 공간의 개념화에서 이러한 두 가지 이중적 문제, 장소의 특수성과 공간의 일반성을 결합시키는 문제, 그리고 정체성과 장소의 재현 및 상상에 관해 담론적으로 구성된 공간과 구체적인 사회적 실천을 통해 물질적으로 구축된 공간을 개념적으로 결합시키는 문제에 봉착하게 되었다.[15] 이 점에서 그는 최근의 저술 『정의, 자연, 차이의 지리학 (*Justice, Nature and Geography of Difference*)』(1996)에서 이에 관해 다시 본격적으로 재론하고 있다. 즉 공간과 시간의 사회적 구축에 관한 경험적 재고찰뿐만 아니라 공간에 관한 칸트의 개념화 이후 라이프니치와 화이트헤드 그리고 아인슈타인의 상대성이론에 이르기까지 이들의 사상들에 대한 비평에 기초하여 공간과 시간의 변증법을 제시하고자 한다. 여기서 하비는 우선 공간과 시간의 사회적 구축을 네 가지 측면에서 명료히 하고자 한다. 즉 첫째, 공간과 시간의 사회적 구축은 허공에서 이

---

15) 이러한 점에서 하비는 20여 년 전에 쓰여진 『사회정의와 도시』를 최근 그의 입장에서 재검토하고 있으며, 특히 '정의(justice)'의 개념에 대해 다시 관심을 보이고 있다. 이러한 그의 관심에 관해 Harvey(1991; 1993b: 41-66) 등 참조

루어지는 것이 아니라, 인간이 물질적 생존을 위한 투쟁 속에서 만나게 되는 공간과 시간의 여러 형태들로부터 도출된다. 둘째, 공간과 시간의 개념화는 문화적, 은유적 그리고 지적 능력에 좌우된다. 셋째, 공간과 시간의 사회적 구축은 모든 개인과 제도들이 필수적으로 반응하게 되는 객관적 사실의 힘으로 작동한다. 넷째, 객관적 공간과 시간의 사회적 규정은 사회적 재생산의 과정에 함의되어 있다. 이러한 공간과 시간의 사회적 구축은 보다 구체적으로 계급투쟁과 젠더 투쟁 등을 통해서, 시공간성에 관한 생태적 규정이나 시장메커니즘에 의한 규정에 의해 경험적으로 이루어진다. 하비에 의하면 이러한 공간과 시간의 사회적 구축에 관한 관점은 결국 역사·지리적 유물론으로 수렴된다.

물론 공간과 시간에 관한 역사·지리적 유물론을 구축하기 위하여, 하비는 단순히 마르크스의 정치경제학을 반복하기보다는 이를 보다 최근의 경험적 및 개념적 동향들과 결합시키고자 한다. 이러한 취지에서 그의 가장 최근 저서, 『희망의 공간(*Spaces of Hope*)』(2000)이 출판되었다. 여기서 공간의 정치경제학은 오늘날 전지구적 뻗침을 통해 세계적 경제정치체계를 재편하고 있는 이른바 세계화의 거시적 공간에서부터 페미니즘이나 포스트모더니즘에서 강조하고 있는 신체의 미시적 공간에 이르기까지 다양한 규모의 공간들을 다루어야 한다. 특히 하비에 의하면 '세계화'라는 용어는 제국주의나 신식민주의와 같은 용어들이 가지는 정치적 함의를 은폐할 뿐만 아니라 공간적 규모와 차이를 무시하기 때문에 '지리적 불균등 발전'이라는 개념으로 대체되어야 하며, 미시적 공간으로서 신체에 관한 담론은 그 자체로서 큰 의미를 가질 수 없으며 세계화과정과 관련시켜서 이해되어야 한다.16) 나아가 하비에 의하면 이러한 현재적 공간들이 구축되는 전략적 배경에는 신자유주의가 있으며, 이는

---

16) 『희망의 공간』(최병두 외 역), 2000, 한울, 제1부 및 제2부 참조.

시장메커니즘을 신봉하는 부르주아적 유토피아주의에 의해 정당화되고 있다. 따라서 흔히 역사적으로 추구되었던 유토피아는 공간(특히 도시) 적 모습으로 제시되지만, 그것이 실체화되는 과정에서 그 순수한 규범성 은 포기되게 된다. 이러한 점에서 공간적 형태로서의 유토피아주의는 사 회적 과정으로서 유토피아주의—예를 들어 마르크스의 공산주의 사회— 와 대조될 수 있지만, 진정한 유토피아는 유토피아의 시·공간성을 사회 과정에 뿌리 내리도록 하는 실천에 의해 이루어지게 된다.

공간에 관한 이러한 하비의 개념화, 즉 역사·지리적 유물론을 구축하 고자 하는 하비의 노력은, 현재적 상황에 적용될 수 있는 정치경제학을 발전시키고자 하는 마르크스주의자들뿐만 아니라 최근 공간을 강조하는 많은 철학자들이나 사회이론가들 가운데서도 가장 심원하고 체계적이며 현실 자본주의의 분석을 위한 힘과 동시에 미래 사회를 추구할 수 있는 실천적 힘을 견지하고 있다. 그러나 공간의 개념화를 위한 하비의 노력 에서도 공간과 사회 간의 결합과 더불어 장소의 특수성과 공간의 일반 성 간의 결합, 그리고 담론적(상징적) 공간과 실천적(물질적) 공간 간의 결합, 세계화의 거시적 공간과 신체의 미시적 공간, 지리적 불균등 발전 의 현실 공간과 정의와 희망을 위한 유토피아적 공간 간의 결합 등은 여 전히 주요한 과제로 남아 있다. 따라서 마르크스의 유물론이 하나의 완 결된 사상이라기보다는 항상 열려 있는 이론체계인 것처럼, 공간에 관한 개념화 역시 하비에 의해 완결될 것이라고 기대하기보다는 지금부터 끊 임 없이 도전되어야 할 과제로 인식되어야 할 것이다.

3. 자본주의 공간의 정치경제학

근대 서구 의식체계에서 공간은 철학적·사회이론적 논의에서 다른 주제들, 특히 이 개념에 상응하는 시간의 개념에 비해 상대적으로 훨씬 적은 관심을 받았다고 할지라도, 공간에 관한 논의가 전혀 없었던 것은 결코 아니다. 문제는 기존의 철학적·사회이론적 논의에서 공간이 왜 다른 주제들에 비해 열등한 의미를 가지게 되었는가에 대해 관심을 가지는 것이다. 뿐만 아니라 실제 근대 학문체계에서 다양한 공간관련 학문들이 새롭게 생성되고 그 연구범위를 확대시켜왔다는 점이 지적될 수 있다. 이러한 점은 현실세계에서 자본주의 사회가 다른 어떠한 수단들보다도 시간과 더불어 공간을 매개로 자신을 존립·발전시켜왔다는 사실을 의미한다(Harvey, 1990: 418-434). 따라서 문제는 이러한 공간관련 학문분야들에서 공간이 어떻게 다루어지고 있으며, 또한 그러한 공간이론이 어떻게 이데올로기적으로 기능하고 있는가를 밝히는 것이다.

하비에 의하면 공간에 관한 다양한 자유주의적 이론들은 '사회적 과정'과는 분리된 '공간적 형태'에만 초점을 두고, 실질적 분석에서도 서로 관련된 주제들을 서로 분리된 것(예를 들면 분배의 문제를 생산의 문제와 완전히 독립된 것)으로 취급하고, 또한 사회공간적 사실들을 가치(예를 들면 사회공간적 정의)와 분리시켜 다룬다. 이러한 연구를 통해 자유주의적 공간이론들은 비록 그 나름대로 유의성을 가진다고 할지라도, 궁극적으로 현상유지를 위한 이데올로기로 전락하게 된다. 달리 말해서 근대 서구 사상에 내재·만연된 이원론들은 어느 한 측면만을 강조하고 다른 측면을 무시함으로써 그 통찰력을 상실하게 된다. 하비의 『사회정의와 도시』에 의하면, 이러한 이원론들은 마르크스의 분석력을 통해 통합될 수 있다. 즉 자유주의적 공간이론들은 문제성을 내재하고 있지만,

그 주제와 내용들은 정치경제학적 이론에 의해 의미를 상실하는 것이 아니라 새로운 의미를 가지게 된다. 이 점이 당시 실증주의적 지리학의 배경하 있었던 하비가 마르크스의 정치경제학으로 관심을 이행시키게 된 주요한 계기가 되었다.17)

이러한 계기를 통해 공간의 정치경제학에 관심을 가지게 된 하비는 『사회정의와 도시』에서는 도시토지이용, 도시재개발 그리고 게토(흑인 불량주거지역) 등에 관한 주제들을 다루면서 자유주의적 이론들을 비판적으로 재고찰하고, 나아가 사용가치와 교환가치의 개념에 입각한 새로운 도시토지이용론 그리고 경제통합양식(폴라니의 개념)과 잉여가치의 개념에 초점을 두고 자본주의적 도시화와 도시공간에 관한 논의를 새롭게 하고자 했다. 그의 이러한 시도들은 공간을 직접적으로 다루는 지리학과 여타 관련 학문분야들에 상당한 반향을 일으켰지만, 이러한 주제들에 관한 그의 정치경제학적 분석력은 아직 초보적인 단계였다.

그 이후 하비의 정치경제학적 분석은 공간과 관련된 다양한 주제들, 예를 들면 토지와 지대, 인구와 자원, 도시화와 자본축적, 도시정책 및 금융제도에 따른 근린사회의 변화, 건조환경을 둘러싼 계급갈등 등을 다루게 된다.18) 하비의 이러한 연구들은 『자본의 한계』를 통해 일단 완결된다. 이 저작은 정치경제학적 이론이나 개념을 원용하여 공간적 문제들을 다루는 과정에서 출발했지만, 마르크스의 이론체계 내에 공백으로 남아 있는 공간적 주제들을 메움으로써 그 이론체계를 보다 완전하게 재

---

17) 즉 그가 공간의 정치경제학으로 발을 들여놓게 된 것은 "마르크스적 분석의 도입이 그 분석에 내재된 우월성에 따른 선험적 의미 때문이라기보다 … 단지 내가 정립해야 할 것을 정립하고, 이해되어야 할 것을 이해하기 위해 다른 방도를 찾을 수 없었기 때문"이었다고 진술된다(Harvey, 1973: viii-ix).

18) 이에 관한 그의 연구들은 Harvey(1985a; 1985b)로 출간되었다. 이 책들에 편집된 논문들 가운데 중요한 것들은 다시 1989년 『도시의 정치경제학(The Urban Experience)』(초의수 역, 1996, 한울)로 출간되었다.

구성하고자 하는 결과로서 쓰여진 것이다. 이러한 의미에서 마르크스의 『자본론』을 재구성하기 위해 하비가 『자본의 한계』에서 제시한 공간(엄밀히 말해, 자본주의 공간)의 정치경제학은 크게 세 부분으로 나뉜다. 첫째 부분은 마르크스이론에 관한 일반적 이해이며, 둘째 부분은 시간적 측면과 보다 직접적으로 관련된 자본축적과정이나 그 요소들, 예를 들면 고정자본, 생산기간과 회전기간, 그리고 공황의 제2차 국면 등을 고찰하기 위한 것이며, 셋째 부분은 토지와 지대문제, 지리적 공간의 편성과 공간적 조정, 그리고 지역-세계공간적 차원에서의 공황의 제3차 국면을 분석하기 위한 것이다.[19]

하비가 제시한 공간의 정치경제학은 우선 마르크스가 그러했던 것처럼 상품의 사용가치, 교환가치 그리고 가치에 관한 개념규정, 또는 이에 대한 재해석에서 출발한다. 하비는 이 세 가지 개념들이 『자본론』에서 전개된 이론의 '직선적' 해석에 따라 흔히 각각 분리되어 고정된 개념적 블록으로 이해됨으로써 발생하는 오류를 지적하고[20] 이들이 항상 관련적 범주로 이해되어야 함을 강조한다. 그에 의하면 상품 속에 체현된 사용가치와 교환가치는 상품 일반(사용가치)과 화폐(교환가치의 순수한 표현) 간의 분리를 통해 그 외적 표현을 달성하게 된다. 즉 모든 상품들의 내재적 속성으로 간주되는 교환가치가 상품 그 자체에 외적이며 이와는

---

19) 『자본의 한계』는 이와 같이 자본축적과정에 초점을 둔 연구이지만, 거의 모든 장들에서 다루고 있는 주제들과 연관시켜 자본·노동간 투쟁을 다루고 있다. 이러한 점에서, 그의 연구는 단순히 '이론적인' 측면에서 자본축적과정에 대한 일반적 분석일 뿐만 아니라, 정치적 실천을 전제로 하고 있다. 또한 하비는 "이 책에서 설정된 일반이론이 역사연구와 정치적 실천의 형성에 도움이 되기를 희망한다"(Harvey, 1982)고 적고 있다.

20) 이러한 오류들 가운데 대표적인 것으로, 상품 속에 체화된 가치들과 상품들이 교환되는 비율 간에 필연적 관계가 없는 것처럼 보이게 됨에 따라 발생하는 마르크스의 '전형'논리에 대한 부적절한 비판이 제시되고 있다고 하비는 주장한다.

분리된 측정자로서 화폐에 의해 표현되게 된다. 그러나 이 과정에서 화폐는 어떤 모순적 기능(즉 사용가치와 교환가치 간의 상호대립성)을 내재화시키며, 이 모순은 단지 화폐가 어떤 방법으로, 즉 자본으로서 순환될 때에만 해결될 수 있다. 이제 자본순환과정은 여러 가지 모순, 우선 교환에 전제되는 동등성과 이윤을 얻기 위해 요구되는 부등성 간의 모순을 내재하게 되고, 나아가 계급투쟁의 원천을 형성하는 자본-노동관계의 모순을 내재·심화시키게 된다. 하비는 마르크스의 가치론이 양적 측면으로만 해석될 수 없으며, 계급관계를 통해 표현되는 근본적 모순들을 내재화한 것(즉 자본주의의 질적 측면을 통합한 것)으로 이해되어야 한다고 주장한다.

이러한 가치의 생산과 임금, 이윤, 이자, 지대 등의 형태로 주어지는 가치의 분배 간에는 밀접한 관계가 있다. 하비에 의하면 임금은 생존임금이나 노동력의 공급과 수요의 논리에 의해 결정되기보다는 임금률을 둘러싼 계급투쟁의 결과로 이해된다. 계급투쟁을 통한 임금률 상승 압박은 숙련노동의 단순노동으로의 환원(문제)을 유발하고, 분배에 대한 논의는 가치의 가격으로의 전형(문제)과 관련된다. 하비는 숙련노동에서 단순노동으로의 환원은 단순한 지적 고안물이 아니라, 노동자들에게 파괴적 영향을 미치는 실질적이며 관찰가능한 과정으로 이해하고, 가치에서 가격으로의 전형은 마르크스의 수리경제학적 정확성보다는 사회적 통찰력(즉 노동의 착취와 이윤의 원천의 신비화 또는 물신성)으로 이해되어야 한다고 주장한다. 그 외 분배의 측면들, 즉 이자, 지대, 이윤의 배분은 분배를 규제하는 사회적 과정이라는 관점에서 이해된다. 이러한 생산과 분배 간의 관계는 생산과 소비, 그리고 잉여가치의 창출과 실현 간의 모순적 관계와 관련된다. 생산과 소비(또는 판매와 구매) 간의 시·공간적 분리는 공급과 수요 간의 항상적 불균형을 초래하며, 나아가 잉

여가치의 창출과 실현 간의 불일치에 따라 자본의 감가를 불가피하게
한다. 또한 이와 관련하여 노동자에게 최저의 임금을 지불하고자 하는
분배관계와 지불된 임금이 유효수요로서 작동하여 잉여가치를 실현시키
게 되는 조건 간의 모순이 유발된다. 그러면 교환에서 잉여가치를 실현
시키기 위해 필요한 유효수요를 자극하기 위해 화폐의 자본으로의 추가
적 전환이 이루어진다. 그러나 이렇게 해서 형성된 자본, 즉 의제자본은
그 물적 기반을 가지지 않기 때문에 항상 불안하며, 결국 투기적 투자로
폭발된다.

　다른 한편, 자본은 생산성의 증대를 위해 기술과 생산조직을 변화시
킨다. 자본주의의 기술적·조직적 역동성은 본연적으로 불안정한 계급재
생산의 조건들을 안정화시키기 위한 자본의 노력에 기인한다. 그러나 모
든 기술적·조직적 변화는 직·간접적 비용을 초래하기 때문에, 이는 그
비용과 노동의 임금 간 관계에 좌우된다. 뿐만 아니라 자본의 기술적 구
성(일정 시간당 노동자에 의해 만들어진 생산물의 양)의 증대는 자본의
가치구성(c/v, c＝불변자본, v＝가변자본) 또는 자본의 유기적 구성(기업
내부에서 자본의 가치구성에 영향을 미치는 기술변화)을 증대시키고, 이
는 결국 자본의 이윤율을 저하시킨다. 이와 관련하여 자본주의적 생산조
직의 변화(통합과 분리)는 경쟁/독점과 더불어 집중(시장의 우연성의 기
업내적 통제)/분산(기업내적 통제비용의 시장화) 간의 상반된 경향으로
인해 본연적으로 불안정하다. 이러한 자본의 유기적 구성문제는 생산영
역에서 나아가 교환영역에서 '재생산표식'에 의해 포착되며, 이러한 분
석에서 제1부문과 제2부문 간의 불비례, 즉 생산과정에서의 영속적 확
대재생산으로 인해 교환과정에서의 만성적 혼란이 초래된다는 사실이
확인될 수 있다.

　이러한 모든 것들은 자본의 이윤율 저하로 귀착된다. 이윤율은 가치구

성에 반비례하고 착취율의 상승에 정비례한다. 여기서 착취율은 단지 체감적으로만 증가하며, 가치구성이 보다 상승함에 따라 이윤율은 착취율의 변화에 점점 덜 민감해지고, 따라서 이윤율은 저하하는 경향이 있다. 물론 자본주의 사회에서는 이러한 이윤율 저하경향을 상쇄시키는 여러 가지 요인들이 있으며, 또한 이를 보상할 수 있는 다른 방법들이 있지만, 이러한 경향은 일단 자본의 과잉축적에 의한 감가와 이의 폭발적 형태인 공황으로 이어지는 것으로 이해할 수 있다. 하비는 이러한 공황을 공황 형성의 '제1차 국면'으로 이해한다. 과잉축적은 상품들의 과잉생산, 과잉 재고, 고정자본의 불완전가동, 과잉화폐자본, 노동력의 과잉, 실질이자율의 저하 등으로 표현된다. 자본주의 사회에서 감가는 노동생산성의 향상에 따라 항상적으로 이루어지지만, 때로는 그동안 누적된 모순들이 일시적으로 폭발하는 감가, 즉 공황이 발생한다. 공황의 시기에 재생산이 정체되고 노동과정은 정지하며 실질자본은 파괴되고 감가된다. 일단 이러한 필연적이고도 폭발적인 감가가 수행되면 과잉축적은 제거되고, 흔히 새로운 사회적·기술적 기반 위에서 축적과정이 새롭게 시작된다.

자본축적과정에 관한 이러한 마르크스이론은 정치경제학적 이론 일반에서 잘 알려져 있지만, 하비는 이를 재정리할 뿐만 아니라 이러한 이론 체계에서 시·공간성을 반영한 여러 가지 주제들을 자신의 입장에서 재해석하거나 또는 삽입하고자 한다. 우선 그에 의하면 공황론의 제1차 국면에서 서술한 조건들하에서 생산된 자본과 노동의 잉여들은 현재 사용보다 미래 사용 지향적인 새로운 순환형태들의 창출, 즉 고정자본과 소비기금의 형성에 의해 흡수될 수 있다. 생산과정에 투입되는 고정자본과 소비과정에서 일정 기간 동안 사용되는 다양한 소비수단들은 '건조환경'이라고 명명되며, 이들의 형성 및 사용을 통해 자본이 순환하는 과정의 총체성은 자본의 제2차 순환이라고 불린다. 건조환경을 통한 자본의 제2

차 순환은 과잉축적된 잉여자본의 흡수를 위해 하늘이 주신 선물로서 등장한다. 그러나 이러한 새로운 순환과정은 결국 축적의 영속을 위한 필수조건인 지속적 기술변화의 역동성과 대립하게 될 뿐만 아니라, 미래 생산과 미래 수입의 확대에 의존하며 또한 건조환경의 장소성에 의해 제한됨에 따라 미래의 자본주의 발전의 궤적을 제약한다.

건조환경을 통한 자본순환과정의 한계는 신용체계에 의해 일단 구원된다. 신용체계는 자본주의 내적 모순들을 처리하기 위한 자본 자신의 노력의 산물이다. 신용체계는 화폐의 자본으로의 전화, 그리고 이러한 금융자본 또는 이자 낳는 자본의 순환에 기초하여, 자본흐름을 통제하는 일종의 '중앙신경체계'로서 기능한다. 이 과정에서 신용체계는 자본순환의 비용 및 시간을 단축시키고, 고정자본의 순환과 소비기금의 형성을 촉진시킨다. 뿐만 아니라 신용체계의 기능은 기본적으로 의제적 가치를 가지는 신용화폐가 자본으로 순환하도록 하며, 이자 낳는 자본의 자유로운 흐름을 통해 이윤율의 균등화를 촉진시키고, 자본의 집중을 보다 원활히 하는 데 있다.

신용체계는 이와 같이 자본축적과정에 내재된 모순들을 해소할 수 있는 잠재력을 가지지만, 그 자체 내의 모순을 내재화한 대가에 의해서만 그렇게 할 수 있다. 실물가치를 가지지 않는 신용화폐의 자본으로의 순환, 즉 의제자본의 순환은 특히 유동자본의 고정자본으로의 전환을 지원함으로써 고정자본이 미래 축적에 대해 형성하는 장애를 극복할 수 있도록 하지만, 또한 동시에 실물가치를 가지지 않는 신용화폐의 투입은 자본축적과정에 내재된 모든 착란적 형태들의 근원이 된다. 금융자본의 책략에 의해 수행되는 금융적 힘의 거대한 집중은 자본주의를 안정화시킬 수도 있고 탈안정화시킬 수도 있다. 그리고 어떠한 경우에도 신용화폐로서 화폐를 발행하는 금융체계와 가치척도로서 화폐의 사용과 관련된 화폐적 기반 간에 근본적인 대립이 발생한다. 이는 금융공황과 인플레이션을 포함한 위기형성의 금융적·화폐적 측면들에서 발생한 공황론의 제2차 국면을 형성한다. 정치경제학에 대한 하비의 기여는 비단 공간에 관한 논의들뿐만 아니라 고정자본 및 신용체계에 대하여 이와 같은 새로운 논리적 설명을 추가했다는 점이다.[21)]

자본주의적 공간에 관한 하비의 개념화 또는 주장들은 이에 관한 마르크스이론의 공백을 메우고자 했다는 점에서 보다 야심이 찬 부분이다. 우선 그의 지대이론은 사용가치로서 토지의 개념, 자본주의 사회에서 토지소유제도의 특성, 마르크스의 지대형태론의 재정리, 그리고 지대와 토지소유의 모순적 역할에 관한 논의로 이어지며, 이를 통해 명목상 분배이론을 완결짓는다. 하비의 지대이론에서 보다 중요한 점은 이론적 측면에서 미래 지대를 추구하는 의제자본의 투입에 의한 토지시장의 시간적·공간적 역동성을 고찰할 수 있도록 했다는 점이다. 즉 그의 지대이론은 인간노동의 산물이 아닌 토지가 어떻게 가격을 가지고 상품으로 교환될 수 있으며, 나아가 자본축적과정에 기여하는가를 해명하고자 한다. 그에 의하면 지대는 어떤 상상적 자본에 대한 이자로서 자본화된 것으로 토지의 '가치'(즉 의제적 가치)를 구성한다. 시장에서 가격을 가지고 교환되는 것은 토지 자체가 아니라 미래에 발생할 지대에 대한 권리증서(즉

---

21) 이에 관하여 하비는 "나는 거기서[『자본의 한계』에서] 고정자본 및 건조환경의 형성, 지대의 전유, 화폐·재정 및 신용의 작동들, 재정 및 금융 위기의 생산과 같은 마르크스의 이론 안에 있는 모든 종류의 '빈 상자들'을 채우려고 노력했다"고 적고 있다(Harvey, 1989b; 초의수 역, 1996: 21). 그러나 이에 연이어, 하비는 "그러나 이상하게도 대부분의 논평자들은 내가 생각하기에 그 작업의 가장 두드러진 공헌을 간과했다. 그것은 마르크스적 이론화의 핵심에서 능동적 요소로서 공간의 생산과 공간적 형태 간의 통합[시키고자 했던 작업]이다. 이는 나로 하여금 역사에 대한 사고에서 역사적 지리로 옮기게 하고 도시과정을 계급투쟁과 자본축적의 역사적 지리의 적극적인 부분으로 이론화시키는 길을 열어주는 데 열쇠가 된 이론적 혁신이었다"고 서술하고 있다.

의제자본)이다. 토지가격은 이자율과 더불어 미래에 예상되는 지대수입에 의해 결정되며, 이러한 지대를 전유하기 위해 토지시장에 이자 낳는 자본이 투입·순환된다. 토지소유자들은 이러한 이자 낳는 자본의 투입을 통해 단순한 소극적 지대전유자가 아니라, 미래 지대를 허용하는 조건들의 능동적 창출자로서, 즉 미래의 토지에 자본과 노동이 투입되어 생산이 새롭게 공간적으로 편성되도록 하는 역할을 한다. 토지소유권과 관련된 이자 낳는 자본의 순환은 이러한 역할을 통해 자본축적에 기여하지만, 또한 미래의 자본이나 노동에 과중한 부담을 전가할 뿐만 아니라 토지시장으로 화폐자본의 과다한 투입을 유도함으로써, 자본의 축적과정을 왜곡시킨다.

　생산을 위한 공간의 편성은 이와 같은 지대(이론)에 국한되는 것이 아니라, 자본축적과정 일반에서 매우 중요한 역할을 한다. 하비에 의하면 공간편성의 생산은 자본축적과 사회적 재생산의 시간적 역동성 전체에서 '능동적 계기'로 취급된다. 어떠한 생산이든 일정한 입지를 가지며, 입지 이점에서 생기는 상대적 잉여가치는 기술 이점에서 얻어지는 상대적 잉여가치와 상호보완적 관계에 있다. 이러한 입지들로 구성된 공간편성은 자본과 노동의 이동성에 좌우되며 또한 이들을 규정한다. 따라서 자본축적의 위기에 발생하는 과잉축적과 감가는 어떠한 이유에서 발생했든지 간에 항상 일정 장소에 특정적이며 입지마다 특이한 것이다. 즉 자본은 그 순환과정(M-C-M')에서 한 상태에서 다른 상태로 필수적으로 전화되어야 하며, 이는 자본의 두 가지 또는 그 이상의 형태들이 전화하는 계기에 같은 시간, 같은 장소에 필연적으로 존재해야 함을 의미한다. 자본순환과정에서의 형태 전화의 불가능 또는 지연으로 발생하는 감가는 이러한 시·공간성에 의해 규정된다. 자본은 이러한 감가로부터 자유롭기 위해 공간적 이동의 시간(이 시간 동안 자본은 특정 형태로 머물러

있을 수밖에 없다)을 단축시키고자, 즉 '시간에 의한 공간의 소멸'을 촉
진시키고자 한다.

이와 같은 자본(그리고 노동력)의 지리적 이동성은 가치의 생산과 실
현의 통일성이 유지되는 범위 내에서만 엄격하게 한정된다. 그러나 하비
에 의하면 이러한 엄격성은 두 가지 이유에서 수정된다. 즉 자본의 형태
전화에서 상이한 시간적 과정들 간에 다양한 공간적 대체가 가능하며,
이를 위해 신용체계는 특히 중요한 역할을 한다. 또한 자본의 순환을 위
해 여러 가지 잠재적 경로들이 존재한다. 즉 자본은 단순히 상품생산과
정뿐만 아니라 고정자본과 소비기금의 형성으로 흐를 수도 있으며, 과학
과 기술, 행정개선 또는 다양한 사회적 하부시설들의 창출과 유지로도
흐를 수 있다(<그림 1> 참조).22) 이러한 상이한 형태들의 순환은 서로
관련되지만, 각 경로는 상이한 시간적 요구와 상이한 공간적 이동의 기
회를 가진다. 그렇지만 가치의 생산과 실현의 통일성은 기본적으로 유지
되어야 하며, 이러한 통일성은 최종적 분석에서 시간적으로 분열된 흐름
들의 체계 내에서 다양한 지리적 이동성들을 공통적으로 규정하게 된다.

자본의 축적과정에서 생산된 공간편성과 이와 관련된 자본과 노동의
지리적 이동성은 자본축적과정을 다시 제어하고 감가를 초래하게 된다.
하비에 의하면 이러한 자본의 문제들을 해소하기 위하여 '공간적 조정'
이 이루어지지만 종국적으로 공황을 회피할 수는 없다. 공간적 조정이란

---

22) 여기서 하비는 자본의 세 가지 순환경로를 제시하는 것처럼 보인다. 제1차 순
환은 가치와 잉여가치의 생산 및 상품의 소비와 노동력의 재생산 간에 흐르는
자본순환이며, 제2차 순환은 고정자본과 소비기금의 형성을 통해 흐르는 자본
순환이고, 제3차 순환은 과학과 기술, 행정개선 및 여타 사회적 지출들로 흐르
는 자본순환을 의미한다. 그러나 이 세 가지 자본순환경로에 관한 하비의 설명
은 다소 문제가 있는 것 같다. 즉 하비는 국가기능과 관련된 제3차 순환에 대
해서는 거의 논의하지 않는다. 또한 제1차 순환과 제2차 순환은 그가 명명한
공황론의 제1차 국면과 제2차 국면과 조응하지만, 제3차 순환은 공황론의 제3
차 국면과 조응하지 않는다.

<그림 1> 자본흐름의 경로들

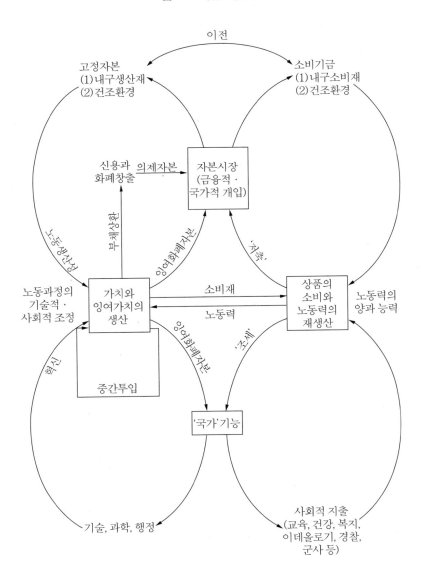

출처: 『자본의 한계』(최병두 역, 1995), 534쪽.

모순경향적 자본주의가 그 자신을 다시 정립시킬 수 있는 가능성을 유
지하도록 하는 지리적 팽창과 지리적 불균등발전을 의미한다. 자본주의
공간경제는 이러한 공간적 조정을 통해 발전하지만, 이는 모순적 경향을
내포한다. 즉 자본축적에 대한 공간적 장애와 지역적 차이는 파괴되어야
하지만, 이 목적을 달성하기 위한 수단은 극복되어야 할 새로운 공간적
장애와 지역적 차이를 만들어낸다. 이로 인해 한 지역에서 생산력의 가
속적 발전과 다른 지역에서의 상대적 지연이 끊임없이 이루어진다. 이러
한 지역불균등발전과정으로 인해 한 지역에 감가가 발생하게 되면, 자본
과 노동 간에 일정한 '영역적 동맹'이 이루어진다.[23] 이러한 영역적 동
맹과 영역간 갈등은 계급투쟁의 전반적 역사 속에서 능동적 계기가 되
지만, 항상 붕괴의 위협을 받는다. 자본가들은 어디에 있든지 간에 가치
의 증식을 추구하는 자본가로서 행동하며, 지역불균등발전이나 영역적
동맹으로 감가를 회피할 수 없다.

　이런 점에서, 불균등발전의 지리학을 공황이론에 통합시킨 공황론의
제3차 국면이 구축될 수 있다. 이러한 공황은 종국적으로 세계적 규모로
이루어지는 것으로 주장되며, 여기서 하비의 의문은 자본주의 사회의 내
적 모순이 사회공간적 외부화를 통한 제국주의적 방식으로 해소될 수
있는가 하는 것이다. 즉 장소특정적 감가가 항상적으로 존재하며 나아가
지역 내부에서의 공황이 형성되고, 이는 한 지역에서 다른 지역으로의
이전에 따른 전이적 공황으로 이어지고, 그러면 지역들간 공간적 통합의
조성을 위한 새로운 지역불균등발전이 이루어진다. 이러한 지리적 불균
등발전에 의하여 과잉축적을 흡수하는 조정들이 최소한 가능하겠지만,
이는 난점을 해결하기보다는 확대시키는 경향이 있다. 그러면 세계적 공

---

23) 하비는 이러한 '영역적 동맹'과 관련하여 후기 자본주의 도시지배양식의 변화
　과정을 설명한다(Harvey, 1989c: 3-17).

황이 발생하게 된다. 물론 한 지역에서의 과잉축적은 외국시장의 개척과 상품의 수출, 생산을 위한 자본의 수출을 촉진시키지만, 이는 전자본주의적 또는 과도적 사회구성체 사회들의 희생, 즉 프롤레타리아의 확대를 통한 본원적 축적을 확대시키는 것이다. 그러나 이러한 본원적 축적의 가능성이 전세계적으로 고갈되면, 자본주의는 결국 자기 자신을 먹어치우게 된다. 이와 같은 상황이 되면, 즉 자본에 의한 자본의 착취가 시작되면, 지역들간에 누가 감가의 짐을 부담할 것인가를 둘러싼 투쟁이 점차 치열해지게 된다.[24) 이에 따라 공간적 조정에 의한 자본주의적 내적 모순들의 심화는 제국들간의 전쟁이라는 감가의 궁극적 형태로 세계적 무대에 이들을 투사시킴으로써 종결된다.

『자본의 한계』에서 제시된 하비의 이와 같은 이론들 또는 주장들은 현대 자본주의 사회에서 마르크스의 『자본론』이 가지는 한계를 시·공간적 개념화를 통해 보완·재구성하는 한편, 자본주의에 내재된 모순들이 끊임없이 재편되면서 종국적으로 공간적 조정에 의해서도 구원받지 못하고 제국주의 전쟁이라는 한계에 봉착하게 됨을 밝히고자 한다. 그의 논의들에서, 고정자본과 신용체계에 대한 새로운 인식, 그리고 무엇보다도 자본주의적 공간에 대한 다양한 개념들과 이에 기초한 정치경제학의 재구성은 오늘날 마르크스주의적 이론에 대한 독창적 공헌으로 인정되고 있다. 이와 같은 그의 독창적인 노력은 특히 1970년대 이후 서구 마르크스주의의 쇠퇴 국면에서 공간의 정치경제학이라는 대서사 또는 메타이론을 지향했다는 점에서 어떤 의의를 가진다. 물론 오늘날과 같이

---

24) 『자본의 한계』의 마지막 부분에서 하비는 오늘날 세계자본주의의 외부확장 (즉 자본의 원시적 축적)의 가장 중요한 대상은 기존 사회주의가 될 것이라고 주장하고 있다. 이에 대한 긍정적 평가로 조원희(1991) 참조. 한편 『포스트모더니티의 조건』제3부 끝에서, 하비는 이러한 '공간적 조정' 또는 '시·공간 압축'의 조건으로 인해 세계대전이 발발한 것으로 이해한다.

인간의 의식체계가 파편화되어가고 있으며 이로 인해 국지적 투쟁이 더 중요한 의미를 가진다고 주장되는 상황에서, 하비의 이와 같은 대서사가 어떤 의미를 가질 수 있는가에 대한 의문들이 제기될 수 있다. 뿐만 아니라 『자본의 한계』는 그 자체로서 몇 가지 점에서 중요한 한계를 가지는 것처럼 보인다.[25] 그럼에도 불구하고 그의 이론이 새로운 개념들, 특히 공간적 개념들을 도입함으로써 역동적 자본축적과정과 그 한계에 대한 치밀한 분석을 제시했다는 점에서, 마르크스주의의 전통, 나아가 현대 사회이론 일반에 미친 영향은 지대하다.

4. 포스트모더니티의 공간적 조건

공간의 정치경제학에 관한 대서사를 제시한 이후 하비는 서구 지성사 또는 정서구조에서 새로운 분위기가 생성되고 있음을 감지하게 된다. 이러한 분위기는 이른바 포스트모더니즘이라는 새로운 문화논리로서, 그 동안 서구 사회에서 추구되었던 모든 대서사를 부정하고 있다는 점에서, 하비는 이에 대한 최소한의 반응을 제기할 필요가 있었다. 『포스트모더니티의 조건』은 이러한 반응을 서술한 것이라고 할 수 있다. 즉 그에게 포스트모더니즘은 구조주의나 탈산업사회론 그리고 기타 '새로운 사상' 일반과 결탁하여, 새로운 감수성, 새로운 사상으로서 위력적인 형상을 갖추어가는 듯 보였으며, 또한 사회정치적 실천의 기준을 나름대로 설정하는 데 중추적인 역할을 하게 될 가능성이 있는 것처럼 보였다. 『포스트모더니티의 조건』에서 하비는 이러한 포스트모더니즘과 관련된 새로

---

25) 예를 들어 하비 스스로 인정하는 바와 같이, 국가부문에 관한 연구는 거의 누락되어 있다.

운 사상에 대한 검토를 소홀히 하지는 않았지만, 이를 단지 어떤 사상이라기보다는 현대문화의 변동으로서 해명해야 할 역사적 조건으로 그 속성을 해명하고자 했다.

하비에 의하면 1970년대 초반은 지식사나 문화사의 한 정점을 이룬다. 이 시기에 도시생활의 변동이 일어난 것은 사실이지만,[26] 이것을 '포스트모던'이라고 할 수 있는가는 별개의 문제이다. 달리 말해서 포스트모더니즘은 모더니즘에 대한 반작용의 일종이거나 모더니즘으로부터의 일탈이라는 점만 인정될 뿐, 이 용어가 뜻하는 것이 무엇인가에 대해서는 완전한 동의가 없다. 이 점에서, 다시 모더니즘 또는 이의 역사적 조건을 의미하는 모더니티란 무엇인가에 대한 해명이 요구된다.

모더니티는 보들레르가 서술한 바와 같이, "한쪽은 찰나적, 일시적, 우연적 측면이며, 다른 한쪽은 영원불변한 측면"을 가진다. 미학운동으로서 모더니즘의 역사는 이와 같은 이중구조, 즉 일시적 순간성과 영원한 불변성 사이에서 동요해왔다. 모던 생활이 찰나와 순간, 분절과 우연 따위의 감각들로 충만해 있다는 점은 여러 저자들— 괴테나 마르크스, 보들레르, 도스토예프스키 등— 에 의해 인지되어왔지만, 이러한 와중에서 '영원불변한 것들'을 어떻게 찾아낼 것인가라는 문제가 제기된다. 계몽사상가들의 과제는 '영원불변한' 것에 대해 설득력을 부여하여, 모더니티 프로젝트를 전면에 부각시키는 일이었다. 그러나 이러한 계몽 프로젝트는 20세기에 들어와서 인간자유화라는 이름 아래 행사되는 보편적 압제체계로 전환된 것처럼 보였다. 이러한 모더니티 프로젝트는 막스 베버나 니체로부터 오늘날의 제임슨(Jameson)이나 후이센(Huyssens)에 이

---

26) 이러한 점에서, 하비는 『포스트모더니티의 조건』의 시작에서 이 당시의 도시 생활을 다룬 저작들을 소개하면서, 대량생산·대량소비과 위계질서하에 도시가 희생되고 있다는 견해가 아니라, 개인주의와 기업가주의에 기초하여 모든 위계 질서들이 분해되어버리는 과정으로 도시 이미지를 그리고 있음에 주목한다.

르기까지 언제나 많은 사상가들에 의한 비판의 대상이 되어왔다.[27] 이러
한 맥락에서 1960년대 다양한 대항문화, 반모던운동이 등장했고 그 연
장선상에서 포스트모더니즘이 전면에 부각되었다.

　포스트모더니즘이라는 용어는 다양한 분야의 학자들에 다양한 의미로
사용된다. 건축부문에서는 세인트루이스의 프뤼트-이고우(Pruitt-Igoe)
주거단지의 폭파로 모더니즘의 상징적 종언을 고했으며, 도시계획분야
에서도 1973년 '대규모 계획모델의 종언'이 제시되었다. 소설부문에서
는 어떤 실체의 의미에 매달리기보다는 매우 다른 실체들이 공존·충돌·
상호관입하는 것이 어떻게 가능한가를 보여주는 포스트모던 소설이 등
장했다. 철학영역에서도 포스트마르크시즘이나 포스트구조주의 경향이
미국의 실용주의와 결탁하면서 계몽적 유산에 대한 격분을 표했다. 그러
나 이러한 포스트모더니즘 또는 그 역사적 조건으로서 포스트모더니티
에 대한 평가나 해석은 심각한 의문을 자아내게 되었다. 즉 포스트모더
니즘은 모더니즘과의 근본적 단절인가 아니면 '본격 모더니즘'의 특정
형태에 반항하여 제기되는 모더니즘 내부의 반란인가, 또는 모든 메타서
사들(마르크시즘을 포함한 모든 계몽사상들)에 대항하여 타자의 목소리
들에 관심을 기울이는 변혁적 잠재력인가, 아니면 자본주의의 근본적인
재구조화를 통한 '탈산업'사회의 등장 또는 '후기 자본주의의 문화논리'
인가.

　이러한 의문은 흔히 모더니즘과 포스트모더니즘에 관한 이분법적 도
식으로 표현된다. 그러나 하비에 의하면 포스트모더니즘은 모더니즘과
그렇게 단절적으로 구분되지 않는다. 우선 포스트모더니즘은 놀랍게도

---

27) 즉 관료주의적 합리성에 대한 막스 베버의 냉철한 경고는 계몽이성에 대한
　　사망선고라면, 니체는 계몽이성의 전제들에 대해 전체적으로 부정한다. 제임슨
　　이나 후이센은 모더니스트 미학이 기존의 제도적 이데올로기 속으로 흡수되고
　　기업세력이나 문화제국주의와 관련되게 되었다고 주장한다.

보들레르의 모더니티 개념 가운데 한쪽 측면, 즉 순간성, 분절성, 불연속, 혼란 따위를 전면 수용하고 있다. 반면 포스트모더니즘은 모더니즘의 또다른 측면, 즉 그 배후에 깔린 '영원불변'한 요소들을 밝혀보고자 하지도 않는다. 이러한 점에서 푸코나 료타르는 메타언어나 메타이론이 존재한다는 생각에 대해 단호히 비판하고, 이에 기초하여 형성된 전체주의에 대항하여 차이와 타자성에 기초한 국지적 투쟁을 강조한다. 데리다는 세상에 대한 통일적 재현이란 불가능하며, 따라서 콜라주·몽타주가 포스트모던 담론의 일차적 형태라고 간주한다. 이러한 포스트모더니스트들에게 문제는 하버마스가 계몽 프로젝트를 옹호하면서 싸우고자 했던 대상, 즉 상대주의나 패배주의, 미래에 대한 부정으로 이어진다는 점이다. 달리 말해서 라캉이나 들뢰즈와 가타리의 글에서처럼, 포스트모더니즘은 소외나 편집증보다는 정신분열증에 치중한다. 고전적 마르크시즘에서 소외되었다는 말은 소외의 대상이 될 자아에 대한 의식이 분절적이지 않고 일관되어 있음을 상정하며, 일반인들의 편집증은 미래 목표의 끊임없는 좌절에 기인한다. 그러나 포스트모더니즘은 정신분열증에 초점을 둠으로써, 일관된 의식이나 미래의 추구 가능성을 내던지고 만다.

하비에 의하면 이러한 포스트모더니즘은 모더니즘의 메타이론이 주의 깊게 천착하지 못했던 점들, 특히 '주관성, 성, 인종과 계급, 시·공간적인 지리적 입지와 탈입지의 차이로부터 출현한 다양한 형태의 타자성'에 대해 주목을 이끌어냈다는 점에서 그 중요성이 인정된다. 그러나 포스트모더니즘은 모더니즘 속에 일어난 특정 종류의 위기 가운데 하나라고 볼 수 있지만, 모더니즘의 역사 전반과 관련시켜볼 때 이들 간에는 차이점보다 연속성이 훨씬 더 많다. 다른 한편, 포스트모던 사상은 타자의 목소리를 인정함으로써 진보적 전망을 열어 보이면서도, 뒤이어 곧바로 그 타인들의 입을 막아버려서 더욱 보편적인 권력의 원천으로 옮겨가는 것을 봉쇄해버린다.[28) 즉 포스트모더니즘의 수사는 정치·경제의 실재와 범지구적 권력의 상황에 맞서기를 회피하고 있다는 점에서 위험스럽다고 할 수 있다.[29) 따라서 보다 근본적인 문제, 모더니티와 포스트모더니티의 조건을 만들어내 사회적 동력에 대해 더 많은 관심을 가질 것이 요청된다.

　모더니티와 포스트모더니티의 사회적 동력은 오늘날 자본주의의 정치경제적 변동을 추동시키는 포디즘과 포스트포디즘(또는 유연적 축적)이라고 할 수 있다. 이들에 대한 설명에서 축적체제의 총체적 구성에 주목하는 조절이론의 언어와 문제인식틀을 발견적 장치로서 일단 유용하게 적용해볼 수 있다. 이 이론의 언어를 사용하면, 포디즘은 1940년대 포드회사의 조직적·기술적 혁신에서 상징적으로 개막하지만, 1950년대 이전까지 거의 반세기 가까운 조절기간을 필요로 했다. 즉 포디즘이 확산되기 위하여, 테일러주의적 노동통제와 케인스주의적 국가개입 양식의 정착이 요구되었으며, 이들은 1950년대 와서야 비로소 제 모습을 갖추고 그 역할을 수행하게 되었다. 이에 따라 포디즘은 서구의 선진 자본주의 국가들에서 1973년에 이르기까지 전후 호황기의 기초를 만들었다. 이

---

28) 즉 하비에 의하면, 해방적이고 해체적인 힘이 되어야 한다는 문화대중들의 포스트모던한 주장들은 진지하게 고려되어야 한다. 그러나 이에도 두 가지 문제점이 있다. 첫째, 문화대중 내부의 권력투쟁들은 반드시 포스트모던한 혹은 해체주의적인 수사를 극히 독특한 방식으로 사용하는 결과를 초래한다. 그런 주장들 가운데 적지 않은 부분이 지적·정치적 기회주의에 빠져드는 것이다. 둘째, 포스트모던한 주장들에 기초한 투쟁들은 상대적으로 단일한 특권계급의 판도 속에서 제기되고 있으며, 따라서 계급적 입장을 염두에 둔다면 포스트모던한 주장들은 더욱 못마땅해진다. 그러나 하비는 이러한 주장으로 인해, 새로운 사회운동의 이론가들(예를 들면 여성운동)로부터 어떤 비판을 받기도 했다. 이에 대한 그의 반론으로 Harvey(1992: 300-326) 참조.

29) 이러한 점에서, 하비에 의하면, 포스트모더니즘은 자본주의적 물신성들에 대한 무분별한 찬양이라는 혐의를 받게 되고, 포스트모더니스트들은 결국 보편적 입장을 갖게 되거나 완전히 정치적으로 침묵으로 빠져들게 된다고 비판된다.

시기 동안 이 국가들에서는 상대적으로 안정되고 높은 경제성장률이 기록되었으며, 생활수준이 향상되었고 위기경향이 보류되었다. 매우 합리적인 기술들이 활용되었으며, 자본과 노동 간에 일련의 타협과 재배치가 이루어졌다. 국가개입의 형태는 나라마다 다소 달랐지만, 국가들은 대체로 교통, 공공시설 등 공공투자정책을 통해 경기의 등락을 억제하면서 상대적인 완전고용을 보장했고, 또한 보건, 교육, 주택 등의 재정지출을 통해 사회적 임금의 강력한 토대를 제공했다.

그러나 1960년대 중반부터 포디즘 내부에 심각한 문제들의 기미가 보였다. 선진 자본주의 국가들 내부에 국내시장이 포화상태에 이르러 수출시장의 개척이 필요했고, 국가들간 경쟁이 치열해졌으며 급기야 전후 국제통화체제를 지배했던 브레튼우즈협정이 파기되고 미국의 달러가 평가절하되었다. 또한 포드주의적 합리화의 성공으로 많은 노동자들이 산업현장에서 쫓겨나면서 실수요가 침체되었고, 대량생산체제에 대한 대규모 장기적 고정자본의 투자 경직성은 소비시장의 불안정으로 인해 위기를 맞게 되었다. 뿐만 아니라 1973년 석유파동이 겹치면서 이 국가들은 엄청난 디플레이션을 경험했고 국가나 도시정부의 심각한 재정위기 및 정당성의 위기를 낳게 되었다. 이러한 포디즘의 위기는 산업조직영역과 정치사회생활에서 포스트포디즘 또는 '유연적 축적'이라고 불릴 수 있는 일련의 새로운 실험들이 등장하도록 했다.

유연적 축적은 포디즘의 경직성에의 정면 대응이라는 점에서 특징지어진다. 이는 노동과정이나 노동시장, 제품, 소비패턴의 유연성에 그 뿌리를 두고 있으며, 새로운 생산부문의 출현, 금융서비스 공급의 새로운 방식, 새로운 시장, 그리고 무엇보다도 상업적·기술적·조직적 혁신의 엄청난 강화 등을 특징으로 한다. 포드주의적 대량생산이 추구했던 '규모의 경제'는 다양한 상품들의 생산능력을 갖춘 소공장들로 이루어진 '범위의 경제'에 의해 밀려났고, 소규모 적소시장의 개척과 함께 제품 혁신의 속도도 가속화되었다. 또한 이는 부문간·지역간 불균등발전의 유형에서도 급속한 변동을 초래하여, 그동안 저개발지역이었던 곳들(신흥공업국의 도약은 물론, 제3이탈리아, 플랜더스지방, 실리콘벨리와 같은 다양한 기술연구단지 등)에서 아주 새로운 산업복합체들을 탄생시켰으며, 생산자서비스부문의 고용확대를 촉진시켰다. 정보와 과학기술은 매우 가치 있는 상품이 되었고, 세계금융체계의 완전한 재편이 이루어졌다.

포디즘에서 유연적 축적체제로의 이러한 이행은 완성된 것이 아니지만, 모든 종류의 이론(케인스주의자나 통화주의자, 신고전주의자나 마르크스주의자 모두)에 대해 심각한 어려움을 부가했다. 일단 이러한 이행과정에서 나타난 가시적 변화는 신흥기업가주의를 강조하는 신자본주의적 해석, 경제 및 문화와 관련된 권력관계 및 정치틀을 강조하는 탈조직화론, 그리고 축적체제와 조절양식의 변화에 초점을 두는 조절이론적 설명 등을 통해 이해될 수 있다. 그러나 문제는 가시적 변화들의 본질을 규명하는 것이다. 하비는 실용적 지향성에 따른 조절이론적 설명을 선호하지만, 조절학파에서는 이행의 메커니즘과 그 논리를 세밀히 이해하려는 노력들을 거의 또는 전혀 찾아볼 수 없다고 지적한다.

이러한 점에서 하비는 그의 저서 『자본의 한계』에서 세련된 주장들, 특히 자본주의 생산양식의 세 가지 기본 특성(즉 자본주의는 성장중심적이다, 실질가치의 성장은 산 노동의 착취에서 이루어진다, 자본주의는 항상 기술적·조직적으로 역동적이다)을 제시하고, 이러한 세 가지 필요조건들의 불일치와 모순으로 자본주의의 동학은 위기담지적이라고 주장한다. 그에 의하면 이로 인해 자본주의 경제는 주기적인 과잉축적의 위기를 발생시키고, 특히 오늘날 각광을 받는 개념으로 '유연성'은 이미 『자본론』에 설명되어 있는 것처럼 감가, 거시경제적 조절, 시·공간적 이전을 통한 과잉축적의 흡수 등을 통해 자본주의의 역사 속에서 주기적으로 적용되어왔다. 그리고 이와 같은 유연성의 주기적 형성이라는 점에서 보면, 1973년 이후 이루어지고 있는 유연적 축적은 자본주의의 겉모습에 엄청난 변동을 유발했지만, 이러한 변동, 즉 유연적 축적으로의 이행이 새로운 축적체제의 견고한 전환인가 아니면 자본주의 내적 모순의 일시적 해결인가라는 의문을 제기하도록 한다. 유연적 축적은 새로운 노동통제, 금융체계의 내부 혁신 등을 동반했다는 점에서 겉으로 견고한 이행인 것처럼 보인다. 그러나 하비에 의하면, 이러한 결론은 잠정적일 뿐이고 유연적 축적이란 결국 전체적인 자본축적 논리 속에서 주로 낡은 요소들을 끌어 모아 특수하고도 새로운 조합으로 자리잡게 한 것에 불과하다. 특히 포디즘의 위기는 대부분 '시·공간적 형태의 위기'라고 할 수 있으며, 또한 유연적 축적은 이러한 점에서 시·공간적 조정의 새로운 국면과 형태로 나타날 것으로 예상된다. 바로 이 점에서 시·공간적 위기의 형태에 대한 면밀한 고찰이 필요하며, 또한 이러한 고찰은 포스트모던한 문화적 실천과 철학적 담론으로의 전환이 적어도 부분적으로 이러한 시·공간적 경험의 변화에 기인한 것임을 이해할 수 있도록 한다.

하비에 의하면 사회생활에서 공간과 시간을 설명하는 것은 정치경제적 과정과 문화적 과정 사이의 물질적 관계를 밝히는 것이다. 또한 모더니티가 특정한 시·공간 경험의 양식으로 정의될 수 있다면, 포스트모더니티 역시 그렇게 정의될 수 있을 것이다. 이 점에서, 공간과 시간 경험에 관한 고찰을 매개로, 포디즘에서 유연적 축적으로의 변화가 포스트모더니즘과 어떠한 관계를 가지고 있는지를 규명할 수 있다. 그동안 사회이론에서 공간에 비해 시간이 항상 우위를 점해왔으며, 다른 한편 미학이론은 '시간의 공간화'에 깊은 관심을 가졌다는 점을 이해할 필요가 있다. 즉 사회이론은 항상 사회변화와 모던화에 초점을 맞추고 진보를 지

향하는 역사적 시간을 하나의 주요한 차원으로 다루어왔지만, 사실상 진
보는 공간의 정복, 모든 공간적 장벽의 철폐, 궁극적으로 '시간을 통한
공간의 소멸'을 수반했다. 공간이 우연적 범주로 환원된 것은 진보 그
자체의 개념 속에 함축되어 있던 것이다. 한편 실천과 담론을 시간 흐름
에서 분리시키는 글쓰기를 포함하여 모든 재현체계는 경험의 흐름을 자
동적으로 냉동시키고, 이에 따라 재현하고자 하는 대상들을 왜곡하는 공
간화를 이루어낸다. 미학이론은 이러한 재현체계에 의한 공간화에 관심
을 가진다. 이러한 공간화가 사회적 변화과정에 어떤 영향을 미치는가에
대해 미학이론부터 배워야 할 것이며, 역으로 미학이론이 맞부딪쳐야 할
대상인 사회적 변화에 대해서는 사회이론부터 배워야 할 것이다. 하비는
이러한 두 가지 사고방식을 대별함으로써, 정치·경제적 변화가 어떻게
문화행위에 영향을 미치는가를 이해하고자 한다. 특히 그의 관심은 이러
한 사고방식들의 정치적 중요성이 어디에 입지해 있는가를 보이고자 함
에 있다.

이런 공간의 개념화가 가지는 정치적 중요성을 이해하기 위해, 하비
는 우선 사회생활에서 개인적 공간과 시간이 어떻게 개념화될 수 있는
가를 살펴보고자 한다. 그의 명제는, 객관적 시간과 공간 개념은 반드시
사회적 생활의 재생산에 기여하는 물질적 실천과 과정을 통해서만 창출
될 수 있다는 것이다. 이는 유물론적 관점뿐만 아니라 헤거스트란트의
시간지리학, 푸코의 '육체의 공간', 부르디외의 아비투스의 개념에 함의
된 공간, 그리고 바슐라르의 '시적 공간' 또는 '상상에 의해 파악된' 공
간 등에서도 나타난다. 그러나 무엇보다도 르페브르의 『공간의 생산(The
Production of Space)』에서 제시된 세 가지 차원, 즉 '경험되는 것', '지각
되는 것', 그리고 '상상되는 것'으로서 각각 구체적인 공간적 실천, 공간
의 재현, 그리고 재현의 공간이 변증법적 상호관련성 속에서 실천과 관

련된 것으로서 중요한 의미를 가진다. 하비에 의하면 이러한 세 가지 차원의 공간은 공간적 실천의 네 가지 측면들, 즉 접근성과 거리화, 공간의 전유, 공간의 지배, 그리고 공간의 생산과 서로 관련된다. 이러한 상호관련성으로 만들어진 표(즉 <표 1> 참조)는 그 자체로서 중요성을 가지기보다는 자본주의의 사회적 관계 속에서 의미를 가진다. 특히 하비에 의하면, 이 표는 모던한 사유방식에서 포스트모던한 사유방식으로의 전환과 관련된 공간적 경험의 변환을 이해하는 데 도움을 준다.

이 표에 근거하여 하비는, 공간에 대한 지배가 사회적 권력의 원천이라는 르페브르의 주장을 확장시켜서 "화폐, 시간, 공간에 대한 지배가 실질적인 사회적 권력관계를 형성한다"고 주장한다. 즉 그에 의하면 화폐는 시간과 공간을 지배하기 위하여 사용될 수 있으며, 역으로 시간과 공간의 지배는 화폐의 지배로 다시 환원될 수 있다.[30] 이런 화폐와 시간 및 공간의 관계에서 자본주의의 시·공간 압축이 가속적으로 이루어져왔다. '시·공간 압축(time-space compression)'이라는 개념은 공간과 시간의 객관적 성질들이 매우 급격하게 변화하여 우리가 세상을 표현하는 방법을 바꾸는 과정을 함의한다.[31] 이러한 시·공간 압축의 경험은 유럽을 사례로 시·공간에 대한 계몽주의적 사고가 생성되게 된 오랜 변화과정에서 확인된다. 즉 하비에 의하면 르네상스시대에 고안된 원근법이나

---

30) 이에 관한 보다 자세한 논의로서 Harvey(1989b)의 제6장 '화폐, 시간, 공간 그리고 도시'를 참조하라.
31) 이 개념은 기든스(Giddens)의 '시·공간거리화(time-space distanciation)'와 다소 유사한 의미를 가진다. 기든스는 이 개념을 "시·공간상 사회체계들의 뻗침"이라고 정의하고, 기록이 그 형성의 즉각적 상황들로부터 언술을 '거리짓게' 하는 일련의 전환들에 관한 리꾀에르의 저서로부터 '거리화'의 개념을 도입한다. 이 개념을 적용한 세계역사의 분석에 관해 Giddens(1981) 참조. 그러나 『포스트모더니티의 조건』에 관한 한 서평에 의하면, 기든스의 개념보다는 버만(Berman, 1982)의 주장들을 더 많이 다루고 있다는 점에 주목한다(Lash 1990: 715-717) 참조.

시각주의 그리고 이를 응용한 이 시대의 지도들은 사회생활의 모든 측면으로 그리고 모든 표현영역으로 확산되었다. 이는 바로크 건축양식이나 절대국가의 합리적 공간통합을 위한 지도의 이용으로 이어졌다. 그리고 인간해방을 위한 자연 지배라는 계몽주의 개념은 공간정복과 합리적 배열을 모던 프로젝트에 포함되도록 했으며, 18세기 말 프랑스에서 육지측량부와 체계적인 지적도의 등장으로 나타났던 진보를 가져왔다.

그러나 1846년 영국에서 시작하여 곧이어 당시 자본주의 세계 전체를 강타했던 최초의 과잉축적의 위기는 경제·정치적으로 커다란 위기를 초래했을 뿐만 아니라, 이 위기로 인해 재현의 위기가 초래되었다. 여기서 재현의 위기란 경제적, 정치적, 그리고 문화적 생활에서 시·공간적 감각이 급격하게 재조정되었다는 점이다. 즉 이 당시 사건들은 유럽이 경제생활이나 금융생활에서 전대륙을 동시에 위기상황으로 몰아넣을 수 있을 만큼 공간적 통합을 이루어냈음을 증명해주었고, 또한 전대륙에 걸쳐 분출된 정치적 혁명은 자본주의적 발전에서 통시적 차원뿐만 아니라 공시적 차원이 강조되도록 했다. 이에 따라 절대적 공간과 장소에 대한 확신은 가변적인 상대적 공간에 대한 불확실성에 압도되었다. 이러한 공간의 경험에서 변동은 재현의 위기를 만들어냈다. 1848년 이후 파리에서 일어난 최초의 모더니스트 문화운동은 이러한 재현의 위기에 대한 문화적 대응(마네의 화법, 보들레르의 시와 사상, 플로베르의 소설)으로 이해된다.

하지만 새로운 문화형태에 대한 이러한 탐구와는 달리, 1848년 경제침체와 혁명의 고양 이후 자본주의는 공간의 정복에 엄청난 투자를 하게 된다. 철도망의 확장과 무선전신의 출현, 수에즈운하의 건설, 라디오 통신의 등장 등은 시간 및 공간 감각을 급격하게 변화시켰다. 해외무역과 투자가 급속도로 늘어났고, 자본주의 열강들은 세계주의로 나아갔다.

이렇게 급변하는 시·공간 압축의 국면에서 공간과 시간의 경험에서의 위기에 대한 반응으로 미학적 영역에서는 모더니스트적 혁신이 밀려왔다. 1848년 이후 문화운동으로서 모더니즘은 그러나 표출되어야 했던 모든 형태의 문화적 실천의 준거틀이었던 자본축적과 국가권력의 압도적인 힘에 의하여 왜곡되었다. 무엇보다도 자본주의가 스스로 만들어낸 공간과 시간의 의미 변화는 문화적 생활의 세계들을 재현함에 있어서 지속적인 재평가를 강요했다. 이와 같이 변화된 시·공간 경험은 모더니즘의 탄생과 모더니즘이 공간적-시간적 관계의 여기저기를 혼돈스럽게 방황한 것과 깊은 관련을 가진다. 만약 이러한 주장이 사실이라면, 포스트모더니즘이 새로운 시·공간 경험, 즉 시·공간 압축이라는 새로운 경험에 대한 어떤 종류의 대응이라는 주장도 가능하다.

포디즘에서 유연적 축적으로의 이행은 공간과 시간의 용도와 의미에 커다란 영향을 미치고 있다. 전자제어기술 및 소규모 일괄생산들과 결합하면서 생산부문들의 회전시간이 가속화되었고, 이에 상응하는 교환과 소비부문의 가속화가 수반되었다. 유통기법의 합리화와 정보통신체계의 개선, 그리고 은행전산화와 신용카드는 유통속도에 혁신을 가져왔다. 또한 소비영역에서, 광범위한 생활방식과 여가활동들에서 소비속도를 가속화시키는 수단들(레저 및 스포츠, 비디오 게임 등)이 사용되었고, 새로운 서비스산업에서 공급되는 상품들은 수명이 가늠되기 어려울 정도로 짧아졌다. 이런 자본회전시간의 가속화로부터 생겨난 많은 결과들은 포스트모던 사고방식이나 정서, 행동방식과 관련된다. 우선 생산기술, 노동과정, 이데올로기나 가치 등에서 즉흥성과 순간성이 나타난다. 또한 공간 장벽의 중요성이 감소될수록 장소의 차이에 대한 자본의 민감도는 높아지고, 자본을 유인하기 위해 장소를 차별화하고자 하는 욕구도 커진다. 이러한 견지에서 철학적·사회적 사상에서 순간성, 콜라주, 분절화

<표 2> '포스트 모더니즘 대 유연적 포스트모더니즘'인가,
아니면 '자본주의 일반 속에서의 대립적 경향들의 상호침투'인가?

포드주의적 모더니티	유연적 포스트모더니티
규모의 경제/핵심기호/위계 등질성/미세한 분업	범위의 경제/개인방언/무질서 다양성/사회적 분업
편집증/소외/증후 공공주택/독점자본	정신분열증/탈중심화/욕구 무주거 노숙/기업가주의
목적/의도/통제/확정성 생산자본/보편주의	유희/계기/소모/불확정성 의제자본/지방주의
국가권력/노동조합 국가복지주의/메트로폴리스	금융권력/개인주의 신보수주의/역도시화
윤리/화폐상품 성부/물질성	미학/계정화폐 성령/비물질성
생산/독창성/권위 블루 칼라/아방가르드주의 이해집단 정치/의미론	재생산/혼성모방/절충주의 화이트칼라/상업주의 카리스마정치/수사학
집중/총체화 종합/단체협약	탈집중/해체 반명제/지방단위의 협약
기능적 관리/핵심기호 남근/단일업무/기원	전략적 관리/개인방언 양성/복합업무/흔적
메타이론/서사/깊이 대량생산/계급정치 기술적·과학적 합리성	언어게임들/이미지/표면 소량분공장생산/사회운동들 다원적 타자성
유토피아/보상예술/집적 전문화된 노동/집합적 소비	헤테로토피아들/스펙터클/분산 유연적 노동자/상징자본
기능/재현/기의(시니피에) 산업/프로테스탄트 직업윤리 기계적 생산	허구/자기지시/기표(시니피앙) 서비스/임시계약 전자적 재생산
생성/인식론/규제 도시재개발/상대적 공간	존재/존재론/탈규제 도시재활성화/장소
국가개입주의/산업화 국제주의/영원성/시간	자유방임주의/탈산업화 지정학/순간성/공간

출처: Harvey(1989a).

및 분산을 강조하는 것은 유연적 축적의 조건들을 모방하고 있다고 주장된다. 그러나 바로 여기서 정반대의 대응도 찾아볼 수 있다. 즉 푸코의 헤테로토피아(heterotopia)로서의 공간 개념과 같이, 공간적 이미지들의 콜라주 속에서 장소정체성이 중요한 이슈가 된다.32) 제임슨(Jameson, 1988: 351)이 주장하는 것처럼, "포스트모더니즘의 공간적 특성들은 역사적으로 원천적인 딜레마의 새로운 징후이자 표현"이 된다.

이와 같이 포스트모더니티는 과잉축적의 위기로 인한 시·공간적 해결책의 모색에서 시·공간 압축이 만들어낸 역사적 조건으로 이해된다. 포스트모더니즘은 부두경제(거울경제), 정치적 이미지의 조작과 전개, 새로운 사회계급이라는 분위기 속에서 등장했지만, 여기서 강조되는 타자성, 소외, 우연성은 그저 인간적 상황 속에서 수동적으로 묘사될 뿐이고 빈곤과 무주거 노숙자들의 문제는 여전히 남아 있다. 모더니즘과 포스트모더니즘, 그리고 이들의 물적 토대로서 포디즘과 유연적 축적으로 이루어진 어떤 콜라주, 즉 포드주의적 모더니즘과 유연적 포스트모더니즘 간의 대조표는 단절적이고 대립적인 이항구분이 아니라 자본주의 내에서 정치적, 경제적 그리고 문화적, 이데올로기적 관계들의 총체성 속에서 구조화된 내적 관계, 즉 대립적 경향들의 상호침투로 이해된다(<표 2> 참조). 이러한 이해를 통해 모더니즘과 포스트모더니즘 사이의 엄격한 범주적 구분이 사라지고, 대신 자본주의 일반 속에서 벌어지는 내적 관계들의 변동 및 이에 대한 반응양식에 관한 고찰이 요구된다.

하비에 의하면, 자본주의 일반 속에서 벌어지는 내적 관계들의 변동을 유발하는 것은 바로 시·공간적 압축이다. 이에 대한 반응은 다양하다. 첫번째로 시·공간의 압축과 이에 의해 만들어진 복잡성에 대해 겁에

---

32) 하비에 의하면 공간에서 장소로 관심을 옮김으로써, 포스트모던 수사인 '타자성'과 '차이'라는 문제를 명확하게 해준다(Harvey, 1993).

질려 굴복하는 것, 두번째로 세계의 복잡성을 거부하고 매우 단순화된 명제로 세계를 표현하는 것, 세번째로 메타이론을 거부하지만 정치적, 지적 생활에서 적소를 모색하여 제한된 행위의 가능성을 키우는 것, 네번째로 시·공간적 압축을 반영하고 지배할 수 있는 언어나 이미지를 만들어냄으로써 이에 정면으로 대응하는 것 등이다. 이러한 다양한 반응들 가운데, 하비는 시·공간적 압축과 정면으로 대응할 수 있는 역사·지리 유물론을 제시한다. 역사·지리유물론은 물론 포스트모던 사고를 완전히 기각하는 것이 아니라, 차이와 타자성의 개념, 이미지 담론의 생산에 대한 관심, 공간과 시간 차원의 중요성, 그리고 개방적이고 변증법적인 연구방식들을 포용할 수 있어야 한다.33) 만약 포스트모던 사고와 문화생산의 소용돌이를 포용할 수 있는 메타이론이 있다면 어찌 그것을 취하지 않겠는가.

5. 정의와 희망의 공간을 위하여

하비의 입장에서 '포스트모던 사고와 문화생산의 소용돌이를 포용할 수 있는 메타이론'이란 바로 그가 명명한 역사·지리적 유물론이다. 하비 자신에 따르면, 정치경제학적으로 치밀한 분석을 제시하고 있는 『자본의 한계』는 10여 년의 연구 결과로 서술된 반면, 포스트모더니즘에 관한 방대한 문헌들로부터 수집된 자료들을 해석하고 있는 『포스트모더니티의 조건』은 겨우 며칠만의 연구로 쓰여진 책이라고 한다.34) 즉 하비

---

33) "문제는 메타이론을 다시 쓰고, 변증법적 과정들을 시·공간 속에서 구체화시키는 일이다. 전체 프로젝트를 포기하는 일은 무모한 짓이다"(Harvey, 1993; 박영민 역, 1995: 36쪽).

34) 1995년 한국공간환경연구회 회원들을 위한 강연에서, 하비는 이 책에 관해 이렇게 평가하였으며, 단지 포스트모더니즘에 관한 논쟁들에 참여하기 위하여

자신은 포스트모던 철학이나 사회이론보다는 마르크스의 정치경제학에
훨씬 더 큰 비중을 두고 있다고 할 수 있다. 뿐만 아니라 그는 이른바
세계화와 이에 동반되는 신자유주의로 특징지어지는 현재 상황은 지난
20~30년 전에 비해 더욱 적실하게, 따라서 더욱 절실히『자본론』의 독
해를 요구한다고 주장한다(Harvey, 2000). 그러나 다른 한편,『포스트모
더니티의 조건』을 출간한 이후 그의 연구는 자본주의적 정치경제에 관
한 과학적 분석보다는 최근의 담론들에서 강조되고 있는 개념들, 예를
들면 (공간 및 시간의 개념과 더불어) 차이, 정의, 환경, 세계화, 신체 등
을 주요 주제들로 다루면서, 이들을 역사·지리적 유물론에 포섭하고자
한다.

『정의, 자연, 차이의 지리학』에서 하비가 다루고자 하는 핵심 과제들
가운데 하나는 포스트모던 세계에서 정의를 추구함에 있어 분열된 것처
럼 보이는 전략들, 즉 세계적 자본주의에 대한 저항과 더불어 정의(특히
환경정의)와 생존가능한 환경을 추구하기 위한 전략을 통합하고 보편화
하는 것이다.[35] 그는 이런 취지에서 차이를 강조하는 포스트모던 정의론
과 더불어 다양한 환경론들과 공간 및 장소에 관한 개념화를 재검토할
필요가 있다고 주장한다. 이런 필요에 부응하기 위하여 그는 포스트모던
현실과 마르크스주의적 이념을 종합하여, 역사·지리적 유물론, 특히 변
증법적 사고가 포스트모더니즘에 내재된 딜레마를 극복할 수 있음을 보
여주고자 한다. 하비에 의하면 오늘날 변증법은 지나치게 복잡하고 철학

이 책을 출판했다고 주장하면서, 그 구체적 내용에 대해서는 전혀 언급하지 않
았다(시간적 제약에 의해서라기보다는 스스로 언급하기를 원하지 않았던 것처
럼 보였다).
35) Brigham, et al.(1997: 365-370)에서의 서평에 의하면, 이 책은 근대성
(modernity)의 프로젝트를 옹호하고, 계급과 변증법에 관한 이론들을 접합시키
며, 정의에 관한 주장들을 평가하며, 저항의 수단으로서 이질성(heterogeneity)
에 관한 포스트모던 강조에 의문을 제기하는 것으로 요약된다.

적인 것처럼 들리거나 또는 매우 상식화되어 진부한 것으로 간주되기도 한다. 변증법의 본질에 관한 이러한 오해를 해소하기 위해, 우선 변증법의 주요한 원칙들이 제시된다. 하비가 제시한 11개의 명제들 가운데, 몇 가지를 열거하면 다음과 같다(Harvey, 1996: 48-57). 첫째, 변증법적 사고는 요소, 사물, 구조 그리고 조직된 체계에 관한 분석에 비해, 과정, 흐름, 유동 그리고 관계에 관한 이해를 강조한다. 둘째, (자연적·사회적 실체의) 요소들 또는 사물들은 구조된 체계나 장(場)에서 작동하는 흐름, 과정, 관계들에 의해 구성된다. 셋째, 이러한 사물들과 이들로 구성된 체계들은 이들을 구성하는 다원적 과정으로 인해 내적 모순을 담지한다.

이러한 변증법적 원칙들에 근거하여 하비는 라이프니치의 독단, 즉 '나는 모든 사물의 척도이며, 나 자신의 내적 조건들에 관한 심층적 반성은 우주의 모든 지식을 달성하기 위해 요구되는 모든 것'이라는 이상주의를 비판한다. 그리고 그는 담론/언어, 권력, 믿음/가치/욕망, 제도/의식, 그리고 물질적 실천으로 구성된 사회적 과정 속에서 이루어지는 담론의 변증법을 제시한다. 사실 이러한 담론의 변증법은 사회이론화 과정 또는 역사·지리적 유물론의 구축을 위한 기초로서 제시된다. 즉 하비에 의하면 역사·지리적 유물론에 관한 담론은 다음과 같은 점들을 포괄하여야 한다. 첫째, '공간지도 그리기'의 담론적 활동은 모든 지식의 구성에 근본적인 전제조건이다. 둘째, 지도 그리기는 권력을 포괄하는 담론적 활동이다. 셋째, 사회적 관계는 항상 공간적이며 어떤 특정하게 생산된 공간성의 틀 속에서 존재한다. 넷째, 물질적 실천들은 공간성에 관한 모든 지식들이 도출되는 경험의 공간을 전환시킨다. 다섯째, 제도들은 일정하게 지속되는 공간을 생산한다. 여섯째, 상상적인 것은 상이한 담론, 권력, 사회적 관계, 제도적 구조, 그리고 물질적 실천을 편성할 수 있는 가능한 공간적 세계의 풍부한 근원이 된다(Harvey, 1996: 111-112).

하비는 이러한 역사·지리적 유물론의 기본틀을 토대로 자연(환경), 공간과 장소, 그리고 사회·환경적 정의의 문제를 다루게 된다. 자연에 대한 하비의 우선적 관심은 최근 환경론에서 두 가지 주요한 논쟁적 주제들, 즉 '자연의 지배' 그리고 '자연의 가치화'에 주어진다(Harvey, 1996: ch.6-7). 베이컨이나 데카르트의 철학에까지 소급되는 이러한 두 가지 논제들은 사실 근대성에 관한 생태학적 논의를 요청한다. 즉 '자연의 지배'라는 명제는 '인간해방'과 '자아실현'이라는 쌍생적이지만 상호모순을 담지한 계몽의 이상들과 관련된다.[36] 하비는 이러한 지배의 개념에 대한 프랑크푸르트학파의 비판으로부터 몇 가지 주요한 사고들을 추출한다. 즉 해방적 힘으로서 과학적 탐구의 역할은 의문에 봉착하며, 이러한 의문은 합리성/비합리성에 관한 고찰과 결부되어 있다. 이 문제를 해결하기 위하여 프랑크푸르트학파는 미적 전통에 매우 긴밀한 관심을 부여하거나 또는 정신분석학적으로 인간의 억압, 욕구 그리고 필요에 관한 이슈들에 관심을 두기도 하며, 방법론적으로 '인간'과 '자연' 간의 분리를 의문시하면서 그 내적 관계들의 변증법에 호소하기도 한다. 하비는 특히 마지막 측면에서 인간과 자연 간의 내적 관계를 주목하면서, 프랑크푸르트학파의 부정변증법에 대해서는 일정한 비판을 가한다.

자연의 가치화라는 명제 역시 오랜 역사와 복잡한 논의구조를 가지고 있다. 하비의 설명에 의하면 우선 고전경제학에서 자연은 '자원'으로서 간주되고 그 화폐적 가치에 의해 측정되게 된다. 물론 이러한 화폐가치로서의 자연은 단순한 화폐단위로서의 자연가격의 측정 이상으로 복잡한 내용들— 예를 들어 화폐는 사회적 힘이며 따라서 화폐로 가치화된 자연(의 소유)은 결국 사회적 힘관계가 된다— 을 가진다. 이와 같은 화

---

36) 근대성과 자연의 지배에 관한 연구로는 Leiss(1994)를, 또한 자연에 관한 프랑크푸르트학파의 주장들에 관하여는 Vogel(1996)을 참조하라.

폐적 가치화로서 자연의 개념은 자본주의 사회의 근본적 문제를 내재하
고 있지만, 이로부터 확인할 수 있는 사실은 자연이 그 자체로서 가치를
가지는 것이 아니라, 인간의 사회적 관계 속에서 그 가치가 부여된다는
점이다. 하비는 이 점에서 자연의 가치화에 관한 몇 가지 은유(메타포)들
을 해석하면서 "만약 가치가 자연에 내재한다면, 우리는 과학적 탐구의
특정한 방식에 따라 전개된 메타포들에 함의된 가치와는 독립되어 존재
하는 것을 알 수 있는 과학적 방법을 가질 수 없다"고 주장한다(Harvey,
1996: 162). 그러나 그에 의하면 이런 자연의 가치화는 일방적으로 인
간에 의해 자연에 부가되는 것이라기보다는, 자연에 관한 담론과 언어에
의해 이루어진다.

이와 같은 두 가지 논제들의 이해는 인간과 자연 간의 변증법, 또는
사회적 및 환경적 변화의 변증법으로 나아간다. 하비에 의하면 최근 환
경-생태적 논제들은 권위주의, 국가관리주의, 다원적 자유주의, 보수주
의, 도덕적 공동체주의, 생태사회주의, 생태페미니즘 등에 의해 매우 다
양한 관점에서 광범위하게 다루어지고 있지만, 궁극적으로 역사·지리적
유물론과 사회생태적 프로젝트의 정치경제학으로 대체되거나 수렴되어
야 한다. 특히 하비는 이러한 사회·환경 변화의 변증법은 진화론적 견해
와 생태사회주의적 정치를 지향하여야 한다고 주장한다. 이러한 변증법
적 틀 속에서 소외와 자아실현, 사회적 관계와 생태적 프로젝트, 기술의
문제, 공통성과 차이의 변증법, 시·공간적 규모의 문제를 다루고 있다.

하비는 자연환경의 문제를 다룬 이후, 보다 직접적으로 공간과 장소
의 개념을 서술한다. 앞서 논의한 바와 같이, 그는 공간과 시간의 개념
화는 무에서 선험적으로 도출되는 것이 아니라 공간과 시간에 관한 사
회적 경험으로부터 구축된다. 특히 하비는 그가 초기 저작들에서 보여준
공간의 범주화, 즉 절대적 공간, 상대적 공간, 관련적 공간으로의 유형

구분을 포기하고, 공간과 장소의 변증법, 나아가 공간·장소·환경에 관한 관련적 이론을 지향하고자 한다. 뿐만 아니라 이러한 관련적 이론은 개체성, 정체성, 그리고 차이를 이해하기 위한 주요한 이론적 배경이 되며, 그 구체적인 사례로 실제 공간과 시간상 또는 사이버공간상에 위치지어진 신체에 관한 논의가 제시된다. 즉 하비는 시·공간 관계에 관한 라이프니치와 화이트헤드의 정형화를 이용하여 공간과 시간에서 신체에 관한 이론을 이해하고자 한다. 그의 해석에 의하면 개체들을 단자들(monads, 즉 동일한 실체를 살펴볼 수 있는 창문들)로 이해하는 라이프니치의 모형은 관점의 다양성을 설명하지만, 또한 관점들간의 병존불가능성을 제시하고 있음이 지적된다. 이러한 문제를 극복하기 위하여, 하비는 시·공간적 과정들간에는 필수적인 연계가 존재한다는 화이트헤드의 사고를 끌어들인다. 그리고 이러한 주장에 근거하여, 신체들간 연계를 지도화하기 위해 이들간에 작동하는 자본을 고찰해야 한다고 주장한다.

여기서 하비의 주장의 핵심은 신체의 생산— 자본주의하에서 이루어지는 신체의 길들이기, 성가르기, 범주화하기— 에 있다. 그리고 자본은 욕망의 감옥에 신체를 위치짓는 노동과 소비의 체계를 창출한다. 이러한 점에서 하비는 신체에 대한 관심이 사회적 과정들의 시간과 공간을 즉시화하는 것이라고 강조한다. 그러나 만약 르페브르, 푸코, 하라웨이(Haraway)가 주장하는 것처럼 신체가 권력의 체계 내에서 생산될 뿐만 아니라 저항의 장소로 특권화된다면, 신체가 도대체 어떻게 자본의 순환 밖에 있는, 그리고 자신을 규율하는 여러 메커니즘 밖에 있는 어떤 수단이 될 수 있는가라는 의문이 제기될 수 있다. 이 점에서 하비는 저항의 장소로서 신체에 초점을 둔 포스트모던 이론의 위험성을 보여주고 있다. 특히 그는 '처재적(situated)' 지식과 사이보그(cyborgs)에 관한 하라웨이의 주장들에 대해 논평하면서, 그녀의 '사이보그 선언'(Haraway, 1995: 507-527)이 찬양하고자 했던 신체적 경계를 해체시키고자 한다.[37] 그는 이런 신체의 유기적 관점으로의 회귀 욕망은 결국 다국적 자본주의의 '새로운 산업혁명' 또는 세계화과정 속에서 분해되고 재구성된다고 주장한다. 하라웨이가 비판하고자 한 점은 신체에 관한 바로 이러한 유기적 관점과 향수적 수사이지만, 하비는 바로 이러한 비판을 인정할 수 없다는 점을 분명히 했다.

하비는 신체라는 주제로 예시되고 있는 포스트모던 담론들에서 나아가 보다 직접적으로 이러한 담론의 핵심적 주제들 가운데 하나인 '차이(difference)'와 이에 근거한 '정의'의 개념을 비판적으로 이해하고, 나아가 환경정의에 관한 다양한 담론들을 분석한다. 하비에 의하면 '차이'는 사회정의의 새로운 형태를 제시함과 동시에 이를 와해시키는 개념이다. 한편으로 다양성과 차이, 타자성 등에 관한 고무·찬양은 사실 해결해야 할 문제가 된다. 즉 하비에 의하면 포스트모던 정의론, 특히 차이에 기초한 영(Young, 1990)의 정의 개념은 자신의 관점에서도 모두 공감될 수 있지만, 정의를 위한 사회적 문제는 차이 그 자체가 아니라 어떤 '유의한 차이'이며, 또한 그러한 차이를 만들어내는 차이가 무엇인가라는 점이다.[38] 하비는 책 전반에 걸쳐 '차이의 지리'에 관한 다중적 정의들

---

37) 하비와 하라웨이는 공통적으로 선진 자본주의의 시·공간적 질서에 도전하고자 한다. 많은 점들에서 그들의 접근은 중첩되지만, 하비는 상이하게 위치지어진 신체와 지식에 관한 그녀의 사고에 의문을 제기한다. 하비는 하라웨이와 마찬가지로 자본주의의 시·공간에서 신체들의 범주들을 지도화하고자 하지만, 하비의 지도가 모던 관점에서 그려진 것이라면, 하라웨이의 지도는 포스트모던 관점에서 그려진 것이라고 할 수 있다.

38) '유의한 차이'를 강조하고 국지성과 세계성 간의 변증법을 예시하기 위하여, 하비는 미국 북캘리포니아 햄렛에 있는 닭가공공장의 화재사건을 해석한다. 이 화재사건에 대한 즉각적인 정치적 반응의 부재를 지적하면서, 이것은 차이를 소거시키는 보편주의와 통일된 정치적 반응을 방해하는 포스트모던 전략 간의 타협의 결과라고 비난한다. 사건 발생 후 사망자 25명 가운데 18명이 여성이

을 예시하고 그 함의를 설명하고자 노력한다. 예를 들어 차이의 지리에서 가장 잘 알려진 것은 사실 지리적 불균등 발전이며, 또한 한 지역 내 배타적으로 형성된 '공동체' 공간이다. 그는 이러한 배타성이 장소기초적 정치와 관련되며, 이러한 장소특정적 차이의 강조와 이에 기초한 정치는 자본주의 축적체제에 의해 흡수되고, 전환되고, 재구축되고 있다고 비판한다.39)

차이와 타자성이 생태(환경)운동에서 동원되는 방식에 관한 분석에서, 하비는 자연을 우리의 '타자'로서 물신화하고 외부화할 뿐만 아니라, 그들의 입장이 어떠하든지 간에 '정의'를 강조하는 정치적 수사가 공통적인 경향임을 지적한다. 이러한 점에서, 하비는 "사회정의를 영구적 정의 또는 도덕성의 문제로 간주하는 경향에서, 사회 전반에서 작동하는 사회적 과정들에 개연적인 어떤 것으로 간주하는 경향으로 이동하는 것이 중요하다"(Harvey, 1996: 399)고 주장한다.40) 그리고 그는 기존의 환경 담론들을 네 가지 유형, 즉 환경관리의 '표준적 견해', '생태적 근대화', '현명한 이용'(사유재산의 옹호를 전제로 한다), 그리고 (약자를 옹호하

고, 12명이 흑인(아프리카-아메리카인)이라는 점에서 일부 분석가들은 여성의 문제 또는 흑인의 문제를 부각시키긴 했지만, 이들이 흑인-여성의 문제이며 또한 나아가 계급의 문제임을 제대로 설명하지 못했다. 이에 따라 하비는 "노동계급의 정치가 인종과 성의 중요성을 명시적으로 강조하지는 않지만, 이러한 정치가 '성과 인종'에 기초한 이해관계를 더 잘 보호할 수 있다"고 주장한다 (Harvey, 1996: 358).

39) 예를 들면 장소특정적 차이는 자기 정의의 수단으로 이원론적인 '타자'에 의존하지만, 이런 타자성은 국제적 관광과 사업을 위하여 상품화된다(Harvey, 1996: 325). 따라서 우리는 정치경제적 힘과 관련시켜 차이의 생산과 그 실천을 이해해야 한다고 하비는 주장한다. 그리고 그는 외형적이고 가시적인 차이의 지리가 아니라 내적으로 이질적이며 변증법적이고 역동적인 편성으로서 장소를 이해하기 위한 진정한 차이의 지리를 주장한다.

40) 즉 하비는 환경적 이슈들에 관한 담론은 (푸코가 주장하는 바와 같이) 사회적 권력의 표현이며, 이런 관점에서 환경-생태적 담론은 항상 사회에 대한 주장이라고 강조한다.

<표 3> 하비가 제시한 사회정의론과
환경담론 간 관련성 및 생물중심적 유추

정의론의 전통	환경담론	생물중심적 유추(생태환경에 관한 정의)
공리주의	표준적 견해	동물권리를 번창·증식이라는 점에서 가능한 많은 종들에게 확대
사회계약론	생태적 근대화론	위험에 처한 종의 권리를 위한 강력한 인정
자유주의	현명한 이용 교리	모든 '생명의 주체들'에 따라 권리의 영역을 확장
(급진적) 호혜주의	환경정의운동론	모든 종들과 그 서식지들의 공생적 존재 인정

는) '환경정의운동' 등으로 구분하고, 이들이 각각 특정한 (환경)정의의
개념과 관련되어 있음을 지적한다. 뿐만 아니라 이와 같이 광의적으로
인류중심적인 정의론들은 각각 생물중심적 유추들을 가진다. 즉 공리주
의는 동물권리를 번창, 증식이라는 점에서 가능한 많은 종들에게 확대되
도록 요구하며, 계약론적 이론은 위험에 처한 종의 권리를 강력하게 인
정하고자 하며, 자유주의적 이론은 모든 '생명의 주체들'에 따라 권리의
영역을 확장하고자 하며, 급진적 호혜주의 이론은 모든 종들과 서식지들
에 관한 심층적 생태운동을 전개하고자 한다(<표 3> 참조).

『정의, 자연, 차이의 지리학』 마지막 장에서, 하비는 도시의 생태학을
사회정의를 위한 운동의 통일을 위한 마르크스주의적 변증법적 틀로서
제시한다. 그에 의하면, 한편으로 도시는 항상 유토피아적 맥박과 관련
되어 있지만 다른 한편으로 근대 도시는 부정의와 빈곤의 디스토피아가
되었다. 하비는 어떻게 왜 이러한 결과가 빚어졌는가를 고찰한다. 그러
나 하비는 이러한 디스토피아적 근대 도시에 의해 절망하지 않는다. 왜
냐하면 "급속히 가속되고 때로 통제불가능한 도시화과정에서 심화된 모
순들이 자유와 해방의 가능성이 실현될 수 있는 틈새 공간을 창출했"으
며, 하비는 이 틈새 공간에서, 그리고 "우리들 가운데 어떤 한 사람도
우리의 미래 장소를 만들어가는 주체"라는 생각에서 희망을 발견하게

되었기 때문이다(Harvey, 1996: 420, 326). 그의 전략적 유토피아주의에 따르면, 정의로운 사회는 도시의 다원성을 담을 수 있을 정도로 정의롭고 유연한 실체를 창출하기 위한 제한된 정치행위를 위한 담론의 동원을 전제로 하며, 이러한 유토피아는 근대성의 정수로서 유토피아주의에 의해 요청되는 어떤 이상적 형태가 아니라 사회적 과정의 '모멘트'의 도해에서 구축될 수 있다. 여기서 가능한 도시 미래에 관한 하비의 전망은 한편으로 상당히 모호하지만 다른 한편으로는 단호하다. 즉 자본주의의 세계적 축적의 그물망에서 벗어나서 공동체를 구축할 가능성으로의 회귀에 관한 의문에서, 행위자의 입장에서 규범적인 지도 그리기 및 상상하기와 관련된 문제들은 해결되지 않은 채 남아 있지만, 해방적 과제를 실현하기 위한 운동의 수단으로서 국지성의 생산— 세계화에 대응하는 '전투적 당파성(militant particularism)'—에서 계급 외에 다른 준거들에 의존하는 것은 현상유지적인 것으로 배제된다.

　이상의 논의들을 매우 복잡하고 심층적인 이해를 통해 서술하고 있는 『정의, 자연, 차이의 지리학』에 대한 공통된 반응 중에 하나는 하비가 모더니스트와 포스트모더니스트, 구조주의자와 후기 구조주의자의 논의에 심취해 있으며, 이를 절충하거나 또는 이들 사이를 왔다갔다한다는 점을 지적하고 이에 놀라움과 불신을 표현하는 것이었다. 하비는 이러한 자신의 입장을 부분적으로 인정하면서 "마르크스가 결코 구조주의자 또는 모더니스트가 아니었다"는 점을 지적함으로써 이를 정당화하고자 한다(Eagleton, 1997: 22-23; Harvey, 2000: 12 재인용). 나아가 마르크스주의 과학이 의심할 바 없이 아무리 강력하고 통찰력이 있다고 할지라도, 전지전능한 학문이라고 주장할 수 없으며 어떤 불확실성 속에서 부족함이 없는 것이 아님을 인정하고자 한다. 그러나 다른 한편, 보다 최근 하비의 입장에 의하면 다른 어느 때보다도 자본주의체제의 성숙과 그 위기적 상황에 대한 분석을 위해 마르크스의 『자본론』이 필요하다.
물론 하비 자신은 현재적 세계화에 대한 정교하고 복잡한 정치경제학적
분석을 제시하지는 않지만, 세계화의 거시공간과 신체의 미시공간을 상
호 결합하여 역사·지리적 유물론으로 분석하는 것이 무엇보다 중요함을
강조한다. 다른 한편으로 하비는 미래의 대안적 공간을 위한 유토피아주
의와 이를 구축하기 위한 반란적 건축가를 추구하면서, 윌리엄스(R.
Williams)의 『희망의 근원(*Resources of Hope*)』이라는 저작의 제목에 유추
하여 『희망의 공간(*Spaces of Hope*)』이라는 제목의 책을 편집·발간하게
되었다.41) 이 책에서 하비는 우선 1970년대 이후 이루어진 담론 전환의
두 측면들, 즉 '세계화'와 '신체'에 관한 논의를 통해 포착된 내용들을
재검토하고자 한다. 그에 의하면, 세계화는 그동안의 담론들 가운데 가
장 거시적인 것이며 그에 비해 신체는 사회 작동의 이해의 관점에서 가
장 미시적인 것으로, 이 두 가지 담론체계는 사회적·정치적 삶을 이해하
기 위한 개념적 스펙트럼의 양극단에 위치해 있다. 그러나 그동안 이런
세계화에 관한 논의와 신체에 관한 논의들은 무수히 많이 제기되었음에
도 불구하고 이들을 상호 결합시켜 이해하지 못했다고 비판된다. 즉 이
책에서 하비는 '세계화'와 '신체'가 상호 긴밀하게 통합될 수 있는 방식
을 묘사하고 이런 연결의 정치적·지적 결과를 탐구하고자 한다. 특히 신
체의 미시공간과 세계화의 거시공간을 연결해줄 방법을 찾는 과정에서,
하비는 마르크스와 엥겔스의 『공산당 선언』이 사람을 지방적으로, 지역
적으로, 국가적으로, 그리고 궁극적으로는 국제적으로 연계함으로써 이
러한 방법을 예시하고 있다고 제안한다. 즉 자본의 지리적·지정학적 전
략에 대한 대답으로서 다양한 공간적 규모에서 하나의 정치적 운동을

---

41) 또한 하비는 1998년은 『공산당 선언』 발간 150주년이자 유엔에서 『세계인권
선언』이 서명된 지 50년이 되는 해임을 기념하면서 이 책이 쓰여졌다고 한다.

어떻게 건설할 것인가, 즉 존재하는 공간적 규모의 계층 위에 계급정치를 구축할 수 있는 방법이 이 『공산당 선언』에 제시되어 있다고 주장한다.[42)]

보다 구체적으로 '세계화'라는 용어는 1970년대 중반 아메리칸 익스프레스(American Express)가 그 회사의 신용카드의 세계적 확장을 광고하면서 사용되기 시작하여, 이제는 그 탁월성을 획득하게 되었다. 특히 1980년대 중반 국가통제로부터 시장의 해방이라는 주제를 둘러싼 신자유주의의 용감한 신세계와 결부된 핵심적 개념이 되었다.[43)] 하비는 이러한 세계화의 개념이 정치적 의미로 충만된 제국주의 및 신식민주의라는 개념을 대체했다는 점을 비판하면서 "세계화란 과정, 조건 또는 특수한 종류의 정치적 계획으로 간주될 수 있다"고 주장한다(Harvey, 2000: 53·73).[44)] 즉 자본주의는 항상 자본의 회전속도를 증대시키고 결과적으로 발전의 시간축을 혁명화하기 위해 회전율을 가속화해야 하는 압박하에 있다. 결국 자본주의는 '시간을 통한 공간의 절멸'을 위해 모든 공간적

---

42) 구체적인 예를 들어보자. 유엔개발보고서에 의하면, 1991년 85% 이상의 세계인구가 단지 15%의 소득을 얻고 있으며, 수십억 달러의 재산을 가진 358명의 상위 부자들의 순가치는 세계인구의 하위 45%(23억 명)의 소득과 맞먹는다. 이런 상황에서 마르크스와 엥겔스가 『공산당 선언』에서 "당신은 사유재산을 없애버리려는 우리의 의도를 알면 두려울 것이나, 인구의 9/10은 이미 사유재산이 없다"라고 주장한 점은 어떤 의미에서 현대 사회에 보다 큰 적실성을 가진다고 할 수 있다.

43) Harvey(2000: 13) 참조. 그러나 실제로 신자유주의하에서 국가의 개입은 보다 고도화된다. 즉 "현재의 신자유주의를 작동시키기 위해, 국가는 심지어 정치경제적 삶의 보다 깊은 곳까지 침투해야만 하고, 몇몇 방식에서는 전보다 훨씬 더 강하게 개입하고 있다. 대처주의는 특정 측면에서 고도의 간섭주의이다"(Harvey, 2000: 65).

44) 이 점에서 사파티스타 운동에서 제기된 세계화의 개념 규정이 이해될 수 있다. 즉 이 운동에서 지적된 바와 같이, 세계화란 암살을 자행하고자 잊어버리는 자본의 '현대적 전쟁'이라고 할 수 있다. 즉 신자유주의는 '인간성 대신에 주식시장의 가치지표(주식가격)를, 존엄성 대신에 불행의 세계화를, 희망 대신에 공허함을, 생명 대신에 테러의 국제화를 우리에게 주고 있다.'

장애물을 제거하고자 하지만, 이는 '조정된' 공간의 생산을 통해서만 가능하다. 이러한 경제·공간적 과정에서 세계의 임금노동은 30년이 못 되어서 배 이상 증가했으며, 특히 중국이나 인도 같이 제3세계의 본격적 자본주의화를 촉진함으로써 세계적 프롤레타리아의 규모는 사상 최대에 달하게 되었고, 여성 노동력의 편입과 더불어 노동력의 세계적 이동이 증대하면서 세계의 도처에서 도시화가 급속히 진행되고 있으며, 세계의 재영토화가 추진되고 있다.

이 점에서 하비는 세계화라는 용어를 '지리적 불균등발전'이라는 용어로 전환할 것을 요청한다. 자본의 축적은 항상 근원적으로 지리적인 문제이며, 지리적 확장, 공간적 재구조화 그리고 지리적 불균등발전이 없었다면, 자본주의는 하나의 정치경제체제로서 그 기능을 유지하지 못했을 것이라고 주장된다. 하비는 지리적 불균등발전을 두 가지 근본적 요소로 이해한다. 첫째는 '공간적 규모'의 생산이고, 둘째는 '공간적 차이의 생산'이다(Harvey, 2000: 제5장). 즉 지리적 불균등발전은 변화하는 규모와 지리적 차이의 생산이라는 두 가지 요소의 혼합에 의해 일반적으로 개념화된다. 이런 지리적 불균등발전은 다양하고 특수한 이해들을 공통적인 이해의 어떠한 틀로 적절하게 결합하는 데 심각한 장애가 되고 있다. 그렇지만 지리적 불균등발전의 이해를 통해서 우리는 자본주의적 세계화의 궤도 내에 현존하는 강렬한 모순들을 인식할 수 있다. 즉 세계화는 이런 모순들을 지연시키기 위한 공간적 조정, 즉 상이한 규모와 장소에서 거대한 내적 파괴, 가치하락, 감가를 수반하며, 노동자의 해고, 실업, 서비스의 붕괴, 생활수준의 하락, 자원 손실과 환경 파괴를 폭력적으로 진행시킴을 이해할 수 있다.

그러나 또한 동시에 지리적 불균등발전은 이런 발전을 극복할 수 있는 틈새 공간을 만들어낸다. 하비는 자본을 위한 공간적 조정이 가능하다면, 노동자를 위한 공간적 조정이 가능한 방법도 모색될 수 있다고 주장한다. 지리적 재질서화와 재구조화, 공간적 전략과 지리적 요소, 지리적 불균등발전 등의 수단은 역사적으로나, 오늘날 자본축적과 계급투쟁의 역동성에서도 중요한 측면이 된다. 왜냐하면 불균등한 조건은 정치적 조직화와 행위에 풍부한 기회를 제공하기 때문이다. 경험적으로, 물론 다수의 우파 대중적 민족주의를 촉진하는 무리들도 있지만, 자신의 주어진 지방적 조건하에서 세계화에 저항하는 다양한 운동들이 드러나고 있다. 하비는 마르크스주의의 역사적 강점 가운데 하나는 이와 같이 다양하고 다중의 목적을 가지는 다원적 투쟁들을 보다 보편적인 반자본주의 운동으로 종합하는 데 있다고 강조한다. 즉 '특정 당파적 이해관계의 방어와 향상이 적절히 묶이면' '보편적 이해관계'의 기초가 된다는 윌리암스의 구절이 여기서 빛을 발하게 되며, 하비 자신이 명명한 '지정학적 민주화'를 위한 새로운 기회들이 창출되게 된다.[45]

이러한 세계화의 거시공간적 문제의 다른 한 극단에 신체라는 미시적 공간의 문제가 발생하고 있다(Harvey, 2000). 신체 및 이와 관련된 개념들, 예를 들면 젠더(gender), 성(sexuality), 자아 등에 관한 담론은 특히 페미니스트들에 의해 강조되었으며, 이들에 관한 광범위하고 근본적인 이론화는 진보적이고 해방적인 정치를 지향하는 것으로 간주되었다. 즉

---

45) 하비는 계급투쟁에서 어떤 형태의 국제적 연대가 형성된다면, 다양한 종류의 사회·생태적 행위 전체에 걸쳐 작동하는 억압 조건을 효과적으로 완화할 수 있을 것이라고 기대한다. 이 점에서 하비는 포스트모더니스트들의 노력, 즉 독특한 문화적 정체성을 지속 혹은 보호하려는 투쟁이 적실하지 않거나 정치적으로 공허하다는 것을 주장하는 것이 아니다. 문제는 '문화'를 '정치경제'로부터 분리시키고, 문화의 본질주의, 특이성 그리고 특수성을 위해 정치경제의 세계화와 보편화를 부정하는 함정에 빠질 우려가 있다는 점이다. 이것은 다원주의를 위한 호소가 아니라 폭넓은 반자본주의 관심의 계급적 내용을 확보하고자 하는 호소, 즉 지리적 불균등발전이라는 개념으로의 전환을 통해, 다원적인 전투적 당파주의에 근거한 저항운동에 내재된 정치적 잠재력을 인식하고 이를 실현시키기 위한 것이다.

최근의 신체에 관한 논의를 살펴보면, 흔히 신체는 역사적으로 그리고 지리적으로 변화하는 완성되지 않은 프로젝트로 간주되거나, 또는 신체는 폐쇄되고 밀폐된 물체가 아니라 창조되고, 경계되고, 지속되고, 궁극적으로 복합적 과정의 시·공간적 흐름으로 용해되는 관련적 생물(유기체)로 간주되기도 한다. 나아가 신체는 자신의 내부에서나 자신의 환경 속에서 질서를 창조할 수 있는 욕망의 기계로서, 자신을 생산하고, 지탱하고, 용해하는 과정들과 관계되어 활동적으로 변화한다. 따라서 도덕적이고 기호를 사용할 능력을 부여받은 신체적 인간은 자신의 몸이 신체정치에서 근본적인 요소가 된다. 바로 이러한 점에서, 신체는 정치적 저항과 해방정치의 특권적 장으로서 강조되기도 한다.

그러나 하비에 의하면 이러한 신체의 특권적 지위는 사회생태학적 과정에의 뿌리내림과 무관하게 이해될 수 없다.[46] 신체는 사회적 구성물로서 그 주위를 휘감고 이를 구성하는 외적 힘들에 관한 이해가 필수적이다. 이러한 핵심적 결정인자들 가운데 하나는 노동과정이며, 세계화는 바로 이 과정이 어떻게 독특한 방식으로 정치경제적 그리고 그와 관련된 문화적 힘에 의해 결정되는가를 보여주고 있다. 신체와 관련된 공간의식적인 측면에서 보면, 데카르트적 논리의 출현과 동시에 공간은 절대적 영역에 속하게 되고, 공간은 모든 감각과 육체를 포함하게 됨에 따라 이들을 지배하게 되었다. 르페브르와 푸코가 추구하는 해방전략의 핵심은 바로 이러한 뉴턴적, 데카르트적 공간과 시간에 의해 만들어진 세계의 절대주의로부터 감각과 신체를 자유롭게 만드는 것이라고 할 수 있다. 그러나 하비에 의하면 또한 동시에 자본주의 사회에서 자본의 부속

---

46) 이 점에서 하비는 '신체로의 회귀' 또는 신체환원주의의 위험성, 즉 신체는 대안정치를 위해 우리가 믿을 수 있는 유일한 기본적 개념이라는 사고의 위험성을 지적하고자 한다. 하비에게는 신체 자체의 해방보다는 생계임금을 위한 투쟁이 더욱 절박하고 중요한 의미를 가진다.

물로 전락한 신체를 해방시키는 것이 중요하다. 즉 자본주의 사회에서 노동자의 신체는 자본순환 및 다양한 규율 메커니즘에 노출되고 이에 의해 지배되게 된다. 즉 신체가 노동력이라는 가변자본으로 순환하게 됨에 따라, 자본은 노동하는 신체를 침범하고, 손상시키고, 억제하고, 불구로 만들고 결국 파괴·소진시킨다. 그러나 이러한 가변자본의 순환과 같은 사회과정에 뿌리를 내리고 있는 신체는 결코 유순하고 수동적으로 형성되지 않는다. 노동자는 한 순간에 자본의 명령에 복종하지만 다른 순간에는 이에 투쟁하게 된다.[47]

『희망의 공간』에서, 하비는 이와 같이 세계화의 거시공간과 신체의 미시공간을 상호 관련적으로 이해할 것을 강조하면서, 다른 한편으로 유토피아에 관한 논의를 보다 구체화시키고자 한다. 유토피아적 사회주의를 비판하고 과학적 사회주의를 강조하는 마르크스주의의 전통에서 보면, 유토피아에 관한 논의 또는 유토피아주의는 큰 의미를 가지지 못하거나, 심지어 지배권력의 이데올로기 또는 비과학적 이상주의로 비판된다. 그러나 하비에 의하면, 이러한 유토피아주의는 우리의 역사·지리를 변화시키기 위한 건설적인 역할을 하기도 하고, 파괴적인 힘이 되기도 한다. 상상의 자유로운 유희, 즉 '공간적 유희로서 유토피아'는 사회적 관계, 도덕적 질서, 정치경제체제 등에 관하여 광범위한 흥미로운 사고를 탐구하고 표현하기 위해 창의적 수단이 되며, 활동가들은 이러한 수단을 통해 가능한 공간적 질서의 무한한 배열을 추구하게 된다. 즉 무정

---

47) 신체를 통한 가변자본의 순환은 이미 『정의, 자연, 차이의 지리학』에서 강조된다. 즉 화폐의 흐름은 사실 모든 신체들에 영향을 미치며 이를 위치짓는다. 그러나 사람들이 그들의 신체적 종속에 대해 어떻게 저항하는가를 이해하는 것이 중요하다. 신체를 위치짓는 화폐의 흐름으로 계급 위상과 운동을 이해할 수 있지만, 그러나 화폐의 흐름만으로 신체를 모두 이해할 수 없다. 이 점에서 하비는 신체의 문제를 단지 화폐적 흐름의 단일 관점으로만 환원시키고 차이를 규정함에 있어 계급의 특권적 지위를 유도하고 있다고 비판되기도 한다.

부주의적이거나, 생태적으로 민감하거나, 종교적이거나 그 외 다양한 지향성을 가지는 많은 대안들은 어떤 특이한 공간적 질서나 사회적 과정에 호소함으로써 그들의 도덕적 목적을 정의하고 이를 실현하고자 했다.

특히 역사적으로 제시된 여러 유형의 유토피아들은 대체로 공간적 형태, 특정적으로 도시적 모습을 가진다. 호머의 『오디세이』에 묘사된 도시국가 패아키아(Phaeacia)에서부터 그리스로마시대의 아테네 등의 많은 도시국가들은 당시의 어떤 이상적 사회공간적 형태를 반영한 것으로 간주되었으며, 플라톤의 『이상국가론』은 도시와 시민들의 상호관련성을 전제로 한 도시의 공간적 규모와 배치에 관해 논하고 있다. 이러한 전통을 이어받아 르네상스 이후 토마스 모어의 『유토피아』 등에 의한 이상적 세계는 도시의 형태를 띠게 되며, 하나님의 도시, 신의 도시, 영원한 도시, 언덕 위의 도시 등으로 상징된다. 19세기 도시공동체에 관한 오웬, 푸리에, 하워드 등의 논의도 이러한 유토피아적 공간 편성을 보다 구체화하고 이를 직접 실험하고자 했다. 이러한 유토피아적 도시계획가들의 공간모형들은 결국 실패했다고 할지라도 오늘날 도시계획에 큰 영향을 미치고 있다. 그러나 문제는 이와 같은 유토피아적 도시들은 다른 한편 역사적으로 사회적 무질서, 도덕적 붕괴, 그리고 용서할 수 없는 죄악의 원천으로 전락하게 된다는 점이다. 바빌론, 소돔과 고모라의 도시, 플라톤이 고취시켰던 유토피아는 해방적이고 행복한 하늘의 도시만큼이나 쉽게 억압적이고 전체적인 지옥으로 타락하게 된다. 하나님의 도시가 '다른' 공간에 비해 '행복한 장소'라면, '사악한 타자'의 공간도 역시 항상 인간의 역사와 의식 속에 존재했다. 사실 농촌에 근거를 두었던 봉건제의 몰락과 더불어 자본주의의 '도시 공기는 사람들을 자유롭게 했다.' 그러나 오늘날 도시는 억압과 무질서, 부패와 환락이 독버섯처럼 만연한 장소로 전락했다.

유토피아를 위한 상상적인 자유 유희는 권위의 존재와 제약적 통치 형태들과 복잡하게 얽힌다. 푸코가 감시와 통제를 위한 공간 체계의 창출을 통한 파놉티콘 효과(pan-opticon effect)라고 한 것이 또한 유토피아적 도해에 편입되어, 타락한 유토피아들을 실체화시키고 있다(Harvey, 2000: 163). 디즈니랜드는 오늘날 이와 같이 타락한 유토피아를 대표한다. 실제 세계의 '바깥'에 이어서 건립된 디즈니랜드는 공간적 유희의 세계로 환상적 여행을 할 수 있도록 한다. 이러한 장소는 행복하고, 조화로우며, 갈등이 없는 것처럼 가정된 공간으로, 부드럽게 진정시키며, 즐겁게 하고, 역사를 창조하며 어떤 신비한 과거를 위한 향수를 부추긴다. 그러나 이들은 상품문화의 물신성을 반영하며, 우리는 이와 같이 타락한 유토피아들로 온통 둘러싸여 있음을 느끼도록 한다. 사실 미국의 교외화는 바로 이러한 부르주아적 유토피아를 실현시키기 위한 사회공간적 프로젝트라고 할 수 있다. 내부 도시의 이질적 인종구성과 공간편성을 벗어나기 위해 배타적으로 출입이 통제되는 '문이 있는 공동체'를 구축하고자 하는 미국식 유토피아 건설은 사실 교외 개발이라는 자본주의적 이해관계와 밀착되어 있다.

이와 같이 유토피아는 흔히 공간적 형태를 띠고 있지만, 실제 공간상에 실체화되는 과정에서 그 순수한 의도들은 소멸되게 된다. 이와 같이 공간적 형태의 유토피아를 실현함에 있어 실패 또는 왜곡은 공간적 형태 그 자체의 실패 못지않게 이를 실체화하기 위하여 동원되는 과정들에 기인한다고 할 수 있다. 즉 만약 공간적으로 실체화된 유토피아가 이의 건설에서 동원된 사회적 과정 때문에 잘못되었다면, 초점은 과정의 문제로 전환해야 할 것이다. 즉 우리는 사회적 과정으로서 유토피아를 고찰하게 된다. 물론 이러한 맥락에서 유토피아적이라는 용어의 사용은 다소 이상하게 된다. 왜냐하면 '유토피아'라는 단어는 비록 무장소(no place)라는 의미라고 할지라도 어떤 장소적 개념과 결부되어 있기 때문이다. 그러나 예로, 헤겔과 마르크스는 자본주의 이후의 새로운 세계와 관련하여 우리들에게 시간적 과정의 특이한 견해를 제시했지만, 궁극적으로 공간적 형태를 제시하지는 않았다. 즉 그들은 무장소적 목적론을 제시하면서, 역사를 어떤 상태로 종결되는 것이 아니라, 존재적 또는 정치적 선택의 연속으로 이해했다. 즉 사회적 과정의 유토피아는 (공간과 장소 내에서) 종결점에 결코 도달할 수 없는 무한히 개방된 프로젝트로서 이해되기도 한다.

그러나 이러한 사회적 과정의 유토피아주의라고 할지라도 어떤 왜곡으로부터 자유롭지는 못하다. 스탈린의 구소련에서 볼 수 있는 것처럼, 마르크스주의 그 자체도 그것이 특정한 목적으로 동원되거나 또는 현실 속에서 공간적으로 표출되게 될 때 분명 어떤 한계를 가지게 된다. 뿐만 아니라 신자유주의적 유토피아를 강조하는 우파적 유토피아주의자들 역시 과정으로서 유토피아를 지향한다. 즉 이들이 헤겔이나 마르크스와 같이 역사 발전의 변증법을 전제로 하지 않는다고 할지라도, 이들은 공간적 형태의 유토피아보다는 과정의 유토피아를 지지한다. 공간적 형태의 유토피아가 이를 실체화시키고자 하는 (또는 이러한 유토피아를 통제하고자 하는) 사회적 과정들과 타협함으로써 고귀한 목적으로부터 일탈하는 것과 마찬가지로, 사회적 과정의 어떤 유토피아주의가 실체화될 때, 공간적 타협이 발생하게 된다. 하비에 의하면, 공간적 형태의 유토피아 및 사회적 과정의 유토피아 양자 모두에 결점과 어려움이 있다면, 가장 분명한 대안은 유토피아주의를 완전히 폐기하기보다는 명시적으로 시공간적인 유토피아주의를 구축하는 것, 즉 공간적 형태에 사회적 과정을 뿌리내리기가 요구된다.

공간 형태의 유토피아를 사회적 과정에 뿌리내리도록 하기 위한 과정을 정당화하기 위하여, 하비는 건축가와 꿀벌을 비교한다. 마르크스의 문장을 인용하면서, 하비는 비록 꿀벌이 매우 정교하고 과학적인 의사소통 체계를 가지고 있으며 이를 통해 벌집을 짓는다고 할지라도, 사전에 자신이 지을 집을 설계하는 건축가들이 더 유의함을 강조한다. 따라서 하비는 미래의 세계를 만들어나갈 반란적 건축가들을 요구한다. 하비에 의하면, 우리가 미래의 반란적 건축가로서 일하게 될 때, 우리가 상상을 펼쳐나가는 의미 있는 이념으로서 몇 가지 주요한 보편적 권리를 주장한다.[48] 그는 이러한 보편적 권리를 실현시키는 것이 바로 우리의 미래를 위한 대안이며 유토피아라고 인식한다. 따라서, 하비는 책 전반에 걸쳐 '대안이 없다'는 식의 대처주의에 대해 철저한 경계심을 가지도록 끊임없이 요구한다. 그리고 이러한 신자유주의적 전망과의 싸움 속에서 하비는 피곤한 몸을 이끌고 잠에 빠지게 된다. 그리고 그 꿈 속에서, 하비는 유령처럼 나타나는 유토피아의 그림을 보게 되고, 이 책의 '부록'에서 우리들에게 이를 묘사하고자 한다. 하비는 2020년 혁명이 끝나게 되는 과정과 그 이후 우리가 살게 될 세상을 보여주고 있다. 그리고 하비는 꿈에서 깨어나 볼티모어 거리를 다시 걷는다. 그리고 우리들에게 말한다. "우리의 사회적 및 물리적 세계는 만들어지고, 다시 만들어져야 하며, 만약 이것이 사라진다면 또다시 만들어져야 한다. 어디서 시작하고, 무엇이 행해져야 할 것인가가 중요한 질문이다"(Harvey, 2000: 281).

---

48) 즉 삶의 기회에 대한 권리, 정치적 결사와 '좋은' 통치에 관한 권리, 생산과정에서 현장 노동자의 권한, 사람의 신체에 대한 불침범과 보전의 권한, 면책/탈안정화의 권리, 양호하고 건강한 생활환경에 대한 권리, 공동소유 자원의 집단적 통제에 대한 권리, 아직 태어나지 않은 자를 위한 권리, 공간생산에 대한 권리, 지리적 불균등 발전을 포괄하는 차이에 대한 권리 등이다(Harvey, 2000: 248-252).

참고문헌

김덕현. 1995, 「'포스트모더니티의 조건': 포스트모던 논쟁의 하방운동」, ≪공
간과 사회≫ 제5호.

김왕배. 2000, 『도시, 공간, 생활세계: 계급과 국가 권력의 텍스트 해석』, 한
울.

이무용 외. 1997, 『공간과 비판사회이론』, 시각과 언어.

임서환. 1995, 「데이비드 하비: 포스트모던 담론과 계급정치학의 수사」, ≪공
간과 사회≫ 제5호.

조원희. 1991, 「자본의 변증법과 공간의 정치경제학」, ≪공간과 사회≫ 제1
호.

최병두. 1993, 「하비의 정치경제학적 지리학」, 한국지리연구회 편, 『현대지리
학의 이론가들』, 민음사.

한국공간환경연구회 편. 2000, 『공간의 정치경제학: 현대 도시 및 지역 연
구』, 아카넷.

_____. 1998, 『현대 도시이론의 전환』, 한울.

Brigham, et al. 1997, *Gender place & Culture*, vol.4(3).

Berman, M. 1982, *All that is Solid Melt into Air*, New York.

Eagleton, T. 1997, "Spaced out", *London Review of Books*, April 24th.

Giddens, A. 1981, *A Contemporary Critique of Historical Materialism*, London:
Macmillan; 최병두 역, 1991, 『사적 유물론의 현대적 비판』, 나남.

Haraway, D. 1995, "Nature, politics, and possibilities: a debate and
discussion with David Harvey and Donna Haraway", *Society and
Space*, 13.

Harvey, D. 1973, *Social Justice and the City*, London: Edward Arnold; 최병
두 역, 1983, 『사회정의와 도시』, 종로서적.

_____. 1982, *The Limits to Capital*, London: Blackwell; 최병두 역, 1995,
『자본의 한계』, 한울.

_____. 1984, "On the history and the present condition of geography: an
historical materialist manifesto", *The Professional Geographer*, 36.

_____. 1985a, *Consciousness and the Urban Experience*, Lodnon: Blackwell

_____. 1985b, *The Urbanisation of Capital*, London: Blackwell

_____. 1989a, *The Condition of Postmodernity*, London: Blackwell; 박영민·구
동회 역, 1995, 『포스트모더니티의 조건』, 한울.

_____. 1989b, *The Urban Experience*, London: Blackwell; 초의수 역, 1996,
『도시의 정치경제학』, 한울.

_____. 1989c, "From managerialism to entrepreneurialism: the transforma-tion in urban governance in late capitalism", *Geografiska Annaler*, 71(B); 류민우 역, 1994, 「관리주의에서 기업가주의로: 후기 자본주의 도시지배양식의 변형」, 한국공간환경연구회 편, ≪공간환경≫ 제48호.

_____. 1990, "Between space and time: reflections on the goegraphical imagination", *Annals of the Association of American Geographers*, 80(3).

_____. 1991, "Social justice, postmodernism and the city", Plenary Paper, European Workshop on the Improvement of the Built Environment and Social Integration in Cities.

_____. 1992, "Postmodern morality plays", *Antipode*, 24(4).

_____. 1993a, "From space and place and back again: Reflections on the condition of postmodernity", in J. Bird et al.(eds.), *Mapping the Futures: Local Cultures, Global Change*, London & New York: Routledge; 박영민 역, 1995, 「공간에서 장소로, 다시 반대로: 포스트모더니티의 조건에 대한 성찰」, ≪공간과 사회≫ 제5호.

_____. 1993b, "Class relations, social justice and the politics of difference", in M. Keith & S. Pile(eds.), *Place and the Politics of Identity*, London & New York: Routledge.

_____. 1996, *Justice, Nature and Geography of Difference*, London: Blackwell.

_____. 2000, *Spaces of Hope*, Edinburgh University Press; 최병두 외 역, 2000, 『희망의 공간』, 한울.

Jameson, F. 1988, "Congnitive Mapping," in C. Nelson & L. Grossberg (eds.), *Marxism and the Interpretation of Culture*, Urbara: University of Illinois Press.

Lash, S. 1990, Review, *International Journal of Urban and Regional Research*, 14(4).

Lefebvre, A. 1974, *La production de l'espace, Paris*; *The Production of Space*, 1993, London: Blackwell.

Leiss, W. 1994, *The Domination of Nature*, Mc-Gill-Queen's Univ. Press.

Massey, D. 1992, "Politics and space/time", *New Left Review*, 196; 박세훈 역, 1996, "정치와 공/시간", ≪공간과 사회≫ 제7호.

Paterson, J. L. 1984, *David Harvey's Geography*, London: Croom Helm.

Savage, M. & A. Warde. 1993, *Urban Sociology, Capitalism and Modernity*, Macmillan, London; 김왕배·박세훈 역, 1996, 『자본주의 도시와 근대성』, 한울.

Soja, E. 1993, *Postmodern Geographies*, Verso.

Vogel, S. 1996, *Against Nature: the Concept of Nature in Critical Theory*, State Univ. of New York Press.

Young, I. 1990, *Justice and the Politics of Difference*, Princeton, N.J.

미셸 푸코
근대 주체의 계보학

양운덕

1. 문제제기

철학적 작업을 무엇으로 규정하는가에 대해서는 여러 가지 견해들이 맞선다. 여기에서는 문제를 제기하고 그에 알맞은 답을 찾는 것으로 정의해보자. 이때 기존의 문제에 대해서 잘 정리된 답을 면밀하게 검토하고 정교화하는 주석 작업이 있을 수 있다. 또한 그 답을 비판적으로 검토하는 작업도 있을 것이다. 그런데 후자의 경우에도 그 비판적 답 또는 답에 대한 부정이 여전히 그 답을 경계짓는 '문제'의 영역 안에 머물러 있다고 본다면, 이것 역시 전자의 범주에서 크게 벗어나지 않을 것이다. 변증법적 틀에서 규정하는 부정(bestimmte Negation), 지양(Aufhebung)을 통해서 새로운 종합을 제시하는 경우도 그 긍정적 부정이나 지양이 원래의 문제구도를 보존한다는 측면은 여전하다. 기존의 문제 자체, 그 문제가 마련하는 경계를 신성시하는 태도를 갖는 한, 그 문제틀에서 벗어날 수 없다.

그런데 이와 다른 관점에서 기존의 문제와 다른 문제를 제기하는 예를 볼 수 있다. 문제에 대한 답이 문제의 틀을 보존한다는 점을 염두에 둔다면1) 문제 자체를 새롭게 제기하는 것이 문제-답의 틀 자체를 완전히 바꿔놓는 창조적 작업임을 알 수 있다. 필자는 미셸 푸코(Michel Foucault)의 철학적 작업이 바로 이러한 새로운 문제제기의 예라고 본다. 푸코는 기존의 철학적 질문에 대해 '다른' 질문을 제기한다. 물론 그의 답이 가장 올바른 것인지에 대한 검토는 뒤로 미룬다고 하더라도 이런 새로운 문제틀 자체를 가볍게 보아서는 안될 것이다.

이렇게 볼 때 푸코가 광기, 병, 비행, 성 등의 이질적 '타자'를 철학적 소재로 선택한 점은 그의 새로운 문제제기에 비해 부차적이라고 할 수 있다. 그의 문제틀은 그의 소재를 다른 그릇에 담은 것이고, 그 소재들은 이 다른 그릇 때문에 그 내용이 기존의 것과 다른 것이 된다. 그가 이런 타자들을 다루었다는 점에 경도되어 그의 문제제기 자체의 새로움을 보지 못한다면 그 '문제'와 분리된 답의 적절성 여부에만 매달리게 될 것이다.

푸코가 제기한 문제, 즉 종래의 '인간이란 무엇인가'란 초역사적이고 보편타당한 문제를 변형시킨 '서구의 근대적 주체는 어떻게 만들어지는

---

1) 특정한 문제는 그것에 의해 사고할 수 있는 것의 영역을 테두리짓는다. 예를 들어 '아름다움이란 무엇인가'라는 소크라테스, 플라톤의 질문, 즉 '…란 무엇인가(what…?; qu'est ce que …?)'라는 질문 구조는 아름다운 것을 묻는 것이 아니라 아름다움 자체, 아름다운 것을 아름답게 만드는 '그것', 본질에 대한 질문이다. 우리는 이 질문에 대해서 아름다움의 본질을 답하지 않고서는, 아름다움에 대한 보편적 정의를 제시하지 않고서는 답을 할 수 없고, 그 답은 이미 질문에 의해 일정한 경계가 주어지고 답의 가능성이 마련되는 것이다. 그런데 예를 들어 '권력이란 무엇인가', '욕망이란 무엇인가'란 질문이 있을 때 이에 대해 푸코와 들뢰즈는 그 질문 자체가 잘못 제기된 것이므로, 질문을 '권력은 어떻게 작용하는가', '욕망은 어떻게 작용하는가?'라는 '본질'이 아닌 '기능, 작용'에 대한 질문으로 바뀌어야 한다고 지적한다. 이들에 따르면 권력이나 욕망은 어떤 고정된 실체나 본질을 지닌 것이 아니다.

가'라는 문제는 기존 문제를 다른 지형에 옮긴 것일 뿐만 아니라 새로운 문제틀을 구상한 것이다. 그는 이런 문제에 답하기 위하여 인간 내부, 선험적 주체에서 접근하지 않고 그 바깥, 주체의 가능조건에서 접근한다. 이 글에서는 주체에 관한 질문 가운데(푸코는 지식, 권력, 윤리의 세 측면에서 질문할 수 있다고 본다) 권력의 문제틀로 초점을 맞추고자 한다.

따라서 '권력의 작용을 조건으로 삼았을 때, 서구 근대 주체는 어떻게 만들어지는가'가 이 글의 주제이다. 이런 문제제기가 근대 주체의 구성에 관한 포괄적이고 완전한 답을 제시할 수는 없겠지만 적어도 그의 사고틀의 특이함을 밝히고 근대 주체 이해에 어느 정도 기여할 것이다.

이 글에서는 이런 주제를 따라가기 위해 그의 『감시와 처벌: 감옥의 탄생』과 『성의 역사』 1권을 텍스트로 삼아 '규율이 어떻게 주체를 만드는가', '근대인은 어떻게 성적 주체로 만들어지는가'를 살펴보고자 한다. 이를 위해 먼저 제2절에서 근대성에 관한 푸코의 이해와 주체 구성이란 문제가 제기되는 맥락과 방법론을 간략하게 정리하고, 제3절에서 규율적 권력장치가 주체를 생산하는 절차들을 살펴보고, 제4절에서는 규율적 권력의 맞짝인 생명관리권력(bio-pouvoir)을 살피고자 한다.

2. 근대적 주체에 대한 문제제기

1) 근대적 자기

푸코가 근대성을 어떻게 이해하는지를 간략하게 정리해보자. 그는 근대성에 대해서 그것을 역사의 한 시대로 보지 않고 하나의 '태도'로 본다. 근대가 전통과 단절된 어떤 것을 의미한다면 근대는 근대 이전의 전통의 연장선상에 있는 것이 아니라 새로운 출발점에 서는 것이다. 이런 단절을 강조할 때 과거 없는 근대는 그 자체를 스스로 정당화하고 자신의 근거를 스스로 마련해야 한다. 이처럼 근대성은 전통과 결별하고, 새 것에 대한 감수성을 갖고, 시간의 불연속성을 의식한다(Foucault, 1984/1993: 67).

그는 보들레르에 의지하여 근대적 태도가 현재 안에 있는 영원한 것을 포착하려는 노력으로 본다. 이런 근대적 태도는 스치는 순간들과는 다른 것을 상상하려고 하고, 이 열망은 현재를 있는 그대로 포착함으로써 그것을 변형시키려고 노력한다(Foucault, 1984/1993: 67).

보들레르는 당대의 화가인 콩스탕탱 기스(Constantin Guys)에 주목하여 그를 근대성을 형상화한 전형으로 본다. 이때 문제가 되는 것은 "… 역사적인 것 안에서 그것이 시적인 것을 포함할 수 있는 양식, 일시적인 것에서 영원한 것을 끌어내는 것이다"(Baudelaire, 1976: 689).

달리 표현하자면 이런 태도는 역사 속에 현재를 자리매김하고, 전통의 무게와 현실의 순간을 합치려고 한다. 그에게 근대성은 (역사적 전통에 뿌리 박고 있지 않기 때문에) 일시적인 것, 사라져가는 것, 우연적인 것을 뜻한다. 보들레르는 덧없는 것과 영원한 것을 결합시키려 한다.[2]

보들레르는 이런 태도를 "근대적 삶의 영웅주의(l'heroïsme de la vie moderne)"라고 부르는데, 이것은 근대의 '영웅'이 과거처럼 절대적인 초월적 세계를 받아들이는 것을 거부하고, 창조자이면서 그의 작품과 함께 다양한 세계에 뛰어드는 사람으로, 홀로 통속적인 것에서 '특수한 것'을 찾아내는 사람이라고 본다. 보들레르는 이처럼 독특한 것을 창조하기 위해 일상적 삶의 차원에서 일상에 '거리를 유지하는' 고독한 삶의 태도,

---

2) 이것을 미학적 태도로 표현하면, 체험된 순간에 만족하는 미학과 시대를 초월한 미라는 신성한 기준을 따르는 미학을 모두 넘어서려는 것이다.

댄디이즘을 제시한다(Baudelaire, 1976: 93-96).

이런 태도를 푸코의 틀로 옮기면, 그것은 스스로를 (세련되게) 만들어야 할 대상으로 보는 것이다. 근대인에게 자기는 이미 만들어져 주어지는 것이 아니고, 자기의 배후에 '본질적인' 자기가 숨어 있는 것도 아니다. 따라서 근대인은 자신을 고안·발명하려고 노력하는 사람이다. 그는 자기 자신을 생산해야 한다.

푸코는 이 주제와 관련하여 근대에 만들어진 개인들의 '주체'를 문제삼고 근대적 '자기'가 주체로 산출되는 과정을 분석하고자 한다. 푸코가 볼 때 근대적 주체는 우연적이고 역사적인 지식과 권력의 복합체가 만든 산물이다. 그는 종래의 주체 철학이 상정하는 '주체'나 '인간' 개념, 즉 인간이 자율성, 상호성, 인정, 존엄함, 인권을 지닌 초역사적 존재라고 보지 않는다. 그는 (인식론적으로) '인간'이 최근의 지식의 배치에 따른 산물이고 그 지식의 배치가 바뀌면 인간을 중심으로 모든 것을 설명하는 태도도 사라질 것이라고 본다. 그는 근대적 지식의 배치가 인간을 말하고, 생명을 지니고, 노동하는 세계의 '중심'으로 자리매김한다고 본다. 그는 인간 주체를 이성의 담당자, 자신과 세계의 본질로 보는 사고틀이 지닌 보편적이고 초역사적인 성격을 의심하고, 그런 인간이 특정한 시기에 특정한 지식의 배치나 권력의 작용에 의해 어떻게 '주체'로 만들어지는지를 분석하고자 한다. 그는 이런 점에서 사회와 역사의 모든 존재를 인간의 정신이나 노동의 객관화·표현으로 설명하려는 주체 형이상학 대신에 주체가 생산될 수 있는 일련의 조건들을 분석한다.

푸코는 근대를 이성의 발전으로만 이상화하는 관점에 이의를 제기한다. 그는 계몽적 사고틀이 이성적 능력의 확대가 개인들의 자율성, 자유를 증대시킨다고 보는 것에 이의를 제기한다. 그는 서구의 계몽적 기획에는 능력과 권력 사이의 역설이 있다고 지적한다. 18세기 계몽주의는 사회계약을 통해 이성적인 공동체를 건설하려 했고, 개인들 상호간의 균형 있는 성장을 추구했다. 이렇게 볼 때 서구 역사는 능력을 획득하고 자유를 얻기 위해 투쟁한 역사가 될 것이다. 그런데 계몽의 믿음과 달리 능력의 성장이 자율성을 증대시키지는 않았다. 실제 역사에서 개인적 능력의 성장이 그들을 자율적 존재로 만들어주기보다는 그들을 예속시키는 결과를 낳는다(Foucault, 1984/1993: 72).

푸코는 권력분석에서 근대 사회의 권력 테크놀러지들이 잘 계산되고 조직된 방식으로 개인들의 육체를 길들이고 개인들을 일정한 주체로 생산함을 보여주고자 한다. 푸코는 이성적 능력을 신장시키는 계몽의 기획이 역설적으로 '보다 이성적인' 사회 관리를 위해 개인들을 권력의 그물망에 배치한다고 본다. 근대적 개인들은 그들이 추구한 목표처럼 권력으로부터 자유로워지는 것이 아니라 다만 권력의 작용에 따라 움직일 뿐이다. 그는 이런 문제의식으로 이성적 능력 증대에만 관심을 쏟는 것이 아니라 개인의 능력 증대가 권력관계를 강화하지 않도록 하는 형태를 모색해야 한다고 본다. 물론 그는 일차적으로 이성적 합리성의 강화가 권력의 작용과 맞물리는 근대적 권력의 작용을 구체적으로 검토하는 것이다. 푸코는 개인들에게 작동하는 다양한 미시권력들에 대한 해부학, 다양한 감시들, 규범화(normalisation) 과정들을 제시한다.

2) 주체에 대한 질문

푸코는 근대적 개인들이 역사적으로 규정된 존재라고 본다. 즉 근대 주체는 근대적 담론장치와 그것의 권력작용에 따른 산물이다. 이성과 이성적 주체는 서구 역사 전체를 대표하거나 포괄하는 보편적인 것이 아니라 특정한 시대, 근대의 산물이다.

푸코는 이런 맥락에서 '서구의 주체는 어떻게 구성되는가'를 밝히려
고 한다. 이것은 칸트의 인간학적 질문을 다른 방향에서 제기한 것이라
고 볼 수 있다. 칸트는 자신의 비판철학의 과제가 '인간이란 무엇인가'
란 질문에 답하는 것으로 보았다. 그는 이런 문제를 세 영역으로 나누어,
'인간은 무엇을 알 수 있는가', '인간은 무엇을 할 수 있는가', '인간은
무엇을 바랄 수 있는가'란 질문으로 이해한다. 이 질문에 대해 그는 각
각 순수이성, 실천이성, 판단력에 관한 비판적 고찰로 답한다.

푸코는 이런 질문에 대해 '서구적 주체는 어떻게 (지식, 권력, 윤리의)
주체로 만들어지는가'라는 문제로 나름의 질문을 제기한다. 그는 서구적
주체가 보편적으로 존재하는 것이 아니라 특정한 방식으로 만들어지는
것이라고 본다. 따라서 푸코는 초역사적인 인간 본질에 대한 질문을 역
사적 특정 단계에서 특정한 형식으로 구성되는 주체에 대한 질문으로
바꾼다.

푸코는 이 질문을 보다 구체화하여 사물에 대한 통제관계, 타자들의
행위관계, 자기 자신에 대한 관계를 문제삼는다. 이것은 각각 지식의 축,
권력의 축, 윤리의 축에 대응된다. 이것을 달리 표현하여 다음과 같은 문
제로 정리할 수 있다. ① 개인은 어떻게 앎의 주체가 되는가? ② 개인은
어떻게 권력을 행사기도 하고 그것에 복종하기도 하는 주체가 되는가?
③ 개인은 어떻게 도덕적 주체가 되는가?(Foucault, 1984/1993: 73)[3]

---

3) 푸코의 이런 문제제기는 그의 「주체와 권력」이란 글에서 약간 다른 방식으로
   제기된다. 그는 여기에서 자신의 과제가 '인간이 어떻게 주체로 만들어지는가'
   에 답하는 것이라고 지적한다. 그는 자신의 탐구가 이 문제에 대해 세 방향으
   로 접근한 결과라고 정리한다(Foucault, "The Subject and Power", in Dreyfus
   & Rabinow, 1982: 208-209 참조). 먼저 ① 개인들에게 과학의 지위를 부여하
   는 탐구양식이 문제가 된다. 이것은 주체를 일반문법, 문헌학, 언어학에서 말하
   는 주체로 객관화하고(objectivizing), 부에 대한 분석과 경제학에서 노동하는
   주체를 생산적 주체로 객관화하고, 박물학, 생물학에서 살아 있는 존재로 객관
   화한다(이것은 『말과 사물』에서 그가 고전시대를 전후한 인식의 틀, 에피스테

이러한 푸코의 질문을 칸트의 질문과 대비해보면 양자의 철학적 작업의 구도가 갖는 특성을 비교할 수 있다. 즉 인간에 대한 질문을 어떤 상이한 문제틀로 접근하는지를 알 수 있다. 푸코의 문제틀은 보편적 주체, 인간의 본질이 아니라 근대적 주체를 대상으로 삼는다. 그는 칸트처럼 인간의 보편적 능력이 아니라 역사적 유한성에 갇힌 인간이 그들의 지식, 실천 형식에 의해 어떻게 중요한 문제로 제기되고, 설명되며, 지식과 실천의 형식에 의해 일정하게 자리매김되는지를 탐구한다. 그는 근대적 주체를 인간 본질로부터 연역하는 것이 아니라 근대성의 조건에서 그 논의틀을 분석하고자 한다. 한 예로 칸트는 인간 인식의 선험적 조건을 밝히려 하지만 푸코는 특정한 시기의 담론구성체들이 어떻게 인간의 인식을 마련하고 진리와 오류를 구분하는지, 그것들이 어떤 권력의 작용과 관계를 맺는지 밝히려고 한다. 칸트에게서 인간은 선험적으로 도덕적인 존재이지만, 푸코는 다양한 시대의 주체들이 어떻게 성적 실천을 통해 자기를 도덕적 존재로 주체화하는지를 분석한다. (물론 이런 푸코의 도덕적 문제틀은 니체의 『도덕계보학』의 작업을 이어받은 것으로 도덕 자체가 아니라 선·악에 대한 가치평가가 누구에 의해서 어떤 권력의지와 관련하여 만들어지는지를 밝히는 작업이기도 하다.)

푸코는 자신이 제기한 문제들에 대해 정상과 광기, 병과 건강의 관계,

메를 분석한 고고학적 작업에 대한 설명으로 볼 수 있다). 그리고 ② 주체를 구분·분할하는 실천들(dividing practices)로 객관화되는 것을 문제삼는다. 주체는 자기 자신이나 타인들로부터 구분되는데, 예를 들어 광인/정상인, 환자/건강한 사람, 범죄자/건전한 사람들 등으로 객관화된다(이것은 그의 권력에 대한 계보학적 분석과 연결된다). 또한 ③ 성(sexuality)의 영역을 중심으로 (최근에) 인간이 자기 자신을 주체로 전환하는 방식을 문제삼는다. 이것은 '어떻게 인간은 성의 주체로 자기를 인식하도록 배우게 되는가?'란 질문에 답하는 것이다(이것은 『성의 역사』 2, 3권을 중심으로 완결되지 못한 작업인, 성을 통한 개인들의 주체화 작업과 관련된다). 푸코는 이와 관련하여 자기 탐구의 일반적 주제가 권력이 아니라 '주체'라고 주장한다.

범죄와 법의 관계, 성적 실천 등을 통해 답하고자 한다. 이것은 서구적 주체가 지식, 권력, 윤리적 실천에 의해 어떻게 주체(sujet)로 되면서 동시에 예속화(as-sujet-tissement)되는지를 밝히는 작업이다.

3) 방법의 문제: 계보학

그는 서구적 개인들이 어떻게 주체로 구성되었는가를 분석하고 그 틀을 문제삼는다.

푸코는 특정한 시대에 자연스럽거나 필연적인 것으로 여겨지는 시대적 경계들을 문제삼는다. 그의 '경계-태도(l'attitude-limite)'(Foucault, 1984/1993: 70)는 주어진 경계 안에서 그것이 허용하는 문제를 그대로 받아들이면서 그것에 따라 사고하고 실천하는 것을 거부한다. 그는 주어진 경계 안에서 그 경계를 '위반'하는 사고와 실천을 모색하는 '비판적' 작업을 모색한다. 푸코에게서 비판이란 경계를 분석하고 반성하는 것이다. 이 경계가 어떤 문제틀과 그것에 알맞은 해결 방안을 제시하면서 정상적인 구조를 만드는가를 보여줌으로써 일정한 경계, 문제제기가 지닌 초역사적 보편성의 가면을 벗긴다. 그는 서구인에게 보편적이고 필연적인 것으로 제시되는 것을 의문시하여 그 필연성이 가리고 있는 개별적이고 우연적이며 자의적인 제약들이 차지하는 역할을 부각시킨다. 그의 이런 방식은 니체가 서구 이성, 도덕에 대해 비판한 전략을 이어받은 것이다.

푸코는 이런 비판적 작업을 위해 개인들이 스스로를 주체로 알고, 그가 말하고, 행위하고, 사고하는 주체로 설정되는 사건들을 '역사적'으로 탐구하는 방식을 택한다. 그는 고고학적이며 계보학적인 방법을 사용한다. 여기에서는 계보학적 방법에 대해서만 살피기로 하자.

  푸코는 니체를 따라 계보학(généalogie)으로 특정한 시대에 특정한 대
상에 대한 '문제제기(problém-atisation)'를 문제삼는다. 그것은 각 국면
에서 제기되는 문제들에서 출발해, 예를 들어 광기, 질병, 성, 비행(délin-
quance), 인간에 관해 자명하다고 주장하는 것의 바탕을 탐색한다. 이 작
업은 현재의 사고틀이 어떻게 생성되었는지를 드러낸다. 이를 통해 당연
시되는 관념들이 사실상 보편적이거나 자연스러운 것이 아님을 폭로한
다. 이런 분석은 그런 '자연스러움'을 낯설게 한다. 개인들이 지닌 현재
의 관념은 보편적이거나 초역사적인 것이 아니라 특정한 시기적 제약을
갖는 것이고 그 필연성의 범위는 그 시대를 넘어서지 않는다. 즉 자명한
것처럼 보이는 보편성과 필연성은 역사화되면서 우연적인 것임이 밝혀
진다. 이처럼 특정한 시기의 특수한 '문제제기'는 필연성을 가장한다.
  이러한 특정한 '문제제기'는 일정한 방식으로 사물들을 '진리와 오류
의 놀이'에 참여시킨다. 그것은 한 시대에 '사고할 수 있는 것'을 경계짓
고, 동시에 '사고할 수 없는 것'도 만들어낸다(예를 들어 우리가 광기,
성, 비행 등 인간으로 특징을 부여하는 것은 어떤 것이든 특정하고 일시
적인 조건들에 따라 배치되어 '생각할 수 있는' 것이 되어야만 한다. 앞
에서 든 광기의 경우에 근대인들은 광기를 이전 시기와 달리 정신병으
로, 비이성으로, 의학적 치료 대상으로 본다). 이런 조건에서 사고할 수
있는 것들이 진리와 오류의 구분선에 따라 '진리로 여겨지는 것들'을 생
산한다.
  그는 이런 분석을 통해 현재의 개인들을 만든 필연성에 들어 있는 우
연성을 지적하고, 그로부터 개인의 존재와 행위, 사고를 넘어설 수 있는
가능성을 모색한다. 이것은 필연적인 것으로 여겨지는 것이 우연적인 것
과 뒤얽혀 있음을 밝히고 그런 공간에서 자유의 가능성을 모색한다.4)

---

  4) 푸코는 역사 일반을 잘 짜여진 체계나 연속적인 진보로 이해할 수 없다고 본

3. 근대적 육체를 만드는 규율의 기술들

『감시와 처벌』은 형벌제도에 대한 계보학적 기술인데, 푸코는 이를 통해 각 시대의 권력이 어떻게 개인을 특정한 방식으로 통제·관리하는 지를 살핀다.

푸코에 따르면 절대군주제하에서 형벌은 육체에 고통을 주고 그것을 공개함으로써 군주의 절대권력을 과시하는 화려한 피의 의식이었다. 이 러한 비효율적·비인간적 제도는 18세기의 사회변화와 함께 인도주의자 들이 범죄에 대한 잔인한 폭력적 처형을 비판하고 사법부의 합리적 운 용을 요구하면서 개량된다. 이들은 다양한 범죄들을 분류, 항목화하고 그에 대응되는 적절한 처벌 정도와 형태를 마련한다. 따라서 범죄자에 대한 평가, 규정, 판단들이 군주의 자의에 의존하지 않고 사법적 체계에 따라 제도적으로 치밀하게 이루어진다. 이렇게 해서 사회 전체를 포괄할

다. 전통적 역사이론은 불연속적인 것을 극복하기 위하여 고립된 사건들의 표 면 밑에서 매끈한 인과성이나 연속성을 찾아낸다. 계보학적 분석은 기원 (Ursprung)을 추구하는 태도와 대립된다. 이때 기원은 모든 것이 파생되는 원 천으로, 파생된 모든 것은 현상적으로는 다르게 보이지만 본질적으로는 같다. 이런 기원을 추구하는 태도는 대상의 형이상학적 본질, 자기동일성, 불변적 형 식을 찾으려 한다. 그러나 계보학은 기원 대신에 대상의 가계, 출처(Herkunft)를 추적한다. 계보학의 대상은 (고정된) 본질을 갖지 않으며 이질적인 단편들을 짜 맞춘 것이다. 그것은 하나로 통합된 것처럼 보이는 것에서 종합될 수 없는 차 이, 다양성을 찾는다. 이러한 대상의 '형성(Entstehung: 출현)'에서 계보학자는 잘 통합된 것처럼 여겨졌던 것이 사실은 단편들의 묶음일 뿐이며, 일정한 연속 성을 지니고 항상 동일한 것으로 여겨졌던 것이 사실은 이질적 단편들의 집합 에 지나지 않음을 보여준다. 그래서 대상들은 하나의 본질적 힘이 표현된 것이 아니라, 이질적이고 복합적인 요소로 짜맞추어진 것일 뿐이다. 필연성으로 여겨지는 것은 우연으로 뒤얽혀 있다. 푸코는 종래의 역사에 대해 현실적 역사 (Wirkliche Historie)를 제시한다. 그것은 역사를 총체화하려는 초역사적 전망 에 반대하고, 그 내적 발전을 추적한다. '현실적 역사'는 모든 것을 역사적 운 동 안에 둔다. 시대를 넘어선 영원한 진리와 정의, 미의 이상을 거부하고 그것 들이 역사 안에 있다고 본다. 그것들은 역사적으로 규정되고 역사 안에서 작용 한다. 그것들은 역사를 뛰어넘는 동일한 것으로 존속하지 않는다.

수 있는 사법적인 그물망이 마련되고, 모든 종류의 범죄가 나열되고, 이에 대한 적절하고 합리적인 처벌이 대응된다. 처벌은 복수가 아니라 예방적·효용적·교정적 성격을 갖는다. 이러한 사법체계의 그물망에 의해 권력은 보다 효율적으로 개체들을 통제하게 된다(이러한 형벌체계는 프랑스혁명을 전후로 감옥제도로 바뀐다).

푸코는 이러한 처벌제도의 변화가 처벌에 대한 개선으로 이해되기보다는 더 잘 처벌하기 위한 것이며, 육체에 대한 가혹하고 직접적인 처벌이 '사법적 감금'으로 그 형태가 바뀐 것으로 본다.

푸코는 18세기 후반에 감옥제도가 만들어지고 그것이 일반화되면서 보다 조직적이고 체계적으로 규율적인 사회가 만들어지는 과정에 주목한다. 그는 감옥제도를 규율적 권력이 행사되는 전형적인 예로 보면서 이런 권력이 사회 전체에 침투해서 현대 사회를 규율적 권력이 편재하는 '유폐적' 사회로 만들어간다고 본다.[5]

푸코는 이러한 권력의 메커니즘이 인간의 육체에 작용한다고 본다. 그리고 권력이 육체를 억압하는 것이 아니라 육체를 특정한 목적에 맞도록 만들어내는 점에 주목한다. 즉 권력은 육체를 길들인다. 그는 이것을 육체에 대한 미시권력(micro-pouvoir)이라고 부른다.

규율은 육체에 작용한다. 그것을 통해 규율은 개인들을 '만든다.' 이것은 개인들을 그 작용 대상으로서 뿐만 아니라 수단으로 간주하는 권력의 특수한 기술이다. 이때 개인들은 권력의 매개자일 뿐 그 주체가 아니다. 권력은 개인들을 억누르거나 금지하지 않고 훈련과 배분의 절차에

---

5) 감옥제도는 인도주의자들의 형벌제도가 사회안정을 위해 범죄를 예방하고 범죄자를 교정하려는 것인 것과 달리, 개인의 육체에 일정한 작용을 가해 개인을 조작하려는 것이다. 이를 위해 엄격한 시간표가 만들어지고 모든 행위와 몸짓이 관찰되고 감시되며, 그것이 기록되고 수감자의 육체는 철저한 계획표에 따라 강제되는 노동을 통해 권력이 요구하는 '순종하는' 육체로 길들여지게 된다.

의해 그렇게 한다.

푸코는 이러한 육체에 대한 권력의 작용을 통해 사회의 다양한 영역들—작업장, 군대, 감옥, 병원, 학교 등—에서 규율이 생산, 수행되는 일정한 방식들에 주목한다. 규율은 개체들을 통제하고, 훈련시키며, 조직하는 기술을 통해 작용한다. 이때 개체의 육체는 경제적으로는 노동력을 지닌 대상이며 정치적으로는 복종할 수 있도록 훈련받는다. 이러한 규율은 개체들을 통제가능한 공간에 배치하고, 활동을 통제하고, 훈련시키며, 개체들을 조직하는 기술을 통해 작용한다.6)

규율장치는 구속하고 억압하여 대량적 방식으로 피라미드적 권력에 복종시키는 것이 아니라, 갖가지 다양한 기술—세부적 규제, 연습, 훈련, 시간 사용, 평가, 시험, 기록 등—들을 사용한다. 그것은 육체의 미세한 부분에까지 작용해 육체를 길들여서 가능한 효율을 최대화하기 위해 육체의 동작을 통제한다(Côte-Jallade, 1985: 80-81, 131-132).

규율적 권력은 강제적 탈취 대신에 육체를 훈련시키는 데 주목한다. 이 권력은 사람들의 힘을 감소시키기 위해서 힘을 묶어두지는 않는다. 그 힘들을 전반적으로 증가시키고 활용할 수 있도록 한다. 이런 권력은 그 대상을 획일적·대량적으로 예속시키는 것이 아니라 분리하고 분석하고 구분하여 개체화한다. 유동적이고 혼란스럽고 무익한 수많은 육체와 대량적 힘을 개별적 요소들의 다양성으로 만들도록 훈련을 시킨다. 규율은 개인들을 제조한다(Foucault, 1975: 172/255-256).7) 규율적 권력은 과도한 힘을 행사하는 방식이 아니라 계획적이고 영구적인 관리방식으

---

6) 푸코는 이러한 권력의 메커니즘이 하나의 '높은' 중심에 의해서가 아니라, 보다 '낮은' 지점과 주변부로부터, 지역적이고 국부적인 형식으로 광범하게 형성되어 모세혈관처럼 (익명적이고 포괄적으로) 사회에 퍼져 있다고 본다.

7) 쪽수 표시는 프랑스본과 번역본 순으로 병기한다. 필요한 경우에 필자 나름의 어휘를 쓰거나 번역을 수정하였다.

로, 미시적인 방식으로 작동한다.

1) 육체를 생산하는 규율

이상에서 간략하게 정리한 내용을 좀더 자세히 살펴보기로 하자. 먼저 규율이 어떻게 육체를 길들이는지, 어떤 기술들을 통해 육체를 만들어내는지를 보기로 하자.

푸코는 고전주의 시기(17 ~ 18세기)의 다양한 담론들을 추적하여 육체와 권력의 관계를 살핀다. 그 당시 육체에 관심이 집중되면서 육체는 만들어지고, 교정되고, 복종하고, 순응하고, 특정한 능력이 부여되거나 힘이 다양해질 수 있는 것으로 여겨진다(Foucault, 1975: 138/204).

푸코는 이런 규율의 역사가 고전주의 시대에 시작된 것은 아니고 다만 이 시기에 촉진되고 그 규모가 달라지고 뚜렷한 테크놀러지가 마련되었다고 본다(Foucault, 1975: 141/209). 규율적 기술들은 육체를 세부적으로 장악하는 권력의 새로운 '미시 물리학'을 통해 17세기부터 사회 전반에 확산되었다.

푸코는 규율적 절차가 육체라는 가소적(可塑的)인 대상의 특정한 유용성을 증가시키는(반대로 순종을 위해서는 그 힘을 약화시킨다) 측면을 분석한다. 이런 규율의 작동과정은 근대적 규율이 인간의 육체를 조작가능한 대상으로 삼고 그것을 효과적인 생산기계나 순종하는 정치기계로 만드는 미시적 기술을 통해 근대적 인간을 창조한다는 점에서 충격적이다. 근대적 인간은 보편적인 인간 개념에서 파생되는 것이 아니라 근대라는 역사적 국면(conjoncture)에서 그 이전과 구별되는 독특한 '주체-대상'으로 차별화된다. 푸코의 분석틀은 구체적 '육체-길들이기'란 절차에 의해 제조된 인간-산물을 만들어내는 세계를 구체적으로 보여준다. 이런 의미에서 근대 세계는 이런 주체-산물을 생산물로 산출하는 공장과 같다. 이 공장은 유용한 상품을 생산하는 작업장뿐만 아니라 유용한 지식을 갖춘 학생을 생산하는 학교, 환자를 건강한 사람으로 변화시키는 병원, 일정한 개인들을 전투력을 갖춘 군인으로 만드는 군대 등을 가리킨다.

여기에서 규율이 작동하는 개별 영역은 근대적 기계를 갖춘 생산기계에, 훈련받는 개인들은 그 원료에, 길들여진 육체는 생산물에 비유적으로 대응시킬 수 있다. 개인들의 유용한 육체는 일정한 값을 지니고 근대 세계에 유통되면서 근대 세계를 구성하는 벽돌로 소비된다.

이런 공장의 은유는 그것이 정치적 의미를 띨 때, 순종이나 길들임이라는 맥락에서 주체의 힘을 최소화하는 쪽을 지향한다. 즉 경제적으로 유용한 개체란 의미에서 극대화된 힘은 정치적으로는 극소화된다. 길들여진 주체는 어떠한 능력(potentia; puissance)도 지니지 않은 무력한 존재로 만들어진다. (물론 이때의 무력함은 근대적 법과 권리를 지닌 형식적 주체로서 자신의 권리를 일정한 대표체계에 의해 행사하는 존재라는 점을 통해 외관상으로는 자율적 주체, 자신의 정치공동체를 기획하는 주체로 나타난다.) 이처럼 규율적 권력은 동시에 극단적인 두 얼굴을 갖는데, 푸코가 주목하는 것은 이런 상반된 것으로 나타나는 내용들에 깔려 있는 기술적 측면이다. 이것은 그 내용과 독립된 기능을 통해 일정한 효과를 만들어내는 장치이다.

2) 규율의 전략

이제 푸코의 분석틀을 보다 구체적으로 따라가보기로 하자. 푸코는 고전주의 시대에서 본격화되는, 인간을 통제하고 활용하기 위한 세부적인

것에 대한 관찰(une observation minutieuse du détail), 사소한 것에 관한
정치적 고려(une prise en compte politique de petites choses)가 일련의
기술들과 절차, 지식, 기술(descriptions), 처방(recettes), 데이터(données)
등을 마련한다고 지적한다. 푸코는 이러한 하찮은 것들(vétilles)에 관한
정치해부학으로부터 근대 휴머니즘이 내세우는 인간이 마련된다고 지적
한다(Foucault, 1975: 143/211). 이런 지적은 근대적 인간을 규율적 권력
작용의 산물로 볼 수 있으며, 종래 인간을 자율적 이성을 지닌 주체로
보고 주체가 이성을 통해 세계를 인식하고 이성의 합리적 기획으로 이성
적 세계를 건설하는 주인공인 점을 내세워 근대 세계를 주체의 합리적
기획의 표현으로 보는 사고틀인, 주체를 사회, 역사적 존재의 본질적 근
거로 보는 시도를 반대한다.

한 예로 18세기 후반 군인은 그 전까지와는 달리 '만들어질 수 있는
존재'로 여겨지게 된다. 군인으로 모집된 자들은 일정한 훈련을 통해 군
인에 필요한 몸을 만드는 과정에 편입되어 일정하게 제조된다. 그것은
제대로 틀이 잡히지 않은 육체를 규율을 통해 길들임으로써 필요한 '기
계'로 만드는 것이다. 육체에 대한 이런 계획적 구속은 육체의 각 부분
들을 지배하고, 육체를 복종하게 하고, 육체를 마음대로 이용할 수 있는
존재로 만드는 것을 목표로 삼는다(Foucault, 1975: 137-138/204). 근대
적 '군인'은 이미 자격을 갖춘 일정한 개인들이 아니라 '규율'에 의해
만들어지는 산물이다.

푸코는 18세기에 관심을 끌었던 길들임(docilité)이라는 도식에서 기술
적인 측면이 지닌 새로운 점이 육체의 활동을 면밀하게 통제하고, 체력
을 지속적으로 복종시키며, 체력에 순종-효용이란 관계를 강제하는 것이
라고 본다. 규율기술은 유용성이라는 관점에서 육체의 힘을 증가시키면
서 동시에 순종이란 맥락에서는 그 힘을 감소시킨다.[8]

푸코는 인간의 육체는 그것을 파헤치고 분해하고 재구성하는 권력의 기계장치(une machinerie du pouvoir)에 편입된다고 본다. 여기에서 권력의 역학인 정치해부학(une anatomie politique)이 탄생한다(Foucault, 1975: 139-140/207). 이 해부학은 기술적 방법으로 결정된 속도와 효용성에 따라 원하는 대로 개인들을 움직이기 위하여 그들의 육체를 장악할 수 있는 방법을 규정한다. 이런 규율은 복종하고 훈련된 육체, 길들여진 육체(corps dociles)를 만들어낸다(Foucault, 1975: 140/207).

세심한 규정, 꼼꼼하게 관찰하는 시선, 생활과 육체의 가장 사소한 부분을 통제함은 학교, 병영, 공장 등에서 경제적이고 기술적인 합리성을 부여한다.

푸코는 이러한 정치해부학이 고안된 것이 하나의 중심에서 의도적으로 만들어진 것으로 보지 않고 상이한 기원을 지닌, 산재한 지역들에서 대수롭지 않은 다양한 과정들이 맞물린 효과로 이해한다.[9]

그러면 규율이 육체를 일정하게 만들어내는 구체적인 전략을 살펴보자. 푸코는 규율이 공간과 시간을 활용하는 방식, 개체를 단계적으로 형성하는 방식, 육체의 고립된 힘들을 조합하는 방식 등에 관한 수많은 담론과 사례를 제시한다.

① 규율이 공간과 시간을 활용하는 방식을 살펴보자. 규율은 어떻게

---

8) 새로운 기술의 구체적인 내용은 Foucault(1975: 138-139/205-206)를 참조하라.

9) 푸코는 『성의 역사』 1권에서 이런 측면을 다음과 같이 지적한다. "권력은 하나의 중심을 갖지 않으며, 사회의 모든 지점에서 서로 얽혀 있고 각 지점들에서 그때그때 생산된다. 그것은 사회 속에서 유통되면서 하나의 사슬처럼 엮어져 있는 그물망, 살아 있고 유기체처럼 섬세하게 퍼져 있는 그물망을 통해 작용한다. 이러한 권력은 편재한다. 이것은 권력이 (모든 것을 감싸고 있다는 의미가 아니라) 모든 곳으로부터 오기 때문이다. 따라서 권력은 동질적이지 않고 유동적인 관계의 수많은 지점들에서 작용한다"(Foucault, 1976: 122-123).

공간과 시간을 분할하고 재배열하여 개인들에게 할당하는가? 이것은 육체를 가장 효과적으로 분할된 공간, 잘 조절된 시간 안에 배치하는 기술이다. 육체는 분할되고 계산된 공간과 시간에 합리적으로 배분된다. 인간이 시·공간 안에 산다면 근대 세계에서 근대인은 어떤 시·공간을 그 생활영역으로 삼는가? 물론 이 환경은 군대, 병원, 학교, 작업장 등에서 마련되는 합리적으로 계산된 시·공간으로 개인의 육체는 이 시·공간적 좌표에 의해 자리매김된다. 이렇게 주어지는 위치값은 규율이 특정한 주체를 생산하기 위한 거점으로 삼는 장(場)이다. 이것은 개인에게는 그의 행동이 가능한 조건이고 그가 개체로 규정되는 자리이지만, 규율의 측면에서는 개체를 질료로 근대 사회의 내용을 산출하는 주체-작업장의 시간-공간이다.

그러면 규율의 다양하고 섬세한 기술들을 통하여 어떻게 육체가 특정한 존재로 길들여지고 바람직한 기계장치처럼 제조되는가? (공간의 측면에서) 규율은 개인들에게 폐쇄된 공간을 부여하거나, 보다 유연하고 세밀하게 공간을 재구성하여 개인마다 자리를 정하고, 활동공간을 할당하는 방식으로 기본적인 위치를 결정하거나 분할한다. 이러한 규율-공간은 작은 단위로 분할된다. 이것은 집단을 분해하고, 혼잡하고 밀집해 있거나 파악하기 어려운 다수를 파악가능한 작은 단위로 해부한다.[10]

이러한 기능적 공간배치에 따라 18세기 말에 공장은 이런 공간적 배치를 생산기구와 연결시킨다. 그것은 육체의 배치, 생산기구의 공간적 배치, 부서의 배분에 따른 상이한 활동형태를 연결시킨다.

---

10) 데카르트는 진리를 찾는 방법의 규칙 가운데 하나로, 복잡하고 모호한 것을 보다 단순한 것, 궁극적으로는 가장 단순한 것으로 환원할 것을 권한다(『정신지도를 위한 규칙들』, 규칙 5, 6 참조). 이러한 인식틀과 공간을 일정하게 분할하여 작은 단위들로 관리하는 실천적 전략은 근대적 합리성의 좋은 예들이다. 푸코는 이런 전략을 권력을 개체화하는 전략의 하나로 이해한다.

작업장에서 감독자는 일정한 공간적 배치를 통해 직공의 출결, 근면성, 작업의 질을 확인하고, 직공들을 비교하여 그 숙련도와 신속도에 따라 분류하고, 제조과정의 연속적인 단계를 감독한다. 이런 전략은 모든 것을 계열화하여 영속적인 일람표(grille)를 작성하여 모든 혼란을 제거한다. 규율은 개별적인 육체를 일목요연하게 파악하고자 한다.[11] 푸코는 대규모 산업에서 생산과정이 분화되고 노동력이 개별적으로 분해되는 것은 규율적 공간 분할에 의해 가능하다고 지적한다(Foucault, 1975: 146-147/217- 219).

또한 규율은 개인을 서열에 따라 배치한다. 서열은 어떤 등급, 수직적 분류에서 개인이 차지하는 위치를 말한다. 서열관계는 육체를 배분하여 낱낱의 값을 매긴다. 예를 들어 18세기의 학교는 학급 안에 일정한 서열을 통해 질서를 확보한다. 즉 일정한 서열 안에 개인들을 배치한다. 교실, 복도, 운동장에서 학생의 정열, 숙제나 시험과 관련하여 부과되는 서열, 난이도에 따라 학습내용이나 논의주체가 차별화되는 것 등을 들 수 있다. 이런 배열은 학생의 나이, 성적, 품행에 따라 변한다. 학생들은 이러한 일련의 세부 항목들상에서 계속 이동한다. 학생들은 상호 끊임없이 교체되는 운동의 요소로 여겨진다(Foucault, 1975: 148-149/219-221).[12]

---

11) 생산은 분화되고, 노동과정은 한편으로는 국면이나 단계, 기본작업에 따라서, 다른 한편으로는 그것을 수행하는 개인, 개인의 육체에 따라서 구분된다. 이를 통해 힘의 가변량(variable de force)—기력, 신속성, 숙련도, 끈기—에 따른 차이를 관찰하고 그것을 평가하고 기록하고 보고할 수 있다.
12) 푸코는 이것을 분류표를 만드는 작업과 관련짓는다. 이런 분류표는 그가 『말과 사물』에서 과학적 담론들을 역사적 시기에 따라 구조화하면서 고전시대의 에피스테메, 표상의 틀로 특징지은 것이다. 예를 들어 박물학(l'histoire naturelle)은 개별적인 식물이나 생명체의 특징들을 인식하기 위해 모든 종류의 개체들을 하나로 배열한 표, 차이와 동일성의 관계표를 만든다. 모든 개체들은 이 표에서 자신의 고유한 자리를 부여받는다. 규율에 따른 배치에서 분류표는 다양한 양을 배분하고 그것으로부터 최대한의 효과를 끌어내는 기능을 한다. 개인을 개인으로 특징지으면서 일정한 다수에 질서를 부여한다. 이처럼 분류표가 권력의 기술

푸코는 이러한 편성이 위계를 이룬 공간좌표를 통해 작용하는 점에 주목한다.

또한 규율은 어떻게 시간을 활용하여 활동을 통제하는가? 규율은 시간을 정교하게 만들어 가급적 작은 단위로 계산한다. 군대, 학교, 작업장, 병원 등은 시간을 세밀하게 분할한다. 모든 활동은 시간구분에 따라 규제된다(Foucault, 1975: 151-152/225-226). 예를 들어 19세기 초에 학교에서 사용된 다음과 같은 시간표가 좋은 예이다. '8시 45분: 지도교사의 입실, 8시 52분: 교사에 의한 집합신호, 8시 56분: 아동의 입실 및 기도, 9시: 착석, 9시 4분: 석판 위에서 첫번째 받아쓰기, 9시 8분: 받아쓰기 끝, 9시 12분: 두번째 받아쓰기 등.'[13] 또한 공장에서도 고용시간의 질을 높이기 위해 요구된 생산활동에 몰두하는 순수하고 양질의 시간을 만들기 위해 노력한다. 군대의 규율도 분할된 시간의 리듬에 따라 이루어진다.

또한 규율은 시간을 정교화(l'élaboration temporelle de l'acte)하여 행위의 전개와 행위 단계를 내부적으로 통제한다. 이런 틀에서 행위는 여러 요소로 분해되고, 육체와 각 부분의 위치가 정해지고 각 동작에는 방향과 범위, 소요시간이 설정되고, 그것들의 연속적인 순서가 정해진다(Foucault, 1975: 153-154/227-228). 이처럼 시간이 육체를 관통하는 기술들은 권력의 치밀한 통제를 잘 보여주는 것이다(Foucault, 1975: 154/228).

규율은 육체와 동작의 상관성을 마련한다. 규율적 통제는 한 동작과

이자 지식을 조직하는 방식으로 작동할 때, 그것은 다양한 대상을 조직적으로 관리하고, 전체적으로 파악하여 통제할 수 있는 도구를 마련하고, 나아가 '질서'를 부여하는 점에서 권력의 미시물리학을 위한 기초이다(Foucault, 1975: 150/223).

13) Tronchot, "L'Enseignement mutuel en France(프랑스에서의 상호교육)", 박사논문 1권 221쪽, Foucault(1975: 152/226)에서 재인용.

육체 전체 사이에 최선의 관계를 강요하여 효율적이고 신속한 통제를 마련한다. 바르게 훈련받은 육체(un corps bien discipliné)는 효과적인 동작을 수행한다(Foucault, 1975: 154/228-229).[14]

전통적인 시간표는 나태나 시간낭비를 불허하는 부정적인 방식으로 작용하지만, 규율은 긍정적인 관리를 목표로 삼아 적극적인 경제시간, 이론상으로 항상 증대되는 이용원리에 따른다. 시간으로부터 보다 많은 이용가능한 순간을, 매순간 시간을 분해하여 적절한 속도를 조절할 수 있고, 보다 많은 유효 노동력을 이끌어내려 한다.

② 규율에 의해 진화하는 육체 또는 단계적 형성을 살펴보자. 푸코는 규율이 육체를 일정한 시간적 경과에 따라 특정 단계와 수준에 이르도록 만드는 방식을 사용한다고 본다. 이것은 육체를 '발생'의 틀에 포섭하는 방식이다. 이런 육체는 시간의 계열에 따라 능력이 향상되는 존재로 파악된다. 푸코는 이런 맥락에서 발생을 조직화(l'organisation des genèses)하는 방식을 살핀다.

고전주의 시대에 개체의 시간을 지배하고, 시간과 육체의 힘의 관계를 관리하고, 지속되는 시간을 누적시키고, 시간을 효용이 증대되는 형태로 전환하는 새로운 기술이 개발된다. 여기에서 중요한 문제는, 어떻게 개개인의 시간을 자본화하여 그것을 활용하고 통제할 수 있도록 개인들의 육체, 힘, 능력에 축적할 수 있는가 하는 것이다(Foucault, 1975: 159/237).

이것을 가능하게 하는 절차를 살펴보자. 규율은 시간을 구분하고 조정하여 몇 단계로 분해한다. 이러한 단계를 하나의 분석적 도식에 따라

---

14) 예를 들어 글씨를 잘 쓰기 위해서는 몸 전체가 엄격한 규칙에 따라 움직이는 습관이 필요하다.

편성한다. 이 도식은 그 복잡성의 정도에 따라 단순한 기본 요소들의 연속으로 이루어진다. 예를 들어 군사훈련은 단순한 동작들을 기본 단위로 삼고, 분할된 시간에 목표를 부여하고, 각 부분을 시험으로 마무리한다. 이러한 연속적인 계열화를 통해 각자에게 적합한 훈련을 수준과 경력, 지위에 따라 규정한다. 이를 통해 각 개인은 수준이나 지위에 따라 규정된 시간 계열에 편입된다(Foucault, 1975: 159-161/237-239).

권력은 연속적인 활동을 계열화함으로써 육체를 세밀하게 통제하고 매순간 빈틈없이 개입할 수 있다(Foucault, 1975: 162/241). 이때 보다 중요한 것은 개인들이 일정한 단계에서 시간과 활동을 축적하여 다음 단계로 올라가고 최종 단계에서 유용한 능력을 갖춘다는 점이다. 개인은 축적된 시간에 따라 능력을 축적하고 발전, 진보한다. 이것은 유용한 육체를 발생시키는 장치이다. 개인들은 단계적으로 형성되고 발전한다.

푸코는 이렇게 구성된 시간이 갖는 특성을 독특하게 해석한다. 규율적 절차는 각 순간들이 통합되어 최종적인 지점을 지향하는 직선적인 시간을 만든다. 이것은 진화하는 시간이다. 푸코는 같은 시기에 행정과 경제의 통제기술에 의해 계열을 이루고 방향을 설정하고 축적되는 '사회적' 시간이 출현했다고 본다. 한편 규율적 기술은 개인적인 계열들을 통해 개인을 생성시킨다는 의미에서 진화를 발견한다. 푸코는 사회적 진보와 개인의 '단계적' 형성이라는 18세기의 중요한 발견이 권력의 새로운 기술이나 시간을 관리하고 이용하는 방식과 관련된 것으로 본다. 따라서 그는 진화의 역사성을 권력의 기능방식과 관련짓는다(Foucault, 1975: 162/241).

앞에서 간략하게 살펴본 것처럼 규율은 복종하는 기술을 통해서 새로운 대상을 만든다(Foucault, 1975: 157/234). 그 새로운 대상은 자체의 시간, 질서, 내적 조건 및 구성요소를 갖추고 특정한 작업을 할 수 있는

'육체'이다. 육체는 새로운 권력 메커니즘의 표적이다. 이것은 훈련받은 육체이고 권위에 의해 조작되는 육체이다(Foucault, 1975: 157/234). 이런 규율의 작동방식, 테크놀러지는 (공간배분에 의해) 독방적(cellulaire)이고, (활동의 코드화에 의해) 유기적이고, (시간의 축적에 의해) 생성적이고, (힘들을 조합하여) 조합적인 것이다(Foucault, 1975: 169-170/250-251).15) 규율적 장치는 근대적 지식과 실천의 복합체로서, 근대적 주체를 일정하게 재단하고 조립하고 조직화하는 복합적인 그물망이다. 칸트에게서 인식 주체가 선험적 형식으로 인식 대상을 생산하듯이 푸코에게서 지식, 권력복합체는 근대적 규율 메커니즘을 통해 통제하고 조절할 수 있는 유용한 주체들을 제조한다. 이렇게 제조된 근대적 주체-산물들은 근대 사회의 이성-권력 메커니즘이란 형식과 자연적 생명체란 질료가 (역사적으로 특정한 국면에서) 합성된 존재라고 할 수 있다. 이런 존재는 미시적인 규율적 장치를 조건으로 삼아 다양한 주체 생산 지점들에서 권력의 눈에 노출된 채 관리되고, 권력의 행위지침에 따라 움직이는 자동기계이다.16)

---

15) 푸코는 규율이 힘들을 결합하는 방식을 문제삼는다. 규율은 육체의 힘들을 다른 육체의 힘들과 조합(la composition des forces)하여 힘의 효과를 극대화하려 한다. 이것은 여러 힘들을 조합하여 효율적인 장치(un appareil efficace)를 만들어내는 기술이다(Foucault, 1975: 166-168/246-249). 개별적인 육체는 한 요소로서 다른 육체와 연결된다. 육체의 고립된 힘 자체가 아니라 육체들의 조합에서 유기적 배치에 의해서 최대 효과를 낼 수 있도록 조립된다(Foucault, 1975: 166-167/246-247). 또한 개인의 능력을 정밀하게 조합하기 위해서는 정확한 명령체계가 필요하다. 훈련받는 개인의 모든 활동은 간결하고 명확한 명령체계에 따라야 한다. 훈련시키는 자와 복종하는 자 사이의 관계는 신호로 매개되는 관계이다. 여기에서는 명령을 이해하는 것보다는 신호체계에 따라 즉각적으로 반응하는 것이 중요하고, 신호에 따른 자동적이고 획일적인 반응이 요구된다. 이런 체계에서 육체들은 신호로 구성된 세계의 구성요소가 된다(Foucault, 1975: 168/ 248-249).

16) 푸코는 이와 관련하여 18세기 철학자들과 법학자들에게서 사회에 대한 기술적 통제를 이상적 모델로 보는 관점이 마련된다고 본다. 이러한 시각은 규율이 생산하는 육체들과 그것들의 조합, 나아가 사회-기계의 기능적 효율성이 사회

푸코는 규율적 권력이 '위계질서적 감시'와 '규격화하는 제재', 그리고 이것들을 결합한 검사(l'examen)를 통해 개인들을 훈련시킨다고 본다. 여기에서는 이런 점들을 갖추면서 완벽한 감시의 이상적 모델인 전면감시장치(le panoptisme)를 살펴보자.

3) 완벽한 감시의 이상인 전면감시장치

(1) 완전한 시선의 효과

푸코는 영국 철학자 벤담에 의해 1791년 제안된 유폐장치인 원형감옥/전면감시장치(pan-opticon)를 부각시킨다. 이 원형건물 내부에는 높은 중앙탑이 있고 그 주변에는 원형으로 배치된 독방들이 있다. 중앙탑에서는 독방들을 지속적이고 전면적으로 볼 수 있다. 또한 각각의 독방에 있는 개체(죄수)는 완벽하게 보이지만 죄수 자신이 감시하는 간수를 보지 못한다. 이것은 감옥의 이상적 모델로 제시된 것이다.

푸코는 이것을 감옥에서 비행자를 효과적으로 관리하는 점에 국한된 것으로 보지 않는다. 이 장치에 따른 질문은 '사회의 부정적 존재들을 어떻게 이성의 빛 아래 둘 수 있는가', '비행자나 범법자를 완전하게 통제할 수 있는 이상적인 장치는 어떤 것이어야 하는가'이다.

이것은 모든 것을 볼 수 있는 권력, 어떠한 그늘도 남기지 않는 권력의 시선을 구체화한 것이다. 이것은 권력이 범죄라는 부정적이고 위험스러운 것을 완전하게 장악하려는 장치이다. 계몽주의적 이성이 그 빛으로 어둠을 밝히듯이 이것은 권력의 시선으로 어둠의 세계를 밝게 비추려는 것이다. 이런 합리적 감시장치는 모든 비합법적인 것을 장악하는 능력을

체 자체를 유용한 기계로 만드는 것을 모델로 삼는 근대 사회의 주요한 사회공학의 한 면을 보여준다. 규율은 "간단한 용수철 장치에 의해서 큰 효과를 낼 수 있는 거대한 기계"(Foucault, 1975: 171/252)를 꿈꾼다.

갖고자 한다.

원형감옥/전면감시장치에서 독방에 갇힌 죄수들은 '완전하게 개체화되고' '항상 바깥의 시선에 노출되어' 있다. 푸코는 이것을 한 사람의 고독한 배우가 연기하는 무대에 비유한다(Foucault, 1975: 202/295)[17]

푸코는 이런 감시체계에서 그것이 내세우는 목적과 의미를 문제삼기보다는 그 기능적 측면을 살핀다. 그는 이 장치에서 권력의 '자동적인' 기능에 주목한다. 감금된 자가 투명한 가시성에 사로잡힌 상태에서, 감시탑에 감시자가 없는 경우에도 감시당하는 자는 그 시선이 항상 자기를 보고 있다고 여기게 된다. 이러한 건축물은 권력을 행사하는 사람으로부터 독립된 권력관계를 만들어내는 기계장치이다. 여기에서 이 장치를 작동시키는 자는 바로 감금된 자이다(같은 책, 202-203/297).

개체들은 자기 안에 권력의 감시하는 '눈'을 갖게 된다. 그들은 권력관계를 내면화하여 스스로를 관찰하고 감시한다. 그들은 권력의 기준을 자기 자신의 기준으로 삼는다. 이때의 개인들을 스스로가 자신의 기준을 만들어내는 '주체'로 볼 수는 없을 것이다.

이 장치는 완력을 쓰지 않고 자발적으로, 소리 없이 운영되면서 효과가 연쇄적으로 나타나는 메커니즘을 구성할 수 있다. 건물과 기하학적 배치 이외의 다른 물리적 수단을 사용하지 않으면서 개인에게 직접 작용한다. 또한 이것은 권력의 경제를 확보하므로 권력이 감시하는 대상의 수는 늘리면서 권력 행사자의 수는 줄일 수 있다. 그것은 언제나 개입할 수 있고 지속적인 압력을 행사할 수 있다(같은 책, 207-208/304).

---

17) 이 장치는 죄수를 감금하면서 빛을 차단하고 숨겨주는 형식이 아니라, 충분한 빛과 감시자의 시선으로 죄수가 '가시성'에 노출되게 한다. 또한 독방은 죄수가 다른 동료들과 접촉하는 것을 차단한다. 그는 '보여지지만 볼 수는 없다.' 그는 정보의 대상이기는 하지만 의사소통에서 주체가 될 수 없다(Foucault, 1975: 202/295).

(2) 전면감시장치의 응용가능성

이 장치의 기능이 어떤 사회관계를 형성할 수 있는지를 살펴보자. 이런 장치는 감옥의 체계에 한정되지 않고 일반적인 감시장치로 다양한 대상에 대해 이용될 수 있다. 이 장치는 그것에 어떠한 내용을 담더라도 같은 효과를 얻을 수 있다. 즉 이 장치는 내용에 무차별적인 순수한 '형식'으로 기능할 수 있다. 이 장치는 광인, 환자, 죄수, 노동자, 학생 등 모든 '개체'를 대상으로 삼을 수 있다. 특히 주목할 점은 어떤 경우에도 그 효과가 동일하다는 점이다. 예를 들어 갇힌 자가 어린이라면 교육적 효과를 높일 수 있고, 노동자라면 작업을 효율적으로 진행시킬 것이다 (같은 책, 202/295-296).

이처럼 이 장치는 다양하게 이용될 수 있으므로 이것을 일정한 수의 개인들을 감시하는 모든 시설에 적용할 수 있다. 그것은 죄수를 교화하는 효과, 병자를 간호하고 학생을 교육하며 광인을 가두고 노동자를 감시하거나 태만한 자들을 일하게 만드는 효과를 거둘 수 있다. 이것은 공간 속의 신체 배치, 서로 관계를 맺는 개인들의 분배, 위계질서를 갖춘 조직, 권력의 중심부와 그 전달부를 배치함, 권력수단과 관여방식을 결정하는 유형이 될 수 있다(같은 책, 207/303).

푸코는 전면감시장치가 권력을 자동적인 것으로 만들고 비인격적인 것으로 만드는 점에 주목한다. 이러한 권력은 비주체적이다. 이 권력의 근원은 특정한 인물에 있는 것이 아니라 일정한 권력 효과를 낳는 장치의 (보편적) 기능에 있다. 여기에서 누가 권력을 행사하는가는 중요하지 않다. 누구라도 이 장치를 작동시킬 수 있다. 그것은 일정한 목표에 따라서 기능하지만 주체와 무관하게 작용한다. 따라서 권력이나 그 효과가 개별적 주체의 선택이나 결정에서 나온다고 볼 필요는 없다(Foucault, 1976, 124-125).

그리고 이 장치를 작동시키는 의도나 동기도 이런 기능에 영향을 미치지 않는다. 즉 이 장치의 효과는 권력 주체의 의도와 무관하다. 이 장치는 그 의도가 경솔한 호기심이나 장난이든지, 인간을 탐구하는 철학자의 지적 호기심이든지, 몰래 살피는 데서 오는 기쁨이든지 간에 효과가 동일하다. 따라서 이 장치는 다양한 의도들에서 '동질적' 효과를 만들어 낸다(Foucault, 1975, 203-204/298).

푸코는 이것을 일종의 권력 실험실로 이해한다. 이것은 일정한 개인들에게 실험을 하고 행동을 변화시키며, 개인을 훈육하는 기계로 이용할 수 있다. 노동자에게 각종 기술을 가르치고 교육적인 실험도 할 수 있다. 이 장치는 인간에 관한 다양한 실험을 할 수 있다. 예를 들어 이것을 통제장치로 이용한다면 관리 책임자는 모든 고용인(간호사, 의사, 직공장, 교사, 간수 등)을 감시하여 바라는 효과를 얻을 수 있을 것이다. 여기에서 개인들은 아무것도 숨길 수 없다(같은 책, 205-206/301-302).

이것은 모든 것이 투명하게 보이는 끔찍한 세계, 어두움의 보호가 사라진 공간, 이성의 명료함만이 어떠한 그늘도 없이 세계를 밝게 비추는 세계이다. 보이지 않고, 알 수 없는 것의 신비가 완전하게 제거된(ent-mystifiziert) 세계, 탈주술화되고(entzaubert) 합리화된(rationalisiert) 세계와 같다. 이런 점에서 이 장치는 이성적 권력, 모든 것을 투명하게 인식하려고 하는 계몽주의적 이상을 구체화한 것으로 볼 수 있다.

(3) 권력의 투명한 시선이 보장하는 사회적 효율성

그러면 이 장치가 어떤 사회적 이익을 줄 수 있는가? 또는 이런 감시망이 어떤 이유로 정당화되는가? 벤담의 모델은 사회적 공리를 최대화하는 전략의 하나로 볼 수 있다. 전면감시장치 같은 테크놀러지를 보다 경제적이고 효율적으로 사용한다면 (권력 자체를 위한 것이 아니라) 사회 전체의 역량을 강화시킬 것이다. 그것은 단순한 기술적 장치의 도움으로 "생산을 증대시키고, 경제를 발전시키며, 교육 기회를 넓히고, 공중도덕의 수준을 높이는 것으로 증가와 다양함"(같은 책, 209/306)을 가져올 수 있다.

그런데 이런 권력의 작용으로 사회적 효용성을 증대시킨다는 목표가 역설적으로 주체에 대한 지배를 산출한다고 볼 수 있다. 이런 지배는 아도르노 등의 인간해방을 추구하는 계몽이 인간지배를 낳는다는 지적과도 연결되지만, 푸코의 경우에는 사회적 효용성의 증대가 규율장치의 작용과 맞물려 구체적 기술들을 사용하는 점과 관련된다. 그것은 권력이 사회 토대의 가장 세밀한 단위에 이르기까지 지속적으로 행사될 수 있는 경우에 권력을 강화하면서 동시에 생산을 증대시키게 된다(같은 책, 209-210/306).

푸코는 이런 규율적 작동방식에 주목하면서 그것의 사회적 맥락을 검토한다. 앞에서 보았듯이 규율은 개체화 전략을 사용한다. 이런 방식은 효용을 증대시키고, 가장 신속하고 비용이 적은 수단을 이용한다.[18] 나아가 규율은 집단 다수 위에 군림하지 않고 조직 안에 있으며, 그 방식은 가장 신중하고 다른 기능과 밀접한 연결을 맺는다. 위계질서적 감시와 판단 같은 익명적 수단으로 집단을 조직한다. 결국 권력은 그 모습을 화려하게 드러내지 않으면서 권력이 작용하는 대상을 교묘한 방식으로 객관화한다. 요컨대 규율은 집단 다수의 유용성을 증대시키고 다수를 유용하게 만들기 위한 세밀한 기술적 고안의 집합체이다(같은 책, 221-222/320-321).

푸코는 규율이 사회적 효용을 증대시켜야 한다는 요구가 역사적 상황

---

18) 그 결과 신체로부터 최대한의 시간과 힘을 끌어낸다. 규율이 배분, 신체와 동작의 상호조정, 능력의 차별화, 기구나 업무의 상호조정과 같은 전술을 이용하는 것은 집단 다수의 유익한 효과를 증대시키기 위한 것이다.

과 맞물린다고 본다. 물론 그가 규율을 사회의 경제적 토대를 반영하는 것으로 보는 것은 아니다. 18세기에 늘어난 인구(통제할 집단들의 양적 규모 증대)와 생산기구의 증대에 대응하기 위해서 양자의 상호관계를 조절할 필요가 생긴다. 규율의 발전은 이에 부응하기 위한 것이다(같은 책, 220/319). 종래의 비효율적 권력기구 대신에 새로운 규율이 요구된다. 따라서 규율은 '선취-폭력(prélvèment-violence)'이 아니라 '부드러움-생산-이익(douceur-production-profit)'의 원칙에 따른다(같은 책, 221/320). 규율은 이 원칙에 따라 다수의 인간과 생산기구를 다양하게 조정한다(이 생산기구는 학교에서는 지식과 능력의 생산, 병원에서는 건강의 생산, 군대에서는 파괴력의 생산과 관련된다).

이런 규율의 발전을 근대 자본주의란 경제적 배경과 연결시킬 수 있다. 푸코는 서구의 경제적 도약이 자본축적뿐만 아니라 '인간축적을 관리하는 방식'을 요구한다고 본다. 사실상 인간과 자본의 축적은 상관적이다. 그러므로 인간을 부양하는 동시에 생산기구를 확장하지 않는다면 인구축적 문제는 해결될 수 없다. 반대로 누적된 집단 다수를 유용하게 만드는 기술은 자본축적 운동을 가속화한다. 즉 생산기구의 기술적 변화, 노동의 분업, 규율적 절차의 정교화는 서로 밀접하게 관련된다.[19]

이런 지적은 자본주의의 생산적 토대가 생산기구를 효과적으로 작동시키는 절차들을 자동적으로 만들어낸다고 보는 견해를 보완할 수 있다. 이렇게 볼 때 자본주의 경제의 확장은 그 구체적인 작동을 가능케 하는 규율 권력을 낳았고, 그것을 일반화한 양식, 힘과 신체를 복종시키는 방

---

19) 규율이 만드는 권력의 작은 독방에서 업무가 구분·조정·통제된다. 또한 시간, 동작, 체력에 관한 분석적인 틀은 복종시킬 집단으로부터 생산 메커니즘으로 쉽게 옮겨가도록 조작적 도식을 만든다. 그것은 산업조직에서 노동분업의 모델을 마련하고, 노동력에 대해서 생산과정을 기술적으로 분석하고 그 과정을 기계적으로 분해한다. 이처럼 규율은 신체의 힘을 정치적으로 축소시키고 또한 유용한 힘으로 극대화시킨다(같은 책, 222-223/321-322).

식인 정치해부학은 다양한 정치기구나 제도를 통해서 이용된다.[20]

　푸코는 규율을 어떤 제도나 기구와 동일시하지 않아야 한다고 본다. 그 제도나 기구는 권력의 기원이나 중심이 아니라 권력의 한 형식이고 도구, 기술, 방식, 적용범위, 목표를 지닌 권력의 한 유형이다(같은 책, 217/315). 규율은 권력의 물리학 또는 해부학이고 하나의 테크놀러지이다. 이런 규율을 기존의 심급들이 특정한 목적을 달성하기 위한 수단으로 이용할 수 있고 때로는 국가기구가 그것을 떠맡을 수도 있다. 그렇지만 국가기구를 이런 권력의 최정점에 있는 것으로 보고, 규율의 작용을 국가의 수중에 있는 것으로 보아서는 곤란하다. 예를 들어 일본 제국주의란 권력 주체가 식민지 조선의 민중을 효과적으로 지배·수탈하기 위하여 근대적 권력망을 작동시킨다고 보면서, 세부적이고 분석적인 식민지 관리정책을 '규율적' 지배로 보는 것은 적어도 푸코의 권력이 작용하는 방식과는 다른 맥락에 있는 것이다.

　푸코는 근대 사회를 고대 사회와 대비시켜 서구 사회가 "스펙터클의 사회가 아니라 감시하는 사회"라고 선언한다(같은 책, 218/317).[21] 근대 사회에서 개인들은 사회질서 안에서 힘과 신체에 관한 전술에 의해 세심하게 만들어진다.[22] 푸코는 여기에서 개인들이란 '톱니바퀴'로서, 그들 스스로가 작동하는 권력의 효과에 포위된 채로 전면감시장치라는 기

---

20) 푸코가 규율 중심의 사회를 얘기하는 것은 권력의 규율적 양식이 다른 모든 것을 대신하는 것이 아니라 그 양식들 안으로 스며들고 그것들을 서로 연결시키거나 확장하고, 특히 가장 미세하고 먼 요소들에까지 권력효과를 전달함을 의미한다(같은 책, 217-218/316).

21) 고대는 공적인 생활, 축제의 성대함 등으로 이루어지는 '다수의 인간이 소수의 대상을 관찰하는' 구경거리의 문명이었다. 그러나 근대는 '극소수 또는 단 한 사람이 대다수의 집단의 모습을 순식간에 보는' 사회이다.

22) 교환의 추상적 체계 뒤에서 유용한 힘을 얻기 위한 정밀하고 구체적인 훈련이 이루어지고, 의사소통의 경로는 지식의 축적과 집중화의 지지점이 되고 기호들의 작용은 권력이 작용할 지점을 결정한다.

계(la machine panoptique) 안에 있다고 지적한다(같은 책, 218-9/317).

전면감시장치는 『감시와 처벌』에서 가장 인상적이다. 이 장치에서 놀라운 점은 그것이 권력의 테크놀러지가 보여주는 감시의 극단적 형태이기 때문이라기보다는 그것이 '이성적' 장치라는 점이다. 이성의 빛을 구체화하는 이 장치는 이성이 해방의 선구자이면서도 예속과 지배의 훌륭한 수단이 될 수 있음을 보여준다. 모든 것을 '이성'의 시선 아래 두려는 이 장치는 다른 이성적 보충물에 의해서 더욱 이성적인 사회를 만들 수 있다.

전면감시장치의 함의를 살펴보자. 전면감시가 일반화된 사회에서, 과연 이성의 빛을 피할 만한 곳이 있을까? 이성의 빛을 밝힘으로써 인간을 해방시킨다고 주장한 계몽은 바로 전면감시장치에서 그 유토피아를 찾을지도 모른다. 이성은 그것이 사회를 투명하게 관리하는 만큼 개인들의 능력을 그만큼 줄인다. 이성이 비판적 능력을 지닌다고 주장한다면, 전면감시장치의 어떤 면을 비판할 것인가? 그 장치는 역설적으로 가장 이성적으로 사회를 관리하고 효율성을 증대시킨다. 이것을 도구적 이성이라고 폄하하고 비판적 이성을 강조할 여지는 의외로 크지 않다. 전면감시장치와 그것을 이용하는 측은 나쁜 의도를 지닌 것도 아니고 나쁜 목표를 지향하는 것도 아니다. 어떤 더 나은 의도와 보다 훌륭한 목표를 내세워 그 작용을 저지할 것인가? 일단 이 장치가 사회적 기계에서 그 유용성을 인정받는다면 더 적은 효율을 추구하는 것을 '인간적'이라고 하면서 이런 '비인간적' 장치를 제거할 수 있을까. 그 '밝은' 눈을 버리고 불투명함, 어둠 속을 헤맬 것인가. 이성의 태양을 본 자는 동굴 속의 그림자 세계를 물리칠 것이다.

(4) 전자감시사회와 관련된 문제

이런 전면감시장치가 현대 기술의 도움으로 전자감시사회라는 형태로 나타난다고 보는 견해가 있다. 이런 관점이 푸코가 다룬 전면감시장치와 어떤 점에서 연결되고 어떤 점에서 다른가?

통합된 전자망 형태를 갖춘 현대의 커뮤니케이션과 정보 테크놀러지는 이러한 권력의 동원체계를 변형, 확장시킬 수 있다. 이른바 전자망 사회(wired society), 전자망 도시(wired city)의 루프 안테나와 회로, 전자망을 염두에 둔다면 사회 전체에서 일어나는 행동들을 '중앙집중적'이고 은밀하게 조사, 관찰, 감시, 기록할 수 있는 테크놀러지 체계가 구축될 수 있다. 예를 들면 케이블 TV 네트워크는 금전거래나 통신교환의 세목과 함께 방영물에 대한 소비자 기호를 계속 측정할 수 있다. 정보은행의 네트워크는 개인이나 집단의 활동이나 거래, 욕망에 대한 정보를 모으고 저장한다. 이것이 바로 감시카메라의 시대이며 전화도청의 시대, 첨단적이고 통합된 경찰 컴퓨터 시스템 시대이다. 개인들은 (개별적으로) 전산화된 감시자들에게 보이고 인식될 수 있는 존재가 된다. 개인은 전면감시장치에서처럼 '감시 대상일 뿐 커뮤니케이션의 주체가 아니고' 그들은 '보여질 뿐 볼 수 없다.'

또한 전자망 사회는 개별화되고 영구적인 문서를 이용하는 체계이다. 관찰되고 조사받는 개인에 관한 정보가 계속 기록되고 파일에 저장된다. 개인들은 이런 기술들에 의해 보여지고 알려진다. 전자망은 원형감옥 같은 건축물의 공간적이고 시간적인 제약을 극복하여, 미세한 거미줄과 같은 전면감시장치의 꿈을 보다 쉽고 더 효과적으로 실현시킬 수 있다. 주체에 대한 일방적이고 전면적인 감시라는 원리는 서류철로 구체화된다. 개인에 관한 꼼꼼한 기록이 담긴 서류철에서 개인들은 전면적인 기록 대상으로 바뀐다.

통신망과 그것이 산출하는 데이터 베이스는 벽과 창문, 망루나 감시자가 없는 전면감시장치를 이룬다. 개인들은 사회보장카드, 운전면허증, 신용카드, 도서관 출입증 등을 언제나 소지하고 다니면서 지속적으로 사용한다. 모든 거래는 데이터 베이스에 기록되고 부호화되고 저장된다. 개인들 스스로가 데이터 베이스의 내용을 메운다. 그들은 정보의 원천이자 정보의 기록자이다. 가정 통신망은 이러한 현상의 최신식 완결을 장식한다. 이를 테면 소비자는 생산자의 데이터 베이스와 연결된 모뎀을 통해 물품을 주문하고 이러한 구매행위를 통해 자신에 관한 데이터를 곧바로 생산자의 데이터 베이스에 기입한다. 그렇지만 전자망 사회에서 모든 것을 알고 모든 것을 볼 수 있는 유일한 감시자가 있거나 있을 수 있다고 주장할 필요는 없다.

이런 전자감시 사회가 과연 푸코의 전면감시장치의 발전된 형태라고 할 수 있는가? 문제가 되는 점은 이런 논의가 푸코의 전면감시장치의 '완벽한' 감시와 '부드러운' 작용을 받아들이면서도 근대 권력의 주요한 특징인 중심 없는 권력, 주체의 의지로부터 독립된 작용 등을 무시한 채 전통적인 권력관을 그대로 이어받고 있는 점이다. 전통적 관점은 권력을 그것을 소유한 자가 권력 대상의 의지에 반하여 자기의 강제력을 행사한다고 보면서, 권력을 그것을 지닌 자가 소유한 실체로 보고 그의 의도에 따라 행사되는 힘으로 본다. 이것을 거의 그대로 이어받은 채 현대적 장치를 덧붙인 틀은 현대 사회의 권력작동방식을 어느 정도 보여주지만, 이 글에서 논의한 미시권력들의 작용과는 다른 것이다. 즉 이런 전자감시방식은 전통적인 권력자나 권력의 중앙집중체가 단지 새로운 기술로 보다 쉽고 효과적으로 권력을 장악하고 행사한다고 보므로, 종래의 권력관을 조금도 바꾸지 않고서도 얼마든지 그 작용을 설명할 수 있고, 그 모든 작용을 최고 권력자나 권력 중심의 보다 간교하고 은밀한 의도를 실현하는 것으로 볼 수 있다. 푸코는 이런 경우에 아직도 '왕의 목이 잘리지 않았다'고 지적할 것이다.

예를 들어 영화 <데몰리션맨>에서 주인공이 아무도 자기를 보지 않는 길거리에서 욕을 할 때 벌금고지서가 발부되는 장면을 볼 수 있다. 주인공은 이것을 이용하여 일부러 욕을 몇 번 함으로써 종이가 없는 그곳에서 '종이'를 구하여 화장실로 가서 전통적인 방식으로 사용함으로써, 잘 짜여진 사회에서 약간의 '원시적' 일탈을 보여준다. 이런 일상에 대한 완벽한 감시는 그 도시를 만든 (전능함을 가장하는) '사회창조자'의 의도를 실현하는 것이다. 이런 권력은 전통적인 권력자를 단지 전자 권력자로 바꾼 점을 제외하고는 어떠한 새로운 권력작용도 보여주지 못한다. 중세의 왕도 적절한 과학적 지식을 갖춘다면 그곳에서 똑같이 군림할 수 있을 것이다.

이런 지적은 전자감시사회가 푸코의 전면감시장치와 무관하다고 보는 것이 아니라, 그것을 이해하는 방식이 너무 기계적이어서 푸코의 새로운 권력 분석틀 없이도 충분히 설명될 수 있는 점에서 낡은 관점과 새로운 기법의 절충적 틀에 머물러 있음을 보여주려는 것이다. 푸코의 분석틀은 근대 권력의 성격을 주체 중심의 틀이나 주체가 소유하거나 양도하거나 빼앗기는 어떤 실체가 아니며, 그 작용하는 방식이 금지와 억압에 중점을 둔 부정적인 것이 아니라고 본다. 이러한 푸코의 분석틀에 주목함으로써, 전통적인 관점이 은폐하는 근대 권력의 작용을 설명할 수 있을 것이다.

4. 생명을 관리하는 권력: 성의 문제틀

1) 성 담론의 생산

여기에서는 성이란 문제틀을 통해 '성 장치는 어떻게 근대적 욕망을 만드는가', '생명을 관리하는 권력(bio-pouvoir)은 어떻게 근대적 생명-주체를 만드는가'에 답하기로 하자.

푸코는 성이 (권력에 의해) 억압된다고 보지 않는다. 그러므로 그는 성해방론자들이 성이 억압되어 있으므로 성을 많이 얘기하고 공공연하게 문제삼고, 성을 더욱더 추구하는 것이 해방이라고 보는 입장을 거부한다. 그가 볼 때 성에 관한 담론은 억압, 금지된 것이 아니라 일정한 틀에 따라 생산, 조절된다. 그는 매우 복잡하고 다양한 성 장치(le dispositif de sexualité)의 작동 메커니즘에 주목한다. 그래서 제도들, 실천들, 담론에서 개체의(존재의) 핵심에 성을 자리잡게 하는 권력의 테크놀러지를 문제삼는다. 이것은 침묵하고 잠자코 있지 않고 놀랄 정도로 수다스럽게 담론을 '증식시킨다(multiplier).' 그리고 이런 다양한 성을 권력장치(le dispositif de pouvoir)가 관리한다. 성 장치는 '성에 관한 담론 영역들'을 조직화하면서 성을 일정하게 생산한다.

예를 들어 중세에는 (성에 대한) 고해성사가 성 장치로 기능했다. 개체는 성의 영역에서 자기 성의 세부 내용을 고백해야 하고 권력은 개인의 (성적) 진리를 검사하고 감시한다. 이러한 담론영역은 끊임없이 자극되고, 이런 '지식 추구 의지(la volonté de savoir)'는 개인의 은밀한 심층에까지 침투하여 양심의 규제장치를 조직하는 권력-지식을 구성한다.

푸코는 서구에 특징적인 성 과학(scientia sexualis)이 성에 관한 참된 담론을 생산하기 위한 다양한 장치를 작동시키며 근대인을 성적 인간,

자신의 성을 고백하는 인간, 자신의 성·욕망에서 자신의 진리를 찾는 인간으로 구성하는 점에 초점을 맞춘다.

근대에서는 중세의 고백장치를 대신하여 인구통계학, 생물학, 의학, 정신병리학, 심리학, 윤리학, 교육학, 정치비판에서 다양한 형태의 담론들이 생산된다. "질병에 대한 투쟁이 죄에 대한 투쟁을, 건강함에 대한 배려가 구원을, 의사가 고해자를 대체하고, 위생적 규제장치는 양심의 규제장치를 계승한다"(Côte-Jallade, 1985: 87). 성 담론은 자녀와 부모, 학생과 교사, 환자와 정신병 의사, 비행자와 전문가 사이의 관계에서 심문, 진찰, 자전적 이야기, 편지 등의 다양한 형식으로 생산된다(Foucault, 1976: 46/84-85). 이러한 담론들과 성 장치들은 성을 관찰하고 건강한 성을 제시하고 일탈을 감시하고 규제한다.

예를 들어 18세기 이래 교육제도는 어린이들의 성에 침묵을 강요한 것이 아니라 성에 관한 담론들을 관리했다. 아이들의 성적 욕망에 대해 말하는 것, 교육자, 의사, 행정관, 부모로 하여금 그것에 대해 말하거나 그들에게 말하게 하는 것, 어린이들에게 규범적인 인식을 강요하는 것 등을 통해 권력의 강화와 담론의 증가를 연결시킨다. 18세기 이래 어린이와 청소년의 성은 중요한 쟁점이었고 그것을 둘러싸고 수많은 장치들과 담론 전략들이 펼쳐졌다(Foucault, 1976: 41-42).

푸코는 이처럼 지식을 생산하고 담론을 증식시키고 쾌락을 유인하고 그것을 발판으로 권력을 작동시키는 메커니즘에서 출발하여, 그것들의 출현과 작용조건을 살핌으로써 지식의 의지에 들어 있는 권력의 전략을 파악하고자 한다. 그는 성을 사례로 지식의 의지에 대한 정치경제학을 모색한다(Foucault, 1976: 94-98).[23]

---

23) 푸코는 자기 연구목적의 하나가 권력장치들이 육체(육체, 기능, 생리과정, 감각, 쾌락)에 어떻게 연결되는가, 생명을 표적으로 삼는 권력의 근대적 테크놀러지가 육체를 어떻게 통제, 조절하는가를 밝히는 분석틀을 마련하는 것이라고

18세기 이래 성은 일반화된 담론을 낳는다. 성 담론들은 권력 바깥에서나 그것에 대항해서가 아니라 권력행사의 수단으로 증가한다. 성을 말하게 하고 듣고 기록하는 장치들, 관찰하고 질문하고 정식화하려는 절차들이 마련된다. 푸코는 서구 문명이 개인들에게 자신의 성을 담론화하라는 명령으로부터 경제학, 교육학, 의학, 사법의 영역에서 성 담론을 부추기고 정리하고 제도화하는 메커니즘에 이르기까지 엄청난 성 담론을 증가시켰다고 독특하게 진단한다(Foucault, 1976: 45-46).

2) 성 장치가 작용하는 영역과 그 전략

그러면 성 장치가 작동하는 영역은 어디인가? 그것이 공격의 표적으로 삼는 것은 어떤 것들인가? 푸코는 모든 사회에 통용되고 성의 모든 현상들을 포괄하는 하나의 전략이 있다고 보지 않는다. 그는 18세기 이래 서구 사회에서 성에 대한 지식과 권력의 특수한 장치들을 발전시킨 전략들을 찾는다. 푸코는 19세기에 성을 공격하는 몇 가지 주요 지점들과 각 지점에 따라 다양하게 작용하는 전략들을 제시한다. 그것은 히스테리성 여성, 자위하는 어린이, 산아제한하는 부부, 변태적 성 등이다.

푸코는 여성 육체를 히스테리화하는 점을 든다. 여성 육체는 성으로 충만한 것으로 여겨졌고, 그 육체에 고유한 병리학의 영향으로 의학적 실천의 영역에 통합되었고, 사회체, 자식들의 삶과 유기적 교섭을 갖는다(Foucault, 1976: 137).

성 장치는 어린이의 성을 교육화한다. 모든 어린이는 성적 활동에 몰두하거나 그렇게 하기 쉽고 그러한 성적 활동은 부당하다. 부모, 교사,

---

한다. 그는 이런 목표를 위해―망탈리테(mentalité)의 역사가 아니라―'육체들의 역사(histoire des coprs)'와 사람들이 가장 물질적이고 생기 있는 것에 투자한 방식을 문제삼는다(Foucault, 1976: 200).

의사, 심리학자가 어린이의 성을 떠맡는다. 이것은 주로 자위에 대한 싸움으로 나타난다(Foucault, 1976: 138-139). 교사와 의사들은 어린이들의 자위를 유행병으로 간주하여 그것에 맞선다. 그 쾌락을 다양한 방식으로 추적하면서 그런 위험이 있는 모든 곳에 감시장치를 마련한다. 푸코는 이처럼 성적 권력이 아이들의 성적 악습을 작용지점으로 삼아 그 영향력을 증대시킨다고 본다(Foucault, 1976: 57-58).

또한 성 장치는 생식활동을 사회적으로 관리(socialisation des conduites procréatrices)한다. 이것은 경제적 측면에서 부부의 생식력을 격려하거나 제한하는 사회화, 정치적 측면에서 사회체에 대한 부부의 책임을 명시하는 사회화, 의학적 측면에서 병원(病源)의 효과를 산아제한으로 설명하는 사회화 등이 있다(Foucault, 1976: 138).

그리고 성 장치는 도착적 쾌락을 정신의학에 편입한다. 그것은 성적 본능을 침해할 수 있는 모든 비정상을 분석하고 모든 행동을 정상화와 병리학에 편입한다. 성의 기이한 양상들에 대해 보건과 병리학이 그것을 대상으로 삼아 비정상적인 것들에 대한 교정기술체계를 마련한다(Foucault, 1976: 138-140).

푸코는 이런 권력의 전략이 성을 억압하거나 거세하지 않고 성을 일정하게 생산한다고 지적한다. 지식과 권력의 전략은 긍정적인 방식으로 작동하여 육체를 자극하고, 쾌락을 증대시키고, 성 담론을 부추긴다. 이를 통해 성에 관한 인식을 형성하고 통제와 저항을 강화한다(Foucault, 1976: 139).[24]

---

24) 대부분의 사회에서 성적 관계는 혼인장치(dispositif d'alliance: 결혼, 친족관계의 고정과 전개, 성씨 및 재산상속에 관련된 제도들)를 낳지만 서구 사회에서는 18세기부터 성 장치가 중시된다. 양자의 차이에 대해 푸코는 전자는 사회체의 항상성을 유지하려는 것이고, 후자는 육체를 대상으로 사람들을 통제하는 것이라고 요약한다[자세한 비교는 Foucault(1976: 140)를 참조할 것]. 푸코는 성이 최근의 권력장치에 연결되어 있으며, 그것은 생식에 좌우되지 않으며 육

3) 생명을 관리하는 권력이라는 문제틀

푸코는 성의 진리를 생산하는 장치와 함께 '성'을 매개로 인간, 특히 인간의 '생명'을 관리하는 장치에 관심을 갖는다. 푸코에 따르면 17세기 이래 생명에 대한 권력은 두 형태로 전개된다. 그 하나는 규율적 권력의 절차, 육체에 대한 해부정치학(anatomo-politique)이다. 이것은 육체-기계에 중심을 두고 육체를 훈련시키고, 육체적 능력을 최대한으로 활용하고, 육체의 유용성과 순종을 병행시키고, 효과적인 통제체계에 육체를 통합한다. 18세기 중엽에 형성된 다른 극은 인구(population)를 대상으로 삼는 생명관리정치학(bio-politique)이다. 이것은 종개념의 육체를 대상으로 삼아 증식, 출생률과 사망률, 건강, 수명, 장수 등과 이와 관련된 조건들에 주목한다. 육체에 대한 규율과 인구 조절은 생명을 조직하는 권력의 두 극을 이룬다(Foucault, 1976: 182-183).

이제 두번째 극을 중심으로 성에 대한 권력의 작용을 살펴보자. 18세기에 '인구'가 정치·경제적 문제로 제기된다. 이에 따라 성은 치안(police)의 대상이 된다. 여기에서 엄격한 금지가 아니라 유용하고 공적인 담론들에 의해 성을 규제할 필요가 생긴다. 국가기구는 출생률, 결혼 연령, 합법적 출생과 비합법적 출생, 성 관계의 조숙함과 빈도, 성 관계를 임신이나 불임으로 이끄는 방법, 독신생활 또는 금기의 효과, 피임관행들의 영향을 분석한다(Foucault, 1976: 36). 국가와 시민들은 성과 성의 실천들을 알고 통제할 필요가 있었다. 국가와 개인 사이에 성은 공공연한 쟁점이었고 담론, 지식, 분석, 명령들의 조직망이 성을 둘러쌌다

체를 강화한다고 지적한다. 그리고 성 장치가 주도적이라고 해서 그것이 혼인장치를 대체하지는 않는다. 성 장치는 혼인장치를 중심으로 삼고 그것에서 출발하여 정립된다. 19세기에 성 장치는 혼인장치와 관련을 맺고 가족이란 세포에 기대어 성 장치를 이루는 요소들(여성의 육체, 어린이의 조숙, 출산의 조절, 성도착자의 분류)을 전개한다.

(Foucault, 1976: 37).

이렇게 볼 때 육체에 대한 규율적 권력의 측면과 함께 성을 중개 지점으로 삼아 다른 성격의 권력이 (규율과 다르면서도 그것과 일정하게 겹치기도 하는 방식으로) 생명을 관리, 조절하는 방식이 새로운 문제틀로 제시된다. 그러면 성 정치학에서 생명관리권력이란 문제로 그 초점을 옮겨보자.

이것을 그 시기적 변화상을 따라 살펴보자. 푸코는 18세기 말에 새로운 성의 테크놀러지가 나타난다고 본다. 교육, 의학, 경제 등을 매개로 성을 사회체 전체와 개인 스스로가 감시하도록 요구한다. 그것은 세 축, 어린이의 특수한 성을 목표로 하는 교육의 축, 여성에 고유한 성을 목표로 하는 의학의 축, 자연발생적이거나 계획된 출산조절이 목표인 인구통계학의 축에 따라 발전한다(Foucault, 1976: 153-155).

19세기에 들어오면서 일정한 변화가 생긴다. 성에 관한 의학이 일반 의학으로부터 분리된다. 성도착에 관한 의학적·심리적 영역이 개척되고, 유전분석에 힘입어 성(성적 관계, 성병, 부부의 결합, 성도착)은 인간종에 대해 생물학적 책임과 관련된다. 성은 고유한 질병에 걸릴 수 있고 그것은 미래 세대와 연결된다. 결혼, 출산, 생존에 대한 국가적 관리를 조직하려는 의학적·정치적 기획이 나타난다. 성과 성의 생식력은 행정적으로 관리된다(Foucault, 1976: 155-156).[25]

이런 틀에서 푸코는 생명을 관리하고 최대한으로 이용하고 그것에 대한 통제와 조절을 행사하려는 권력의 작용에 주목한다. 여기에서 문제는 '근대적 개체의 생명은 어떻게 관리되는가'이다.

푸코에 따르면 고전주의 시대에 다양한 규율들— 학교, 병영, 작업장

---

25) 푸코는 성의 테크놀러지에서 성도착의 의학과 우생학의 계획이 19세기 후반의 중요한 혁신이라고 지적한다.

―이 급속하게 발전하고, 정치와 경제의 영역에서 출생률, 장수, 공중보
건, 주거, 이주의 문제들이 출현하고, 육체에 대한 예측과 주민을 통제하
기 위한 다양한 기술들이 나타남으로써 생명관리권력(bio-pouvoir)이 작
동하게 된다.

그는 이런 맥락에서 근대 권력의 두 가지 전개방향을 구분한다. ①
규율의 측면에서는 군대나 학교와 같은 제도들에서 전술, 견습, 교육, 사
회의 질서를 문제삼는다. ② 인구조절(régulation de population)의 측면
에서 인구통계학의 출현, 자원과 주민 사이의 관계에 대한 고려, 부와
그것의 유통, 다양한 생명과 그것의 지속 기간을 도표화함 등이 있다.
그리고 성 장치는 그러한 구체적 배치 가운데 하나이다(Foucault, 1976:
184-185). 일련의 전술들은 육체에 대한 규율이라는 목적과 인구의 조
절이라는 목적을 다양하게 결합시키면서 성에 관한 기술로 작동한다
(Foucault, 1976: 192-193).

푸코는 이러한 배경에서 성이 갖는 정치적 의미를 이해한다. 앞에서
지적했듯이 서구 역사에서 생명에 근거를 둔 정치적 테크놀러지는 두
축으로 전개된다. 그 하나는 육체에 대한 규율이고 다른 하나는 인구의
조절이다. 이처럼 성은 두 장부(registres)에 동시에 기록된다. 한편으로
는 세밀한 감시, 끊임없는 통제, 꼼꼼한 공간적 구획, 의학적·심리적 검
사, 육체에 대한 미시권력들로 나타나고, 다른 한편으로는 대규모 조치,
통계학적 평가, 사회체 전체나 집단에 대한 개입으로 나타난다. 이런 두
축에서 성은 규율의 모체(matrice)이자 조절원리이다(Foucault, 1976:
192).26)

---

26) 푸코는 성 장치가 생명관리권력과 관련된다고 본다. 생명을 관리하는 권력은
육체와 인구의 접점에서 성을 중심 표적으로 삼는다. 그는 앞서 2절에서 지적
한 성에 관한 네 공격전선(lignes d'attaque)이 규율적 기술들과 조절하는 절차
들을 결합한다고 본다. 그 가운데 여성을 히스테리와 관련짓고 어린이의 성을

4) 생명관리권력과 관련된 두 주제

이런 푸코의 논의들이 어떤 새로운 해석을 마련할 수 있는가를 알아
보기 위해 두 가지 주제를 살펴보자. 생명관리권력이 자본주의 사회의
어떤 측면과 관련하여 작용할 수 있는가? 부르주아 계급은 성 장치와 어
떤 관계를 맺는가?

먼저 그는 긍정적·생산적 권력장치가 자본주의 전개와 일정한 관계가
있다고 본다. 즉 그것은 자본주의를 생산하는 작용과 관련을 갖는다
(Foucault, 1976: 188). 그는 18세기에 서구에서 자본주의가 발전한 현
상을 베버처럼 금욕적 도덕의 문제와 연결시키지 않는다. 그는 역사, 정
치 기술(la technique politique)의 영역에서 생명이 등장한 것을 주제화
한다. 생물학적인 생명이 정치에 반영되면서 서구인은 생물종으로서, 육
체의 생존조건, 삶의 개연성, 개인과 집단의 건강, 가변적인 체력, 그 체
력을 최적의 방식으로 배분하는 것을 중시한다. 생명을 관리하는 역사
(bio-histoire)는 생명관리권력과 대응된다. 이때 후자는 생명을 그 메커
니즘들을 통제하고 관리하는 권력-지식에 편입한다.

푸코는 이러한 생명관리권력이 자본주의 발전에 불가결한 요소라고
본다. 자본주의는 생산체제 안으로 육체를 편입하여 유용하고 순종하는
육체를 만드는 데 그치지 않고, 육체와 인구의 증가, 그것들의 강화를
추구한다. 그는 종래 모델처럼 거대한 권력기구(국가기구)들이 생산관계

교육적으로 관리하는 전략은 (규율의 수준보다는) 조절의 요구―인류, 자손, 집
단복지―에 바탕을 둔다. 어린이에게 성적 특성을 부여함(sexualisation de
l'enfants)은 종족의 건강을 위한다는 명분으로, 여성의 육체와 성을 의학에 편
입시키는 여성의 히스테리화는 자녀의 건강, 가족제도의 견실함, 사회안녕에
대한 여성의 책임을 내세운다. 이와 다른 방향에서 산아제한과 성도착을 정신
의학으로 편입하는 전략은 (조절의 성격보다는) 개인을 대상으로 한 규율과 훈
련에 기반을 둔다(Foucault, 1976: 193).

를 유지시키는 측면에만 주목하는 관점이 아니라, 사회체의 모든 수준들에서 작용하는 권력기술인 해부정치학적, 생체관리정치학 장치들의 작용을 부각시킨다. 후자의 측면이 경제과정을 유지시키고 사회적 차별과 위계화는 물론이고 지배와 헤게모니를 보장한다. 푸코는 생명관리권력이 인력의 축적을 자본의 축적에 맞추어 조절하고 집단들의 증가를 생산력의 확대와 이윤의 차별적 분배에 결부시키지 않는다면 자본의 운동과 사회관계는 어떠한 바탕도 마련할 수 없을 것이라고 본다. 이를 위해 살아 있는 육체에 투자하고 그것에 가치를 부여하고 그것이 지닌 힘을 분배할 필요가 있을 것이다(Foucault, 1976: 185-186). 이런 설명이 타당하다면 육체, 생명에 대한 관리는 자본주의적 생산의 조건이 된다.

그리고 다음 주제로 '성 장치가 근대인을 어떻게 만드는가'란 문제를 보다 좁혀 부르주아적 개인들은 어떻게 자신의 성을 인식하고 구성하는지를 살펴보자. 푸코는 부르주아지가 자신의 성을 중요하고 비밀스러운 것으로 생각했다고 본다(Foucault, 1976: 158-160). 18~19세기에 성 장치는 주로 경제적으로 특권이 있고 정치적으로 지도적 위치에 있는 계층과 관련된다. 양심의 지도, 자기에 대한 검증, 육욕의 죄들을 찾으려는 노력, 정욕에 대한 탐지가 문제가 되었다. 예를 들어 18세기 말부터 19세기 말까지 의사와 교사들이 관심을 기울인 자위하는 소년들은 기숙사에서 생활하는 학생으로 하인, 가정교사, 가정부에 둘러싸여 있고 육체적 기력보다는 지적 역량을 지니고 도덕적 의무, 가족과 계급을 위해 건강한 자손을 보존해야 할 책임을 진 소년이었다. 여성의 성이 의학에 편입된 것, 성이 정신의학으로 편입된 것도 부르주아나 귀족의 가정이었다.

푸코는 지배하는 계층의 육체, 원기, 장수, 자녀, 가계가 문제되고, 이것은 착취당하는 계층의 성을 억압하는 것과는 다른 맥락이라고 본다.

그것은 다른 계층을 예속시키는 것보다는 한 계층이 스스로를 확증(une affirmation de soi)하는 것과 관련된 문제이다. 부르주아지는 권력과 지식의 테크놀러지로 성을 관리함으로써 그들 자신의 육체, 감각, 쾌락, 건강, 여생(餘生)의 높은 정신적 가치를 돋보이게 했다. 그들은 이러한 자기 확증을 통해 생명을 정치적으로 배치(un agencement politique de la vie)한다.

억압이론이 주장하듯이 성은 부르주아지가 피지배계층을 노동에 몰두하도록 하기 위해 무가치하게 만들었던 부분이 아니다. 부르주아지는 성을 배려하는데, 그것은 (공포, 호기심, 희열, 열정이 혼합된 것으로) 부르주아지 자체를 구성하는 요소이다. 그들은 자신의 육체에 대한 지배력을 성에 부여한다.27) 이 계급은 18세기 중엽 이래 (성을 거부하고 거세한 것이 아니라) 성을 만들어내고 그것을 발판으로 나름의 계급-육체를 구성하려고 노력했다(Foucault, 1976: 163-164).

푸코는 이른바 '부르주아지의 철학'이 특정한 육체와 성을 스스로 갖추는 것, 성 장치를 조직함으로써 육체의 힘과 영속성과 오랜 세대의 증식을 확보하는 것이라고 지적한다. 적어도 18세기 부르주아지는 계급의식의 한 형태로 육체를 긍정했다.

부르주아지는 성적 육체를 배려하여 자기를 확증할 뿐만 아니라 육체의 힘, 건강, 생명의 무한한 확장을 목표로 삼는다. 그들이 육체에 가치를 부여하는 것은 프롤레타리아 계급의 경우처럼 노동력이 갖는 상품가치 때문이 아니다. 이는 정치·경제·역사의 측면에서 그 계급의 현재와 미래

---

27) 그들은 성과 육체를 동일시하거나 성에 육체를 종속시켰으며, 성을 그들 자신의 미래 건강과 관련지어 그들의 삶과 죽음을 성에 연결시켰다. 또한 성이 그들 자손에게 영향을 미친다고 보고 성에 그들의 미래를 투자했고, 성이 영혼의 비밀스럽고 결정적인 요소를 구성하는 것이라고 보아 그들의 영혼을 성에 종속시켰다.

를 위해 그들 자신의 육체를 도야하려는 것이기 때문이었다(Foucault, 1976: 164-166).

푸코에 따르면 이 계층은 성이라는 존재의 진리·비밀로 자기들의 동일성을 구성하여 그들의 고유한 성을 마련하고 자신들을 바람직한 존재로 만들려고 했다. 하이데거가 인간(Dasein)의 존재론적 특성을 염려(Sorge)로 보았다면, 푸코에게서 부르주아 계급은 성을 염려 대상으로 삼아 자기의 존재론적 처지에서 자기의 '존재'를 만들려고 한다. 그들의 존재는 욕망 주체이고, 성의 비밀을 지니고 성의 진리를 통해 자기 진리를 아는 존재이며, 현재와 미래의 건강한 생명을 확보하려는 존재이다.

물론 이런 지적은 푸코가 『성의 역사』 2, 3권에서 그리스와 로마의 성적 실천을 분석하면서, 그들이 쾌락을 활용하면서 자제(maîtrise de soi)를 통해 자기 존재의 동일성을 확보하려고 하거나 자기에 대한 배려(le sousc de soi: die Sorge um sich)를 통해 자기를 윤리적 주체로 구성하려는 노력을 분석하는 데서 보다 잘 드러난다. 양자는 다른 전략을 사용하지만 성적 실천을 통한 주체 구성이란 측면에서 유사성을 갖는다.[28]

푸코는 19세기 이래 사람들의 삶의 목표가 정치적인 것이 아니라 생명이라고 본다. 그것은 근본 욕구, 인간의 구체적 본질, 인간이 지닌 잠재성의 실현, 풍부한 가능성을 지닌 삶이다. 푸코는 정치적 투쟁이 전면에 나타난 경우에도 그 쟁점은 법이 아니라 삶·생명이라고 본다. 생명, 육체, 건강, 행복, 욕구의 만족에 대한 '권리', 모든 억압과 소외를 넘어선 인간의 참모습과 모든 가능성을 되찾을 권리가 새로운 권력절차들에 대한 정치적 반응이다(Foucault, 1976: 190-191).[29]

---

28) 프롤레타리아는 그들의 성을 어떻게 만들었는가? 이 주제와 관련된 푸코의 지적은 Foucault(1976: 160, 167)를 참조하라. 그는 성 장치 바깥에 있던 프롤레타리아가 일정한 사회적 변화와 그런 문제에 대응하여 사회 전체에 확산된 성 장치들에 의해 그 대상이 된다고 지적한다.

5. 맺음말

푸코에 따르면 근대 주체는 특정한 역사적 시기에 특정한 권력장치를 통해 만들어진 산물이자 효과이다. 이런 주체는 규율에 의해 유용하면서도 순종하는 육체를 지닌 '주체'이다. 또한 성 장치에 의해 관리되는 성적 주체이기도 하다. 성 장치에 의해 그 욕망이 만들어진 주체는 자신의 성에서 권력이 부여한 진리를 통해 욕망을 관리한다.

이러한 푸코의 새로운 문제는 다른 문제보다 더 완전한 것인가? 그 새로운 문제에 대한 올바른 답이 모든 것을 설명할 수 있다고 볼 것인가? 새로운 문제제기는 기존의 문제-답의 틀에 비해 더 완전한 것이라기보다는 사태를 보는 다른 관점과 사태의 다른 결, 단면, 조직, 구조를 보여주는 것이다. 즉 푸코의 경우 인간에 관한 모든 것에 답하거나 인간 자체를 질문하려고 하지 않는다.

근대적 주체에 관한 질문에서 규율이 육체를 유용하거나 순종하는 존재로 만든다고 할 때 그것이 참된 육체, 바람직한 육체, 나아가 참된 인간을 만드는가에 대해 질문하는 것이 아니다. 이런 육체 생산에 어떤 권력장치가 작동하며, 어떤 기술이 유용성이나 순종을 생산하며, 그렇게 만들어진 육체가 어떻게 기능하는가 등에 관심을 갖는다. 만약 인간의 육체에 관한 보편적인 척도가 있다면 우리는 근대적 주체를 그 척도에 비추어 그 완성도를 잴 수 있을 것이다. 그러나 근대적 주체를 어떤 척도로 잴 것인가? 미래의 '가능한 인간'의 척도인가, 아니면 과거의 이상적 인간이란 척도인가?

---

29) 푸코는 이런 논의를 바탕으로 인간이란 존재에 대한 물음을 나름대로 이해한다. 근대적 틀은 생명을 역사의 생물학적 환경으로 여겨 역사 바깥에 놓으면서 동시에 생명을 인간의 역사성에 내포된 지식과 권력의 기술이 스며든 것으로 여기면서 역사성 안에 두는 이중적 태도를 갖는다(Foucault, 1976: 188-189).

　　푸코가 볼 때 근대적 주체는 근대적 고안물이다. 그는 이 근대적 산물이 어떤 지식, 과정, 절차, 기술 등을 통해 만들어지는가에 주목한다. 푸코는 근대적 권력장치가 일그러뜨린 근대적 주체를 더 완전한 '새로운' 주체로 바꾸려고 하지는 않는다. 그가 보다 완전한 주체의 모습을 그리지 않았다고 비난하는 것은 다른 문제틀에서 이것을 평가하는 것이다. '인간', '주체'라는 문제틀 자체가 근대의 산물이라고 본다. 인간을 세계의 본질, 최고의 존재로 보고 그것으로 세계의 모든 것을 근거지으려고 하는 시도는 근대적 인식틀이나 실천체계에 특유한 것이다. 이런 맥락에서 근대적 규율장치, 생명관리권력은 근대적 주체 만들기에 참여하는 기술자와 같다. 그 기술자는 참된 인간이나 바람직한 사회라는 목표를 갖지 않으며, 근대란 사회적 조건에서 근대적 생활을 꾸려나갈 수 있는 한 요소를 창조·제조할 뿐이다. 다만 그는 유용한 자동인형들 또는 일정한 욕망에 따라 움직이는 권력장치의 수행자(agent; Träger)만을 생산할 수 있을 뿐이다.

　　푸코의 주체 만들기에 대한 계보학적 분석은 주체 자체의 진리라는 허상에 관심을 갖지 않는다. '주체'로 생산된 산물이 어떤 우연, 사건, 차이 등에 의해서 가능한 것인지를 살피는 것이고, '주체'란 문제틀 자체가 어떤 권력장치의 상관물인지를 밝히는 것이다.

　　푸코의 독자들이 푸코를 문제삼을 수 있는 방식은 '그의 문제제기 자체가 의미가 있는가'라든가 아니면 '그의 답은 그 문제와 적절하게 관련된 것인가'라고 질문하는 것일 것이다. 물론 역사적 사실들을 동원하여 푸코의 규율에 관한 담론이나 성 장치의 작동 등에 관한 반박사례를 찾을 수도 있다. 그렇지만 그런 반증이 그의 문제틀을 무의미하게 만들지는 의문이다.

　　푸코에 대한 비판은 대개 그의 권력이론이 인간을 철저하게 수동적인 객체로 만드는 점만을 부각시킨다거나 그의 권력 분석틀이 제도적 장치를 무시한다거나 '저항'을 봉쇄한다는 점 등에 대한 것이다.

푸코는 자신의 '비판적 존재론'이 현재의 개인들을 만든 필연성에 들어 있는 우연성을 지적하고, 그로부터 개인의 존재와 행위, 사고를 넘어설 수 있는 가능성을 모색하여 자유의 가능성을 모색하는 것이라고 밝힌다. 개인들을 일정한 구조에 배치하는 경계를 비판적으로 검토하는 그의 작업은 자유로울 수 있는 영역을 모색한다(Foucault, 1993: 71).

그렇지만 그는 '전적으로 다른' 사회, 다른 사고, 다른 문화, 다른 세계관을 산출하기 위한 총체적 프로그램을 추구하지는 않는다(이런 점에 대해 흔히 그가 대안을 제시하지 않는다고 비판하는 경우가 많다). 그는 보편주의적 문제제기와 총체적 해결을 추구하지 않는다. 그는 새로운 모색이 잠정적이고 국지적 형식으로 마련될 수밖에 없다고 본다. 그는 어떠한 고정된 보편성의 척도 없이 기존 경계를 의심하면서 근대적 공간에서 자유를 실험한다.[30]

그는 권력의 작용이 탈중심화된 것으로 보기 때문에 그에 맞서는 단일한 저항의 핵심도 없다고 본다. 그래서 모든 저항을 이끄는 단일한 집단과 계급은 없으며 오직 다양한 형태의 저항들이 있을 뿐이다. 개인들은 각자의 작업장·수용소·병원·연구실·대학 등을 활동 공간으로 삼아 구체적이고 특정한 투쟁을 수행해야 한다. 따라서 그는 '특수한' 지식인이 필요하다고 본다. 이러한 지식인은 사회 전체의 상을 그리거나 역사의 행로를 밝히는 지적 '예언자'가 아니다. 그는 사회와 역사 전체에 관

---

30) 그는 이런 관점에서 실천체계들을 상반된 두 방향에서 분석한다. 그는 한편으로 개인들이 행위하는 방식을 조직하는 합리성의 형태들, 즉 실천의 기술적 측면들을, 다른 한편으로는 실천체계에서 다른 사람들을 행위하도록 하는 것에 반작용하고 놀이규칙을 변경시키는 자유, 즉 실천의 전략적 측면을 분석한다(Foucault, 1993: 72).

한 포괄적인 이론을 제시하는 대신에, 이론이 불연속적이고 특수하고 국지적인 비판에 머무는 것에 만족해야 한다고 본다. 그는 포괄적이고 전체적인 이론을 추구하지 않는다.

그의 주장대로 권력과 그에 대한 저항을 한 쌍으로 본다면－"권력이 있는 곳에는 저항이 있다"(Foucault, 1976: 125)－이런 권력의 작용에 대한 분석은 뒤집어 놓으면 바로 저항의 새로운 전략과 지점들을 지적하는 것으로 볼 수도 있다. 자유와 해방을 실체화하고 고정시키는 모든 시도는 총체적 감시와 억압 체제를 마련하므로 (총체적 변혁이 의도하지 못한 효과를 가져오는 것이고 그 역효과－총체적 감시체계를 정당화함－를 벗어날 수 없는 것이라면) 이후의 모든 노력은 저항을 큰 집합으로 묶지 않을 작은 주체들의 작은 전략들(보편성을 지니지 않고 구체적 맥락에 따라 변할 수 있는 전략들)의 다양한 얽힘으로 나타날 것이다.[31] 이것이 지닌 비판적 잠재력을 인정하는 데 인색해서도 안되겠지만 그것이 과연 권력의 그물망들을 찢어버릴 수 있는지에 대해서도 비판적으로 검토해야 할 것이다. 권력의 그물망 안에서 구성되고 훈련받는 '인간의 죽음'은 주체성의 담당자로 부풀려진 대문자 인간의 죽음이면서, 동시에 구체적 인간들의 새로운 탄생을 마련하고 그들의 새로운 공간을 확보하는 작업이 되어야 할 것이다.

이와 다른 맥락에서 푸코의 질문과는 구별되면서 '다른' 문제를 제기하는 한 예로 들뢰즈의 문제제기를 들 수 있다. 그는 푸코의 권력장치 대신에 욕망의 배치(agencement)란 문제를 제기한다. 그는 생산적인 욕망의 흐름을 통해 근대 자본주의의 동학과 욕망의 전체주의화를 분석, 비판한다. 그는 '욕망은 어떻게 작용하는가'라는 질문을 통해 욕망이 왜

---

31) 이것은 들뢰즈·가타리의 전략처럼 권력으로부터 해방될 새로운 체제를 지향하지 않고 구체적인 자유의 실험들로 권력에 맞서는 욕망의 분자적 혁명을 추구하는 작업과 연결된다.

스스로 권력에 예속되려 하고 혁명을 내세우면서 예속적인 욕망에 매달리는지를 해명하면서 근대 사회와 개인들을 분석하는 독특한 틀을 제시한다. 이런 문제제기는 (겹치기도 하지만) 푸코와 다른 문제 공간, 답 공간을 개척하는 예이다. 그는 푸코의 육체를 길들이는, 조직화하는 권력이란 모델을 욕망배치에서 욕망을 영토화, 탈영토화, 재영토화하는 문제틀로 바꿔놓는다. 그는 근대가 욕망을 탈영토화하여 모든 전통적인 욕망의 구속과 억압으로부터 욕망을 해방시키지만 동시에 일정한 공리체계를 통해 재영토화하여 욕망의 흐름을 묶는 측면을 지적한다. 이를 벗어나기 위해 비유기적이고 조직화되지 않는 '기관들 없는 육체(corps sans organs)'를 제시함으로써 욕망의 탈주선(lignes de fuite)을 마련하고자 한다.[32] 여기에서는 이런 욕망의 문제 공간에 대한 평가보다는 이런 시도가 갖는 새로움에 주목하는 것으로 그 의의를 평가하는 것이 좋을 것이다. 우리는 이런 시도들과 함께 '다른' 모델들을 고안함으로써(inventer) 근대를 설명할 수 있는 논의가능성을 넓혀야 할 것이다.

참고문헌

Foucault, M. 1966, *Les mots et les choses: Une archéologie des sciences humaines*, Gallimard.

_____. 1969, *L'archéologie du savoir*, Gallimard.

_____. 1972, *Histoire de la folie à l'âge classique*, Plon.

_____. 1975, *Surveiller et punir*, Gallimard; 오생근 역, 『감시와 처벌: 감옥의 탄생』, 1994, 나남.

---

32) 푸코와 관련된 들뢰즈의 작업에 대해서는 그의 『반-외디푸스』(『자본주의와 정신분열증』 1권)를 비롯하여 그의 독특한 푸코 해설서(1986)와 노트의 성격을 띤 논문인 「욕망과 쾌락」(*Magazine Littéraire* 1994, 10. 325호)을 참조할 수 있다.

_____. 1976, *Histoire de la sexualité* 1, Paris.

_____. 1977, *Language, Counter-Memory, Practice*, edited by Bouchard, Oxford: Blackwell.

_____. 1980, *Power/Knowledge*, edited by Gordon, Pantheon Books.

_____. 1993, "Qu'est-ce que les Lumières?"(*The Foucault Reader*, P. Rabinow(ed.), Pantheon Books, New York, 1984로 출판됨) *Magazine littéraire*, n.309, pp.61-73.

Baudelaire. 1976, "Le Peintre de la vie moderne", *Oeuvres complètes* II, Gallimard.

Côte-Jallade, M-F., M. Richard, & J-F. Skrzypczak, 1985, *Penseurs pour aujour'hui*, Chronique Sociale; 이상률·양운덕 역, 『오늘의 프랑스 사상가들』, 1998, 문예.

Dreyfus, H. L. & P. Rabinow. 1982, *Michel Foucault: Beyond Structuralism and Hermeuneutics*, Harvest Press.

Deleuze, J. 1986/1988, *Foucault, Minuit*, trans. by S. Hand, Univ. of Minnesota Press.

Gutting, G.(ed.). 1994, *The Cambridge Companion to Foucault*, Cambridge Univ. Press.

_____. 1994, *Michel Foucault's Archeology of Scientific Reason*, Cambridge Univ. Press.

피에르 부르디외
아비튀스와 문화자본의 사회학

현택수

1. 머리말

　프랑스의 대표적인 현대 사회학자 피에르 부르디외(Pierre Bourdieu)의 사회이론의 체계는 사회학 이외에 철학, 인류학, 언어학, 정치학 등의 분야에 걸친 다양한 패러다임에 기초하고 있어 그 내용이 복잡하다. 부르디외의 사회이론은 베버, 뒤르켐, 마르크스 등의 고전 텍스트의 정독에 기초하여 현상학, 구조주의, 언어학 등 현대 인문사회과학의 주요 패러다임을 비판적으로 수용한 것이다. 그의 사회이론은 우선 기존 학문의 전통적 패러다임에 대한 '인식론적 단절'의 입장과 자신의 이론에 대한 부단한 인식적 비판의 연구태도의 의미에서 '비판적' 성격을 갖고 있다. 이러한 비판적 인식은 자기성찰의 인식적 태도에서 비롯되기 때문에 그의 사회학은 '성찰적 사회학'(Bourdieu & Wacquant, 1992) 또는 기존 사회학에 대한 비판적 성찰의 의미에서 '사회학의 사회학'이라 불린다. 또한 그의 사회이론은 단지 행위와 구조의 관계만을 다루는 것이 아니라 이를 통하여 사회구조의 갈등을 상징투쟁과 상징폭력을 통한 권력-지배의 메커니즘과 계급차별화의 재생산적 구조를 드러낸다는 의미에서 또한 '비판적'이라고 할 수 있다. 물론 부르디외는 자신의 사회이론이 '사회비판적'이기보다 우선적으로 '객관적'이기를 바랄 것이다. 그러나 사회에 대한 철저한 객관적 연구는 궁극적으로 그 사회질서의 권력지배의 메커니즘을 극명하게 보여줌으로써 지배집단 혹은 지배계층에 대해 '이성적 도전'을 의미할 수 있다. 이러한 객관적 연구의 '이성적 도전'은 '사회비판적'이라고 볼 수 있다.

부르디외의 사회비판이론은 구조주의 방법론에 의해 구축되었다. 그래서 그의 방법론은 '후기 구조주의'에 속하는 '발생론적 구조주의'에 속한다. 이 방법론의 목적은 개인과 사회구조의 상호관계를 설명하는 데 있어서 그 어느 한쪽을 강조하다가 빠지기 쉬운 환원론, 결정론 등 방법론적 편향성을 지양하고 행위와 구조가 발생되는 과정을 변증법적으로 통합하는 데에 있다. 부르디외는 현대사회의 복잡하고 중첩적인 관계망을 행위와 구조의 통합방식으로 분석하고자 했다. 이러한 방법론은 새로운 개념의 창출로써 가능하게 되었는데 부르디외의 사회이론 중 핵심적인 개념은 '장(champ)'과 '아비튀스(habitus)'라는 개념이다.

이 글에서 필자는 부르디외의 사회인식론적 비판과 행위와 구조를 통합시키는 그의 사회이론을 주요 개념과 함께 고찰해보고자 한다.

2. 인식론적 비판

부르디외는 『사회학자의 직업(*Le metier de sociologue*)』이란 그의 저서에서 사회학자의 인식론적 단절의 정신을 강조한다. 그가 말하는 인식론적

'단절'이란 기존의 모든 개념 및 이론들에 대한 선입견을 의심하고 문제제기를 하는 연구태도를 의미한다. 그는 비판정신 없이 맹목적으로 기존의 학문적 패러다임을 따라가는 연구태도를 비판한다. 이 비판은 단순히 기존 사회과학의 전통을 이론 혹은 방법론 차원에서 비판하기 위한 비판이 아니다. 그것은 객관적이고 과학적인 연구태도를 위해 학문의 영역에서 학자나 지식인이 취해야 할 '인식론적 경계'인 것이다.

부르디외에 따르면 학자들의 모든 사회이론도 민족적, 직업집단적, 계층적 이해 및 권력의 관계 속에서 형성된 것이다. 학문에 있어서의 인식의 주체 및 대상 그리고 이론 및 방법론은 이러한 사회관계의 구성요소이자 그 산물인 것이다. 따라서 학자 및 지식인의 인식론 문제는 자연히 학문적(동시에 사회적) 관계에 있어서의 실천의 문제로 이어진다. 사회학자의 인식과정 역시 개인의 사회문화적 경험의 틀 안에서 이루어진다. 따라서 사회계급적 상황 및 이데올로기, 지식계에 있어서의 위치 등에 의하여 생겨날 수 있는 선입관에 대한 인식론적 경계를 하여야 한다는 것이다. 왜냐하면 사회학자는 국가, 지배층 등 외부의 영향 아래 이성적 도구로서의 사회학을 연구할 수 있기 때문이다. 따라서 부르디외는 연금술사가 되기를 경계한 화학자들처럼 사회학자는 사회가 요구하는 사회예언자가 되기를 경계하여야 한다고 생각한다.

사회학은 학자가 사회 속에서 차지하는 위치와 지식생산의 사회적 조건을 이해하도록 도울 수 있는 학문분야이다. 지식인의 세계는 통제와 규제, 교육, 대학권위, 비판 등으로 직업적 능력이 규범화되어 있는 하나의 조그만 사회구성체이다. 지식인은 지식인 공동체 안에서 자신이 점유하고 있는 위치에 따라 자신의 업적을 과학적 산물로 만들려고 경쟁한다. 때로는 학문세계에서 차지하는 각자 자신의 위치 덕분에 쉽게 인정받는 이론들이 있기도 하다(Bourdieu et al., 1968: 102-103). 과학은 지적 전통을 존중하면서 이를 재해석하는 등 지식의 '축적성'을 강조한다. 그러므로 새로운 혁신적 이론 창출을 위해서는 이론의 창시자들을 잊어 버려야 한다. 부르디외는 기존 담론체계의 힘에 의해 즉각적으로 받아들 여지는 '자발적 사회학(sociologie spontanée)'을 경계한다.

부르디외에 따르면 과학적 진리는 지식인계 내의 현실적 이해와 권력 의 관계에서 나온다. 각각의 인식론적 관점이 이해관계와 권력관계와는 무관하고 보편적인 것처럼—'무관심의 관심'이란 칸트적 개념처럼—주 장하는데 이때에 지식인의 특권의식이 개입하게 된다. 부르디외는 이것 을 '지식인주의(l'intellectualisme)'라고 부르면서 경계한다. 그에 따르면 지식인의 이론과 경험의 자명성 및 보편성은 지식인 사회구조의 조건 속에서 형성되는데 사회적 지위, 계급에 따라 차별화된다. 지식인의 특 정한 경험을 보편적인 것, 자명한 것으로 전제하고 이를 인정하는 것은 기득권 사회의 힘을 반영한 것에 불과한 것이다(Bourdieu, 1980a: 77). 지식인은 그들의 인식을 일반인들의 상식과 구별하여 보편적 진리로 정 당화시킨다. '지식인주의'는 이러한 토대 위에 지식인 고유의 인식방법, 규칙, 모델, 이론을 발전시키는 '지식인 중심주의(Intellectualocentrisme)' 이다(Bourdieu, 1980a: 49).

그러므로 인식론적 경계나 인식론적 단절은 특히 인문사회과학에서 요구된다. 그것은 기존의 지배적 담론체계에 의해 자연스럽고 투명하게 보이는 즉각적 지식(savoir immédiat)과의 단절을 의미하기 때문이다. 사 회과학의 담론체계는 일상언어가 아닌 학자들의 언어인데 이 언어논리 의 비판은 모든 과학적 개념 및 이론의 점검에서 우선적으로 행해져야 하는 부분이다. 따라서 사회학자는 논리적 언어체계에 담긴 모든 은유와 가변적 의미들을 통제하여야 하는 것이다.

'관점이 대상을 창조한다'는 소쉬르의 명제처럼 그리고 사물들의 실제적 관계가 아니라 개념적 관계가 존재하므로, 새로운 방법론을 새로운 문제, 새로운 시각에 적용시켜 새로운 이론이 가능하다는 베버의 견해처럼 사회적 사실의 관계는 구성되는 것이지 객관적으로 실재하는 것이 아니다(Bourdieu et al., 1968: 51).

한편 부르디외는 사회학에 있어서 실증주의적 경향을 경계한다. 프랑스 사회학이 특히 제2차세계대전 후 미국 사회학의 경험주의적 영향을 많이 받게 된 것에 대하여 경계하고 그 취약점을 비판한다(Bourdieu et al., 1968: 96). 경험주의는 보통 개념의 조작적 특수성을 강조함으로써 제기된 개념의 체계성, 다양한 이론의 가능성을 제한하는 위험성을 내포하고 있다. 객관적이고 과학적인 연구는 문제제기적 시각에 의해 새롭게 정의되고 구성되어야 한다. 사회적 사실은 구성되고 논증되는 것이지 경험주의 연구처럼 주어진 사실이 객관적 진리처럼 인식되지 않는다는 것이다.

또한 부르디외는 직관주의와 초경험주의를 경계하고 이와 단절하여야 한다고 생각한다. 주관주의는 절대정신의 철학적 전통이 추구하는 총체성에 경도하여 사회현실과 탐구와 사회체계의 토대에 대한 방법론적 연구를 무시한다는 것이다. 또 초경험주의는 단편적·임의적 사실들을 묶는 종합적 인식에 도달할 수 없다는 것이다.

구조와 행위의 통합을 위한 부르디외의 사회이론은 인식과정과 이론 형성 과정도 분명한 하나의 행위과정으로 이해하면서 이 과정에 대한 기존의 패러다임들을 비판한다.

먼저 부르디외는 비역사적 주체이론들을 비판한다. 지식, 도덕, 미학 등에 대한 칸트의 비판철학에서 그는 사회적 가능성의 조건에 대한 의문을 제기하면서 비역사적 주체이론을 비판한다. 그는 역사적·구조적 가능성의 조건을 만들 수 있는 '사회행위자(agent social)'의 역할을 강조하면서 이러한 행위자의 조건에 대한 문제에서 현상학을 비판한다. 현상학에서 행위를 가능케 하는 세계와의 친밀성이 인식주체의 보편적 속성은 아니다. 따라서 그는 현상학이 주관주의적 시각을 내포하는 비역사적 주체의 철학에 머물고 있다고 비판한다. 인간의 사고와 행위는 결코 즉각적으로 의미 있는 현상으로 나타나지는 않는다는 것이다.

부르디외에 의하면, 현상학적 사회인식방법은 사회구조를 개인적 행위와 전략의 단순한 집합의 산물로 봄으로써 이의 지속성이나 단절성을 설명해주지 못할 뿐더러 왜 그리고 어떤 원리에 의해 현실세계의 생산이 가능한지 설명할 수 없다. 그는 체험의 직접성에서 의미를 찾으려는 주관주의적 직관론이 결국은 추상적이고 형식적인 명목론에 머문다고 비판한다.

현상학적 방법에는 행위자의 사회적 조건에 대한 고려가 미약한 반면에, 구조주의 방법론은 주체로서의 행위자가 구조 속에서 제거되는 약점을 갖고 있다. 부르디외는 감추어진 관계들의 체계와 원리를 들춰내는 데에서 구조주의 방법론의 유용성을 인정하지만 개인의 사고와 행위가 구조에 의해서 결정된 단순한 수동적 이행이라는 구조결정론적 입장을 비판한다. 부르디외는 레비스트로스와 구조주의자들, 특히 알튀세가 제거하려 하였던 행위자들을 재도입하려고 했다. 그가 인식하는 행위는 규칙의 단순한 수행, 규칙에의 복종이 아니다(Bourdieu, 1987: 19).

부르디외는 그의 방법론을 구조주의와 구별하면서 행위자들을 초월하고, 개인간의 상호관계로 환원할 수 없는 객관적 관계의 공간으로서 사회세계를 생각하면서 구조주의의 기본적 명제들과 단절하였다. 사실상 카빌리아와 베아른느 지역의 혼인전략 분석과 의식행위에 대한 부르디외의 관심은 레비스트로스의 민족학적 방법과 유사하지만 행위자들이 규칙에 순응하지만은 않는 소위 전략의 개념을 도입했다는 점에서 구조주의 방법과 차이를 보여준다. 부르디외가 수행하는 구별적 방법은 『자살론』에서 뒤르켐이 보여준 패러다임과 소쉬르와 레비스트로스의 구조주의의 결정적 관계 속에서 "행위자들이 각자의 멜로디를 즉흥적으로 만들어낼 수 있는 행위가 조직된, 쓰여 있지 않은 악보의 공간을 재구성"(Bourdieu, 1980b: 89)하는 것이다. 다시 말해서 주체가 제거된 형식적 구조주의 방법론과 호모 에코노미쿠스가 중심인 방법론적 개인주의를 극복하는 데 있다. 한편 부르디외의 상호작용론에 대한 비판은 상호작용에 관한 연구 자체를 부정하는 것이 아니라 상호작용을 사회적 과정의 기초로 보면서 그것의 발생과 가능성의 조건들을 고려하지 않은 채 행위자의 행위의 집합만을 다루는 것에 향해 있다.

부르디외는 자신의 방법론을 다른 구조주의자들의 그것과 구별한다. 그는 그의 작업을 두 마디로 '구성주의적 구조주의' 혹은 '구조주의적 구성주의'라고 간단하게 요약한다. 여기서 구조주의라는 말은 소쉬르적 혹은 레비스트로스적 전통과는 매우 다른 의미를 가진다. 구조주의 혹은 구조주의자들은 사회적 세계 자체에 행위자의 실천 혹은 표상을 정향 짓거나 강제할 수 있는, 행위자의 의식 혹은 독립적인 객관적 구조가 존재한다고 본다. 부르디외는 구성주의를 통해 '아비튀스'를 구성하는 지각, 사고, 그리고 행위의 체계에 대한 사회적 기원이 존재하며, 사회구조 특히 장, 그리고 사회계급의 사회적 기원이 존재한다고 본다(Bourdieu, 1987: 147).

부르디외는 마르크스와 뒤르켐이 한 것처럼 객관적 구조는 행위자의 주관적 표상의 토대를 제공하며, 상호작용에 영향을 주는 구조적 강제의 틀을 형성한다고 본다. 그러나 다른 한편으로는 개인과 집단이 객관적 구조를 보전하거나 변형하려는 일상의 노력을 설명하고자 한다면, 또 다른 차원의 설명이 필요하다. 따라서 부르디외는 객관적 관계들의 체계와

주관적인 경험의 대립적 두 요소를 통합하려고 '아비튀스' 개념을 도입
하게 된다.

3. 아비튀스: 행위와 구조의 통합

부르디외는 체험의 즉각성에서 의미를 찾으려는 주관주의적 직관주의
와 규칙적 관계를 세우고, 그 의미를 풀어내지 않고 정적인 의미를 보여
주는 데에 국한하는 객관주의(Bourdieu, 1965: 18)의 굴레를 벗어나기
위하여 '아비튀스'라는 개념을 창출한다. 그리하여 그는 직관성과 객관
성, 이론과 실천, 구조와 행위를 통합시키기 위한 새로운 사회이론을 창
시하기에 이른다.

아비튀스 개념은 행위와 구조에 관한 일반적 질문들― 인간의 사회행
위의 규칙적인 면과 변화가능한 면은 어떻게 이루어지는가? 사회구조가
기계적으로 개인행위를 구속하지는 않는다면 무엇이 행위의 형식을 가
져다주는 것인가?― 에 대해 설명을 해준다.

인간의 행위는 구조주의적 시각에서 본다면 사회의 '객관적 구조'와
아비튀스라는 '내재화된 구조'의 통합과정을 거쳐 나온 것이다. 행위는
객관적 사회구조를 내면화하는 아비튀스에 의해 표출된 것이므로, 아비
튀스란 사회구조에 의해 '구조화된 구조(structure structuré)'이며, 동시
에 행위자의 내부에서 행위를 '구조화하는 구조(structure structurante)'
로 인식된다. 달리 말하자면, 아비튀스란 객관적 규칙성의 외적 구조를
내재화하는, '외재성의 내재화(intériorisation de l'extériorité)'의 기제인
동시에 '내재성의 외면화(extériorisation de l'intériorité)'의 기제이다.

부르디외가 제시하는 아비튀스란 특정한 사회적 환경에 의해 획득되

어진 성향, 사고, 인지, 판단과 행동의 체계를 의미한다. 그렇다고 아비튀스가 사회환경에 의한 사고와 행위를 단순히 기계적으로 재생산하는 메커니즘인 것은 아니다. 그것은 상황에 따른 전략의 조절기능을 하는 상대적 자율성을 갖는 개념이다. 부르디외는 다음과 같이 설명한다.

> "실천은 필연적이면서 동시에 국한된 직접성 안에서 고려된 상황과 관련하여 상대적으로 자율적이다. 왜냐하면 실천이란, 상황과 아비튀스 사이의 변증법적 관계의 산물이기 때문이다. 여기서 아비튀스는 지속적이면서 전환이 가능한 성향들의 체계이다. 그런데 아비튀스는 과거의 모든 경험들을 통합하면서 매순간마다 인지, 평가와 행위의 주형으로 기능한다. 아비튀스는 또한 동일한 형태의 문제들을 해결하게 하는 틀의 유사한 이동과 실천의 결과에 의해 변증법적으로 생산되고 얻어진 다음 결과들이 지속적 교정에 기초하여 수없이 분화된 임무의 수행을 가능하게 한다"(Bourdieu, 1972: 178-179).

이렇게 아비튀스는 '사회화된 주관성'으로서 행위자로 하여금 다양한 상황에 대응하도록 허락해주는 '전략의 발생원리'이다. 아비튀스는 실천적 합리성의 조작기제, 사회관계의 체계에 내재해 있는 개인을 초월한 체계이면서 특정한 장(champ)과 만나 개인이 적절하게 대응하도록 전략을 갖게 한다. 이 실천의 전략은 의식적이거나 타산적이지 않고, 아주 자연스러운 듯이 행위자의 행위 속에 내면화되어 있다. 이 점에 관해서 부르디외는 다음과 같이 설명한다.

> "아비튀스는 주관적 의도 없이 객관적 의미의 패러독스의 해결을 구속한다. 그것은 진정한 전략적 의식의 산물이 아닌 채 전략으로써 객관적으로 조직된 행동의 연결 원칙이다"(Bourdieu, 1980: 103-104).

실천은 의식적이고 합리적 계산에 의한 전략적 차원에서 수행된다. 그러나 그것은 사회구조의 영향을 받은 개인 행위자의 무의식인 구조와

도 관계가 있다. 즉 전략적 실천행위라도 그것이 의식적·합리적 구조나 무의식적 구조로 간단히 환원되지는 않고 양자의 통합에 의해서만 의미를 갖게 된다. 왜냐하면 구조는 실천행위의 내부에서 구성되며, 실천행위도 그 자체로 구조화되기 때문이다. 이런 관점에서 부르디외의 실천행위는 구조에서 새로운 구조로 이행하는 구조화 행위인 것이다.

이렇게 볼 때, 아비튀스는 구조의 담지자도 아니고 주관적인 경험도 아니다. 오히려 구조화된 전략이자 전략 속에서 구성되는 구조이다. 이렇게 본다면 아비튀스는 구조화된 전략에 따라 행동하는 행위자들의 행위체계이다. 여기서 구조는 전략적 행위 이전에 존재하지 않는다. 이와 같이 실천행위를 전략개념으로 이해하게 되면 사회구조는 이미 고정된 법칙이나 규칙을 단순히 반복하는 것이 아니라 행위자들의 수많은 전략이 만나는 일종의 게임공간으로 이해된다.

만일 실천행위가 객관적인 규칙이나 구조의 산물이 아니라면 그리고 비객관적인 실천행위에 따라 구조가 구성된다면 부르디외의 구조화 논리는 이미 구조주의의 구조개념이 아니다. 구조조의는 구조를 실제 경험과 분리된 이론적 산물로 이해한다. 여기서 이론과 경험, 인식과 실천은 분리되며 고정불변의 구조나 규칙이 등장한다. 그러나 부르디외는 구조나 규칙을 이론차원으로, 즉 실제 경험세계와 분리된 것으로 이해하지 않는다. 그에 따르면 구조나 규칙은 이미 경험적이며 인식은 이미 실천이다. 따라서 사회구조는 이론적 모델이 실현된 것이 아니라 경험과 실천 속에서 구성되며 경험과 실천행위 속에 존재한다.

결국 아비튀스는 경험을 통해 개인이 사회화되는 과정이며 발생론적 원리에 따라 사회를 구성하는 과정이다. 여기서 완성된 규칙이나 법칙은 존재하지 않는다. 이처럼 아비튀스를 구성하는 사회적 조건과 아비튀스가 작동되는 사회적 조건 사이에 아비튀스적 실천이 개입하면 역사와 실천이 하나의 과정 속에 통합된다. 아비튀스는 개인을 차별적으로 세습된 경험과 사회적 지위에 따라 동질화시킨다.

이렇게 볼 때, 아비튀스의 동질성은 비슷한 경험과 사회적 위치, 즉 동일한 계급 및 계층을 지닌 개인들간의 차이를 단일한 아비튀스로 통합시킨 것에 불과하다. 그렇지만 이 통합 기능은 주관적인 의도나 객관적인 구조의 산물이 아니다. 오히려 명료한 규칙이나 법칙으로 설명할 수 없는 경험 차원의 습관적 행동에 따른 것이다. 그래서 그는 아비튀스 속에서 비슷한 경험들을 동일한 사회적 경험으로 통합시키는 메커니즘을 확인한다.

한편 부르디외 사회이론에서 언급하지 않을 수 없는 중요한 개념은 사회공간의 하위공간으로서 '장(champ)'의 개념이다. 부르디외는 베버가 종교분석에 이용하였던 공급, 수요, 자본, 이익, 경쟁, 독점 등 경제학적 개념들에 특별한 의미를 부여하면서[1] 장의 개념을 구조적으로 발전시킨다. 부르디외는 장을 '위치들의 객관적 관계의 망'으로 정의하는데, 여기서 객관적 관계란 사회행위자들의 상황에 따른 대립적 (때로는 상보적) 관계이다. 그가 말하는 장의 경쟁적 혹은 투쟁적 '대립관계'의 구도는 종교적인 용어로 정통과 이단의 관계와 같다. 예를 들어 문화의 장은 문화적 실천과 작품들이 통속화된 기존의 상징질서의 보수적 수호자들과 이교도적 단절을 꾀하며 기존 형식의 비판과 전복을 주창하는 자들이 벌이는 투쟁의 공간인 것이다(Bourdieu, 1992: 289).

부르디외는 장을 기존 행위자들의 관계를 변형하거나 유지하려는 것을 목표로 하는 힘의 대결의 공간으로 본다. 즉 장은 행위자들(또는 위

---

1) 부르디외가 공급과 수요, 경쟁, 자본, 투자, 이익 등의 경제학적 용어들을 비록 차용하고 있으나, 경제적 자본 이외의 자본 유형을 설정하고, 경제적 이익만으로 연결되지 않는 상징적 정당성의 독점을 위한 경쟁과 이익추구 등의 분석을 목표로 하는 점에서 경제학적 분석과는 다르다.

치들)간에 권력과 위신을 추구하는 투쟁의 공간이다. 이 투쟁은 경제적 이해관계에 기반을 둔 단순한 마르크스적 계급투쟁이 아니다. 베버적 의미의 정당한 권력과 위신을 갖고, 개인 혹은 집단의 사고와 행위의 의미를 정당한 것으로 인정시키고자 하는 집단(계급)간에 벌이는 '상징적 투쟁'이다. 상징적 투쟁이란 신념과 가치 또는 행위들을 분류하고, 정의하면서 이를 제도화시키는 힘(베버적 의미에서 '정당성')을 갖기 위한 투쟁이다. 상징적 투쟁은 특정한 분류체계와 정의를 내리고 이를 제도화, 정당화하기 위해 희소한 자본의 분배를 놓고 위치들간에 전개되는 힘의 경합과 대립, 투쟁의 양상을 말한다. 따라서 상징적 투쟁은 지배권력관계(권력의 장) 속에서 이해된다.

이상의 설명을 바탕으로 장을 특수자본이 불평등하게 분배되는 구조 속에서 사회적 정당성을 획득하기 위하여 행위자들간에 벌어지는 경합과 대립의 공간이라고 정의해 볼 수 있다. 장의 개념은 계급적 사회분화와 갈등 속에서의 상징적 지배의 중요성을 부각시키는 개념이다.

4. 사회계급과 취향의 차별화

아비튀스는 실천의 발생원리와 동시에 이 실천을 분류하는 체계로서의 기능을 갖고 있다. 즉 그것은 행위를 분류하고 평가하는 판단에 있어서뿐만 아니라 차등의 체계를 재생산하는 것을 목적으로 하는 분류형태에 있어서 구별의 논리를 파악하게 해준다. 사회공간의 계급구조화의 원리는 생활양식을 구별하는 내면화된 분류체계와 밀접한 관계가 있다. 즉 생활양식과 취향에 있어서의 실천은 실체론적으로 존재하는 것이 아니라, 사회공간 속의 계급적 위치와 조응하면서 구별되는 관계 속에 존재

한다. 이 관계를 설명하기 위하여 부르디외는 자본이란 개념을 사용한
다.

부르디외에 따르면 사회공간은 제도화된 권력수단인 다양한 자본의
소유로 위계질서화된 공간이다. 여기서 다양한 자본이란 경제적 자본이
나 학위, 자격증 등의 교육자본, 그리고 의식, 명예, 위신 등으로 차별화
된 상징자본을 말한다. 그리고 교육자본과 상징자본은 문화자본의 범주
로 이해된다. 한편 부르디외가 말하는 자본이란 개념은 경제적 의미로
좁게 이해되지 않고 상당히 포괄적 의미를 갖는다. 자본은 행위자(집단,
계급)가 지배의 정당성을 획득하고 유지하기 위해 동원되는 모든 수단으
로 이해된다.

사회공간 속에서 행위자들은 여러 종류의 자본총량 중 기본적으로 경
제자본과 문화자본의 상대적 비중에 따라서 분포된다. 이에 따르면 경영
자, 자유업 종사자, 대학교수들 같이 총자본량을 많이 보유한 사람들과
단순노동자 같이 자본을 적게 갖는 사람들의 대립적 구별이 나타난다.
또한 보유한 자본총량이 많은 이들 가운데에서도 경제자본보다는 문화
자본을 상대적으로 많이 갖고 있는 사람들(대학교수)과 반대로 문화자본
보다 경제자본이 풍부한 사람들(기업경영자)의 대립적 구별이 나타난다.
이와 같은 대립관계는 성향들의 차이와 위치표명들의 차이의 원리에 속
한다. 즉 지식인과 경영자 사이의 대립관계는, 초등학교 교사와 소상인
사이의 대립, 정치적으로 좌파와 우파 간의 대립으로 나타난다. 정치적
으로 우파나 좌파로 표명될 확률은 자본의 총량과 경제자본 및 문화자
본의 상대적 비중에 의해 결정된다고 볼 수 있는 것이다.

물론 사회계급은 경제자본의 보유에 따라 동일한 위치에 있는 사람들
의 집합으로 이해된다. 그런데 부르디외에 따르면 사회계급화는 다양한
자본을 가진 행위자의 상징적 권력투쟁을 통해, 무의적이고도 자발적인

행위 속에서 이루어진다. 그러므로 계급화 행위는 사회적으로 '구별화 (distinction)'하는 행위로 나타난다. 계급구성원의 이러한 행위는 신체에 내재화된 성향체계에서 비롯된다. 따라서 사회공간의 계급적 등급에 아비튀스를 매개로 하는 구별적 생활양식 또는 취향의 체계가 구조적으로 호응하는 현상이 발견된다. 즉 위치들의 각 등급에 따라 행위자(집단, 계급)의 아비튀스가 등급적으로 상응하여 나타난다. 여기서 아비튀스 개념은 특정한 위치의 행위자나 계급의 재화를 (문화적) 실천과 결합하여 통일적으로 재표현해주는 생성원리를 설명한다. 결국 사회계급구조와 계급분화는 일상생활 속의 실천들을 구별짓는 행위로서 나타난다고 볼 수 있다.

아비튀스는 위치들이 구별되고 동시에 위치들이 구별하는 원리이다. 아비튀스는 구별되고 구별짓는 인식과 실천의 생성원리, 다시 말해서 구별의 형식을 만들어내는 주형과 같다. 예를 들어 아비튀스는 노동자들이 먹는 것과 먹는 방식, 즐기는 스포츠, 정치적 견해를 경영자들의 그것과 체계적으로 구별되게 하는 원리인 것이다. 아비튀스를 통한 구별은 비대함과 날씬함, 적포도주와 샴페인, 축구와 골프, 아코디언과 피아노, 블롯과 브릿지 카드놀이 등과 같은 다양한 차원에서 의미 있게 나타나게 한다. 이러한 취향 및 문화적 실천의 구별은 사회집단(사회계급)에 따라 특징 있게 나타난다. 자유직 종사자와 경영자는 민중계급이 좋아하는 양이 많고, 기름지고, 짜고, 자극적인 음식보다는 가볍고, 자연의 맛과 산뜻한 음식을 선호하는 경향이 높다. 경제자본보다는 문화자본을 많이 소유한 교수는 모든 분야에서 검약적인 소비를 하는데 적은 비용으로 이국적이면서 독창적인 요리를 찾는다. 민중계급은 신체의 아름다움은 자연미에 있다고 생각하며 값싸고 질긴 옷을 선호하는 반면, 지배계층의 사람들은 미는 화장과 옷치장에 의한 세련됨에 있다고 생각하고 미적으로 세련된 비싼 옷을 입는다. 민중계급에서는 '필수적 취향'이, 지배계급에서는 '사치스럽고 자유분방한 취향'이 나타나고 있다.

부르디외는 그의 저서 『차별화(La Distinction)』에서 음악, 미술, 의상 스타일, 실내장식, 스포츠, 요리, 영화 등 여러 항목에 걸쳐 프랑스인의 취향 및 생활양식의 계급적 상동구조를 조사하였다. 여기서 아비튀스는 계급의 취향 및 생활양식이 자본배분에 의한 사회공간 속에서 어떻게 차별적 구조를 갖는지 잘 보여주고 있다.

부르디외가 보여주고자 한 것은 취향과 문화적 실천의 다양성과 차별성은 단순히 개인적 취향과 재능에 따른 것이라기보다는 출신계급과 교육 등 사회문화적 환경에 의해 얻어지는 유산이란 점이다. 즉 자본의 불평등적 배분에 의해 형성되고 구별되는 아비튀스가 의식적·무의식적으로 행위자의 판단 및 취향의 문화적 실천을 만들어내는 기제라는 것이다. 여기서 계급의 취향과 문화적 실천의 차별성은 아비튀스가 '전략'이라는 의식적 차원의 의미를 포함함으로써 나타난다. 예를 들어 상류층, 지배계급이 골프를 선호하는 것은 경제적·물질적 조건에 의한 계급의 무의식적 선택의 기호인 동시에 다른 계급과 사회적·문화적 차별성을 부각시키기 위한 의도적 선택의 전략인 것이다.

부르디외는 계급의 차별화 전략을 사진 찍는 문화적 행위의 조사분석(Bourdieu & Darbel, 1966)을 통해 더 잘 보여주고 있다. 그에 의하면 중간계급은 단순한 가족증명사진의 기능을 넘어 독창적인 측면에서 사진을 찍으려고 하는 반면, 상류계급은 사진기가 널리 보급되어 누구나 쉽게 사진을 찍을 수 있게 되었다는 사실만으로도 사진 찍기를 꺼려할 뿐더러 사진을 하급 예술장르의 하나로 여긴다는 것이다. 농민들은 여가와 소비의 상징인 사진 찍기를 하나의 사치로 여겨 거부하였고(1960년대 초 상황임), 도시 노동자들은 사진예술의 미학적인 면을 고려하지 않았지만 그 재현의 기능에 매료되어 사진을 쉽게 찍게 되었다. 한편 일반 사무직원들은 추억을 보존하기 위한 사진의 단순한 기능을 넘어 예술로서의 사진을 생각하며 노동자계급의 사진 찍기 행위와 구별하려 하였다는 것이다.

한편 사회공간 속에서 근접성은 실제 상호접근의 경향을 갖게 한다. 사람들은 위치와 성향 및 취향이 근접해 있을수록 실제로 그들의 사이가 더 가까워지는 경향이 증대하는 것이다. 이러한 의미에서 사회공간의 상부에 위치한 사람들이 하부에 위치한 사람들과 공간적으로 서로 만날 기회가 적고, 설령 우연히 만난다 하더라도 서로 통할 수 있는 취향 및 성향의 친화성은 약하다. 자본의 성격과 양에 의해 갈라진 공간적 거리는 취향의 차이가 사회출신적, 직업적, 정치성향적 차이로 나타난다. 샴페인을 마시며 승마와 사냥 및 골프를 즐기는 우파 성향의 기업체 경영주들은 맥주를 마시며 블롯이나 축구를 즐기는 좌파 성향의 노동자들과는 계급적·취향적 친화력이 희박하다. 기호음료, 스포츠, 정치성향 등 취향과 성향이 각각의 계급의 사회적 위치와 구별되는 구조를 이루고 있다는 것은 이를 통해 계급구조가 유지되고 있음을 보여준다.

한편 이렇게 집단 혹은 계급적 구별과 분류를 가능케 하는 원리인 아비튀스의 개념이 가지는 유효성이 집단(혹은 계급)의 실재성을 인정하는 것은 아니다. 다만 위치와 취향의 친화성으로 집단이나 계급의 실천적 개연성이 그만큼 높다는 것을 의미할 뿐이다. 따라서 사회계급은 존재하지 않고, 존재하는 것은 차이들의 공간인 사회공간이며, 그 안에서 계급은 잠재적 상태로만 존재한다고도 할 수 있다.

이렇게 문화적 실천은 사회계급과 기계적이고 직접적으로 대응되는 것이 아니다. 문화적 실천을 일종의 생물학적 속성처럼 특정 개인이나 집단에 각인되어 변치 않는 그 어떤 본질적인 것처럼 취급하는 것은 부르디외가 경계하는 '실체론적(substantialiste)' 사고방식이다. 예를 들어 승마, 펜싱, 테니스, 골프는 오늘날 더 이상 지배적 위치들에 배타적으로 대응되지 않는다. 고상한 취미나 스포츠가 부르주아나 프티 부르주아에 의해 채택될 때 귀족계급은 이를 버림으로써 더이상 귀족계급에 속하는 실천들이 아니라는 것이다. 역으로 초기에 민중계급에 의한 문화적 실천이 귀족계급에 전파될 수도 있는 것이다. 요컨대, 시대와 사회공간 속의 위치들에 부과되는 문화적 속성들은 내재적이고 필연적인 속성들이 아니라 가능한 재화와 실천의 공급에 따라 상관적으로 부여되는 속성들인 것이다. 사고방식, 생활양식, 취향의 속성의 구별이란 개인이나 집단에 생득적으로 부여되는 영원한 속성의 '자연적' 구별이 아니라, 다른 속성들과의 관계에 의해 부여되는, 차이에 의한 '상관적' 속성의 '사회적' 구별을 의미한다고 볼 수 있다.

계급과 아비튀스에 의한 차별적 생활양식의 조응은 부르디외의 계급구조와 계급분류(classification)의 통합이론 위에 기반한다. 그는 계급관계의 구조는 지속적으로 진행되는 계급투쟁의 동적 관계로 이해한다. 사회행위자의 행위는 이미 계급화된 행위의 산물인 동시에 계급분류를 가능케 하는 행위이기도 하다(Bourdieu, 1984: 466-467). 사회행위자는 계급구조의 산물인 동시에 계급분류화 행위의 주체이다. 이러한 행위는 물론 계급의 아비튀스의 산물이다. 부르디외는 사회계급을 계급구조와 계급분류화 행위를 통합시킨 '아비튀스'로 설명하고 있는 것이다.

이렇게 볼 때, 계급구조를 계급과 동일시하여 계급을 객관적 실체로 보는 마르크스주의와 달리 부르디외는 아비튀스와 상징적 권력투쟁을 통해 구성되는 동태적인 것으로 이해하는 계급관을 갖고 있다고 볼 수 있다.

5. 상징폭력과 사회재생산

부르디외의 관심은 사회제도, 구조와 지배권력과의 관계에 있다. 즉 사회제도 및 구조가 인간의 사고와 행위에 어떻게 영향을 미치고, 문화의 재생산과정을 통하여 지배계급의 권력이 사회적으로 정당화되어가는지를 보여주고 있다.

학교라는 교육체계 및 교육제도에 관한 부르디외의 연구(Bourdieu & Passeron, 1970; Bourdieu, 1984)는 문화자본의 불평등적 분배의 재생산과정을 통하여 궁극적으로 학교제도가 사회구조의 재생산에 기여하는 바를 보여준다. 문화자본의 분배구조의 재생산은 학교라는 사회제도의 특수한 관계에 의하여 이루어진다. 즉 학교라는 제도는 불평등하게 문화자본을 소유한 학생들 사이의 간격을 유지하면서 기존의 불평등한 질서를 재생산하는 기능을 한다. 학교는 일련의 선별과정을 통하여 상속된 문화자본의 소유자들과 문화자본의 비소유자들을 구별한다. 합격한 자와 낙제한 자를 구분하고, 학위와 자격증을 수여함으로써 학생들을 등급화하고 구분한다. 그리하여 프티 부르주아 출신의 일반 대학생들은 일반 서민들과 구별되고, 엘리트 양성으로 위세가 높은 그랑제꼴이란 특수대학의 학생들은 일반대학의 학생들과 구별되면서, 대귀족과 중소귀족 혹은 프티 부르주아의 사회적 구분이 이루어지게 된다.

불평등한 문화자본의 분배를 정당화하는 것은 판단과 취향 및 행위의 체계인 아비튀스를 학생들에게 주입시킴으로써 가능하다. 학교는 학교마다 등급화되고 구별되는 교육체계로 서로 다른 아비튀스를 재생산하는 기능을 한다. 그리하여 파리고등사범학교(ENS)의 학생들은 그들의 교수와 함께 자신들이 정치적으로 좌파에 속한다고 말하고, 지적인 잡지를 구독하고, 연극 및 영화를 많이 관람하며, 스포츠는 별로 즐기지 않는 반면, 파리고등경영학교(HEC)의 학생들은 자신들이 우파에 속한다고 하며, 스포츠에 열광하게 된다. 학교의 교육시스템과 분위기가 이러한 인지, 평가, 취향, 행동의 범주를 학생들에게서 형성되도록 만든 것이다. 학교교육체계 속의 학생들의 의식과 행위는 객관적인 질서 혹은 구조화된 구조에 따라 운명처럼 그 방향과 형태가 결정되며 재생산되어지는 경향이 있다(Bourdieu, 1994: 46-47).

학교는 문화자본의 불평등적 분배와 교육체계의 서열화를 정당화함으로써, 사회적 차이, 사회적 위치의 위계화를 사회구성원들이 자연스러운 것으로 인정하게 하는 제도이다. 베버적인 시각에서 말할 수 있는 시험과 학위로서 이루어지는 선발과 교육의 합리화 과정은 실제로 또 다른 사회적 마술의 기능을 하고 있다. 즉 시험이나 경쟁, 학위는 중세귀족의 서품식과 같이 모든 사회적 능력을 정당화하는 사회적 마술의 효과를 갖고 있다. 일류대학 출신은 고급관료, 의사, 경영자, 정치지도자 등의 지배계급에서 많이 발견되는데, 학교는 이러한 교육자본을 지배계급에게 세습화시켜 중세 귀족혈통의 상속자들과 같이 오늘날 '세습적 학교귀족(noblesse scolaire héréditaire)'을 낳는다. 학교제도는 이러한 불평등한 문화적 유산을 은폐하면서 이른바 '국가귀족(noblesse d'Etat)'을 배출하는데 이 귀족의 권위와 정당성은 출신학교의 간판에 의해 보장된다. 이 특수한 지위의 귀족은 국가를 창설하고, 국가권력에 대한 정당한 독점권을 갖는다.

사실상 학교제도의 발전은 국가와 국가관료제의 발전단계와 일치하였다. 일부 귀족분파와 법복귀족(noblesse de robe)을 함께 교육시키던 18세기의 콜레주(collèges)라는 기숙사 형태의 학교의 출현도 이러한 새로운 국가관료제의 출현과 일치한다. 콜레주는 법복귀족의 이해관계를 정당화하고 재생산하는 기능을 하였다. 당시 법복귀족의 사고방식과 생활양식은 성직자와 기사귀족(noblesse d'Epée)과 구별되어, 법복귀족은 자신의 후천적 능력과 업적을 내세워 기존 기사귀족의 생득적 이데올로기와 대립하였다. 그리하여 그들은 교육이라는 문화자본에 기초하여 공직과 업적주의를 강조하는 관료들의 '시민적 휴머니즘'을 주창하였다. 그들의 이같은 진보적 이데올로기는 국가가 추구하는 보편적 가치에 일치하고 그 가치의 보편화에 기여함으로써 법복귀족과 부르주아의 권력장악의 정당화와 보편성을 획득할 수 있었다(Bourdieu, 1994: 42-43).

학교시스템은 기회와 평등을 실현하는 것이 아니라, 문화자본의 불평등한 분배와 배제를 고착화·정당화함으로써 위계화된 기존 사회질서를 자연스러운 것, 정당화된 것으로 오인하게 만드는 메커니즘이다. 학교의 교육체계는 지배계급에 의해 정의된 문화적 전횡의 정당성을 보장하도록 위임받은 것이다.

부르디외는 그의 저서 『재생산(La Reproduction)』에서 학교가 중립적이고 객관적 지식의 전달이란 교육기능보다 지배계급이 승인한 하나의 문화를 강제적으로 교습하는 폭력의 기능을 수행한다고 분석한다. 이 폭력은 가시적·직접적 폭력이 아닌 점에서 '상징적 폭력'이다.

예를 들어 학교교육에서 사용되는 언어능력과 실제로 학생 개개인이 갖고 있는 언어능력에는 차이가 있다. 부르주아 계급에서 사용하는 추상적이고 절제되고 완곡한 언어는 민중계급에서 사용하는 직설적이며 거친 언어보다 학교에서 사용되는 언어규범에 더 가깝다. 학교에서 선택되고 사용되는 언어는 부르주아 계급 출신의 학생들에게 그 습득과 사용이 유리하다. 자신의 사회적 조건이 학교의 언어규범과 다른 학생들은 상대적으로 학습이 불리하고, 이러한 불리함에도 불구하고 하나의 규범이 강제적으로 통할 때 상징적 폭력이 된다. 이러한 의미에서 "모든 '교육적 행위'는 자의적 권력에 의한 문화적 자의성을 강제함으로써 객관적으로 하나의 상징적 폭력이다"(Bourdieu, 1970: 19). 이러한 상징적 폭력은 기존 사회의 힘의 관계, 질서를 강화하는 기능을 한다.

한편 부르디외는 국가론에도 상징폭력과 아비튀스 개념을 적용시킨다. 국가는 일정한 영토 내에 있는 국민들에게 물리적·상징적 폭력을 정당하게 행할 수 있는 권리를 독점한 초기구이다. 국가는 모든 종류의 자본축적 과정의 최종 단계이므로 모든 종류의 자본과 장에 권력을 행사할 수 있는 힘을 갖고 있다. 예를 들어 국가는 모든 법률, 언어, 커뮤니케이션 형태 등을 통일시키면서 문화시장을 통합한다. 국가는 법, 교육제도, 사회의례 등을 통하여 사고방식과 정신구조를 정향시키면서 이른바 국가정체성을 형성한다. 국가는 이 세계가 자연스러운 사회처럼 받아들여지도록, 국민의 논리적·도덕적 순응을 위한 사회구성원의 인식구조를 형성시키는 보편적 교육을 강요한다. 그리하여 기존 질서에 즉각적 복종을 유도하는 것이다.

그러나 이 복종은 기계적 복종이나 계산에 의한 의식적 복종이 아닌 일종의 신체성향(dispositions corporelles)에서 나오는 것이다. 계산이나 의식의 층을 거치지 않고 신체 깊숙이 내재해 있는 성향을 일깨워 나오는 복종이다. 국가의 지배계급의 정당성 인정도 명징한 의식의 자유스런 행위가 아니라 신체화되고 무의식화된 정신구조와 사회 객관적 구조의 즉각적 일치에서 비롯된다. 따라서 기존 질서에 순응하는 것은 결국 지배계급의 시각을 보편적 시각으로 받아들이는 것이다(Boudieu, 1994: 126-129). 국가의 성립과 국가정체성의 확립은 결국 보편적 국민교육체계의 확립과 밀접한 관련을 맺는 것으로 보인다.

지금까지 살펴본 국가 및 학교교육의 상징적 폭력성에 대한 부르디외의 분석이 갖는 독창성은 우리 사회에 다양한 형태의 사회적 폭력이 실재함을 보여준다는 데 있다. 이 상징폭력은 원초적 제도인 가족 내에서 먼저 발견된다. 가족과 학교는 특정한 아비튀스를 강제적으로 주입함으로써 사회생활의 적응을 위한 이른바 '사회화' 기능을 하는데, 바로 이러한 사회화 과정이 정당화된 하나의 문화를 강요한다는 점에서 사회적 폭력의 한 형태일 수 있다는 말이다. 부르디외는 이러한 사회적 폭력의 형태들을 구분해내면서, 이것이 어떠한 요인과 과정을 통하여 구성되는지, 그리고 어떻게 기여하는지를 보여준다.

요컨대 아비튀스는 교육제도를 통한 문화·사회적 재생산의 구조가 사회계층 관계에 일치하는 사고, 인지, 행동을 재생산하여 계층간의 객관적 관계를 영속화한다. 사회계층의 질서에 일치하게 부여되는 아비튀스는 지배계급 문화에 정통성을 부여하며 피지배자로 하여금 이를 인정토록 하는 문화적 전횡, 상징적 폭력을 허락한다. 아비튀스는 자본의 불평등한 소유로 인해 구성되는 사회위계질서를, 그리고 지배권력의 생산과 재생산을 정당화, 보편화시키는 메커니즘으로 작동한다고 볼 수 있는 것이다. 즉 기존 질서를 당연한 것으로 승인함으로써 지배계급의 질서를 자연스러운 것으로 오인(mèconnaissance)하게 만드는 메커니즘이다. 이렇게 자연적인 질서로 오인된 상징질서가 행위자의 인식 및 지각구조를 지배한다. 이 질서는 가정, 교육제도, 일상생활을 통해 지속적으로 재생산된다.

그러나 아비튀스는 교육과 사회구조의 재생산적 기능만을 설명하기 위한 개념은 아니다. 앞서 개념의 정의에서 보았듯이 아비튀스는 차별화 전략의 발생원리이기도 하다. 따라서 아비튀스는 재생산의 능력 이외에 창조의 능력을 가진 이중적 기능을 한다고 보아야 한다. 부르디외는 전략이란 개념을 도입하여 아비튀스의 이중적 기능을 가능케 하였다. 그러나 구조가 아비튀스를 만들고 이 아비튀스는 행위를 결정하고, 이 행위는 결국 구조를 재생산하므로 동어반복이나 구조결정론이란 한계를 보여주기도 한다.

6. 맺음말

부르디외의 비판사회이론의 의의는 사회학자로서의 자기성찰적 인식론적 비판에서 시작하여 사회구조와 행위를 통합하는 방법론을 제시한다는 데 있다. 부르디외의 사회이론의 성과는 사회이론의 쟁점이었던 구조와 행위, 이론과 실천의 통합문제의 해결에 대해 하나의 단초를 제공한다. 구조와 행위를 통합시킨 아비튀스 개념은 구조 속에서 행위와 실천이 생성되고 행위와 실천 속에서 구조가 구성되는 과정을 보여준다. '성향들의 체계'로서의 아비튀스의 개념은 사회구조가 재생산되는 과정을 설명해준다. 아비튀스는 교육에 의한 지식, 취향 및 생활양식 등이 계급과 사회적 위치, 다양한 자본의 배분에 따라 형성되는 사회적 산물인 동시에 개인적으로 내면화된 것임을 설명해주는 개념이다.

또한 부르디외는 상징적 지배권력관계를 통해서 문화영역을 상징적 투쟁의 논리로 이해했다. 그는 문화적 차별화의 구조를 상징적 투쟁으로 보고, 계급구조와 계급화 행위를 통합시킨 아비튀스 개념을 제시하면서 계급구조와 계급투쟁과정을 설명하였다. 상이한 아비튀스가 행위자와 제도들 사이의 대립과 갈등의 관계를 발생시킨다는 그의 이론의 전제는 갈등발생론적 구조주의의 시각에서 이해되어야 할 것이다. 부르디외가 문화현상에 있어서 개인들과 집단들 사이의 상호관계를 대립적인 갈등의 시각으로 보는 기본 개념은 '투쟁의 게임'이다. 문화생산의 장은 자본의 불평등한 분배 속에서 상징지배의 정당성을 획득하기 위한 문화생산자들의 경쟁과 대립의 공간, 상징적 투쟁의 공간인 것이다.

아비튀스 개념을 적용한 부르디외의 사회이론은 순환론이나 결정론의 위험성을 내포할 수 있다. 부르디외에 따르면 구조는 행위를 통해 생성되지만 이 행위는 이미 사회의 객관적 구조에 의해 구조화된 행위인 것이다. 따라서 구조가 구조화되고 구조화된 구조는 다시 구조를 생성시키는 구조가 되는 것이다. 그러나 부르디외의 비판사회이론의 강조점은 사회구조가 어떻게 동태적으로 재생산되는가의 과정에 있다. 그는 사회를 지배권력의 관계로 보고, 행위자의 모든 실천을 상징적 권력투쟁의 과정으로 이해한다. 결국 사회질서란 정당화된 상징권력의 지배를 통해 유지되는 것이다. 모든 위계화된 상징질서는 지배계급의 기존 질서에 대한 오인의 체계이고, 지배계급은 이러한 오인 메커니즘을 통해서 자신의 지배를 정당화시킨다.

아비튀스 개념을 도입한 부르디외의 사회이론은 곧 사회구조와 행위자들의 상호관계 분석에서 구조나 개인을 강조하는 방법론적 일원주의를 통합적으로 극복하려는 태도로 보인다. 부르디외의 사회이론의 방법론은 사회구조가 어떻게 새롭게 재생산되는가 그리고 그 구조 속에서 행위자의 행위를 설명하고자 하는 문제를 제기함으로써 시작되었다고 볼 수 있다. 그는 단지 구조의 담지자로 전락한 주체성 없는 구조주의 방법론을 비판하고 아비튀스 개념을 도입함으로써 보다 역동적인 구조주의를 구상하였다. 이러한 시도는 주관성과 객관성, 개인과 사회, 방법론적 개인주의와 전체주의 등의 이분법적 사고방식을 극복하기 위한 방법론적 '상관주의적' 태도로 평가될 수 있다.

한편 부르디외의 이론과 방법론은 실천의 문제와 결코 분리하여 생각할 수 없다. 장과 아비튀스 개념을 창출하여 구축한 그의 구조와 행위의 통합사회이론은 궁극적으로 현실사회의 지배권력의 정체와 재생산 메커니즘을 드러내고 있다. 사회학자의 부단한 성찰적 인식비판과 객관적 분석작업은 그 자체로 사회비판적 행위이고, 그의 사회이론은 본질적으로 비판적일 수밖에 없다.

참고문헌

Ansart, P. 1990, *Les sociologies contemporaines*, Paris: Editions du Seuil.

Bourdieu, P. 1965, *Un art moyen*, Paris: Minuit(avec L. Boltanski, R. Castel, J-C. Chamboredon), 2e èd(1974).

_____. 1972, *Esquisse d'une theorie de la pratique, précédée de trois études d'ethnologie kabyle*, Genéve: Droz.

_____. 1979, *La Distinction. Critique sociale du jugement*, Paris: Minuit.

_____. 1980a, *Le sens pratique*, Paris: Minuit.

_____. 1980b, *Questions de sociologie*, Paris: Minuit.

_____. 1984, *Homo Academicus*, Paris: Minuit.

_____. 1987, *Choses dites*, Paris: Les Editions de Minuit.

_____. 1992, *Les Règles de l'art. Genèse et structure du champ littéraire*, Paris: Editions du Seuil.

_____. 1994, *Raisons Pratiques*, Paris: Editions du Seuil.

Bourdieu, P. & A. Darbel. 1966, *L'Amour de l'Art*, Paris: Minuit.

Bourdieu, P. & J. C. Passeron. 1970, *La Reproduction*, Paris: Minuit.

Bourdieu, P. & Loic J. D. Wacquant. 1992, *Réponses*, Paris: Editions du Seuil.

_____. et al. 1968, *Le metier de sociologue*, Paris: puf.

알랭 투렌

노동사회학에서 사회이론까지

정수복

1. 머리말

프랑스 파리 6구의 불바르 라스파이(Boulevard Raspail) 54번지. 레지스탕스라고 불리는, 항독운동에 참여하였던 프랑스의 민족운동가들이 투옥되었던 감옥을 부순 자리 위에 세워진 '사회과학고등연구원(Ecole des Hautes en Sciences Sociales)'과 '인간과학의 집(La Maison des Sciences de l'Homme)'이라는 두 개의 이름이 붙어 있는 현대식 건물의 프랑스식으로는 8층, 그러니까 우리나라식으로는 9층의 한 연구실에서 나는 알랭 투렌(Alain Touraine) 교수를 처음 만났다. 1982년 6월 말이었다. 나는 그후 여섯 해 이상을 그와 함께 공부하면서 그의 사회학적 사상을 체계적이고 종합적으로 이해하려고 노력하였다.[1] 그리고 거기서

---

1) 투렌의 저서 『사회의 자기생산』(Touraine, 1973a)의 영어 번역판 *The Self-Production of Society*(Translated by Derek Coltman, Chicago: The University of Chicago Press, 1977)의 서문을 쓴 보스턴 대학교의 프라이버그(J. F. Freiberg) 교수는 투렌이 1969년 UCLA에서 방문교수로 가르칠 때 그의 세미나에 참여

더 나아가 프랑스 사회학계의 전체적 판도를 파악하려고 애쓰면서 그것들이 한국 사회의 이해에 어떤 도움을 줄 수 있을 것인가를 고민하였다. 1989년 귀국 이후 나는 「현대 프랑스 사회학의 지성사」라는 논문을 통해 그 윤곽을 그려보았고, 1992년에는 피에르 앙사르(Pierre Ansart)의 『현대 프랑스 사회학』이라는 책을 우리말로 옮겨 현대 프랑스 사회학계의 주요 이론적 흐름을 소개하였다. 그 책을 옮기면서 나는 앙사르의 책이 투렌과 발랑디에(George Balandier)를 함께 묶어 '동태적 사회학'으로 처리하면서 투렌의 이론과 사상을 충분히 다루지 못했다고 지적한 바 있다. 그때 나는 적당한 기회가 오면 투렌을 좀더 본격적으로 소개하겠다고 독자들에게 약속한 바 있다.[2] 그 후 1995년 나는 『현대성 비판』이라는 책을 우리말로 옮긴 바 있다. 그러나 이 글이야말로 투렌의 학문과 사상을 우리나라의 일반독자에게 소개하는 안내 작업이라고 할 수 있다.

푸코, 데리다, 보드리야르, 들뢰즈 등의 프랑스 사회이론이 최근 들어 크게 유행하고 있는 데 비해서 정작 프랑스 사회학은 아직 우리에게 낯선 편이다. 1968년 이후 현대 프랑스 사회학의 네 학파 가운데 그래도

했던 경험을 자신의 대학원 과정에서 지적으로 가장 강력한 체험을 했던 시기로 회상하고 있다. 프라이버그는 자신이 미국 대학에서 교육받은 것이 아니라 요리당했다고 말하면서 이론, 방법론, 인구학, 사회심리학, 정치사회학 등 사회학과의 통상적 과목들이 조각난 지식들을 전달받은 데 비해서 투렌의 세미나는 월남전, 학생운동, 흑인민권운동, 대인관계에서의 새로운 가치, 억압적 군대, 미국의 첩보활동과 경찰조직 등 자신이 중요하다고 생각하는 문제들이 서로 어떻게 연결되는지를 볼 수 있는 통합되고 정교화된 관점을 제공해주었다고 말하고 있다. 그리고 프라이버그는 1970~71년 파리에서의 유학 체험을 바탕으로, 미국 사회학자가 자신의 전공영역에 매몰된 고도로 전문화된 '전문직 종사자'인 데 비해서 프랑스를 포함한 유럽의 사회학자는 사회의 커다란 문제들에 관심을 기울이며 자신의 연구를 역사적이고 철학적으로 위치지을 줄 아는 '지식인'이라는 것을 알게 되었다고 말한다. 나의 파리 시절을 회상할 때 프라이버그의 체험담에 공감할 수 있었다.

2) 앙사르(1992)에 실린 「옮긴이의 글」을 볼 것.

부르디외가 문화비평 쪽의 관심을 받고 소개되고 있으나 투렌의 비판사회학은 아직 충분한 관심의 대상이 되지 못하고 있다. 이 글의 목적은 알랭 투렌의 사회학적 사고의 형성과정과 발전과정을 전체적으로 조감하는 데 있다. 다시 말해서 이 글은 『행위의 사회학』(1965)에서 『사회의 자기생산』(1973)을 거쳐 『현대성 비판』(1992)과 「우리는 함께 살아갈 수 있을까?」(1997)에 이르기까지 투렌의 지적 작업의 통일성을 찾는 작업이라고 할 수 있다. 나는 이 글이 『현대성 비판』이라는 투렌의 저서를 읽는 독자들에게 하나의 지적 길잡이 역할을 할 수 있기를 기대한다.

투렌은 현대 프랑스 사회학을 대표하는 중요한 사회학자로서 그의 영향력은 벨기에와 캐나다의 퀘벡 등의 불어권 지역은 말할 것도 없고, 라틴 아메리카에서도 지대하다.[3] 또 이탈리아와 스페인, 포르투갈 등의 라틴 유럽과 일본에서도 일정한 영향력을 행사하고 있다. 그의 대표적 저서들이 독일어, 영어, 스페인어, 이탈리아어, 일본어 등 세계 각국 언어로 번역되어 소개되었음은 그의 지적 영향력을 말해 주는 것이다.[4]

우리 학계가 해방 이전에는 일본으로부터 그리고 해방 이후에는 미국으로부터 크게 영향받고 있음은 주지의 사실이다. 그러나 프랑스의 학문과 사상이 미국 학계를 통하거나 프랑스 유학생들에 의해 한국에 소개되기도 하였다. 실존주의, 구조주의와 후기구조주의, 포스트모더니즘의

---

3) 그의 제자들 가운데에는 프랑스 사회학계의 수많은 인물들을 넘어서 브라질의 대통령이 된 페르난도 카르도소(Fernando Henrique Cardoso), 이탈리아의 대표적인 사회학자 알베르토 멜루치(Alberto Melucci), 미국의 도시사회학자 마뉴엘 카스텔(Manuel Castells), 일본의 국제사회학자 가지다 다카미치(梶田孝道), 캐나다 퀘벡의 루이 마회(Louis Maheu) 등이 있다. 투렌은 프랑스 사회학회 회장을 역임하였고 오래전에 국제사회학회 부회장을 역임하였다. 그는 1988년 크리스챤 아카데미에서 주관한 올림픽 국제학술회의에 참석하기 위해 한국을 방문한 경험이 있다.

4) 투렌의 저서 가운데 우리말로 번역된 것으로는 『탈산업사회의 사회이론: 행위자의 복귀』(조형, 1994)가 있다. 이 책은 Touraine(1984b)을 번역한 것이다.

이름 아래 프랑스 사상의 지배적 흐름이 우리 학계에 알려져 있다. 그러나 우리 학계가 프랑스 학계의 흐름을 어느 정도 이해하고 있는지는 의문이며 과연 프랑스 학계로부터 우리의 상황을 비추어 보는 데 적합한 사조를 수용하였는가는 또 다른 문제이다. 한국의 학계는 프랑스 학계의 다양한 입장을 우리 나름대로 수용하여 우리 스스로의 이론적 성찰능력을 확장시키는 데 힘쓰기보다는 미국 학계의 프랑스 학문 수용을 이차적으로 수용하는 과정에서 최신 유행하는 프랑스의 지배적 이론만을 집중적으로 수용하게 된 것이다. 그 결과 좁게는 프랑스 사회학계, 넓게는 프랑스 지성계의 지배적 흐름에 대해서 비판적 입장을 취하였지만 우리 사회를 이해하는 데는 적합성이 더 클 수도 있는 프랑스 학계의 비주류적 이론을 주체적으로 수용하지 못하였다. 나는 알랭 투렌의 경우가 그러한 보기에 해당된다고 생각한다. 나의 생각에 독자들이 동의할 수도 있고 반대할 수도 있지만, 나는 투렌의 이론이 우리 사회를 설명하고 이해하는 데 푸코나 보드리야르, 데리다나 료타르 등 영미학계를 통해 세계적으로 널리 알려진 이론가들보다 더 높은 적합성을 보인다고 생각한다.

아래에서 나는 투렌의 삶의 과정과 지적 성장의 배경을 살펴보고, 그의 연구의 발전사를 단계를 나누어 분야별로 살펴본 다음, 그의 이론을 간략하게 소개할 것이다. 그런 다음에 그의 이론적 입장을 다른 사회이론들과 비교하여 제시할 것이다.

2. 투렌의 삶과 지적 배경

투렌의 공식적 이력서는 다음과 같은 내용으로 구성되어 있다. 그는

1925년 칼바도스에서 출생하여, 파리의 명문 루이 르 그랑 고등학교를 거쳐 파리고등사범에서 역사학을 전공하였다. 1950년 역사학으로 아그레가시옹을 취득했고 1965년에는 국가박사학위를 취득했다. 1950~57년에는 국립과학연구소(Centre National de Recherche Scientifique)의 연구원으로 재직하였고, 1958~65년 파리고등연구원(Ecole Pratique des Hautes Etudes)의 교수, 1966~69년 파리 낭테르 대학 교수, 1970~77년 파리1대학교 경제사회발전연구소(IEDES)의 교수를 역임하였고, 1974년 이후부터 사회과학고등연구원(EHESS)의 교수로 재직하다가 최근에 은퇴하였다. 그는 1969년 프랑스를 떠나 칠레, 브라질, 미국, 캐나다 등에서도 방문교수로 가르치기도 하였다.

그의 학문적 사상을 보다 잘 이해하기 위해서는 겉에 드러난 공식적 학력과 경력의 껍질을 벗기고 들어가 그의 내면적 삶의 내용을 살펴보는 것이 중요하다.[5] 그는 항상 스스로를 질서와 전통보다는 변화와 미래를 선호하는 사람이라고 말하는데 그의 가문은 위대한 선조들로 가득 찬 전통 있는 화려한 가문은 아니었다. 그의 아버지는 사회학자 뒤르켐이 살았던 제3공화국의 정신 속에서 성장하여 과학과 교육의 가치를 신봉한 사람으로서 학문의 길을 통해 '출세'한 기초의학 교수였다(Touraine, 1977: 13).[6] 파리 7구의 뤼뒤박(Rue du Bac)에 있던 그의 집은 1만 권 이상의 책으로 둘러싸인 도서관 같은 집이었다. 투렌의 지치지 않는 연구와 저술 그리고 사회적 활동은 그의 아버지로부터 받은 삶에 대한 태도에서 비롯된 것이다. 그의 아버지는 투렌 형제가 밤 10시 반 이전에 취침인사를 하러 아래층으로 내려가면 "오늘 저녁에는 공부 안하냐?"라

---

5) 이 글에서 다루고 있는 투렌의 삶에 대한 자료는 그의 자서전적 형식의 『역사의 욕망』(Touraine, 1977)에 주로 의존하였으며 그와의 개인적인 대화를 통해 알게 된 사실도 활용하였음을 밝혀둔다.
6) 투렌 집안의 의학적 전통은 투렌의 동생과 아들에 의해 이어지고 있다.

는 반응을 보였다고 한다. 투렌 집안의 이러한 분위기는 아마도 투렌으로 하여금 미래에 유용하고 지속될 업적을 건설하기 위해 눈앞의 즐거움을 포기하는 생활을 내면화하게 하였을 것이다.

그렇다면 투렌의 학교생활은 어떠하였을까. 그는 한마디로 모범학생은 아니었다. 그에게서 학교공부는 지루함만을 느끼게 하는 것이었다. 초등학교 시절부터 그는 공부시간에 선생님의 말을 듣지 않고 다른 일을 하는 학생이었다. 그는 초등학교 시절의 공부시간에 옆 친구와 함께 지리책을 만들거나 프랑스 문학 교과서를 편집하여 만들면서 시간을 보냈다고 한다. 그가 학교생활에서 느끼는 답답함은 규격적이고 질서를 강조하고 암송 등의 교육방법으로 개인의 창의성과 자발성을 존중하지 않는 프랑스 학교의 교실분위기에 대한 반발이었을 것이다. 그의 학교생활에 대한 불만은 대학생이 되도록 지속되어 파리고등사범에 다니던 1947~48년에는 학교를 휴학하고 프랑스 북부의 탄광지대인 발랑시엔느(Valenciennes)에서 광부로 일하였다. 그때 1946년에 출판된 조르즈 프리만의 『산업기계주의의 인간적 문제들(Les Problèmes humains du machinisme industriel)』을 읽으면서 사회학에 관심을 갖게 되었다. 이후 투렌은 거의 독학으로 사회학을 공부하여 사회학자로서의 길을 걷게 된다. 1950년대 사회학자의 지위는 역사학이나 철학에 비해서 대학 내에서 품위를 인정받지 못하는 상태에 있었으며 공산당을 중심으로 하는 좌파진영으로부터도 멸시의 눈초리를 받고 있었다. 그는 역사학이라는 보다 안정된 학문적 여정을 버리고 사회학자라는 어려운 길을 걷게 된 것이다.

아래에서는 투렌이 사회학자가 되면서 프랑스 사회의 정치적 장에서 어떤 위치에 있었는가를 간략하게 살펴보기로 하자. 프랑스의 진보적 지식인들은 1945년 해방 이후 1956년 후르시초프 보고서와 헝가리 부다페스트 항거 이전까지 프랑스 공산당의 영향권하에 있었다. 그런데 프랑스 공산당은 사회학을 부르주아 학문으로 멸시하는 입장을 취하였다. 프랑스 공산당은 노동운동과 지식인을 당에 종속시켰다. 공산당은 사회적인 영역에서 활동하는 지식인의 자율성을 인정하지 않는 태도를 보였던 것이다. 따라서 사회학자는 프랑스 공산당에서 유리된 소수의 독자적 목소리를 형성할 수밖에 없었다. 투렌은 냉전의 상황에서 공산당으로부터만 유리된 것이 아니라 미국을 중심으로 하는 세계질서의 재편성을 지지하는 데에 서양주의자들의 보수적 입장에도 동의할 수 없었다.

투렌은 반드골주의자로서 1968년 5월운동에 적극적으로 가담하였다. 투렌이 볼 때 드골주의는 공산주의와 마찬가지로 사회를 국가에 종속시켰다. 1958년 드골의 재등장은 알제리 전쟁에서 파괴된 사회 위에 국가가 우월한 위치를 장악하는 것을 의미한 것이다. 국가중심의 사회에서 사회중심의 사회로의 변화를 주장하는 투렌에게 드골주의는 프랑스 공산당(PCF)의 입장과 더불어 또 하나의 국가중심주의로 보였던 것이다. 투렌의 이러한 입장은 변함없이 지속되었다. 다른 한편 1950년대에 사회학자를 포함한 지식인들은 프랑스 사회 내부의 문제보다는 식민지 전쟁에 반대하는 투쟁에 몰두하였다. 그 결과 프랑스 사회 내부를 분석하는 사회학자들의 목소리는 그만큼 작을 수밖에 없었다. 이러한 상황에서 투렌은 사회학자의 길을 택한 것이다.

투렌은 프랑스의 지식인으로서 프랑스를 넘어서 다른 사회에 대한 관심으로 열려 있는 사회학자이다. 국제어로서의 프랑스어를 강조하는 사람들이 영미문화권을 무시하고 프랑스 문화권 내부에 칩거하고 있을 때, 자기중심적 프랑스 문화의 장벽을 뛰어 넘어 국제적인 활동을 전개한 사람이 투렌이다. 그는 이미 1950년대 후반 국제사회학대회에서 영어로 토론할 수 있는 능력을 가진 몇 안되는 프랑스 사회학자였다. 투렌이 미국과 라틴 아메리카 사회를 만나게 되는 과정은 다음과 같다. 그는 한국

전쟁이 벌어지고 있던 1952년 가을 록펠러 재단의 지원으로 미국에서 1년 동안 공부할 수 있는 기회를 갖게 되었다. 그때 투렌은 하버드 대학에서 파슨스(Talcott Parsons)의 사회학 이론 강의를 들었으며 머튼(Robert Merton)과 라자스펠트(Paul Lazarsfeld)가 가르치던 뉴욕의 콜롬비아 대학에서 몇 개월을 보냈다. 이때 하버드에서 들은 파슨스의 구조기능주의 이론에 대한 불만이 후일 대안적 사회학 이론을 발전시키려는 계기가 되었을 것이다. 그러나 그가 미국 체류기간중에 많은 것을 배운 것은 대학에서가 아니라 미국 사회의 현장에서였다. 그는 미국의 여러 곳을 여행하다가 시카고의 흑인거주지에서 몇 개월을 보내게 되었다. 그는 스스로가 흑인거주지에 산 마지막 백인의 하나일 것이라고 말하였다. 투렌이 보기에 미국의 대학사회는 매우 세련된 지적 세계로서 자족적인 사회이론을 발전시켰지만 현실사회를 직시할 용기를 가지고 있지 못해서 이론의 뒤에 현실을 감추고 있었다. 다시 말해서 미국의 유명대학들은 엘리트를 키우는 일과 지식을 생산하는 일에 몰두하면서 미국 사회 저변에 존재하는 거칠기는 하지만 강력하며 개혁적이고 저항적인 소수집단을 수용하는 민주적인 힘들을 키우지 못하고 있다는 것이다.[7]

투렌은 미국이라는 아메리카와 더불어 또 하나의 아메리카인 라틴 아메리카와도 만나게 된다. 투렌은 1956년 8월 칠레의 산티아고에 처음 도착하였다. 그는 조르주 프리만에 대한 칠레 대학의 요청에 의해 칠레 대학의 사회학연구소 창립을 위해 파견된 것이다. 그는 칠레 학생들에게 교실에서 사회학을 가르쳐 사회학자를 길러내는 방법보다는 학생들과 함께 공동연구를 하면서 사회학자를 키우는 방법을 선택하여 칠레의 탄광노동자와 철강노동자를 비교연구하는 현장연구를 실시하였다. 그는

---

7) 투렌의 미국 사회, 대학, 학생운동과 흑인민권운동에 대한 분석은 Touraine(1972)을 볼 것. 투렌의 미국 사회학에 대한 해석과 평가는 Touraine(1990)을 볼 것.

이 곳에서 연구 이외의 특별한 만남을 하게 된다. 칠레 대학의 실험고등학교 교장의 딸인 아드리아나(Adriana)를 만나 결혼하게 된 것이다. 차가운 느낌을 주면서 자기 일에 몰두하는 투렌은 아드리아나를 만나면서 라틴 아메리카에 대한 애정을 느끼게 되고 보다 폭넓은 학술적 교류의 중심 역할을 하게 되었다. 투렌은 1990년 암과 투쟁하다가 먼저 떠난 아드리아나를 따뜻한 가슴과 차가운 이성, 아름다움과 강한 의지를 동시에 지닌 사람이었으며 항상 타인을 주체로 인정하고 스스로가 주체로 살려는 사람이었다고 회상한다.[8] 내가 파리에서 투렌을 만났을 때 투렌은 스스로가 잘 아는 프랑스 여자와 결혼할 것을 생각해보지 않았으며 지금 자기 나이가 20대라면 아마도 동아시아의 여자를 만났을 것이라고 말한 적이 있다.

투렌의 사회학 이론의 형성에 영향을 미친 두 개의 정치사회적 사건이 있다. 하나는 '새로운 사회운동'의 출발점이 된 프랑스의 1968년 5월 운동이고 다른 하나는 1973년 칠레의 아옌데 대통령을 중심으로 하는 민중연합전선의 성공과 군부 쿠데타에 의한 민주주의의 종말이라는 사건이다. 투렌은 개인적으로 개입되어 있었던 두 사건 모두에서 행위자들의 행동과 행위자들이 그것에 부여한 의미 사이에 커다란 거리가 있었음을 발견하였다. 사건 속의 행위자들의 실천과 그들이 사용한 이론적 범주 사이의 엄청난 괴리를 발견한 것이다.[9] 두 사건 모두에서 행위자들은 새로운 문화를 만들어내면서 동시에 19세기적 이데올로기로 사회적 갈등을 분석하고 있었던 것이다. 따라서 투렌은 사회학적 분석의 목

---

8) 파리에서 내가 만난 몇몇 지식인들이 아드리아나의 타인을 향해 열려 있는 공감능력을 높이 평가하는 이야기를 들은 적이 있다. 그녀는 대인관계에서 뛰어나 모든 사람들의 갈등을 해결하면서 함께 일할 수 있는 분위기를 조성하였다고 한다.

9) 투렌이 볼 때 행위자들이 자신들이 하고 있는 행동의 의미를 인식하지 못할 때 폭력이 발생한다. 그 결과 갈등도 사회운동도 자유도 사라지게 된다.

적이 행위자의 행동과 행위자의 의미 사이의 거리를 좁히는 것이라고 생각하였다. 두 사건은 그가 사회운동이라는 개념을 중심으로 하여 사회학적 이론을 체계화하고 '사회학적 개입'이라는 사회운동의 연구방법론을 개발한 동기가 되었다.

제도적으로 투렌은 파리고등연구원에 '산업사회연구실'로부터 시작해서 1970년에 다양한 입장의 연구자들로 구성된 '사회운동연구소(Centre d'Etudes des Mouvements Sociaux)'를 창설하였고 1976년에는 '사회학적 분석과 개입연구소(Centre d'Analyses et d'Interventions Sociologiques)'를 중심으로 활동하였다.

3. 투렌의 연구발전사

알랭 투렌의 학문세계를 조감해보기 위해 필자는 두 가지 방법을 생각하였다. 첫째는 투렌의 학문적 관심 영역별 업적을 정리하는 것이고, 다른 하나는 시간의 흐름에 따른 연구의 변화 상황을 추적하는 것이다. 이 글에서 나는 그 두 가지 방법을 종합하여 그의 연구발전사를 편의상 4단계로 나누고 그 안에서 영역별 연구성과를 소개하였다. 제1기(1955~60년대 중반)는 노동사회학 연구의 시기이다. 제2기(1960년대 중·후반~70년대 중반)는 일반이론 수립기이다. 제3기(1970년대 후반~80년대 후반)는 사회운동 연구 및 일반이론 강화기이다. 제4기(1990년대 초반 이후~현재)는 사회이론과 정치사상 연구의 시기이다. 각각의 단계는 확연히 구분되는 것은 아니고 서로 중복될 수도 있어서 명확한 연도를 밝히지 않았으며 영역별 연구성과를 간략하게 소개하였다.

1) 제1기(1955~60년대 중반): 노동사회학 연구시기

앞서도 말했지만 투렌은 파리고등사범을 다니던 중 학교생활에 회의를 느껴 파리를 떠나 프랑스 북부의 광산지역인 발랑시엔느에서 약 1년간 광부로 일한 적이 있다. 그때 조르주 프리만(George Friedman)의 노동사회학 저서에 관심을 가지게 되어 광부생활을 마치고 파리로 돌아와 고등사범을 마치고 노동사회학 연구에 매진하게 된다. 투렌은 전후 프랑스의 대표적인 경제사가인 에른스트 라부르스(Ernst Labrousse)의 지도하에 르노 자동차 공장에서 기술발전과 노동자의식 사이의 관계를 현장에서 연구함으로써 사회학 연구를 시작하였다. 『르노 자동차 공장에서의 노동작업의 변화』(Touraine, 1955)로 출판된 연구의 성과는 아직까지도 프랑스 노동사회학의 현장연구의 고전으로 남아 있다. 이후 프리만의 추천으로 '사회학연구소(Centre d'Etudes Sociologiques)'의 연구원이 되어 본격적인 노동사회학 연구에 몰두하였다. 이때의 동료들이 후에 방법론적 개인주의를 제창한 미셸 크로지에(Michel Crozier), 산업관계 연구의 대가인 장-다니엘 레노(Jean-Daniel Reynaud) 등이다. 1958년에는 프랑스 아날학파의 대가인 페르낭 브로델(Fernand Braudel)의 초청으로 파리고등연구원의 노동사회학연구소장이 되었다. 투렌의 노동사회학 연구는 『농촌출신 노동자』(Touraine, 1961)와 그의 국가박사학위논문을 출판한 『노동자의식』(Touraine, 1966) 등으로 나타났다. 투렌은 세르즈 말레(Serge Mallet)와 함께 ≪논쟁(*argument*)≫이라는 잡지를 통하여 '새로운 노동자계급(La nouvelle classe ouvrière)' 논쟁을 주도하기도 하였다. 그의 노동사회학 연구의 현장은 프랑스를 넘어 칠레와 브라질에서도 이루어졌다. 또 노동사회학 연구와 관련하여 기업의 이동과 상이한 사회계층들의 주거지를 연구하면서 도시사회학 분야의 연구도 진행하였다

(Touraine, 1969: ch.3).

2) 제2기(1960년대 중·후반～70년대 중반): 일반이론 수립기

투렌은 프랑스에서의 노동사회학 분야의 연구가 궤도에 오르게 되면서 ≪노동사회학≫이라는 학술잡지를 창간하고 노동사회학 연구를 넘어서 사회학 일반이론의 구성에 관심을 보이게 된다. 1965년에 펴낸 『행위의 사회학』(Touraine, 1965)은 노동과 사회계급, 관료제와 민주주의, 노동운동과 대중문화 등에 대한 산업사회의 중요한 문제들에 대한 구체적 연구물들의 종합이면서 동시에 투렌 자신의 사회학 이론적 입장을 정립하려는 시도였다. 그것은 행위자의 창조적 행위가 점점 더 중요성을 더해가는 산업사회에서 사회에 대한 분석을 경제체계의 분석으로 환원시킬 수 없다는 주장이며 사회는 대립하는 행위자들이 생산의 영역을 통제하기 위하여 서로 투쟁하고 조화를 이루는 행위의 체계라는 주장이었다. 투렌은 이 책에서 스스로의 입장을 '행위주의(actionnaliste)'라고 이름 붙였다. 그의 이론적 작업은 1965년의 『행동의 사회학』에서 시작하여 1969년의 『후기산업사회』를 거쳐 1973년의 『사회의 자기생산』에서 체계를 갖추게 되었다. 『후기산업사회』가 1968년 5월운동으로 그 모습을 드러낸 새로운 사회갈등과 새로운 사회운동에 대한 이론적 논의라면 『사회의 자기생산』은 『행위의 사회학』에서 그가 취한 '행위주의적' 입장을 보다 일반이론의 수준으로 체계화시킨 것이다. 『사회의 자기생산』에는 이 글의 다음 절에서 다루게 될 투렌의 주요 이론적 개념들과 그것들 사이의 관계가 체계적으로 논의되고 있다.[10) 서론과 결론 그

---

10) 나는 이 책이 파슨스의 『사회체계(*The Social System*)』와 대칭되는 투렌의 이론서라고 생각한다. 투렌과 파슨스의 두 저서를 비교하는 것도 의미 있는 이론적 작업이 될 것이다.

리고 역사성, 역사적 행위체계, 계급관계, 정치체계, 사회운동, 사회변동
이라는 제목의 7개의 장으로 구성되어 있는 이 책은 사회가 현재 상태
의 규칙과 조직을 유지하는 체계일 뿐만 아니라 안팎의 변화에 적응하
는 능력을 가지고 있으며 거기서 더 나아가서 문화적 지향성과 사회갈
등, 사회운동, 정치적 결정에서 출발해서 스스로의 기능과 변동의 양식
을 선택하는 행위의 체계라는 관점을 보여준다. 산업사회에서 후기산업
사회로 진행될수록 사회는 사회적 행위체계 밖의 어떤 힘에 의해 결정
되고 재생산되는 것이 아니라 사회가 발전시키는 지식과 투자의 양식
그리고 주체에 대한 표상을 통해 스스로를 생산하는 힘을 더욱더 많이
가지게 된다는 것이다. 투렌이 1974년에 발표한 『사회학을 위하여』
(Touraine, 1974a)에서는 사회학의 대상과 접근방법, 사회학자의 역할과
임무를 새롭게 정의하면서 사회체계, 사회갈등, 사회관계, 사회운동, 사
회적 정체성과 사회운동 등에 대한 6편의 논문을 엮어냈다. 투렌은 자신
의 사회학에 대한 이론적 입장을 현실에 대한 분석으로 연결시켜 보다
많은 사람들에게 접근하는 글쓰기를 시도하였는데 1974년 6월 4일에서
10월 29일 사이에 사회학을 공부하는 여학생에게 보내는 29통의 편지
형식으로 된 『어느 여학생에게 보내는 편지』(Touraine, 1974b), 1974년
9월 24일에서 1976년 4월 24일 사이의 지적 일기 형식으로 된 『보이지
않는 사회』(Touraine, 1976a) 등이 그것이다.

  3) 제3기(1970년대 후반~80년대 후반): 사회운동 연구시기

  투렌의 사회운동 분석은 이미 노동운동에 대한 연구에서부터 비롯된
것이지만 1968년 프랑스의 5월운동과 1973년 칠레의 민중연합의 몰락
이 사회운동 연구의 직접적인 계기가 되었다. 『유토피아적 공산주의』

(Touraine, 1968)가 5월운동에 대한 최초의 체계적 연구이면서 고전적 연구가 되었다면 『민중주의 칠레의 삶과 죽음』(Touraine, 1973b)은 칠레의 민중연합의 성공과 실패의 이야기를 분석하고 있는 책이다. 이미 1950년대에 시작된 라틴 아메리카에 대한 투렌의 관심은 1970년대 파리 제1대학교의 경제사회연구소(IEDES)에 관여하면서 활성화되었다. 그는 종속이론에 반대하여 종속사회 내부의 사회적·정치적 행위자들의 사회적 관계의 특성을 살피고 사회운동의 형태와 특성을 분석하였다. 그연구의 결과가 『종속사회』(Touraine, 1976b)이다. 투렌은 1980년대 후반에 들어서면서 라틴 아메리카의 민주화가 진행되는 과정에서 라틴 아메리카에 관한 연구를 재개하였다. 그 결과가 『피와 말: 라틴 아메리카의 정치와 사회』(Touraine, 1988)이다. 이 책은 라틴 아메리카 사회의 발전과 근대화 과정에서 사회계급, 국가, 이데올로기, 농민운동, 도시빈민운동, 노동운동, 의회민주주의의 한계와 게릴라운동, 민주화와 경제성장의 가능성 등을 사회체계의 관점이 아니라 사회적 행위자의 관점에서 종합적이고 체계적으로 비교분석하고 있다.[11]

1970년대 후반에 들어서면서 투렌은 프랑스 사회를 중심으로 한 이른바 '새로운 사회운동'에 대한 연구를 진행하게 된다. 투렌은 사회운동에 관여하는 행위자들의 행위와 행위의 지향성 그리고 그에 대한 행위자의 의미구성에 분석의 초점을 맞추었다. 그러한 목적으로 사회운동을 연구하기 위하여 개발한 특별한 연구방법론이 '사회학적 개입'이다. 1975년 그는 이러한 방법론에 입각하여 프랑스의 새로운 사회운동을 연구하기 위하여 '사회학적 분석과 개입연구소'를 창설하게 된다. 1978년에 출판

11) 이 책은 아직 영어로 번역되지 않아 영미문화권에는 알려지지 않았지만 라틴 아메리카의 학계에서는 근본적인 토론의 쟁점을 제공한 중요한 저서로 인정받고 있다. 한국의 정치학자 가운데 라틴 아메리카 현지를 방문하면서 연구하고 있는 이성형 박사가 이러한 사실을 나에게 전해준 바 있다.

된『목소리와 시선』(Touraine, 1978a)은 행위주의 사회학 이론의 관점에서 새로운 사회운동을 연구하기 위한 이론과 방법을 명시한 책이다. 이러한 이론과 방법에 기초하여 투렌은 미셸 비비오르카(Michel Wiviorka), 프랑쇠 뒤베(François Dubet) 등의 제자들과 함께 학생운동(Touraine, 1978b), 반핵운동(Touraine, 1980), 지역운동(Touraine, 1981), 폴란드의 솔리더리티 자유노조운동(Touraine, 1982), 노동운동(Touraine, 1984a), 여성운동(Touraine, 1982: 225-248) 등을 연구하였다.12)

이러한 구체적인 현장연구들에 기반하여 투렌이 자신의 이론적 성찰을 전개한 결과가 1984년에 발간된『행위자의 복귀』(Touraine, 1984b)이다. 이 책은『사회의 자기생산』(Touraine, 1973a)의 일반이론과 사회운동 분석을 위한 이론적 방법론적 작업인『목소리와 시선』(Touraine, 1978)에 이어 투렌의 이론적 성찰의 중요한 결과물이다. 이 책은 사회생활에 대한 새로운 표상을 제시하면서 '행위의 사회학'을 다른 이론적 접근들과 대비시켜 자신의 입장을 정리하며, 프로그램화된 후기산업사회의 새로운 사회갈등과 사회운동, 민주주의 등의 주제를 다루고 있다.

이 시기 투렌은 프랑스의 정치개혁에도 관심을 기울여 후기 산업사회를 맞이하여 시대착오적인 입장을 견지하고 있는 프랑스 공산당과 노동총동맹(CGT)이라는 낡은 좌파의 국가중심의 중앙집권적 사회개혁의 비전을 비판하고 새로운 사회운동의 비전을 공유하는 새로운 좌파 정치세력의 등장을 기대하는 정치사회학적 비평서들을 출판하였다.『한 좌파

---

12) 투렌의 사회운동 연구는 미셸 비비오르카, 프랑쇠 뒤베, 쥐자 헤지뒤스 등과의 공동연구의 산물인데, 투렌의 은퇴 이후 비비오르카가 '사회학적 분석과 개입연구소(CADIS)'의 소장이 되었다. 비비오르카는 소비자운동 연구에서 시작하여 정치폭력과 테러리즘 연구의 전문가이며 최근에는 민족주의와 인종차별주의에 대한 이론적 연구와 '사회학적 개입'을 통한 현장연구를 진행하여 중요한 연구성과를 발표하고 있다. 또 뒤베는 이민 청소년문제와 중·고등학교 학생들의 집합행동을 연구하여 중요한 업적을 쌓고 있으며 헤지뒤스는 평화운동에 대한 비교연구를 하고 있다.

의 죽음』(Touraine, 1979)과 『사회주의 이후』(Touraine, 1980)가 그것이
다.

4) 제4기(1990년대 초반 이후~현재): 사회이론과 정치사상 연구 시기

투렌은 1980년대 후반에 들어서면서 프랑스의 새로운 사회운동이 침
체기에 들어감에 따라 그동안의 현장연구를 바탕으로 하여 자신의 이론
적 성찰을 더욱 심화시키고 변화된 상황을 새롭게 해석하는 작업으로
나아갔다. 그의 이러한 작업은 근대사상사를 자신의 관점에서 재해석하
면서 주체의 등장을 가로막는 다른 사회이론들에 대한 비판적 검토를
거쳐 주체, 행위자, 사회운동이라는 개념들을 중심으로 하는 자신의 이
론적 입장을 제시한 『현대성 비판』(Touraine, 1992)으로 나타났다. 『현
대성 비판』에 이어 투렌은 1989년 베를린 장벽 붕괴 이후 전지구적 수
준의 변화와 재구성을 염두에 두면서 『민주주의란 무엇인가』(Touraine,
1994)라는 책을 펴냈다. 이 책은 시장경제와 종교문화적 민족주의라는
두 개의 대립적인 경향을 넘어서 어떻게 하면 민주주의의 원칙을 극대
화할 수 있을 것인가를 질문하고 있다. 이것은 정치철학적 질문이면서
동시에 구체적인 행위의 문제이기도 하다. 다수결의 원칙과 소수에 대한
존중이라는 원칙을 어떻게 조화시킬 것이며, 여성들의 정치참여를 어떻
게 보장할 것인가, 또 이민자들을 어떻게 사회 속에 정착시킬 것이며,
지구의 북반구의 나라들과 남반구의 나라들 사이의 분열을 어떻게 해결
할 것인가 등의 문제가 바로 그것이다. 투렌은 이 책에서 도구적 시장과
기술의 세계와 문화적 정체성이라는 폐쇄적 세계 사이의 분리가 심화되
는 것을 경계하고 있다. 문제는 어떻게 하면 그 두 세계를 민주주의적

원칙에 의해 조합할 것인가에 있다는 것이다. 『민주주의란 무엇인가』는 정치사상과 도덕철학이 밀접하게 관련되어 있듯이 민주적 문화와 주체라는 생각이 밀접히 관련되어 있음을 보여주고 있다.

1995년 투렌은 자신의 이론적 입장을 견지하면서 프랑스 사회당 지도자들에게 보내는 편지형식의 책을 출판하였다. 자신의 사회학적 분석을 현실정치의 현장에 적용시키기를 계속해온 투렌은 이 책에서 세계화라는 전지구적 추세 속에서 프랑스 사회의 개혁을 위한 방향을 제시하였다. 그의 현실에 대한 사회학적 개입은 1995년 겨울 프랑스 노동자 대파업 상황에도 이루어졌다. 투렌은 1968년 5월운동에 대한 즉각적인 현장연구 결과를 책으로 출판하였듯이 1995년 겨울 대파업에 대한 사회학적 분석을 1996년 『위대한 거부』(Touraine, 1996)라는 제목의 책으로 출판하였다.

1995년 필자가 투렌의 연구실을 방문하였을 때 그는 지구화(global-isation)에 대한 이론적 성찰을 하고 있었으며 동유럽과 러시아에서의 민주주의와 사회운동에 대한 현장연구를 조직하고 있었다. 그는 앞으로 사회사상과 관련된 지적 작업을 계속할 것이라고 말했다. 그 연구의 결과가 『우리는 함께 살아갈 수 있을까?』(Touraine, 1997)라는 제목의 책으로 출판되었다. 그는 이 책에서 국경을 넘어서는 경제논리가 각 나라의 공공성의 영역을 침범하는 상황을 염두에 두면서 시장을 사회적으로 통제할 수 있는 방법을 모색하고 있다. 그는 미국식 자유주의 모델이 아니라 유럽식 사회발전 모델을 세계화의 문맥 속에서 변형시킬 수 있는 방법을 모색한다. 그는 개인의 수준이든 집합적 수준이든 간에 각자의 문화적 정체성을 유지하면서도 현대적 기술과 경제의 논리에 적용하는 그리고 새로운 사회적 관계를 만들어가는 이른바 '주체'의 형성 가능성을 찾고 있는 것이다. 그러한 주체가 형성될 때 평등하면서 서로의 차이점을 존중하는 더불어 함께 사는 사회가 이루어질 수 있을 것이다.

1998년 여름 다시 파리에서 만난 투렌은 퀘벡에서 열릴 세계사회학대회에서 3~4편의 논문을 발표할 예정이었는데 그 가운데 언어권이 다른 학자들 사이의 의사소통 가능성을 문제로 제기하는 논문의 복사본을 나에게 주었다. 독일어권과 영어권, 스페인어권과 불어권 사이에는 문화적 문맥에 따라 동일한 용어가 다른 뜻을 함축한다는 것이다. 그는 세계사회학계가 영어로만 의사소통되는 것을 비판하기 위해서 그리고 여러 언어의 공존을 옹호하기 위해서 자신의 발표는 영어, 불어, 스페인어로 각각 3분의 1씩 할 것이라고 했다.

4. 투렌의 주요 이론적 개념

투렌의 주요 이론적 개념장치들은 『사회의 자기생산』에서 가장 체계적으로 정리되어 있다. 이 책은 1993년 이제 필요 없는 부분과 낡은 부분을 제거하여 개정판으로 출판되었는데 여기에 덧붙여진 투렌의 서문은 이 책이 시대의 변화에도 불구하고 현재에 이르기까지의 자신의 작업에 지적 통일성을 부여하는 것이라고 말하였다. 또 1988년 박사학위를 마치고 귀국하기 전 필자가 그의 저서 가운데 어떤 책이 한국어로 가장 먼저 번역되기를 원하냐고 물었더니 단호히 『사회의 자기생산』이라고 답하였다. 여기에서는 이 책을 중심으로 그의 주요 이론적 개념들을 살펴보기로 한다.

투렌의 이론적 관심의 초점은 사회가 질서를 재생산하는 과정이 아니라 사회가 스스로를 생산하는 능력을 분석하는 데 있다. 투렌은 사회학을 사회적 관계 속의 위치를 가지고 있는 행위자의 행동을 설명하는 작업이라고 정의한다. 이때 사회적 갈등관계에 있는 행위자들은 동일한 문화적 지향성을 공유한다. 그는 사회를 '행위체계'로 보는데 사회적 행위체계는 사회적 대립의 그물망이다. 사회적 행위체계는 분석적으로 세 개의 수준으로 구분된다. 역사적 행위체계(systéme d'action historique)의 수준, 정치제도적(système politique institutionnel) 수준, 조직체계(système organisationnel)의 수준이 그것이다. 역사적 행위체계와 계급관계의 체계가 지배의 관계라면 정치제도적 체계는 영향력의 관계이며 조직체계는 권위의 관계로 특징지어진다. 먼저 가장 높은 수준인 역사적 행위체계 수준은 계급관계의 수준으로 '역사성(historicté)'을 놓고 한 사회의 중심적인 사회갈등이 자리하는 수준이다. 여기서 말하는 역사성은 투렌의 고유한 용어로서 과거의 역사가 현재의 역사에 대하여 갖는 규정력을 의미하는 것이 아니라 행위자들의 미래사회를 향한 역사창조 능력을 말한다. 역사성은 축적양식(mode d'accumulation), 지식양식(mode de connaissance), 문화적 모델(modèle culturel)이라는 세 가지 구성요소로 이루어진다. 중간 수준인 제도적 수준은 정치적 의사결정의 수준을 말한다. 정치제도적 수준은 역사적 행위체계와 지배계급에 의해서 '장악(emprise)'되어 있지만 '혁신(innovation)'의 압력을 행사할 수도 있다. 마지막으로 가장 낮은 수준인 조직적 수준은 권위의 관계에 의하여 역할들 사이의 관계로 설정된 사회적 행동체계를 말한다. 조직체계는 역사적 행위체계에 의해서 그 성격이 '결정(détermination)'되고 정치제도적 수준의 '권력(pouvoir)' 안에 있지만, '근대화(modernisation)'와 '이의제기(revendication)'를 통해 상위체계들에 압력을 행사하기도 한다.

투렌은 사회적 행위체계의 세 수준의 사회적 갈등을 구별한다. 투렌은 역사성의 세 가지 구성요소를 놓고 벌어지는 역사적 행동체계 수준에서의 사회적 갈등을 '사회운동(mouvement social)'이라고 부르며, 정

<그림 1> 사회적 행동체계의 세 수준 사이의 관계

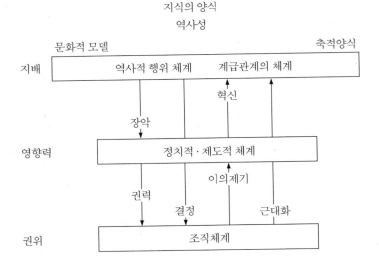

출처: Touraine(1973a: 150; 1974: 117)을 조합한 것임.

치제도적 체계의 수준에서의 갈등을 '정치적 투쟁(lutte politique)'이라고 부르며, 조직의 수준에서 일어나는 사회적 갈등을 '집합행위(conduite collective)'라고 부른다. 그리고 조직체계와 정치제도적 체계와 역사적 행위체계는 각각의 영역에서 일정한 독자성을 누리면서 동시에 상위의 체계에 의해서 규제당한다. 그러나 하위의 체계도 상위의 체계에 대해서 일정한 방식으로 압력을 행사한다. 투렌은 세 영역 사이의 관계를 <그림 1>로 제시하고 있다.

그런데 투렌의 사회적 관계에 대한 생각에서 특이한 것은 어느 한 계급이 언제나 역사의 진리를 담지한다고 보지 않는 것이다. 지배계급과 피지배계급은 모두 역사성의 수준에서 창조적일 수도 있고 자신의 특수한 이익을 방어하는 특수주의의 상태에 머무를 수도 있다. 따라서 투렌은 지배계급을 영원한 악의 세력으로 보지 않으며 피지배계급을 영원한 선의 세력으로 보지도 않는다. 민중계급은 수동적으로 지배관계를 받아들이거나 자신의 이익만을 방어하는 방어적 계급에 머무를 수도 있으며 새로운 역사성을 제시하는 이의제기 계급으로 형성될 수도 있다. 또 상위의 계급도 지배와 억압의 측면만을 보이는 지배계급의 측면과 더불어 새로운 역사성을 제시하는 지도계급이 되는 역사적 상황이 있다는 것이다. 투렌은 이와 같은 민중계급과 상위계급의 양측면을 교차시켜 '사회계급의 이중 변증법(double dialectique des classes sociales)'이라고 부르는데 한 사회가 가장 역동적으로 스스로를 창조하는 상황은 상위의 지배계급이 지도계급의 성격을 띠고 하위의 민중계급이 이의제기 계급이 되어 역사성의 수준에서 창조적으로 상호갈등하는 상황이다(<표 1> 참조).

투렌은 사회를 넘어서는 신, 역사, 이성, 민족 등의 '초사회적 보장(garant métasocial)'이 사라지고 사회적 행위자들이 사회를 스스로 만들어가는 사회의 자기생산능력이 점점 커지는 방향으로 역사가 진행되었다고 보면서 농업사회, 상업사회, 산업사회, 후기산업사회라는 사회의 유형을 제시하고 있다.[13] 그런데 농업사회에서 후기산업사회에 도달할수록 한 사회가 스스로를 생산하는 능력이 더욱 커진다. 그리고 그러한 사회의 자기생산은 역사성의 수준에서의 사회적 갈등을 통해 이루어진다. 초사회적 보장을 넘어서 사회의 자기생산 능력이 생겨난 산업사회에서의 중심적 갈등은 물질적 생산을 둘러싸고 노동조직을 관리하는 계급과 노동자계급 사이의 갈등이었다. 두 계급은 모두 역사의 진보, 이성, 과학의 힘을 신뢰하면서도 서로 다른 역사성을 제시하였다. 그런데 후기

---

13) 투렌은 다니엘 벨(Daniel Bell)과 함께 '후기산업사회'라는 용어를 가장 먼저 사용한 사회학자인데 벨이 후기산업사회의 이데올로기의 종말을 이야기하였다면 투렌은 후기산업사회의 새로운 갈등과 새로운 사회운동을 이론화하였다.

<표 1> 사회계급의 이중 변증법

	특수주의	역사성의 제시
상위계급	지배계급	지도계급
민중계급	방어계급	이의제기계급

출처: Touraine(1973a: 590).

산업사회로 들어서게 되면 의사결정과정을 과학과 합리성의 이름으로 독점하면서 사회생활 전체를 프로그램화하는 기술관료집단과 의사결정에서 배제되고 소외된 민중계급 사이의 갈등이 중심적인 갈등으로 자리 잡게 된다. 산업사회의 중심적 사회운동이 노동운동이었다면, 후기산업사회에 들어서는 '새로운 사회운동'이 그러한 중심적 갈등을 표현하는 사회운동이 되었다는 것이다.

투렌은 1968년 5월운동 이후 형성된 여러 사회운동을 후기산업사회의 역사성의 수준에서의 사회적 갈등을 표현하는 운동으로 보면서 '새로운 사회운동'이라고 이름 붙였다.[14] 1970년대 말 이후 새로운 사회운동의 징후를 나타내는 이러한 여성운동, 학생운동, 반핵운동, 지역운동 등을 연구하면서 투렌은 사회운동의 구성요소로서 주체성(identité), 적대성(opposition), 총체성(totalité)의 원칙을 제시하였다. 주체성의 원칙은 누구의 이름으로 운동의 주체가 정의되는가라는 문제이다. 적대성의 원칙은 운동주체와 갈등관계에 놓여 있는 세력에 대한 정의이다. 마지막으로 총체성의 원칙이란 역사성 수준에서의 대안 제시를 말한다. 투렌의 새로운 사회운동의 연구는 각각의 개별적인 운동의 행위자들이 앞서 구분한 역사적 행위체계, 정치제도적 체계, 조직체계 가운데 어느 수준에

---

14) 투렌의 새로운 사회운동에 대한 이론적 논의를 간편하게 보기 위해서는 정수복(1993b: 41-67)에 실린 투렌의 「노동운동의 제도화와 새로운 사회운동의 전개」를 볼 것.

위치하는 것인가를 구별하면서, 주체성, 적대성, 총체성이라는 사회운동
의 세 가지 원칙을 어떻게 구성해나가는가를 분석하는 것이다.15)

투렌은 상황에 대한 반응이 아니라 새로운 상황을 창조하는 사회운동
을 분석하기 위해 '사회학적 개입'이라는 연구방법론을 고안하여 활용하
였다. 이것은 사회운동에 참여하는 행위자들이 스스로의 행동에 부여하
는 의미를 스스로 분석하도록 유도하는 연구방법론으로서 운동참여자들
로 구성된 소집단 내에서 연구자와 행위자 그리고 외부의 적대세력이나
동조세력들 사이의 대면과 토론을 통해 이루어진다. 여기서 사회학자의
역할은 사회운동에 대한 가설을 제시하면서 행위자들의 자기분석을 유
도하는 것이다. 이러한 과정을 통하여 사회학자는 운동에 대한 지식을
생산하고 운동의 참여자들은 스스로의 행동의 의미를 명확히 하고 재조
정할 수 있는 기회를 갖는 것이다.

5. 투렌의 이론적 입장

사회학 이론은 논리적 구성물일 뿐만 아니라 사회에 대한 비전을 정
의하는 작업이다. 사회이론들은 현실세계를 해석하는 고유한 인식의 방
식으로서 다른 해석방식들과 경쟁의 관계에 있는 것이다. 그런 뜻에서
앞에서 요약한 투렌의 사회이론은 구조기능주의, 구조주의 마르크시즘,
자유주의가 제시하는 사회에 대한 일반적인 비전을 거부하고 자기나름
의 새로운 비전을 제시하는 것을 이론적 목적으로 한다.16) 먼저 투렌은

---

15) 투렌의 후기산업사회의 사회운동연구를 위한 이론과 연구방법론은 『목소리
    와 시선』에 정리되어 있다(Touraine, 1978a).
16) 투렌은 스스로의 사회학을 '행위의 사회학'이라고 이름 붙이면서 행위의 사
    회학을 피해가는 일곱 가지 방법들을 정리하였다. Touraine(1984b: 107-140)
    또는 투렌(1994: 61-82) 참조.

제2차세계대전 이후 세계를 지배한 팍스아메리카나의 흐름 속에서 지적 낙관주의를 대표하는 파슨스의 구조기능주의로부터 자신의 입장을 분리시킨다. 이어서 제2차세계대전 이후 지속된 낙관주의적 분위기가 1968년 5월운동으로 반전된 이후 1970년대 중반에 이르기까지 프랑스 사상계를 지배한 구조주의적 사고에 대해 지속적으로 반대의 입장을 표명하였다. 마지막으로 1989년 베를린 장벽 붕괴 이후 전세계를 풍미하고 있는 자유주의 사상에 대해 반대하는 입장을 제시하고 있다. 투렌의 이러한 입장은 1965년『행동의 사회학』에서부터 나타나고『사회의 자기생산』에서 체계화된 것으로서 이후의 이론적 작업은 지성사의 흐름에 따라 자신의 이론적 입장을 다른 입장들과 대립시키고 새로운 문제들에 부딪치면서 점차 정교한 형태로 발전시킨 것이다. 아래에서 다른 입장들에 대한 비판과 프랑스 사회학계 내에서 행위사회학의 고유한 입장을 밝혀보기로 한다.

1) 구조기능주의에 대한 비판

투렌의 이론적 입장은 우선 파슨스로 대표되는 구조기능주의를 비판하는 이론구성 작업에서 시작되었다. 기능주의 사회학은 제2차세계대전 이후 미국의 패권주의에 힘입어 유럽에서도 일정한 영향력을 행사하였는데 투렌은 지속적으로 기능주의 사회학에 반대되는 입장을 표명하였다. 투렌이 '고전적 사회학'이라고 부르는 기능주의 사회학은 마키아벨리에서 루소에 이르는 정치철학에 그 기원을 두고 있다. 여기서 선과 악을 판단하는 기준은 하나의 행위자나 상황이 사회통합을 위하여 순기능을 하느냐 역기능을 하느냐에 달려 있다. 하나의 행위가 사회적 기능의 합리성을 높여주면 선으로 평가되고 합리화를 저해하면 악이나 병리적으로 판단된다. 기능주의 사회학은 사회의 일반적 가치가 분화되면서 규범을 만든다고 보는 데 반해 투렌의 행위의 사회학은 문화적 지향성과 사회조직 사이에 지배관계가 자리하고 있다고 본다. 그리고 중심적인 지배관계에서의 사회갈등을 통해서 행위자들이 사회의 질서와 규칙을 새롭게 변화시킨다는 것이다.

2) 구조주의에 대한 비판

니체와 프랑크푸르트학파를 거쳐 프랑스에서 알튀세르, 풀란차스, 푸코, 부르디외 등의 저작을 통해 지적인 영향력의 정점에 도달한 구조주의 사회이론은 투렌의 이론적 작업의 또 하나의 비판 대상이다.[17] 이들은 사회생활을 지배의 담론이라고 보면서 권력이 몸과 영혼의 모든 곳에 침투해 있기 때문에 주체화란 환상에 불과한 것이라고 본다. 그러나 투렌이 볼 때 사회생활은 크리스탈 같은 구조라기보다는 행위자들의 드라마에 가까운 것이다. 순수하게 비판적이기만 한 구조주의 사회이론은 사회적 불평등에 대한 고전적 연구를 넘어서 사회생활의 현실을 구체적으로 분석하는 능력을 발전시키지 못하였다. 비판적 구조주의라고 부를 수 있는 이들의 이론 속에서 사회는 완전히 감시되고 조작당하는 기계이며 불평등과 권력을 재생산하는 기계로 표상된다. 비판적 구조주의는 사회학적 연구의 방향을 재정립하기보다는 기존체제를 비판하는 이데올로기의 역할을 하였다. 투렌은 구조주의 사회이론을 '좌파기능주의'라고도 부른다(Touraine, 1975: 589). 왜냐하면 사회생활을 지배하는 것은 사회체계의 논리이지 문화적 가치를 독점하기 위해 사회적 갈등관계에

---

17) 1988년 소르본 대학의 루이 리아르 강당(Salle Louis Liard)에서 열린 보드리야르의 교수자격 논문심사에서, 보드리야르가 구조주의를 다리부터 자르고 있다면 자신은 구조주의의 머리부터 쳐내리고 있다고 말하였다.

위치하는 행위자들의 논리가 아니기 때문이다. 투렌이 볼 때 라틴 아메리카를 중심으로 발전된 종속이론도 그 사고방식에서는 구조주의에 속하는 것이다. 그것은 종속적 관계의 재생산 과정에서 행위자의 형성을 이론적 틀 속에 고려하지 않고 있다. 종속적 관계에 대한 분석을 넘어서 종속사회 내부의 사회적 관계와 그 안에서 사회운동이 형성되는 가능성을 모색하는 것이 투렌의 입장이다.

3) 자유주의에 대한 비판

1980년대에 들어서 구조주의와 마르크스주의가 후퇴한 자리에는 투렌의 행위의 사회학이 아니라 자유주의가 들어섰다. 자유주의가 도처에서 영향력을 발휘하면서 비판적 구조주의는 포스트모더니즘으로 급진화되고 주변화되었다.[18] 투렌은 개인의 자유를 가장 소중한 가치로 생각한다. 개인의 자유가 존중되지 않는 어떤 사회도 그는 바람직한 사회로 보지 않는다. 투렌은 전체주의에 대한 공포를 가지고 있었으며 전체주의에 대한 비판을 멈추지 않았다(Touraine, 1975: 590). 개인의 자유가 보장되는 민주주의 사회에서만 '주체'의 형성이 가능하기 때문이다. 그러나 그는 자유주의를 비판한다. 사회는 합리적 개인들의 총합이 아니라 하나의 역사적 행동의 체계이다. 사회적 인간은 결코 경제적 인간으로 환원될 수 없으며 사회적 관계는 시장적 관계로 환원되지 않는다. 인간의 사회적 행동은 시장에서의 전략적 행동에 한정되는 것이 아니라 사회적 관계를 변형시키는 사회운동의 차원으로 발전할 수 있다. 자유주의의 사회관은 심각한 사회적 위기가 없이 사회질서가 유지되는 상황에서 부를

---

18) 투렌은 포스트모더니즘이 비판적 구조주의만큼이나 구체적인 사회문제를 연구할 능력이 없는 것으로 본다.

소유한 사람들의 기득권을 옹호하는 이데올로기의 역할을 할 수 있다. 이런 뜻에서 투렌은 사회운동을 시장의 논리로 환원시키는 미국 사회학의 사회운동이론인 '자원동원론(Resource Mobilization Theory)'에 비판적인 입장을 취하고 있다.

4) 행위의 사회학 또는 주체의 사회학

1980년대에 들어서서 구조주의의 열풍이 지나가고 행위자의 재발견이 이루어지기 훨씬 전부터 투렌은 행위자를 중심으로 하는 사회학 이론을 발전시켰다. 그러나 현대 프랑스 사회학계의 네 학파가 모두 행위자의 복원을 강조하고 있다.[19] 그렇다면 투렌이 말하는 행위자와 다른 세 학파에서 말하는 행위자는 어떻게 구별되는 것일까? 먼저 부르디외에 있어서 행위자는 아직 아비튀스의 수행자(agent) 이상을 넘어서지 않으며, 부동(Raymond Boudon)의 행위자는 사회적인 것을 구성하는 원자(atome)이며, 크로지에(Michel Crozier)의 행위자는 전략가(stratège)로서 움직인다. 다른 한편 투렌이 말하는 행위자는 부르디외의 행위자와 같이 지배관계에서 비롯된 갈등상황에 위치하며 크로지에의 행위자처럼 자신의 이해관계와 목표를 의식하고 있는 행위자이지만 그것을 넘어 기존의 사회적 관계와 질서를 변형시키는 행위자를 뜻한다. 그래서 투렌은 행위자라는 말을 '주체' 또는 '사회운동'이라는 말로 바꾸어 쓰기도 하는 것이다.

---

19) 현대 프랑스 사회학의 네 학파에 대해서는 정수복(1990), 앙사르(정수복 역, 1992)와 Cuin et Gresle(1992: 92-97)을 볼 것.

6. 맺음말

투렌은 대학 안에 있으면서 대학 밖의 문제에 관심을 기울였으며, 프랑스 사회학자로 프랑스 밖의 사회에 관심을 기울이는 열린 사회학자이다. 그는 학생들에게 진정한 의미의 사회학자가 되기 위해서는 세 개 이상의 사회를 연구대상으로 하여야 한다고 말하였다. 먼저 자기 사회에 대한 이해가 우선적이고 그 다음에는 자기 사회와 유사한 사회 하나와 상이한 사회 하나를 연구의 대상으로 확보해야 한다는 것이다. 투렌은 프랑스 사회와 라틴 아메리카 그리고 최근에는 이탈리아, 스페인, 포르투갈 등 라틴 유럽의 사회를 그의 중심적인 연구대상으로 하면서 미국과 동유럽에 대해서도 관심을 기울이는 폭넓은 관심의 사회학자이다. 따라서 그의 사회학적 사상의 발전은 프랑스의 지적 상황을 중심으로 하면서 미국과 라틴아메리카의 지적 상황에도 영향을 주고받는 방식으로 전개된 것이라고 할 수 있다.

투렌은 국가, 권력, 역사의 법칙으로 환원되지 않고 소비와 쾌락을 추구하는 개인적 행동으로 줄어들지 않는 공적인 행동의 영역을 지키는 사회이론의 파수꾼이다. 그는 사회적 질서의 재생산이 아니라 공적인 영역에서 행동하는 행위주체들 사이의 창조적 갈등을 통해 사회가 스스로를 새롭게 생산하는 과정에 분석의 초점을 맞추었다. 그는 한 사회가 자신의 정체성을 추구하면서 갈등 없는 통합적 공동체가 되는 것을 경계하였다. 정체성에 매몰된 사회는 모든 의사소통을 거부하는 자기폐쇄적 사회로 치달을 위험성을 안고 있는 것이다.

투렌은 근엄하고 큰소리로 시작하지만 쉽게 사회적 순응주의로 변해버리는 도덕주의에는 만족하지 않았지만, 정신적인 것과 세속적인 것을 구분하는 기독교 전통의 영향으로 폴란드의 솔리더리티 운동을 지지한 신부들과 칠레 빈민촌의 신부들의 도덕적 행동에 민감했고, 러시아의 망명 지식인들의 증언에 귀기울였으며, 인간의 자유를 위해 일어난 모든 폭동과 희생에 관심을 기울였다. 그런 뜻에서 그는 교회이든 정치권력이든 어떠한 세력이나 기관일지라도 개인을 완전히 장악할 것을 주장하는 근본주의에 철저하고 일관되게 반대하였다. 그는 언제나 새로운 문제가 제기되고 사회갈등과 사회운동을 통해 낡은 특권이 사라지고 옛 인식의 범주들이 해체되고 기존의 권력이 새롭게 재편되기를 희망하였다. 그는 사회구성의 근본적 모델을 놓고 겨루는 사회적 행위주체들 사이의 창조적 갈등이 존재할 때만 사회구성원들의 행위능력이 최대화되며 사회가 스스로를 새롭게 창조하는 능력을 극대화시킬 수 있다고 생각한다.

주체의 개념을 지속적으로 거부한 순수하게 비판적이기만 한 사회이론을 넘어서 주체라는 개념을 중심으로 사회이론을 구성하고 현대성을 합리화와 주체화의 결합으로 재정의한 투렌의 사회이론을 우리는 '주체'의 사회학 또는 행위주의 비판이론이라고 부를 수 있을 것이다. 그것은 투렌의 사회이론이 합리화와 기술문명의 진전 속에서 통제와 억압의 측면만을 보는 좌파의 비판이론과 사회적 분화를 통한 질서의 재생산을 보는 기능주의적 사회이론을 거부하고 문제를 제기하고 혁신을 추구하며 새로운 기획과 이의를 제기하는 사회적 행위자들의 존재를 인정하고 그들의 행동능력을 극대화시키는 것을 이론의 실천적 목표로 하고 있기 때문이다. 자유와 창조의 주체로서의 인간존재에 대한 신뢰, 개인적 주체와 집합적 주체 모두에게 자유로운 창조적 행동의 가능성을 최대한으로 보장하는 사회체계의 구성이 그의 사상의 실천적 목표인 것이다. 그것은 합리적이고 인간의 사고로 이해가능한 법칙들에 의해서 규제되는 투명한 사회의 창조이다.

참고문헌

앙사르, 피에르. 1992, 『현대 프랑스 사회학』(정수복 역), 문학과지성사.

정수복. 1990, 「현대 프랑스 사회학의 지성사」, ≪연세사회학≫ 9-10 합본호.

_____. 1993a, 「현대 프랑스 사회학의 한국적 수용을 위하여」, ≪동향과 전망≫ 봄·여름 합본호.

_____. 1993b, 『새로운 사회운동과 참여민주주의』, 문학과지성사.

투렌, 알랭. 1994, 『탈산업사회의 사회이론: 행위자의 복귀』(조형 역), 이화여대 출판부.

_____. 1995, 『현대성 비판』(정수복·이기현 역), 문예출판사.

Cuin, Charles-Henry et François Gresle. 1992, *Histoire de la Sociologie depuis 1918*, Paris: La Decouverte.

Touraine, Alain, 1955, *L'évolution du travail ouvrier aux usines Renault*, Paris: CNRS.

_____. 1961, *Ouvrier d'origine agricole,* Paris: Seuil.

_____. 1965, *Sociologie de l'action,* Paris: Seuil.

_____. 1966, *La conscience ouvrière*, Paris: Seuil.

_____. 1968, *Le communisme uopique: Le mouvement de Mai 68,* Paris: Seuil.

_____. 1969, *La société post-industrielle*, Paris: Denoel.

_____. 1972, *Université et société aux Etats-Unis,* Paris: Seuil.

_____. 1973a, *Production de la société,* Paris: Seuil.

_____. 1973b, *Vie et Mort du Chili populaire*, Paris: Seuil.

_____. 1974a, *Pour une sociologie,* Paris: Seuil.

_____. 1974b, *Lettres à une étudiante,* Paris: Seuil.

_____. 1975, "Autoportrait du sociologue," *Esprit*, november.

_____. 1976a, *La société invisible,* Paris: Seuil.

_____. 1976b, *Les sociétés dépendentes,* Paris: Duculot.

_____. 1977, *Un désir d'histoire,* Paris: Stock.

_____. 1978a, *La voix et le regard,* Paris: Seuil.

_____. 1978b, *Lutte étudiante,* Paris: Seuil.

_____. 1979, *Mort d'une gauche,* Paris: Galilée.

_____. 1980, *La prophétie antinucléaire,* Paris: Seuil.

_____. 1981, *Le pays contre l'Etat,* Paris: Seuil.

_____ (sous la direction de). 1982, *Mouvementss sociaux d'aujour'hui,* Paris: Editions ouvrières.

_____. 1982, *Solidarité*, Paris: Fayard.

_____. 1984a, *Le mouvement ouvrier*, Paris: Fayard.

_____. 1984b, *Le retourde l'acteur*, Paris: Fayard.

_____. 1988, *La Parole et le sang*, Paris: Odile Jacob.

_____. 1990, "American Sociology Viewed from abroad," in Hebert J. Gans(ed.), *Sociology in America*, Newbury Park: Sage Publication.

_____. 1992, *Critique de la modernité*, Paris: Fayard.

_____. 1994, *Qu'est-ce que la démocratie?*, Paris: Fayard.

_____. 1995, *Lettre à Lionel, Michel, Jacques, Martine, Bernard, Dominique ⋯ et Vous*, Paris: Fayard.

_____. 1996, *Legrand refus*, Paris: Fayard.

_____. 1997, *Pourrons-nous vivire ensemble?* Paris: Fayard.

위르겐 하버마스
생활세계와 현대성의 비판이론

정철희

1. 머리말

일찍이 리히트하임이 위르겐 하버마스(Jürgen Habermas)를 평하면서
그의 동년배들이 자기 전공분야의 한 구석을 힘겹게 정복하고 있을 때
과학론, 지식사회학, 형이상학 등 방대한 서구의 고전을 깊이 있게 이해
하고 이들을 하나의 새로운 지적 체계로 재구성한 데 대해 경탄해 마지
않은 적이 있을 만큼, 하버마스는 지난 40여 년 간 유럽과 세계의 인문
사회과학 연구에 가장 큰 영향력을 가진 사람 중의 하나라는 사실은 부
정할 수 없을 것이다(Bernstein, 1985: 1). 그럼에도 불구하고 이 글은
하버마스의 사회이론에 대한 과도한 예찬이나 일방적 폄하를 지양하고
그 성과와 문제점을 동시에 검토하려 한다. 이 연구에서 필자는 하버마
스의 연구 중 물화와 비판의 근거에 관한 연구는 하버마스의 업적으로
평가받을 가치가 있으며 공공영역에 관한 연구도 생활세계제도에 관한
연구에 의해 보완된다면 역시 중요한 업적으로 인정받아야 함을 주장한

다. 하지만 하버마스의 현대성에 관한 이론은 포스트모던 연구의 중요성을 부당하게 무시하여 많은 문제를 지니고 있음 역시 지적한다. 이와 같이 하버마스가 모든 면에서 고른 성취도를 보이는 것은 아니라는 입장하에 이 글은 그의 연구에 대한 비판적 검토를 시도한다.

제2절에서는 루카치 이후 서구 마르크스주의의 중심 테마였으면서도 이론적인 자가당착에 빠져 있던 물화론을 체계화하고 그 극복의 대안을 밝힌 것은 하버마스의 중요한 공헌이라는 점이 주장된다. 제3절에서는 사회비판의 근거를 찾지 못해 비관주의의 길을 걷게 된 호르크하이머와 아도르노와는 달리 일상적 상호작용 속에서 비판의 근거를 발견한 점도 하버마스의 의미 있는 업적임을 제시한다. 제4절에서는 하버마스가 이룩한 또 다른 성과로서 공공영역 연구를 통한 민주주의론에의 기여를 논의하며 이 연구의 완성을 위해서는 코헨과 아라토의 생활세계제도 연구에 의해 하버마스 이론의 약점이 보완되어야 함을 지적한다. 제5절에서는 하버마스의 현대성에 관한 테제가, 보편적 범주에서 배제되고 이질적이며 대표되지 못한 세력을 배려하려는 포스트모던 사회이론을 일방적으로 무시했고 포스트모더니티라는 사회현상의 등장을 간과했다는 비판을 개진한다. 하버마스의 이러한 약점은 그의 뒤를 잇는 호네트나 켈너와 같은 차세대 비판이론가들에 의해 보완되어야 할 것임도 주장될 것이다.

2. 물화와 그 극복

루카치 이래 프랑크푸르트 학파는 물론이고 푸코와 초기의 보드리야르(Baudrillard, 1981)에 이르기까지 서구 마르크스주의 연구자들의 중심 주제 중의 하나는 물화에 대한 개념화와 그 대안의 모색이었으며 하버마스 역시 후기 자본주의 사회의 물화 문제를 심각하게 다루고 있다. 루카치(Lukács, 1971)는 마르크스의 상품의 물신성이라는 개념과 베버의 형식적 합리성이라는 개념을 조합하여 물화라는 개념을 고안해낸다. 예술활동에서 전형적으로 발견되는 질적이고 자발적인 인간의 활동이 자본의 운동에 의해 균일화되고 통제되어 화석화된다는 것이 루카치의 물화론의 핵심이다. 루카치의 창조적인 개념은 서구 마르크스주의의 중심 주제가 되지만 가장 물화된 프롤레타리아가 역사적 진실을 자각하여 물화를 극복한다는 루카치의 대안은 만족스럽지 못한 채로 남겨진다(Chung, 1996). 루카치를 계승한 호르크하이머와 아도르노 등은 루카치의 프롤레타리아에 대한 과도한 낙관과 헤겔적 마르크스주의에서 벗어나기 위해 보다 사회심리학적인 연구에 몰두하지만, 그들의 물화론인 문화산업론 또한 문화산업이 대중의 비판의식을 마비시키고 자본주의체제의 과잉생산을 해결한다는 급진기능주의적 시각에 머문 채 총체적 관리체제를 극복할 이론적 방안을 모색하는 데 실패하고 만다(Horkheimer & Adorno, 1972; Habermas, 1984). 그렇다면 하버마스는 그의 선배학자들이 만족스런 결과를 내지 못한 물화연구에서 물화 개념을 어떻게 설정하고 극복하는가와 그 문제점에 관해 살펴볼 필요가 있다.

하버마스의 원초적 물화론은 뒤에서 논의할 『공공영역의 구조적 변동』에서 이미 부분적으로 제기되었으며(Habermas, 1989), 초기 하버마스는 공공영역이 거대조직과 국가에 의해 압살될 것이라는 전망을 한 바 있다. 이 당시 물화론은 그의 선임자들과 크게 다르지 않았지만, 그 후 생활세계의 식민화라는 개념으로 후기 자본주의 사회의 물화를 개념화하면서 물화에 대해 조금은 더 낙관적 전망을 한다. 베버의 합리화론이 도구적 합리성의 증대만을 강조했던 것에 비해, 하버마스는 근대 이후 사회체계의 분화가 이루어지면서 경제와 정치적 영역뿐 아니라 생활세계도 탈인습적 도덕성이 재생산되는 구조를 갖추게 되어 쉽게 물화되지 않는 체제를 정비했다고 주장한다. 이러한 주장은 베버로 하여금 자본주의 문화가 급속도의 합리화 과정을 밟고 있는 경제와 관료제의 위력에 무력하다는 가정을 비판하여 물화과정의 가역반응이 가능함을 주장할 수 있게 한다. 하버마스는 사회체계를 체계와 생활세계로 구분하고, 체계는 돈과 권력이라는 매체에 의해 질서가 유지되며 생활세계는 문화, 사회통합, 인성을 재생산하는 영역으로서 체계의 미디어와 구별되는 상호이해에 이르려는 의사소통행위가 일어나는 곳으로 개념화한다. 생활세계의 식민화는 체계의 유지를 담당하는 매체가 생활세계에 침투하여 민주적 규범수립의 절차를 무시하고 이를 돈과 권력의 교환관계에서 발생하는 논리로 대체하는 상황을 말한다.

생활세계의 식민화가 진행되면 돈과 권력의 유입에 의해 사회성원의 규범의 부재가 발생하게 된다. 의사소통행위에 의해 달성되는 규범적 근거가 장애를 받게 되는 것이다. 돈과 권력이라는 매체는 비판가능한 타당성 주장(validity claim)에 의존하지 않는다. 주장의 타당성에 대한 담론 없이 효용과 효율이라는 기준을 지향하고 있을 뿐이다. 그 결과 사적 영역과 공공영역에 병리현상이 발생하게 된다. 사적 영역에서는 베버가 일찍이 예견했던 "심장 없는 감각주의자, 영혼 없는 전문가" 현상이 퍼져 의미상실이 팽배하게 된다는 것이다. 공공영역에서는 관료제의 팽창에 따라 도덕·실천적 요소들이 제거된다. "정치행위는 정당한 권력의 획득과 행사를 위한 투쟁으로 축소되고 말아" 정당성의 기반은 윤리 아닌 적법성에만 기초하게 되어 현대 정치체제는 정당성의 기반을 상실하게 된다는 것이다(Habermas, 1987a: 311-312, 324).

하버마스의 이런 물화론은 루카치가 자본과 관료제의 문화영역에의 침투에 대해 생철학에 기초한 인간주의적 비판을 한 것에 비해, 사회이론의 틀 속에서 물화현상에 접근했다는 면에서 이론적 세련화를 보인 것이다. 또한 이미 근대 이후 생활세계의 자율적 발전을 가정함으로써 생활세계의 유지 기제가 전적으로 체계의 매체에 의해 대체되거나 말살되지는 않으리라는 시사를 하고 있어, 호르크하이머와 아도르노의 총체적 관리론에 비해 후기 자본주의 문화영역의 가능성에 보다 낙관적 전망을 투사하고 있다. 하버마스는 이러한 물화과정을 극복하는 사회제도가 존재한다고 믿고 있으며 그 가능성을 부르주아 가족 내의 탈인습적 사회화, 체제순응과 동시에 체제비판을 그 내적 생리로 하는 대중매체의 이중성, 그리고 신사회운동에서 조심스럽게 모색하고 있다. 그는 신사회운동이 분배의 문제보다는 "삶의 형태에 관한 문법(grammar of forms of life)"을 겨냥하고 있으며 삶의 질, 평등한 권리, 개인의 자기실현, 참여, 인권 등을 그 쟁점으로 한다고 간주한다. 신사회운동은 사적 영역에서는 서비스, 인간관계, 시간에 대한 금전화에 대항하고 있으며, 공적 영역에서 또한 관료제가 자원적 조직의 요구에 개방적인 태도를 보이며 궁극적으로 자원적 조직과 같은 참여를 수용하는 형태로 재조직화되도록 노력하여 생활세계의 탈식민화를 모색한다는 것이다(Habermas, 1987a: 395). 하버마스는 또한 최근까지 가족은 거대사회체계 내의 하나의 제도에 불과하다고 여겨졌던 점을 비판한다(Habermas, 1987a: 382). 근대 부르주아 사회에서 평등한 인간관계, 개인주의적 교호관계, 자유화된 육아방식을 갖춘 가족제도가 의사소통행위의 하부구조를 형성하고 있어 체계의 매체가 유입되는 것으로부터 생활세계를 방어하고 있다고 주장한다.

하버마스는 대중매체에 잠재한 탈식민화의 가능성을 제시한다. 대중매체가 중앙집중형 단방향의 통신경로를 가지고 있어 사회통제를 강화하는 면이 있지만 해방적 잠재력 또한 지니고 있다고 본다. 그것은 대중매체가 돈과 권력과 같은 체계의 매체가 아니라 의사소통의 일반화된 형태에 속하기 때문이다(Habermas, 1987a: 390). 이러한 원칙론에 덧붙여 그는 대중매체가 다음과 같은 속성 때문에 비판적 기능을 수행할 수밖에 없다고 본다(Habermas, 1987a: 391).

① 방송은 이해갈등에 노정될 수밖에 없어 일사불란하게 대중을 조작하지 못한다.
② 스튜어트 홀이 제시했듯이 시청자는 입력된 부호를 의도된 대로 해석하지 않고 자신이 속한 하위집단의 판단기준에 의해 해독한다.
③ 오락 프로그램조차 비판적 메시지를 전할 수 있다.
④ 뉴 미디어와 같은 기술발달로 인해 탈중심화된 매체가 등장하고 있다.

물화에 대안 없는 비판이론은 생각하기 힘들다. 현대 사회가 끝없는 의미상실의 과정에서 벗어날 수 없다면 대안적 사회질서를 생각할 수 없기 때문이다. 이러한 점에서 하버마스는 루카치의 엄밀성을 결여한 낙관론이나 호르크하이머와 아도르노의 비관론을 극복하고, 엄밀하면서도 낙관적인 비판이론을 재건할 수 있었다. 물론 앞의 하버마스의 연구가 물화를 극복할 매우 성숙한 논의를 개진했다고 볼 수는 없을 것이다. 하버마스 자신이 생활세계의 식민화의 장래에 관해 대단히 낙관적인 것도 아닌 것으로 보인다. 그는 단지 비판이론의 전통에서 볼 수 없었던 물화극복의 가능성이 특정한 사회제도 속에 존재함을 밝혔을 뿐이다. 어쨌든 하버마스의 이러한 시도는 위대한 업적은 아닐지라도 의미 있는 이론적 진전으로 평가할 수 있다고 판단된다.

3. 비판의 근거

하버마스의 작업 중 물화에 관한 연구만큼이나 주목해야 할 것은 하버마스가 사회비판의 근거를 모색했으며 그 근거를 제시했다는 사실이다. 비판이론의 출발이 이성이 가진 비판능력을 발굴하여 비이성적 실재를 극복하는 것이었다(Calhoun, 1995; Horkheimer, 1972). 그러나 비판이론의 1세대는 인간의 이성 자체가 인류의 생존을 위한 도구적인 목적에 주로 사용되어 비판의 기능을 상실했음을 주장한다. 아도르노는 인간이 자기보호를 위해 자연과 타인을 지배하게 되면서부터 도구적 이성만이 발달하고 실질이성은 망각되었다고 간주한다. 이에 따라 호르크하이머와 아도르노는 비관주의에 빠지게 되고 타락하지 않은 원초적 이성을 재기억하기 위해 하이데거의 주장과 같이 시(詩)를 연구해야 한다는 주장에 이른다. 하버마스는 이들의 이러한 입장을 이성에 의식철학적으로 접근하는 데서 빚어진 당연한 귀결로 간주한다(Habermas, 1984: 396). 유아론(唯我論)적 선험적 자아라는 개념에는 오직 도구적 이성만이 존재하며 실질이성은 복수의 행위자들의 상징적 상호작용을 연구할 때 비로소 그 속에 존재함을 발견할 수 있다는 것이 하버마스의 주장이다. 주지하다시피 이 사회적 상호작용 속에 존재하는 이성이 의사소통 합리성이라 명명된다.

이와 같이 하버마스는 독일의 고전철학자들과는 달리 비판의 근거를 선험적인 것에서 찾는 것이 아니라 사회 속에서 찾고 있다는 특징을 지닌다. 하버마스는 일련의 사회학적 연구를 통해 비판이성이 사회 속에 자리잡고 있다는 자신의 주장의 타당성을 강화하고 있다. 미드의 사회학과 일상언어 연구를 통해 인간의 상호작용, 보다 구체적으로, 당연시된 일상적 의사소통 내에 비판이론의 규범적 근거가 자리잡고 있다고 밝힌다. 이 규범적 근거는 규범의 내용을 미리 제시하는 것은 아니며 사람들이 대립하는 쟁점에 관해 민주적 담론이라는 절차상의 규범을 준수하는데 있는 것이다. 이러한 담론과정을 거쳐 합의된 규범에 근거하여 사회적 관행과 제도를 비판하는 것이 가능하다는 것이 하버마스의 비판이론의 요체이다. 하버마스는 또한 뒤르켐의 '성(聖)'과 '속(俗)'이라는 구분을 중시하고, 비판이라는 개념이 철학자의 머리 속에 존재하는 상념이 아니라, 인류의 역사와 구별되는 성스러움의 영역을 확보하고 이를 재생산하기 위한 의례 속에 배태되어온 것임을 밝혀 비판이론의 입지를 강화시켰다(Habermas, 1987a). 결국 비판은 만족할 줄 모르는 불평분자가 터뜨리는 울분이 아니라 인간사회의 짜임의 일부로서 그 속에 깊이 뿌리 박혀 있다는 것이다. 하버마스는 베버의 합리화론을 비판적으로 계승하고 있는 바, 근대화가 진행될수록 규범의 영역이 경제·행정의 영역으로부터 독립해 이상적 담화 상황이 현실에서 실현될 수 있게 하는 문화의 역량을 증대시켰다고 주장하여 문화의 진화에 의한 비판 가능성의 증대를 주장한다(Habermas, 1984).

하버마스의 비판 근거 설정의 특징은 비판의 선험적 근거를 거부하고 생활세계 내에 내재한 비판의 근거를 제시하지만, 그 근거가 구체적인 사회·역사적 조건에 의존하는 것이 아니라 그러한 상황을 초월한 보편성을 가진다는 주장이다. 하버마스는 의사소통적 상호작용에 내재한 시공을 초월한 합의를 도출하는 구조가 존재함을 밝힌다. 하버마스는 경제적·정치적 이해를 떠나 상호이해에 도달하려는 관심을 가진 사람들이 합의를 도출하는 구조가 존재한다고 주장하며, 이러한 보편적 근거가 없으면 상대주의에 빠져 비판이 가능할 수 없다고 역설한다.[1] 하버마스의

---

1) 비판의 근거가 되는 합의된 규범의 설정은 실천적 담론에 의해 이루어진다. 실천적 담론의 대상은 윤리적 현상이며 이 옳음(rightness)에 관한 타당성 여부는 담론에 의해 판정된다. 하버마스에게 있어 실천적 담론은 단순히 주관적 판단의 영역이 아닌 합리적으로 접근가능한 영역이며, 그 논리적 근거는 이론적 담론에서 논리적 가설이 '증거'에 의해 정당화되듯이, '보편화 원칙'에 기초한다. 이 원칙하에서 "그 적용되는 영역에서 일반적 인정을 받는 규범들만 허용되고" 그 타당성의 내용과 범위가 합의를 인정하지 못할 정도로 특수한 규범들은 배제된다(McCarthy, 1978: 311, 313).

이러한 보편성에 대한 강조는 많은 포스트모더니스트로부터 비판을 받게 되지만 하버마스에게는 양보할 수 없는 비판이론의 보루이기도 하다.

하버마스의 작업은 그의 주장에 대한 많은 회의에도 불구하고, 제1세대 비판이론가들이 봉착했던 비판적 이성의 소멸과 그에 따른 비판이론의 실패라는 위기상황에서 의사소통 합리성이라는 개념을 발전시켜 비판의 근거에 관한 이론을 재구성했다는 의의를 지닌다.

4. 공공영역의 발견과 민주주의

공공영역의 성립에 관한 하버마스의 중심된 질문은, 공적 쟁점에 관해 지위에 의해서가 아니라 토론에 의해 의사결정이 이루어지기 위한 사회적 조건은 무엇인가이다(Calhoun, 1992: 1). 하버마스가 찾아낸 이 사회적 조건이란 바로 근대적 가족의 등장과 문학적 공공영역이다. 경제적 생산이라는 기능에서 벗어나 사람간의 친밀한 관계라는 순수하게 인간적인 관계를 가능하게 하는 영역, 즉 근대 가족이 탄생하게 되었다. 근대 가족은 인간관계가 경제적 이해나 지위에 따른 명령과 복종의 관계가 아닌 자유, 사랑, 인격함양에 기초할 수 있다는 사실을 관념 아닌 제도로써 보여주고 있으며, 이러한 순수하고 친밀한 관계는 경제적·정치적 이익을 초월한 상호이해에 도달하려는 참여자의 의도가 요구되는 공공영역의 기초적 조건을 만족시켜주게 되었다고 하버마스는 주장한다(Habermas, 1989: 48). 한편 문학적 공공영역은 회합장소, 잡지, 사회적 관계망과 같은 정치적 공공영역의 제도적 기반을 마련해주었다. 런던에만 3천여 개의 커피하우스가 있었는데, 이 커피하우스는 애초에 문학작품에 관해 토의하고 뉴스레터를 돌려보는 장소였지만 신분의 높고 낮음

에 관계없이 논쟁을 벌이던 제도는 정치적 공공영역의 모태가 되었다
(Calhoun, 1992). 공공영역의 구조적 변동은 바로 가족과 문학적 공공영
역에 기초하여 형성된 정치적 공공영역이 거대사업조직과 국가의 등장
에 의해 본래 민주적 절차에 따라 토론이 이루어지던 곳에서 사적 이윤
추구와 이익집단의 권리를 주장하는 공간으로 쇠락함을 가리킨다. 하버
마스의 공공영역의 구조변동에 대한 중심적 주장 중 하나는 공공영역의
발전 못지않은 쇠퇴라 할 수 있으며, 이런 의미에서 그는 앞서 지적했듯
이 루카치의 물화론이나 호르크하이머와 아도르노의 문화산업론의 주제
를 반복하고 있는 것이다. 이러한 이유로 해서 많은 비판에도 불구하고
하버마스는 초기의 경험적이고 역사적인 비판이론과 결별하여 초역사적
이고 반직관적인(counter factual) 의사소통이론으로 전환했다.

『공공영역의 구조적 변동』은 1962년에 출간된 이후 하버마스 자신도
계속 개작을 시도했으나, 결국 30년 뒤에 하버마스 자신이 아닌 코헨과
아라토에 의해 완성되었다고 주장하는 것이 타당할 것이다. 최근에『공
공영역의 구조적 변동』의 영문판 번역에 맞추어 이에 관한 활발한 토론
이 진행되고 있지만, 하버마스가 개진한 사회이론을 수정해야 공공영역
에 관한 보다 의미 있는 논의가 가능하다고 판단된다(Calhoun, 1992).
후기 자본주의 사회의 공공영역이 그 구조변동에도 불구하고 민주주의
를 지탱할 수 있다는 가능성은 하버마스 자신보다는 차세대 비판이론가
들에 의해 제시되었다.[2]

하버마스의 체계와 생활세계 구분과 그의 일차원성에 대한 고정관념
으로 인해, 물화과정 속에서 어떻게 생활세계의 민주적 규범을 재생산해
내며 확산시킬 수 있는가의 문제를 시원스럽게 해결하지 못했다. 물화에

---

2) 하버마스는 그의 최근 저작(Habermas, 1996: 359-387)에서 코헨과 아라토의
   주장을 적극적으로 수용하고 있다.

저항할 수 있는 공공영역의 가능성에 대해 그는 이미 그의 초기 저작에서 포기해버린 바가 있다. 하버마스의 연구의 가장 대표적인 강점 중에 하나가 하버마스에 의해 개발되지 못했고 코헨과 아라토의 도움이 필요했던 것이다.

하버마스에 있어 서로 단절된 영역으로 상정된 체계와 생활세계의 구분은 코헨과 아라토에게는 반직관적인(counter-intuitive) 개념으로서 전략적 행위와 의사소통행위 배합의 연속선의 기준으로 제시되고 있다. 두 비판이론가들의 하버마스에 대한 불만의 핵심은 "오래된 프랑크푸르트학파의 일차원성에 관한 테제가 아직도 하버마스의 실재하는 사회·경제·정치적 제도들의 접근에 망령처럼 떠돌고 있다"(Cohen & Arato, 1992: 527)는 주장으로 요약될 수 있다. 이러한 망령 때문에, 즉 시스템에 관계된 것은 물화시키는 것이라는 경직된 사고 때문에, 하버마스가 스스로 암시하고는 있으면서도 생활세계의 제도적 측면에 관한 연구를 발전시키지 못하여 현대 사회운동의 소극적 측면밖에 보지 못했다고 코헨과 아라토는 비판한다.

두 차세대 비판이론가에 따르면 존재하는 대부분의 사회제도는 전략적 요소와 의사소통적 요소를 공유하고 있는 것이다. 이 제도들 중 사회화제도, 시민사회, 문화적 제도로 대표되는 생활세계제도는 주로 의사소통행위에 지배를 받고 있어 체계의 미디어와 구별되는 생활세계적 규범을 생산한다. 그와 동시에 단순한 방어가 아닌 민주적 규범의 실현을 위해 전략적이고 문화적인 정치를 펼쳐, 정치사회와 경제사회가 점차 이러한 규범하에 작동하게 하여 체계의 매체인 돈과 권력의 공격에 반격을 가한다는 것이다. 생활세계제도는 하버마스가 발견한 정체성의 정치와 같은 방어적 실천 이외에도 영향의 정치와 포괄의 정치와 같은 공격적 능력을 갖추고 있다는 것이 코헨과 아라토의 주장이다. 정체성의 정치는 문화적 규범과 개인적·집합적 정체성, 적절한 사회적 역할(appropriate social roles), 해석의 양식 등을 재정의하는 일과 관련된다. 또 영향의 정치는 설득을 통한 상대방의 동의를 끌어내는 소위 담론과정을 통해 사회적 규범과 정치문화의 변경을 도모한다. 포괄의 정치는 돈과 권력이라는 매체가 지배하는 정치 및 경제사회에 생활세계적 가치를 이식하기 위한 전략적 활동들에 관한 것인데 이러한 활동에는 타협, 협상, 로비과정 등이 포함된다. 포괄의 정치는 제도 내의 진입을 겨냥하여 정치사회에 새로 참여하는 사람들이 인정을 받고 이들이 대표하는 사람들이 이익을 얻도록 도모하는 활동이다(Cohen & Arato, 1992: 504, 526). 코헨과 아라토의 생활세계제도에 잠재된 민주화를 적극적으로 추진할 수 있는 능력의 발견은, 공공영역의 구조적 변동이 이루어진 후기 자본주의 사회에서도 공공영역이 생활세계제도를 통해 유지 및 재생산될 뿐 아니라 확장될 수 있음을 밝혀, 하버마스의 공공영역 연구를 완성시키는 한편 당대의 민주주의 연구에 공공영역과 생활세계 개념의 중요성을 부각시켰다.[3]

『공공영역의 구조적 변동』은 근대 서구 민주주의에 관한 보고서라 할 수 있다. 하버마스의 공공영역 연구는 자본주의는 현대라는 시대의 도래의 한 국면이며 현대성은 자본주의보다 더 다양한 내용을 가진 과정이라는 점을 인식시키는 데 공헌했다. 공공영역의 존재를 통해 현대성의 중요한 국면이 민주주의의 하부구조 성립이라는 점을 지적하였으며, 따라서 하버마스는 현대성은 폐기보다는 완성시켜야 하는 기획이라고 믿게 된다. 거대조직과 국가에 의해 지탱되는 후기 자본주의 사회의 공공

3) 결국 『의사소통행위이론』에서 하버마스는 생활세계가 다양한 자원적 결사체를 그 규범의 수행자로서 지니고 있다는 사실을 간과하였다. 그리하여 생활세계가 그 제도를 통해 체계의 논리에 더 지배받고 있는 경제사회 및 정치사회를 변혁시킬 수 있다는 면을 간과한 것이다. 이와 같은 논리를 펼치던 하버마스는 신사회운동이 민주주의를 수행하는 사회적 동력이라고 적극적으로 확신할 수 없었던 것이다.

영역의 제도적 기반이 무엇인가를 그는 정확히 밝히지 못했지만, 이러한 점은 코헨과 아라토의 생활세계제도 연구에 의해 보완되었다. 이와 같이 비판이론이 자본주의 체제 내 민주화 확산의 가능함을 주장하는 입장은 쉐보르스키, 뤼시마이어, 스카치폴, 로드차일드-위트 등 많은 사회민주주의자의 주장과 맥을 같이하는 것이다. 혁명 이후의 근대국가는 강력해지며 무너지지 않으므로 혁명이 가져다준 다른 부산물인 정치적 참여 기회의 확장을 활용하는 것이 바람직하다는 스카치폴(1981: 308-309)의 주장에서 보듯이, 비판이론의 공공영역과 민주주의에 관한 테제는 현실 적합성이 높은 것으로 보인다.4)

5. 포스트모더니즘과의 대결

하버마스 연구의 가장 큰 취약점 중의 하나가 탈구조주의와 포스트모더니즘에 대한 전면적인 거부라고 생각된다. 하버마스(1987b)는 근대성은 미완의 프로젝트이며 계몽주의가 추구한 보편성을 담지한 이성은 앞서 지적한 물화를 초래하여 인간을 억압하는 데 이용된 사실을 인정한다. 하지만 그는 의사소통합리성이라는 개념의 수립에 의해, 이성의 왜곡을 극복하고 미완에 그친 계몽적 기획을 완성할 수 있다고 주장한다(장춘익, 1996: 282). 그는 의사소통의 확산을 현대성의 낙관적 국면으로 확신하지만 포스트모던한 시각에서 볼 때 이상화된 합의라는 개념은 개인을 조종하고 차이를 억누르는 것을 정당화하는 것으로 비춰진다. 하버마스가 강조하는 보편성은 보편화되지 않는—여성, 제3세계, 유색인종, 동성애자 등의—잔여를 배제하고, 소외시키고, 억압하는 데 이용되

---

4) Cohen(1985)의 자기제한적 급진주의를 참조하라.

어왔던 것이 사실이다. 이러한 문맥에서 포스트모던 사회이론의 대표자 격인 료타르(1984)는 억압과 조종을 극복하기 위해 차이를 보존하는 것이 중요하다고 역설한다. 또한 푸코의 관점에서 보면 하버마스가 신뢰하는 계몽주의는 다른 담론체계를 비정상적인 것이라고 간주하여 억압하고 배제해버리는 하나의 특수한 담론체계에 지나지 않는다(윤평중, 1990: 233). 하버마스의 현대성의 잠재력에 대한 맹목적 지지는, 본인의 의도와는 관계없이 현실에 존재하지도 않는 이상적 사회질서를 강조하여 현실에 존재하는 불협화음을 합의라는 명석으로 덮어버리려는 위험성이 존재한다.

하버마스의 포스트모더니즘에 대한 태도는 매우 하버마스답지 못한 것이다. 그는 지금까지 실증주의, 해석학, 체계이론 논쟁 등 수많은 논쟁을 통해 애초에는 항상 상대편 이론에 대해 과민 반응을 보이지만, 곧 이와 같은 태도를 시정하고 상대방의 입장을 자신의 이론틀에 합성하는 포용력 있고 유연성 있는 입장을 취해 결과적으로 자신의 이론을 보다 강화시켜왔다. 그러나 포스트모더니즘에 대해서만은 양보하지 않는 자세를 보이는데, 그것은 논리적이라기보다는 그의 독일인으로서의 자부심과 죄책감이라는 이중적 심리에 기인하는 것으로 보인다. 하버마스(Habermas, 1981)는 소년시절인 제2차세계대전 종전 직후 나치가 저지른 참상에 대한 영화를 보고 큰 충격을 받았으며 왜 독일과 같은 수많은 지성을 배출한 문명국에서 그러한 야만적인 일이 일어났는가 하는 의문을 평생토록 가슴 속에 간직하게 되었다고 한다. 독일인으로서 하버마스의 이러한 입장은 계몽주의와 서구문명에 대한 신뢰를 고수하게끔 하고, 철학과 문학을 평준화시키고 지식의 기초를 부정하는 포스트모더니즘은 나치즘을 연상시키게 했을 것이라고 추정된다. 그러나 그의 스승들이자 유태인인 호르크하이머와 아도르노(Horkheimer & Adorno, 1972)만 해도 독일

문화를 포함한 유럽문명 자체에 보다 냉소적이었으며, 하버마스와 같이 계몽주의와 나치즘에 대해 명확한 구획선을 긋기보다는 둘의 유관성을 지적하였다. 이러한 초기 비판이론가들의 연구를 보더라도 계몽주의를 지지하는 것과 비판하는 것 중 어느 것이 더 파시즘과 가깝다고 주장하기는 불가능한 것이다.

최근의 비판이론 내부에서 포스트모던 윤리학을 수용하려는 움직임이 일고 있다는 사실과 포스트모던 사회이론이 적실성 있는 현대 사회이론으로 발돋움하고 있는 상황을 살펴보면 하버마스의 포스트모더니즘에 대한 우려는 상당 부분 기우임을 발견할 수 있다. 비판이론과 포스트모더니즘과의 극한 대립은 비판이론가들이 포스트모더니즘의 입장이 자신들과 전혀 다르지는 않다는 점을 인식하게 되면서 완화되는 움직임을 보인다(Agger, 1992; Best and Kellner, 1991; Outhwaite, 1994: 136). 특히 하버마스의 위치를 공식적으로 계승하고 있는 호네트 같은 차세대 비판이론가들 조차도 하버마스의 포스트모더니즘에 관한 일방적인 거부에서 벗어나, 특히 윤리적인 면에서 상호보완적인 관계에 있음을 지적한다. 호네트(1995)는 료타르와 데리다 등의 저술에는 비판이론이 그동안 무시했던 새로운 윤리의 측면이 있음을 주시한다. 하버마스의 담론윤리는 지배로부터 자유로운 상황하에서 각자가 토론에 참여할 동등한 권리를 가진다는 상호적 의무를 강조한다. 이와 같은 하버마스의 토론에 참여하기 위한 평등한 대우에 대한 강조는 길리건과 같은 여성주의와 포스트모더니스트로부터, 상대방에 대한 배려(care)라고 불리는 자애, 협력, 박애와 같은 공감과 애정이라는 감정의 작동을 원초적으로 차단하는 것이라는 비판을 받을 수밖에 없다(Honneth, 1995: 316). 하버마스와는 달리 이질성을 존중하는 윤리학을 모색하고 있는 료타르는 실정법과 경제합리성은 현대사회에서 우월한 담론의 장르가 되었지만 다른 언어게임들은 영구히 배제되어 버렸으며, 침묵을 강요받은 '논쟁'을 구출하기 위해서 새로운 정치적 입장이 요구됨을 역설한다. 데리다는 그의 최근 연구에서 하버마스가 강조하는 평등한 대우와 그동안 하버마스가 등한시했던 고유성에 대한 존중을 접목하려는 시도를 한다. 데리다는 우정이라는 개념은 상대의 고유성에 대한 배려와 동시에 상대에 대한 의무감을 동반한다는 면— 바로 이 점이 우정과 사랑이 구별되는 점이다— 을 지니고 있어 평등한 대우와 배려의 원칙이 통합될 수 있음을 제시한다. 료타르와 데리다의 연구는 쉽게 풀리지는 않지만 그래도 생산적인 긴장관계에 있는 '동등한 대우'와 '배려'라는 서로 다른 두 가지 원칙의 존재를 제시함으로써 유럽의 현대성이 표방하는 일면적 도덕성으로부터 중요한 진전을 가져 왔다. 호네트의 이러한 연구는, 하버마스의 과도한 비판이 포스트모더니즘이 제기하는 도덕에 대한 중요한 공헌을 무시하는 것이며, 이미 비판이론 내부에서 하버마스의 입장에 대한 시정이 일어나고 있음을 보여주고 있다.

탈구조주의와 포스트모더니즘의 시각에 입각한 포스트모던 사회이론도 하버마스가 우려하는 것과는 달리 기존 사회이론의 지평을 넓혀주고 있다. 알튀세, 푸코, 데리다의 영향을 크게 받고 있는 라클라우와 무페의 연구에서 보는 것처럼 포스트모던 사회이론이 경험적 사회연구에 적용되었을 때 보수주의적이거나 비이성적이기는 커녕 새롭고 의미있는 현실분석을 해낸다. 라클라우와 무페는 차이를 존중하면서도 연대와 정치적 변혁을 모색하는 것이 가능함을 보여주고 있다(정철희, 1997; 칠코트, 1992; Chinchilla, 1994; Slater, 1985, 1994; Laclau and Mouffe, 1985). 푸코나 데리다의 유용성, 부동하는 기표, 라클라우와 무페와 함께 이들에게 영향을 받은 라틴아메리카 연구자들의 보다 역사적이고 경험적으로 지향된 작업을 보면, 보편성의 틀 속에 포함되지 못하거나 그로부터 배제된 사회적 영역을 인정하는 것이나, 민주주의와 같은 기표가

고정된 의미를 가지지 않으며 사회·역사적 문맥에서 그 의미가 잠정적
으로 결정된다는 시각이 왜 문제가 되는지 이해하기 어렵게 된다.5)

이 외에도 포스트모더니즘에 대한 하버마스의 태도의 문제점은 이것
이 사회적 현상이라는 점을 간과하고, 니체와 하이데거를 추종하는 일단
의 프랑스 철학자들의 지적 착각으로 생각한다는 것이다. 어느 누구에게
도 포스트모더니즘을 신봉하라고 강요할 수는 없다. 그러나 새로운 사회
적 조류에 대한 지적인 대응은 필요하지 않은가? 버겁게 포스트모더니
즘을 마르크스주의 전통과 결합시키려는 제임슨이나 혹은 하비와 같은
태도에 견주어 하버마스의 입장은 안이하게까지 보인다. 제임슨(1989)이
제시한 미학적 대중주의, 의미의 해체, 비판적 거리의 사멸과 같은 포스
트모더니즘의 특징은 모두 실재적 문화변동에 관한 분석이 아닌 공염불
인가? 하비(Harvey, 1989) 역시 포스트모더니즘에 동의하지 않으면서도
생산체제에서 도시, 문화에 이르는 다양한 사회현상으로서의 포스트모
더니즘을 새로운 사회적 조류로 간주하고 있다. 포스트모던한 사유를 비
판하더라도 적어도 포스트모던한 조건들ー도심과 교외, 인종이라는 이
질성의 존재, 미술, 건축에서의 포스트모던한 조류들 등ー을 현실로서
인정하면서 이와 정면대결을 시도하는 자세가 필요하다고 본다.

하버마스의 입장을 독일의 정치적 문맥에서 십분 이해하더라도, 그의
포스트모더니즘에 대한 비판이 보편성을 갖는가라는 질문이 뒤따른다.
이상적 의사소통공동체와 보편적 규범의 가능성에 대한 신뢰냐, 지배적
담론으로부터 배제된 목소리를 찾을 것이냐라는 두 가지 대안 중 하버
마스는 명백히 전자를 취했으며 우리는 어떤 입장을 취할 것인가의 문
제가 남는다. 하버마스의 이러한 입장 자체가 독일적인 특수한 상황, 즉

5) 일군의 라틴아메리카 사회과학자들은 라클라우와 무페의 시각으로써, 오랫동
안 자유주의와 레닌주의 중 양자택일을 강요당했던 제3세계의 정치와 사회연
구에 새로운 돌파구를 제시하고 있다.

독일 정치문화의 정체성을 수립하려는 의도로서 이해될 수 있다(Pensky, 1995). 이러한 선택에 관한 초역사적 입장에서 선택이 가능한가가 문제이며 만약 가능하지 않다면 식민, 냉전 등의 경험을 가진 제3세계의 지식인이 하버마스와 같은 판단을 할 수 있을까? 필자는 포스트모더니즘과 포스트마르크스주의를 전적으로 무시한 규범적 보편주의는 제3세계의 입장에서 경계의 대상이 되어야 할 것이라 판단한다(정철희, 1997).

이제 비판이론을 포함한 사회이론은 포스트모더니즘에 대한 대응이나 수용 없이 적합한 이론으로 성립되기는 거의 불가능하다고 본다. 그것은 포스트모더니즘이라는 사고 자체가 새로운 시각이어서 일 뿐 아니라 우리 주위에 탈현대적 조건이 성숙해 가고 있기 때문이다.

6. 맺음말

마르크스의 유토피아적 사회질서에 대한 열망과 그 비판정신을 계승하면서 한편으로는 유럽의 고전과, 다른 한편으로는 20세기 후반의 새로운 인문사회과학의 연구들을 적극적으로 수용하여 현대의 변화된 지적·역사적 상황에 맞게 비판이론을 재단해온 하버마스의 노력을 과소평가해서는 안 될 것이다. 그러나 여러 분야에 걸친 그의 연구가 동일한 성취를 이룬 것은 아니어서 하버마스 연구에서 취할 점과 극복할 점을 짚어 보았다. 하버마스의 모든 연구를 도매금으로 찬양하는 것은 무의미하다고 본다. 비서구사회에 관심을 가진 필자와 독자의 하버마스에 관한 독해는 특히 비판적 태도가 필요할 것이다. 하버마스 이론의 가장 약한 부분은 규범의 보편적 근거를 설정하려는 시도이다. 이 점을 무리하게 변호하거나 역으로 이 점만을 부각하여 하버마스를 폄하하는 것은 그에 대한 균형잡히지 못한 평가에 머물고 말 것이다. 그의 공적은 비판적 이성이 일상의 사회적 행위 속에 배태되어 있음에 대해 논증했다는 점과 민주적이고 정의로운 사회를 지향하는 동력이 사회제도 속에 내재하고 있음을 암시한 사실, 그리고 물화의 극복이 절망적인 것은 아니며 이론적으로 가능하고 현실적으로 사회성원의 사회제도를 매개로 한 집합적 노력에 달려 있음을 주장한 점이라고 할 수 있다.

이러한 공헌은 이미 한 사람의 사회철학자에게 기대할 수 있는 범위를 뛰어넘는 것이다. 나치즘에 관한 외상(外傷)과 독일인으로서의 자부심, 죄의식이 의식 속에 깊이 각인된 그에게 포스트모더니즘에 대한 균형잡힌 대응을 요구하는 것은 무리일는지 모른다. 하버마스는 실증주의 논쟁 이후 수많은 이론적 도전들을 슬기롭게 극복했지만 포스트모더니즘만은 예외인 것으로 보이며, 그것이 바로 호네트나 켈너 등과 같은 3세대 비판이론가의 몫으로 여겨진다(Agger, Best & Kellner, 1991; Honneth, 1991; Hoy 1995; Kellner, 1995).

이미 약간의 시도가 있지만 결국 한국사회를 연구하는 사람들에게 있어 하버마스 연구의 사회이론적 유용성은 경험적 연구를 통해 확인되어야 할 문제이다. 위에서도 언급되었듯이 필자는 한국사회에 하버마스의 이론을 적용함에 있어 영역에 따라서는 최근의 포스트모던 사회이론 연구와 종합이 시도되어야 할 것으로 보인다. 한국사회의 공공영역의 기원에 관한 연구는 꼭 포스트모더니즘을 고려하지 않고 하버마스의 이론을 따르는 것만으로 무리가 없을 것이다(김용직, 1994). 그러나 해방 직후의 정치적 대립이나 한국전쟁 이후의 민주화 과정 속에서 여러 세력간의 대립과 연대를 연구할 때는, 차이와 연대의 조화를 모색하고 기표의 비고정성을 주장하는 포스트모던한 연구가 필요할 것이다(Abelmann, 1996; Laclau & Moffe, 1985; Laclau, 1990; 정철희, 1997).

참고문헌

김용직. 1994. "한국 민족주의의 기원: 정치운동과 공공영역."『사회비평』 11.

스카치폴, 테다. 1981,『국가와 사회혁명』, 한창수·김현택 역, 까치.

윤평중. 1990,『푸코와 하버마스를 넘어서』, 교보문고,

장춘익. 1996,「근대성과 계몽에 대한 상이한 해석」,『하버마스의 사상』, 나남.

정철희. 1997.「포스트마르크스주의와 한국사회연구」,『사회비평』 17.

제임슨, 프레드릭. 1989,「포스트모더니즘-후기자본주의 문화논리」, 정정호·강내희 편,『포스트모더니즘론』, 문화과학사.

칠코트, 로날드. 1992,「포스트마르크스주의」, 이경숙·전효관 편,『포스트마르크스주의?』, 민맥.

하비, 데이비드. 1994,『포스트모더니티의 조건』, 구동회·박영민 역, 한울.

Agger, Ben. 1992, *Cultural Studies as Critical Theory*, London: Falmer Press.

Abelmann, Nancy. 1996. *Echoes of the Past, Epics of Dissent*. Berkeley: University of California Press.

Baudrillard, Jean. 1981, *For a Critique of the Political Economy of the Sign*, St. Louis: Telos Press.

Bernstein, Richard(ed.). 1985, *Jürgen Habermas and Modernity*, Cambridge: Polity Press.

Best, Steven & Douglas Kellner. 1991, *Postmodern Theory*, London: MacMillan.

Calhoun, Craig(ed.). 1992, "Introduction: Habermas and the Public Sphere," *Habermas and the Public Sphere*, Cambridge: MIT Press.

_____. 1995, *Critical Social Theory*, Oxford: Blackwell.

Chinchilla, Norma Stoltz, 1992. "Marxism, Feminism, and the Struggle for Democracy in Latin America," in Arturo Escobar & Sonia Alvarez(ed.), *The Making of Social Movements in Latin America*, Boulder: Westview.

Cohen, Jean. 1985, "Strategy or Identity," *Social Research*, vol.52.

Cohen, Jean & Andrew Arato. 1992, *Civil Society and Political Theory*, Boston: MIT Press.

Chung, Chulhee. 1996, "Paradigm Shift in Cultural Marxism: From Class Consciousness to Communicative Action," ≪전북대학교 논문집≫ 42.

Habermas, Jürgen. 1981, "The Dialectics of Rationalization: An Interview with Jürgen Habermas," Telos 49.

_____. 1984, *The Theory of Communicative Action*, vol.1, Boston: Beacon

Press.

_____. 1987a, *The Theory of Communicative Action,* vol.2, Boston: Beacon Press.

_____. 1987b, *The Philosophical Discourse of Modernity,* Cambridge: MIT Press.

_____. 1989, *The Structural Transformation of The Public Sphere,* Cambridge: MIT Press.

_____. 1996, *Between Facts and Norms,* Cambridge: MIT Press.

Honneth, Axel. 1991, *The Critique of Power,* Cambridge: MIT Press.

_____. 1995, "The Other of Justice," in Stephen K. White(ed.), *The Cambridge Companion to Habermas,* Cambridge: Cambridge University Press.

Horkheimer, Max. 1972, "Traditional and Critical Theory," *Critical Theory,* New York: Herder and Herder.

Horkheimer, Max & Theodore Adorno. 1972, *Dialectic of Enlightenment,* New York: Herder and Herder.

Hoy, David Couzens. 1997, "Splitting the Difference," in Maurizio Passerin d'Entrédves & Seyla Benhabib(eds.), *Habermas and the Unfinished Project of Modernity,* Cambridge: MIT Press.

Kellner, Douglas. 1995, *Media Culture,* London: Routledge.

Laclau, Ernesto & Chantal Moffe. 1985, *Hegemony and Socialist Strategy,* London: Verso.

Lukacs, Georg. 1971, *History and Class Consciousness,* Cambridge: MIT Press.

Lyotard, Jean-François. 1984, *The Postmodern Condition,* Minneapolis: University of Minnesota Press.

McCarthy, Thomas. 1978, *The Critical Theory of Jürgen Habermas,* Cambridge: MIT Press.

Outhwaite, William. 1994, *Habermas: A Critical Introduction,* Cambridge: Poity Press.

Pensky, Max. 1995, "Universalism and the Situated Critic," in Stephen K. White(ed.), *The Cambridge Companion to Habermas,* Cambridge: Cambridge University Press.

Slater, David(ed.). 1985, "Social Movements and A Recasting of The Political," *New Social Movements and the State in Latin America,* Cinnaminson: Foris/CEDLA.

_____. 1994, "Power and Social Movements in the Other Occident," *Latin American Perspectives* 21, no.2.

클라우스 오페

복지국가와 시민사회의 제동능력과 딜레마

신진욱

1. 사회비판과 사회과학적 자기절제의 사잇길

독일의 저명한 정치학자이자 사회학자인 클라우스 오페(Claus Offe)는 한국의 사회과학도들에게 이미 낯설지 않은 인물이다. 자본주의 국가의 구조적 모순과 위기관리의 위기에 대한 그의 이론은 한국에서의 국가론 논쟁에서 빈번히 토론된 주제였다. 그러나 그의 저작들이 다루고 있는 주제들은 국가이론의 영역을 훨씬 넘어서는 포괄성을 보여준다. 일반국 가이론 및 복지국가론의 주제영역과 더불어, 그는 사회이론, 정치과정론, 조합주의론, 노동시장론, 노동조합론, 집단행위론, 사회운동론, 근대성이론, 동구체제변동론 등 폭넓은 사회과학적 주제영역들에 중요한 기여를 해왔다. 그의 사회비판은 항상 사회비판과 사회과학적 자기절제의 사잇길을 걸어왔다.

'비판적' 사회과학자로서의 오페가 스스로에게 부여한 과제가 '자본주의의 구조적 위기'를 파헤치는 것이라면, 비판적 '사회과학자'로서 그는 이같은 위기에 도전하는 전략들이 현대 사회의 체계복합성 내에서 어떠한 행위한계를 안고 있는가를 분석하고 있다. 전자가 후기 자본주의 및 그 정치적 관리체계의 구조적 위기경향에 대한 그의 위기이론들을 구성한다면, 후자는 복지국가 및 시민사회의 행위 딜레마에 대한 테제들과 연관된다. 여기에서 '위기'와 '딜레마'는 그가 걷고 있는 좁은 사잇길의 양측에 놓인 깊은 낭떠러지를 의미한다. 왜냐하면 '위기'에 대한 일면적인 강조는 파국론 내지는 낭만적 급진주의에로 이르게 될 것이며, 역으로 '딜레마'에 대한 일방적인 강조는 사회체계의 사물화로 귀결될 것이기 때문이다. 그리하여 그의 이론세계에서 양자는 어느 한쪽으로 수렴되어서는 안되는 긴장관계에 놓여 있다. 때문에 오페에게서 자본주의란 안정될 수도 없고 전복될 수도 없는, 끝없는 갈등의 전장이다.

그의 위기이론의 특징은 다음의 두 가지이다. 첫째, 후기 자본주의에서 계급지배는 더 이상 한 계급에 의한 다른 계급의 직접적 지배가 아니라, 정치적·규범적 위기관리의 제도들을 통한 체계적 지배로 전환된다. 즉 체제적 위기는 경제적 영역에서 '정치적' 영역으로 이전되었다. 둘째, 후기 자본주의의 위기는 예외적인 것이 아니라 '구조적'인 것이다. 즉 위기는 정상성에 대한 대립 개념이 아니며 위기 자체가 곧 정상성이 되는 것이다. 이러한 위기이론의 이면에서 그는 자본주의적 근대성에 대한 저항의 가능성 조건과 난점들이 어디에 있는가라는 질문을 던지고 있다.

오페에게서 자본주의의 부정적 힘에 대항할 수 있는 제도적 대항력은 복지국가와 시민사회에서 발견된다. 따라서 그의 핵심적인 관심사는, 복지국가와 시민사회의 저항력이 자본주의의 이같은 파괴적·비민주적 경향성을 어느 정도까지, 그리고 어떠한 방식으로 제어할 수 있을 것인지에 맞춰져 있다. 이러한 제동능력을 가늠하는 데서 문제가 되는 것은 단지 특정한 행위자 집단들간의 갈등만이 아니다. 왜냐하면 현대 사회의 체계복합성 속에서 위기의 산출과 그 해결은, 행위자들간의 직접적 갈등의 차원을 훨씬 벗어나기 때문이다. 현대 사회의 체계복합성에 대한 이러한 인식에 따라서, 그는 총체적인 체제적 변혁을 꾀하는 최대화(Maximalisierung) 전략이 아니라, 자본주의의 부정적 효과들에 '족쇄와 제동'을 걸고자 하는 최적화(Optimierung) 전략을 추구한다. 다시 말해서 자본주의체제에 대한 '전면전'이 아니라 우익의 공세에 대한 "저지사격"(Joas, 1998)이 문제가 되는 것이다.

2. 후기 자본주의 국가의 구조적 모순과 복지국가의 위기

오페의 학문세계는 후기 자본주의 국가의 기능과 그것의 구조적 위기에 대한 연구들로부터 출발한다. 그의 후기 자본주의 국가론은, 첫번째 주저인『자본주의 국가의 구조적 문제들』(Offe, 1972b)과 같은 해 발표된「정치적 지배와 계급구조」(Offe 1972a), 그리고 이미 잘 알려진 논문들인 1973년의「위기관리의 위기」(Offe, 1985a: 35-64), 1975년의「국가이론에 대한 테제」(Offe, 1985a: 119-129) 등에서 정식화되었다. 그에 따르면 후기 자본주의 사회에서 자본주의의 위기는 경제적 생산의 영역에서 직접적으로 발생하거나 관리되는 것이 아니라, 규범적 구조나 국가권력 등과 같이 그 자체로서는 비자본주의적인 영역들로 이전되어 다루어진다. 때문에 후기 자본주의에서의 체제적 위기는 직접적인 경제적 위기로 나타나는 것이 아니라, '위기관리의 위기', 즉 자본주의가 양산하는 문제들을 관리하는 국가 및 규범체제의 위기로 나타나게 된다.

오페의 테제에 따르면 후기 자본주의 국가의 이같은 위기는 예외적인 것이 아니라 구조적인 것이다. 이 구조적 위기는 다음과 같은 딜레마에서 온다. 즉 한편으로 자본주의 사회체제의 재생산은 점점 더 정치적·규범적 위기관리에 의존해야 함에도 불구하고, 다른 한편으로 위기관리기능의 이같은 이전은 비시장적인 조정매체를 지속적으로 확장시킴으로써 자본주의적 시장기제를 침식하게 된다는 것이다. 때문에 자본주의 국가는 시장원리에 입각한 사회적 재생산을 위하여 비시장적 매체에 의존해야 하는 근본적인 구조적 모순을 안고 있다는 것이 그의 테제이다.

1979년에 발표된 「'통치불가능성' 보수적 위기이론의 르네상스」(Offe, 1979a)와 1980년의 「현대 복지국가의 몇 가지 모순들」(Offe, 1984a: 323-339) 그리고 1983년의 「경쟁적 정당민주주의와 케인스주의 복지국가」(Offe, 1985a: 179-206) 등에서 읽어낼 수 있는 오페의 복지국가위기론은 이와 같은 일반적 위기이론의 연장선상에 있다. 때문에 그에게서 복지국가의 위기란 전후 자본주의의 짧은 평화기가 이제 지나갔다는 것을 의미할 뿐이다. 복지국가적 계급타협의 최대의 매력이 그것의 정치적·경제적·사회적 통합기능이었다면, 이같은 복합적 기능이 더 이상 충족될 수 없는 오늘날 '계급타협의 기관은 이제 그 자체가 계급갈등의 대상이 되었다.'

1970년대 이래 복지국가에 대해 제기되었던 좌우로부터의 비판은 이같은 계급갈등을 반영하는 것이다. 양자의 비판들을 검토하면서 오페는 복지국가의 한계와 잠재성을 균형 있게 평가할 것을 요청하고 있다. 그에 따르면 복지국가는 상기한 바와 같은 구조적 딜레마를 안고 있음에도 불구하고, 발전된 자본주의 사회에서 불가피하고 불가역적인 사회제도로 정착되었다. 때문에 복지국가와 자본주의의 관계는 공존과 대립 사이의 양자택일 관계로 이해될 수 없다는 것이 그의 입장이다. 오히려 진정한 역설은, 자본주의가 복지국가 없이는 존속할 수 없으면서도 동시에 복지국가와 장기적으로 평화적인 공존을 누릴 수도 없다는 데에 있다.

만약 짧은 시일 내에 자본주의적 사회경제구조의 전면적 개편을 기대할
수 없다면, 가능한 대안은 복지국가의 민주적 행위능력을 선택적으로 촉
진시키는 방안이 될 것이다. 이러한 판단에 상응하는 핵심적인 질문은
다음과 같은 것이다. "복지국가는 앞으로도 계속해서 자본주의적인 사회
경제적 세력관계에 의해 수동적으로 각인될 것인가, 아니면 복지국가의
제도적 성공을 통하여 그러한 사회경제적 세력관계를 재구성할 수 있을
것인가?"

오늘날 이러한 복지국가의 제도적 성공을 가로막고 있는 현실은 국가
개입에 대한 광범위한 반발들이다. 오페는 바로 이 문제와 직접 대결하
고 있다. 1990년 「규제-탈규제 논쟁의 사회과학적 측면들」(Offe, 1996:
72-88)과 같은 해에 쓰여진 「국가행위와 집단적 의지형성의 구조들: 사
회과학적 국가이론의 요소들」(Offe, 1996: 105-120)은, 국가적 개입 혹
은 규제에 대한 그의 정치적 대안이 일반적인 수준에서 논의되고 있는
논문들이다. 여기에서 그는 신자유주의적 탈규제론 혹은 포스트모더니
즘·급진좌파들의 일반화된 반국가주의에 반대하여, '자원주의적 국가이
론'과 '시민사회적 규제안'을 그 대안으로 제시하고 있다.

먼저 자원주의적 국가이론(voluntaristic theory of the state)은 경험분
석적 모델로서의 후기 자본주의 국가이론에 대응되는 규범적 국가이론
으로서 이해될 수 있다. 이것은 다음의 테제를 그 핵심으로 한다. 즉 국
가행위의 내용과 한계는 '정치적 의지형성의 담지자들이 국가로부터 무
엇을 원하며 기대하는가'로부터 정의되어야 한다는 것이다. 이 테제의
의의는 그것이 국가행위의 정당성 근거를 추상적인 공공선으로부터 끌
어오거나 혹은 개인적 효용의 차원에 무매개적으로 연관시키지 않고, 시
민사회 내의 제도화된 행위자들이 담지하는 '해석의 정치'에 종속시키고
있다는 점에 있다(Offe, 1990b).

한편 이와 같은 규범이론에 입각하여 그는 국가적 규제의 옹호전략이나 그것의 완전한 철폐전략 양자에 대한 정치적 대안으로서, 시민사회적 규제안을 제시하고 있다. 이 방안은 국가적 규제의 내용 및 행위한계에 대해 시민사회적 규제가 필요함을 주장하고 있다. 즉 '규제'와 '탈규제' 양자에 대한 대안으로서 '규제에 대한 규제'가 요청된다는 것이다. 그러나 개인주의화나 개입국가에 의해 약화된 시민사회적 연합체들이 이러한 정치적 대안을 현실적으로 추진할 수 있을 것인지에 대해 그는 대단히 비관적인 입장을 취하고 있다.

3. 민주주의 이론과 대안적 정치체제 모델

자본주의 국가의 구조적 모순과 밀접하게 연관되어 있는 또 하나의 정치사회학적 주제영역은 현존하는 자유민주주의 정치체제의 경험적 한계 및 그에 대한 대안에 대한 질문들이다. 논의의 출발점으로서 가장 적절한 것은 1980년에 쓰여진 논문 「자유민주주의의 내용과 형식의 분리」(Offe, 1985a: 162-178)이다. 오페에 따르면 1970년대 이래 서구의 자유민주주의 제도는 그 형식과 내용이 분리되는 위기를 겪어왔다. 자유민주주의의 이같은 위기는 두 가지 측면에서 유발되었는데 그 하나는 '통치의 위기(Regierbarkeitskrise)', 즉 정치적 갈등과 그 해결이 점차로 자유민주주의적인 정치적 제도들의 외부에서 이루어지는 현상이며, 다른 하나는 '참여의 위기(Partizipationskrise)', 즉 시민들의 정치적 참여와 정치적 표현이 사회운동이나 가두시위 등과 같이 자유민주주의 정치제도의 외부에서 이루어지게 되는 현상이 그것이다. 이 두 가지 위기의 공통점은 사회적 삶의 질서를 둘러싼 갈등과 그 해결로서의 '정치'의 공간이

자유민주주의적 정치제도를 벗어나게 된다는 점이다. 그 결과로서 우리
는 현대 자본주의하에서 '국가'와 '정치'가 서로 분리되는 것을 목격하
게 된다. 이같은 진단은 오페로 하여금 자유민주주의의 한계에 대한 보
완책들을 모색하게끔 한 동기가 된다.

오페는 크게 다음과 같은 두 가지 쟁점에 개입하고 있다. 그 하나는
경쟁민주주의/합의민주주의 쟁점이며, 다른 하나는 대의민주주의/직접민
주주의 쟁점이다. 먼저 전자의 쟁점은 1970년대 이래 대륙유럽 사회과
학자들을 중심으로 이루어졌던 일련의 토론들과 직접적인 연관을 갖고
있다. 합의민주주의, 합일민주주의, 협의민주주의, 조합주의 등에 대한
이론적·경험적 테제들이 바로 그것이다. 이상의 테제들은 의회·선거·다
수결·정당정치 등을 유일한 정치적 대표의 양식으로 인정하는 고전적
자유민주주의 모델에 대한 의미심장한 비판과 대안들을 담고 있다. 이같
은 작업들은 1950~60년대 근대화이론과 미국 비교정치학에 의해 이상
화되었던 영미식 정치체제 모델의 정당성과 효율성을 상대화시키고, 이
를 통해 각 사회의 역사적 발전경로와 조건에 적합한 정치체제 모델을
모색하려는 노력으로 이해될 수 있다.

정치체제와 갈등조정양식에 대한 몇몇 중요한 유형화들은 이러한 문
제의식을 반영하고 있다. 대표적인 것으로 슈미터의 '다원주의/조합주
의' 구분(Schmitter, 1983), 렘브루흐의 '경쟁민주주의/합일민주주의' 구
분(Lehmbruch, 1975; 1992) 그리고 네덜란드 비교정치학자인 리지파트
(Lijphart, 1984)의 잘 알려진 유형화인 '다수결민주주의/합의민주주의'
구분 등을 들 수 있다. 1979년 발표된 「단체 영향력 행사의 제도화」
(Offe, 1979b)와 1984년 「비국가적 거시조정체계로서의 조합주의?」
(Offe, 1984c), 그리고 같은 해의 「다수결을 통한 정치적 정당화?」(Offe,
1984b) 등은 경쟁민주주의 모델의 결함들을 비판함과 더불어 대안모델

의 현실화 조건과 그 딜레마들을 토론하고 있다.

먼저 오페는 의회민주주의와 정당정치만을 유일하게 정당한 정치적 대표양식으로 주장하는 경쟁민주주의 모델에 대해 비판적인 입장을 취한다. 오페에 따르면 현대 자본주의 사회에서 정치적 대표와 영향력 행사는 이미 의회나 정당정치 같은 '가시적' 경로와 거대화되고 국제화된 자본에 의해 장악된 '비가시적' 경로로 이원화되었다. 때문에 의회민주주의와 정당정치만을 정당한 정치적 대표의 경로로서 인정하는 고전적 자유주의 정치원리는 현대 자본주의에서 이미 현실성을 상실했다는 것이 오페의 판단이다.

이 점에서 그는 일단 조합주의 모델의 문제의식을 공유하고 있다. 그럼에도 불구하고 그는 조합주의 모델이 과연 자유민주주의에 비해 보다 우월한 민주적 내용성을 갖고 있는가에 대해 신중한 입장을 취하고 있다. 조합주의적 조정양식은 기본적으로 '영역적' 대표양식을 '기능적' 대표양식으로 대체한다는 것을 의미한다. 이러한 조합주의적 조정원리는 그것의 민주적 내용성에 있어 몇몇 중요한 결함을 갖고 있다는 것이 오페의 비판이다. 이 가운데 가장 중요한 결함은 다음의 두 가지이다. 첫째, 조합주의적 조정양식에 내포된 비공식적 측면들로 인해서 시민들의 정보 및 의사소통에 대한 권리가 제한될 수 있다는 점, 둘째 거대 조직체에 소속되지 않은 사회집단 또는 분배문제에 연관되지 않은 이슈들이 정치적으로 배제될 수 있다는 점이 그것이다. 이같은 민주적 한계들을 고려했을 때 비판사회과학은 일종의 거시정치학적 '진퇴양난(Zwick-mühle)'에 처하게 된다는 것이 오페의 주장이다. 즉 우리는 고전적 자유민주주의로 퇴행할 수도 없지만, 또한 조합주의적 조정양식 역시 안정되고 규범적으로 우월한 갈등조정방식이 될 수 없다는 것이다. 의회민주주의와 조합주의, 영역적 대표성과 기능적 대표성 사이의 이러한 딜레마는 시장과 정치, 물밑정치(exit)와 목소리 내기(voice) 사이의 현존하는 연관관계를 완전히 재조직하지 않는 한 해결될 수 없다는 것이 그의 판단이다.

한편 1990년대에 들어 오페는 오늘날의 대의민주주의 정치체제 내에서 직접민주주의적 모델이 갖는 의미에 대한 질문들에 집중한다. 이 쟁점은 무엇보다도 시민사회 이념의 수용을 둘러싼 유럽에서의 일련의 논쟁들과 관련이 있는 것으로 보인다. 특히 독일에서의 시민사회 논쟁에서 핵심적이었던 것은 자유민주주의하에서의 정치 실종에 대한 비판, 직접민주주의에의 호소, 그리고 시민들의 공화주의적 정치참여의 재건이었다. 때문에 여기에서 중요한 쟁점이 되었던 문제는 자유민주주의 정치체제 내에서 직접민주주의적 요소와 급진 공화주의적 요소들이 어떠한 정치이론적 위치를 부여받아야 하는가라는 질문이었다. 직접민주주의의 이념들에 대한 비판적 노트가 담긴 오페의 1992년 논문 「사이비-급진주의적인 제스처들에 반대하여: '국민의 의지'를 추구하는 헌정정책」(Offe, 1992)은 이러한 논쟁의 맥락에서 쓰여졌다.

오페는 정치과정의 제도적 구상에 연관되는 세 가지의 이슈인 '누가 정치과정에 참여하는가', '어떻게 국민의 의지가 형성되는가' 그리고 '어떤 사안이 정치과정에서 다루어져야 하는가'라는 질문들 가운데 두번째의 '어떻게'라는 질문이 중심적인 의미를 가진다고 본다. 왜냐하면 소위 '국민의 의지'라는 것은 가상적이고 오류의 여지가 있으며 또한 오도될 수 있기 때문이다. 소위 '국민의지'에 내장된 이같은 제한성들 때문에 직접민주주의적인 의지형성 방식은 자유민주주의적인 대의제 체제에 대한 보다 우월한 정치과정 모델이기는커녕, 오히려 우익 파퓰리즘으로 전략할 위험성을 지니고 있다는 것이 오페의 입장이다. 이러한 우려에 기반하여 그는 직접민주주의 모델에서 주장하는 '아래로부터' 민주화 전략에 반대하여 '내적·외적' 민주화 전략을 제시하고 있다. 여기에서 자유민주주의의 내적 민주화는 정당정치의 민주화를 통하여 현실화될 수 있으며, 외적 민주화는 제도화된 정치기관들이 광범위한 공론영역에 문을 개방함으로써 이루어질 수 있다고 한다. 이러한 내·외적 민주화과정에서 직접민주주의적 방식의 위치는 어디까지나 예외적이고 일시적이며 보완적인 의미만을 지녀야 한다는 것이 그의 결론이다.

4. 노동사회의 종언, 노동시장의 구조변동 그리고 대안전략의 모색

노동시장, 노동조합 그리고 복지국가에 대한 가장 권위 있는 연구자 중의 하나인 오페가 '노동사회'의 종언을 고하는 데 일역을 담당했다는 것은 하나의 역설이다. 1982년 발표된 중요한 논문 「사회학적 핵심개념으로서의 노동?」(Offe, 1984a: 13-43)에서 오페는 노동, 생산, 고용과 같은 노동사회의 요소들이 더 이상 핵심적인 사회학적 결정력을 갖지 못한다는 테제를 제기했다. 오페에 따르면 노동사회의 종언은 다음의 세 가지 측면에서 입증될 수 있다. 첫째, 노동과 노동시장의 분화는 어떤 동질적인 노동 개념을 더 이상 불가능하게 만들 정도로 진전되었다. 둘째, 노동은 노동자들 자신에게서도 더 이상 윤리적 의미를 갖지 않으며 노동자들의 정체성 형성에서 더 이상 결정적이지 않다. 셋째, 자본주의나 산업사회 등과 같이 노동 개념을 중심으로 한 사회 모델은 더 이상 사회학적 개념형성이나 이론형성을 위한 충분한 근거가 되지 못한다.

여기에서 오페가 주장하고 있는 바는 노동 개념과 그에 연루된 사회학적 개념들을 '폐기'해야 한다는 것이 아니라, 노동사회의 사회학적 개넘들이 '상대화'되어야 한다는 것이다. 이러한 테제에 따른다면 이제 제기되어야 하는 질문은 노동조합과 노동자계급이 변화된 사회적 연관들 내에서 어떠한 위치에 놓여 있는가이며, 이와 더불어 새로운 사회적 배제와 갈등의 역학이 어느 지점에서 발생하고 있는가라는 질문이 진지하게 고려되어야 한다. 이 질문은 이후 20년 가까이 오페 자신에게 핵심적인 과제로 남아 있다.

노동시장론은 이 질문에 대한 오페의 대답을 이해하는 데 결정적인 열쇠를 제공하는 주제영역이다. 1977년 칼 힌리히스와 공동집필한 「노동시장의 사회경제학」(Offe, 1984a: 44-86)과 1982년 요하네스 베르거와 공동집필한 「노동시장의 미래」(Offe, 1984a: 87-117), 그리고 1983년의 「노동시장의 미래에 대한 전망들」(Offe, 1984a: 340-358) 등은 그의 노동시장론이 담긴 주요 논문들이다. 여기에서 그는 오늘날의 노동시장이 직면하고 있는 위기상황들—실업이나 불완전고용, 노동시장의 분절 등—에 대한 두 가지의 전망들과 대결하고 있다. 그 하나는 경제성장을 통해 완전고용이 회복될 수 있다는 전통적인 완전고용론의 입장이며, 다른 하나는 현재의 위기상황을 거부할 수 없는 것으로 치부하는 소위 현실주의적 입장이다.

두 전망에 대한 오페의 입장은 다음과 같다. 우선 노동사회의 종언 내지는 상대화에 대한 그의 테제에서 이미 발견할 수 있듯이, 오페에게서 전일노동에 근거한 완전고용은 이제 더 이상 돌아갈 수 없는 노스탤지어이다. 때문에 문제는 완전고용을 회복하는 것이 아니라, 사회적 배제와 궁핍화를 그 대가로 하지 않는 구조 재조정의 대안을 모색하는 것이 된다. 반면 소위 현실주의자들의 문제는 사회적 해체와 양극화에 대한 아무런 정치적 대안을 갖고 있지 못하다는 점이다. 이상의 두 가지 입장이 초래할 수 있는 공통적인 결과는 고용노동자층과 자본가계급을 한편으로 하고, 노동시장으로부터 배제된 사회집단을 다른 한편으로 하는 사회적 균열이다.

이러한 파괴적 사회체제로 이르지 않기 위해 오페가 제안하고 있는 대안은 다음과 같은 양대 기획을 근간으로 하고 있다. 그 첫째가 '다양한 노동력 배분원칙의 결합'이라면 다른 하나는 '고용과 소득의 분리'이다. 이 두 가지의 이론적·정책적 대안은 서로가 서로를 전제로 하고 있다. 먼저 다양한 노동력 배분원칙을 결합하고자 하는 오페의 전략은 노동력의 배분과 노동생산물의 분배를 오직 시장원리에 종속시키고자 하는 신고전파 노동시장론에 대한 비판으로부터 나온다. 노동력이 상품으로서 판매되고 구매되는 노동시장의 지배력을 상대화시키기 위해 오페가 제안하고 있는 대안은, 노동시장 이외의 노동력 배분원칙에 대해서 보다 개방적인 제도적 체계를 구축하는 것이다. 여기에서 오페가 염두에 두고 있는 비시장적 노동력 분배원칙이란 무엇보다도 이른바 '자가노동(Eigenarbeit)'의 영역이다(Offe & Heinze, 1986/1992). 여기에서 자가노동이란 자신의 노동을 하나의 상품으로서 시장에 판매하지 않고서도 노동의 교환이 이루어지는 관계를 가리킨다. 이러한 자가노동의 교환은 주로 육아, 질병, 노인, 장애인 문제 등과 같이, 이제까지 상품화된 서비스 노동이나 국가적 보조에 의해 충족되어온 과제영역에서 특별한 의미를 갖는다. 자가노동 형태의 서비스 교환은 노동시장에서 자신의 노동을 판매하거나 서비스를 구매하지 않고서도 서비스의 공급과 수요를 충족시킬 수 있다는 점에서, 비시장적인 노동력 배분원리 및 노동생산물의 분배원리가 된다.

한편 오페의 두번째 제안인 '고용과 소득의 분리'는 노동력 배분의 측면보다는 노동생산물 분배의 측면으로부터 출발하는 기획이다. 고용과 소득의 결합원리에 따른다면, 노동력은 반드시 노동시장을 통해 배분되어야 하며 이에 상응하여 노동생산물들은 기본적으로 오직 노동시장에 고용된 자들에게만 분배되어야 한다. 이러한 원칙하에서는 공식적 노동시장에서 고용되지 않은 사회집단은 어디까지나 사회의 '잉여인간'들일 뿐이며, 또한 고용되지 않은 자에 대한 지불은 '일시적 보조금'의 의미를 가질 뿐이다. 그러나 실업과 불완전고용이 체계적이고 구조적인 현상으로 자리잡아가고 있는 오늘날의 상황에서, 이같은 관념은 더 이상 현실에 상응하는 것일 수 없다는 것이 오페의 주장이다. 오페가 말하는 고용과 소득의 분리란 노동시장에서 고용되지 않은 사회집단에 대해서도 시민으로서의 기본적인 소득을 보장해주어야 한다는 관념을 그 핵심으로 한다. 즉 고용 여부와는 상관없이 소득이 보장되어야 함을 의미한다. 이러한 관념에 따르자면 인간은 '노동자'로서가 아니라 '시민'으로서 기본적인 생존과 생활을 보장받아야만 한다.

이같은 시민적 기본권을 보장하기 위한 제도적 방안으로서 오페는 '국가적으로 보장된 기본소득권제도'를 제안하고 있다(Mückenberger, Offe & Ostner, 1989). 국가적 기본소득권보장제도의 핵심적인 발상은 다음과 같다. 즉 국가적 기본소득보장을 위한 재정충당은 점진적으로 보험금 등과 같은 수혜자들의 기여액 혹은 노동시장에서의 고용기간에 의해서가 아니라, 국가적 세입으로부터 조달되어야 한다는 것이다. 이같은 제도는 몇몇 보완적인 제도들과 함께 하나의 '제도적 세트'로서 도입되어야 한다는 점을 오페는 강조하고 있다. 이러한 보완적 제도로서 오페가 염두에 두고 있는 것은 '노동시간 단축'과 이른바 '제3섹터'에 대한 정치적 지원이다. 전자는 비고용인구에 노동시장을 개방함으로써 고용·비고용의 사회적 균열이 영구화되지 않도록 하기 위함이며, 후자는 비시장적 영역의 촉진을 통해 노동시장 자체의 지배력을 상대화시키기 위한 것이다. 오페에 따르면 이러한 제도적 세트의 도입을 통해, 우리는 부의 재분배 효과, 사회적 통합 효과, 노동시장 내부와 외부의 순환 등과 같은 복합적 효과를 기대할 수 있다.

5. 노동조합의 위기와 신사회운동의 정치적 전망

노동사회의 종언과 노동시장의 위기는 이제까지 노동운동 혹은 노동조합이 자본주의 사회에서 수행해왔던 중심적인 기능에 대한 중대한 도전을 의미하는 것이었다. 때문에 노동사회의 종언 내지는 그 중요성의 상대화에 대한 논의는 자연스럽게 노동조합의 미래와 새로운 사회운동들의 역할에 대한 질문으로 이어지게 된다. 먼저 노동조합과 노동운동에 대한 오페의 일반적 논의가 담긴 중요한 논문으로 꼽을 수 있는 것은, 비젠탈과 공동집필한 논문 「집단행위의 두 논리: 사회계급과 조직형태에 대한 이론적 노트」(Offe & Wiesenthal, 1980)이다. 이 논문의 가장 중요한 정치적 메시지는 다음과 같다. 즉 '이익집단' 혹은 '이익단체'라는 개념은 사회경제적 위치에 따른 집단행위상의 중요한 차이들을 중립화시키는 이데올로기라는 것이다. 이는 곧 자본주의적 경제체제하에서 자본가들과 노동자들이 스스로를 집단적인 행위자로서 조직하기 위한 가능성 조건과 조직양식은 동일하지 않다는 것을 의미한다. 저자들에 따르면 개별적 자본가들은 공리주의적 합리성에 근거하여 집단적 합리성의 최대공약수를 이끌어내지만, 사회경제적으로 구조적 불평등관계에 놓여 있는 개별적 노동자들은 오직 집단으로서 행위할 때만 개인적 합리성을 성취할 수 있으며, 때문에 개인적 합리성이 무엇인가에 대한 정의 역시 오직 집단적 정체성의 형성과정 속에서 비로소 이루어질 수 있다. 노동조합이 항구적으로 직면하고 있는 딜레마, 즉 개인적 합리성과

집단적 정체성 그리고 관료제적 조직거대화와 내적 민주주의 사이의 긴
장관계는, 바로 이같은 집단행위상의 특수성에 기인한다는 것이 저자들
의 설명이다(Offe, 1979b; Offe & Wiesenthal, 1980). 이러한 집단행위
론의 이론적 함의는 다음과 같이 독해될 수 있다. 즉 노동조합은 공리주
의적 합리성 이론에만 근거해서 설명될 수 있는 이익단체가 아니라, 목
적합리적 행위와 정체성의 정치가 공존하는 집단행위의 공간으로 이해
되어야 한다는 것이다.

그는 이와 같은 일반적 집단행위론과 더불어, 오늘날 서구 사회에서
노동조합이 직면해 있는 특수한 난점들에 대해 검토하고 있다. 노동조합
의 미래에 대한 오페의 기본적인 테제는 다음과 같다. 즉 노동시장의 위
기와 노동자계급 내의 이익분화로 인해서, 노동자계급의 실질적인 통일
성과 이해관계의 공통성은 점점 더 지탱되기 어려워지고 있다는 것이다.
이와 같은 변화된 상황하에서 노동자계급 내부의 균열선에 대한 이해는
노동조합 정치의 미래를 위해 필수적인 것이다. 그는 노동자계급 내부에
두 가지의 균열선이 형성되고 있다고 본다. 먼저 첫번째 균열선은 노동
자계급의 '상하 균열선'이다. 이는 노동시장의 중심부 집단과 주변부 집
단의 균열을 지칭한다. 두번째 균열선은 고용노동자 집단과 실업자 집단
사이의 '내외 균열선'이다. 이 두번째 균열선은 오늘날 전자의 균열선보
다 더 본질적인 사회적 균열을 구성한다. 이러한 균열들에 대한 노조의
대안전략은 다음의 세 가지 전제조건을 충족시켜야 한다고 한다. 첫째,
임금정책적·정치적으로 노동자계급의 중심부 및 주변부 집단을 통합시
키려는 시도가 필요하다. 둘째, 노동조합이 고용노동자 집단과 실업자
집단을 동시에 대변할 수 있는 체제를 정착시킬 필요가 있다. 셋째, 생
산자로서의 노동자계급의 이해관계를, 관련된 제3자들 및 소비자 관점
에서의 이해관계와 화해시키는 전략이 필요하다. 이같은 전략은 노동조

합이 '이익집단'으로서만 아니라 '사회운동'으로서 새로운 이슈, 새로운 운동세력과 연대해야 함을 암시한다.

앞의 논의들이 노동조합의 시각에서 정치적 연대의 필요성을 주장하고 있다면, 그의 신사회운동론은 반대편의 시각에서 그러한 연대의 필요성을 끌어내고 있다. 사회운동론에서 이미 잘 알려진 논문 「새로운 사회운동: 제도정치의 경계에 대한 도전」(Offe, 1985)에서 오페는, 1970년대 이래 부상한 새로운 사회운동들의 성격과 전망에 대해 논의하고 있다. 오페는 먼저 이러한 사회운동이 보여주고 있는 새로운 정치적 측면들을 '정치적 패러다임'이라는 개념을 동원하여 분석한다. 자유민주주의적인 복지국가적 동의, 성장·번영·분배 사이의 유기적 상관관계, 성장과 보장(안전보장 및 사회보장) 간의 포괄적인 연합형성 등은 옛 정치 패러다임의 특징을 이루었다. 한편 새로운 정치적 패러다임은 성장·분배·보장의 문제를 넘어서는 다양한 이슈들을 다루며 자율성과 정체성의 가치들로 이루어지고, 또한 제도화된 정당정치와는 전혀 다른 정치적 행위양식으로 특징지어진다. 운동 주체의 측면에서 보자면, 신사회운동에서는 무엇보다도 신중간계급과 구중간계급의 일부, 그리고 노동시장으로부터 배제된 주변부 사회집단(중간계급의 주부들, 고등학생 및 대학생 집단, 은퇴자 집단, 실업자 집단 및 주변부 노동시장에 고용된 청년층 등) 등이 중요한 행위자 집단을 구성한다. 이러한 새로운 정치적 패러다임은 근대화의 희생자들에 의한 감정적 반응이 아니라 근대성의 특정 가치들을 선택적으로 급진화시키고 있으며, 또한 구조적으로도 현대 자본주의 지배양식에서의 중요한 변화들에 대한 능동적 대응들이라는 것이 오페의 해석이다.

결론적으로 오페는 신사회운동의 미래와 관련하여 다음과 같은 전망을 제시하고 있다. 먼저 신사회운동 자체의 제도적 성공 여부는 신사회

운동의 주체세력인 신중간계급과 구중간계급 그리고 주변부 집단 사이
의 내적 균열과 부조화가 어떤 방식으로 해결되는가에 달려 있다. 한편
세력간 관계의 측면에서 보면, 오늘날의 정치적·사회적 위기를 해결하
기 위한 가장 이상적인 연대 모델로서 전통적 좌파와 신사회운동의 연
대가 제안되고 있다. 이러한 전망과 전략에서 우리는 노동조합의 위기에
대한 오페의 대안과 신사회운동의 전망에 관련된 대안이 하나의 공통된
전략으로 수렴되고 있음을 발견할 수 있다.

6. 성찰적 근대화와 시민사회의 합리적 자기제한

이제 끝으로 검토되어야 하는 주제는 근대성과 근대화에 대한 보다
일반적인 사회이론적 질문들이다. 1986년에 쓰여진 논문 「제로-옵션의
유토피아: 정치적 판단기준으로서의 근대성과 근대화」(Offe, 1986)와
1989년 발표된 논문 「족쇄와 제동: '지성적 자기제한'의 도덕적·제도적
측면들」(Offe, 1989)은 근대성과 근대화에 대한 오페의 사상이 담긴 중
요한 기고들이다. 먼저 오페는 1950~60년대 서구 사회과학계를 지배했
던 근대화이론과 1960년대 이래 목소리를 높여온 근대성의 담론들을 동
시에 검토한다. 현대 사회의 분화과정이 곧 전근대적 구속으로부터의 해
방을 의미한다는 믿음이 근대화이론을 특징지었다면, 근대성의 담론들
은 근대화의 과정이 오히려 자유를 질곡하고 억압하는 측면을 부각시켰
다. 오페는 이 두 가지의 상반되어 보이는 현대성의 해석들이 실은 현대
성의 양면성, 즉 해방과 질곡의 두 측면을 드러내고 있는 것으로 본다.
오늘날 우리가 목격하고 있는 현대 사회의 곤경은 근대화의 과정이 더
이상 제어되지 못할 정도의 복합성 수준까지 진행됨으로써, 이제 체계복

합성은 개인들과 하부체계들의 자율성을 오히려 극도로 억제하는 체제적 경직성으로 귀결되고 있다는 데에 있다. 근대성의 역설은 사회적 하부체계들이 더욱 근대화되고 자율성을 얻어갈수록 전체 체계의 자기성찰성은 더욱 감소되고, 이에 따라 전체 체계상의 근대성 결핍이 증대된다는 사실에 있다는 것이다.

현대 복합사회의 무규제성과 그것의 역설적 결과에 대한 대안은 근대화와 근대성 자체에 대한 성찰적 규제라는 것이 오페의 주장이다. 전근대 사회로부터 근대 사회로의 이행과정에서 문제가 되었던 것이 근대화 자체였다면(1차적 문제), 이제 문제는 근대화의 방향과 정도에 대한 사회적 조정과 규제가 된다(2차적 문제). 오늘날 고도로 현대화된 사회에서는 근대화의 1차적 문제보다는 2차적 문제가 더욱 본질적인 해결과제로 부각된다. 다시 말해서 현대 사회의 과제는 근대화 자체가 아니라 근대화에 대한 성찰이 된다는 것이다. 이 문제에 대한 대안으로서 오페가 제시하고 있는 것이 바로 '제로-옵션의 유토피아'이다. 즉 사회체계 내의 조정부담을 최소화시키는 방식으로, 근대화의 방향과 정도가 성찰적으로 규제되어야 한다는 것이다. 이러한 제로-옵션의 대안을 추구하는 데서, 오페는 낭만주의적 반근대론과는 분명한 선을 긋고 있다. 후자가 단지 현대 사회의 복합성으로부터 후퇴함을 통해 문제를 해결하고자 한다면, 오페의 대안은 복합성 문제의 해결을 위해 요청되는 행위자 차원에서의 책임성에 대해 질문하고 있다. 전자의 현대성 비판이 개인성의 해방이나 공동체의 가치 등과 같은 일종의 '자연권'의 옹호로부터 출발한다면, 오페는 그러한 개인들과 공동체들이 그 속에서 공존해야만 하는 전체 사회체계의 조정문제로부터 출발한다. 때문에 체계 수준에서의 기능적 요청과 행위자 수준에서의 합리성 사이의 긴장관계가, 그의 이론적 고민의 중심에 서게 된다. 그가 시민사회의 합리적 자기제한의 문제로 관심을 돌리게 되는 이유는 바로 여기에 있다.

「족쇄와 제동」은 이상과 같은 무목적적·무규범적 근대화 과정에 제동을 걸고 거기에 족쇄를 채우기 위해 시민사회에 기대되는 역할과 그 딜레마들에 대해 토론하고 있다. 여기에서 '족쇄와 제동'의 은유는 사회적 변동의 '잘못된 진행'에 대한 의식적인 자기제한을 의미한다. 이러한 제동과 자기제한과 관련하여 오페는 다음과 같은 질문을 던진다. "근대화 과정에 대한 이같은 제동을 현실화하기 위해 행위자들에게 책임성을 부과하는 데 있어서, 과연 어떠한 자기제한의 조건, 동기, 결과 및 합리성 딜레마가 존재하는가?" 이 질문은 곧 시민사회 행위자들의 행위 딜레마를 최소화하는 시민사회 내적인 제도적 조건에 대한 질문이다.

이러한 문제제기에서 출발하여 그는 다음의 두 가지 테제를 제출한다. 첫째, 도덕의식 형성에서 시민사회 내부의 제도적 연합관계(Assoziations-verhältnisse)는 결정적인 중요성을 갖는다. 둘째, 헌법적 질서와 시민사회적 제도들, 그리고 생활세계는 서로 필연적이 아닌 우연적 관계에 놓여 있다. 먼저 첫번째 테제의 의미는 다음과 같은 것이다. 시민사회적 연대에 의한 사회통합이 화폐 또는 권력이라는 매체의 지배력에 저항하기 위해서는, 상대적으로 위협받지 않는 사회적 연대의 발전기회를 제공해줄 수 있는 연합형성의 제도적 맥락이 보장되어야 한다. 왜냐하면 거시정치적 제도나 문화적 사회화 과정뿐만 아니라 시민사회 내부의 '집단행위의 제도적 조건'이 충족될 때에만, 행위자들의 도덕적이고 이성적인 행위를 기대할 수 있기 때문이다. 오페는 연합체 문제에 대한 이러한 테제를 통해 철학적 담론이론과 도덕이론의 사회학적 결핍을 간접적으로 비판하고 있다. 한편 그의 두번째 테제는 정치체제와 시민사회제도, 그리고 생활세계의 문화적 지향 사이에 필연적인 상호기능적 연관관계가 있다는 해석을 비판하고, 이 제도영역간의 우연적 관계를 주장한다.

이 테제가 말하고 있는 것은 근대화 과정에 대한 제동 걸기를 위해 시민 사회 행위자들이 수행해야 할 '기능'과 이들이 현실 속에서 특정한 행위를 하게 되는 '동기'의 상호분리이다. 각각의 사회체제는 그 사회구성원으로부터 모종의 책임성에 의존하며 또한 그러한 책임 있는 행위를 기능적으로 필요로 함에도 불구하고, 사회구성원들의 책임윤리적 지향은 그러한 기능적 필요성으로부터 생겨나는 것이 아니라 결코 강요할 수 없는 행위자 자신의 자기구속으로부터 나온다는 것이다.

결론적으로 요약하자면 오페는 시민사회의 행위자들에게 다음과 같은 두 가지 역할을 기대하고 있다. 그 하나는 자본주의적 근대화 과정이 수반하는 사회적 해체에 대한 제동 걸기이며, 다른 하나는 자본주의에 대한 국가적 규제에 대한 규제를 수행하는 일이다. 여기에서 우리가 부딪치게 되는 최종적인 난점은, 이러한 시민사회적 규제를 가능하게 하는 제도적 조건의 형성이 자의적이거나 외적인 개입을 통해서는 이루어질 수 없다는 사실에 있다(Offe, 1995).

7. 비판적 토론: 국민국가의 경계를 넘어서

이 글은 앞에서 국가, 민주주의, 노동시장, 노동조합, 사회운동 그리고 근대화와 시민사회 등과 같은 주제영역들에서 오페가 제시했던 테제들과 정치적 대안들을 검토했다. 결론적으로 각각의 경험분석적·규범적 테제들간의 연관관계를 정리해보자면 다음과 같다. 오페의 개별적 테제들이 일관되게 기반해온 일반적 사회모델은 민주적 복지국가, 자본주의 경제체제 그리고 사회문화적 규범체계—또는 조정원리로서의 국가·시장·연대—로 구성되는 사회체계 모델이다. 오페는 이 가운데 자본주적 시장체제의 부정적 성격, 즉 사회경제적 불평등 구조와 사회해체적 파괴력 등에 대해 가장 확고하고 변함 없는 태도를 보여주었다. 그에게서 시장은 분명 '자유의 조건'(밀튼 프리드먼)이 아니라 '악마적 제분기'(칼 폴라니)임에 틀림없다. 자본주의적 생산과 시장체제의 이러한 부정적 힘을 제어할 수 있는 제도적 공간으로서 그가 기대하고 있는 것은 바로 '국가'와 '연대'의 공간이다.

먼저 오페에게서 민주적 복지국가는 양면적 잠재성을 갖고 있다. 즉 그것은 자본주의에 종속될 수도 있으며 역으로 그것을 개혁할 수도 있다. 이러한 양면성은 자본주의와 복지국가의 모순적 관계에 상응하는 것이다. 즉 자본주의는 복지국가와 행복하게 공존할 수도 없지만 또한 복지국가에 의존할 수밖에 없다는 딜레마가 그것이다. 이때 자본주의하에서의 국가가 그것의 양면적 잠재성 가운데 어느 방향으로 기울게 되는가는 시민사회 내의 세력관계와 연합체적 조건에 달려 있다.

오페에 따르면 복지국가의 양면성과 마찬가지로 시민사회의 행위자들 역시 양면성을 갖고 있다. 그 하나는 상기한 양대 조정원리, 즉 국가와 시장으로부터 규정되는 측면이다. 즉 시민사회의 행위자들은 자본주의하에서의 행위자들이며, 나아가 복지국가적 원리가 생활의 깊은 부분까지 개입되어 있는 행위자들이다. 그러나 이러한 피규정적 측면과 함께 시민사회 행위자들에게는 또한 적극적인 가능성도 부여된다. 오페에 따르면 시민사회는 시장기제를 직접적으로 제어할 수도 없으며 자기 자신을 직접적으로 통치할 수도 없다. 즉 그것은 국가를 필요로 한다는 것이다. 그러나 다른 한편으로 시민사회는 국가적 조정행위의 방향과 강도에 대한 규제를 통해 간접적으로 자본주의와 자기 자신에 대한 통제를 수행할 수 있다. 이처럼 시민사회가 국가에 대한 규제와 시장에 대한 제동을 수행하기 위해서 요청되는 경험적 전제조건들이 부정적인 방향으로 변화되고 있다는 점이야말로, 그로 하여금 비판적인 전망으로 이르게 하고 있다.

결론적으로 말하여 '해체적인 자본주의적 근대화'와 '자기모순적인 국가' 그리고 '시민사회의 취약한 규제능력'이 오늘날의 현대 사회를 규정하고 있다. 오늘날 비판적 사회과학과 사회운동이 서 있는 자리는 그람시가 말한 바와 같은 '유기적 위기', 즉 옛 것은 갔으나 새 것은 오지 않은, 지극히 불안정하고 위험스러운 시공간이다.

이제 끝으로 오페의 시대진단과 정치적 비전에 대한 짧은 비판적 논평으로 이 글을 마무리하고자 한다. 이러한 비판들은 오페의 테제들에 대해 그에 상응하는 완결성을 갖는 대안적 테제를 제시한다는 것을 의미하지 않는다. 오히려 필자가 겨냥하고 있는 것은, 그의 작품에 '흠'을 냄으로써, 즉 그의 테제들에 대한 가벼운 수긍의 자명성을 흩뜨림으로써 우리 모두가 그의 작품을 다시 한번 더 자세히 들여다보게 되는 것이다. 필자의 비판이 출발하는 곳은 오페의 이론체계가 기본적으로 국민국가적 경계 혹은 국가적 행위영역에 터하고 있으며 때문에 내적으로든 외적으로든 이 경계를 넘어서지 못하고 있다는 인식이다. 이러한 의혹에서 출발해서 필자는 다음의 세 가지 비판점을 제기하고 싶다.

첫번째 비판은 그의 국가이론에 관계된다. 먼저 그의 국가이론은 국민국가적 한계에 머무르고 있다는 인상을 주고 있다. 비록 그의 복지국가위기론에서 시장기제의 자율성 증가와 신자유주의적 변화는 중심적인 중요성을 부여받고 있지만, 그에 대한 대안 모색의 과정에서 자본의 세계화라는 문제는 커다란 자리를 부여받고 있지 못하다. 만약 오늘날의 세계화 경향이 조합주의적 조정체제 또는 협의민주주의적 정치체제를 '더 이상 불가능하게' 만들고 있다는 슈미터(Schmitter, 1989; Schmitter & Grote, 1997; Schmitter & Streeck, 1991)의 진단이 옳다면 시장기제에 대한 국가적 조정 그리고 국가행위에 대한 시민사회적 규제는 더 이상 국민국가적 수준에서만 토론될 수 있는 문제가 아니다. 다음으로 조합주의적 조정양식 또는 협의민주주의적 정책결정방식에 대한 그의 입장은 아직까지도 분명하지 못하다. 이 문제에 대해 그는 주로 부정적인 방식으로만 접근해왔다. 즉 그의 테제는 자유민주주의의 한계에 대한 비판과 조합주의의 한계에 대한 지적에만 관련된다는 것이다. 만약 강한 의미에서의 조합주의, 즉 독점화된 이익대표체들에 기반한 거시적 조정체계로서의 조합주의가 이제 더 이상 불가능하다면, 조합주의 모델에서 양대 기둥으로 이해되었던 자본과 노동은 새로운 모델에서 어떠한 위치를 부여받아야 할 것인지에 대한 질문이 제기되어야 한다. 특히 보다 다원주의적인 시민사회 모델에서 노동조합은 단지 다원성의 한 요소로 해체되어야 할 것인지, 아니면 다원성 속에서 그것의 핵심적인 경제적 역할은 어떻게 재정의되어야 할 것인지에 대해 토론이 필요하다.

두번째 비판은 그의 민주주의론에 대한 것이다. 그의 민주주의 이론에서는 직접민주주의에 대한 과도한 비판과 일면적인 전망이 발견된다. 직접민주주의에 대한 그의 부정적 입장이 일면적이라는 것은 경험적·규범적으로 입증될 수 있다. 먼저 직접민주주의가 반드시 국민을 '오도'하지는 않는다는 것을 보여주는 경험적 증거는 바로 스위스의 정치체제이다. 스위스는 대표적인 협의민주주의 체제인 동시에 이미 1874년 이래로 다양한 직접민주주의 제도들을 점진적으로 도입해왔다. 스위스에서 이러한 직접민주주의 제도들은 선거나 대표체들의 협의에 의해 결정될 수 없는 이슈들을 평화적으로 해결하는 데 결정적인 역할을 해왔다. 이러한 성공담은, 예를 들어 미국 캘리포니아 지역 소도시들에서 보고되는 '오용'의 사례들 혹은 오스트리아 우익 파퓰리즘의 정치적 성공에서 입증되는 '오도'의 사례들과는 대조되는 것이다. 규범적인 수준에서도 오페의 일면성은 비판받을 수 있다. 직접민주주의 모델은 반드시 대의민주주의의 부정을 의미하는 것은 아니다. 그것은 직접민주주의 양식을 포함한 다양한 정치적 대표양식들의 결합을 지향할 수 있다(Schmalz-Bruns, 1994). 특히 오늘날 지역적 수준에서 직접민주주의적 요소의 확장은 '정책적' 정당성의 측면에서뿐 아니라 정치정당적 대표체들의 '정치체제적' 정당성을 지속하기 위해서라도 불가피한 것으로 받아들여지고 있다. 지역정책의 결정이나 정치정당의 결정을 내릴 수 있는 정치적 권리는 이제 정책담당자나 공식적 당원들에 의해서 독점될 수 없으며, 그 지역주민들과 시민적 연합체들에 분담되어야만 한다는 것이다. 이러한 제도적 개혁을 통해 시민들은 공무원이나 당원이 되지 않고서도 결정과정에 참여할 수 있는 권리를 부여받을 수 있게 된다. 여기서 정치적 기본권 개념의 확장은 정치적 대의제를 손상시키는 것이 아니라 그것을 강화시키는 방향으로 기여할 수 있을 것으로 기대된다.

세번째 비판은 노동시장의 위기에 대한 그의 정치적 대안에 관련된다. 상기한 바와 같이 완전고용체제의 종언, 노동계급의 분화, 노동의 의미격하 등과 같은 사회학적 변동들에 상응하는 오페의 대안은 다양한 노동력 배분원리의 결합과 고용/수입의 분리였으며, 이와 관련하여 자가노동 형태와 국가적 기본소득권 보장 문제를 논했다. 그의 이러한 제안은 울리히 벡의 '시민노동(Bürgerarbeit)'(Beck, 1999; 2000), 앙드레 고르츠의 '대안기획(기본소득 보장+노동시간 단축+자발적 시민활동)'(Gorz, 1985; 1994; 2000), 제레미 리프킨(Jeremy Rifkin)의 제3섹터론, 다이언 엘슨(Diane Elson)의 비시장적 노동모델 등과 많은 부분을 공유하고 있다. 여기에서 오페의 기획이 갖는 장점은, 첫째 복지국가의 긍정적 잠재성으로부터 우리가 기대할 수 있는 요소들을 가장 적극적으로 결합시키고 있다는 점, 둘째 조세제도·사회보장제도·고용제도의 정책적 개혁안

을 결합함으로써, 사회경제적 복지의 후퇴를 그 대가로 하지 않는 제도
개혁안을 구체적으로 제시하고 있다는 점, 셋째 시민사회의 행위공간을
확장시키는 데 가로놓여 있는 제도적 장애들을 체계적으로 규명하고 있
다는 점 등이다. 이러한 장점에도 불구하고 그의 테제의 가장 취약한 부
분은 바로 '시민사회 자체'―즉 그것의 제도적 환경이 아니라― 에 대한
고려이다. 오페는 활동적 시민사회의 제도적 조건 등과 같은 '강한' 문
제들에 대해서는 정책적 대안들을 제시하고 있지만, 시민사회 내에서의
가치지향, 문화적 제도, 집단행위적 전통 등과 같은 '부드러운' 문제들에
대해서는 경험적 분석과 정치적 대안 모두에서 침묵을 유지하고 있다.
만약 오페 자신도 말하고 있는 바와 같이, 제도와 행위가 기능적으로는
서로를 전제하면서도 경험적으로는 결코 필연적으로 상대방을 수반하지
않는다면, 이 가운데 어느 한 측면에 대한 분석과 대안의 부재는 나머지
한 측면에서의 실패까지도 동반한다는 것을 의미한다. 만약 비판적 사회
과학이 시민사회 내에서의 다양한 실험들과 새로운 연합체적 형태들의
성장에 대해 민감한 사회학적 감수성을 보여주지 못한다면, 우리는 다음
의 세 대안 중 어느 한 길을 선택하는 수밖에 없다. 즉 국가적 제도개혁
의 효과를 과신하든지, 시장기제의 창조적 잠재성에 기대든지, 아니면
오페의 경우처럼 지성의 비관주의에 빠져야 하는 것이다. 이 세 가지 대
안 모두에 공통된 것은 경험적으로 실재하는 혹은 최소한 실재할 수 있
는, 시민사회 내의 변혁적 힘과 역동적인 움직임에 대해 열려진 시각을
갖고 있지 못하다는 점이다.

참고문헌

Beck, Ulrich. 1999, *Schöne neue Arbeitswelt*, Frankfurt/M: Suhrkamp.

_____(Hg.). 2000, *Die Zukunft von Arbeit und Demokratie*, Frankfurt/M: Suhrkamp.

Gorz, André. 1985, *Paths to Paradise: On the Liberation from Work*, London/Sydney: Polity Press.

_____. 1994, *Capitalism, Socialism, Ecology*, London/New York: Verso.

_____. 2000, *Arbeit zwischen Misere und Utopie*, Frankfurt/M: Suhrkamp.

Joas, Hans. 1998, "Sperrfeuer. Eine Replik auf zwei Kommunitarismus-Kritiker", in *Die neue Gesellschaft/Frankfurter Hefte* 45.

Lehmbruch, Gerhard. 1975, "Consociational Democracy in the International System", in *European Journal of Political Research* 3: 377-391.

_____. 1992, "Konkordanzdemokratie", in Manfred G. Schmidt(Hg.), *Lexikon der Politik*, Bd.3, München.

_____. 1996, "Der Beitrag der Korporatismusforschung zur Entwicklung der Steuerungstheorie", *Politische Vierteljahresschrift*, 37(1): 735-751.

Lijphart, Arend. 1984, *Democracies*, New Haven/London.

Mückenberger, Ulrich, Claus Offe & Ilona Ostner. 1989, "Das staatlich garantierte Grundeinkommen", in Hans Leo Krämer & Claus Leggewie(Hg.), *Wege ins Reich der Freiheit*, Berlin: Rotbuch Verlag.

Offe, Claus. 1972a, "Politische Herrschaft und Klassenstrukturen. Zur Analyse spätkapitalistischer Gesellschaftssysteme", in Gisela Kress & Dieter Senghaas(Hg.), *Politikwissenschaft*, Frankfurt/M: Fischer.

_____. 1972b, *Strukturprobleme des kapitalistischen Staates*, Frankfurt/M: Suhrkamp.

_____. 1979a, "'Unregierbarkeit.' Zur Renaissance konservativer Krisentheorien", in Jürgen Habermas(Hg.), *Stichworte zur 'Geistigen Situation der Zeit'*, Bd.1: Nation und Republik, Frankfurt/M: Suhrkamp.

_____. 1979b, "Die Institutionalisierung des Verbandseinflusses - Eine ordnungspolitische Zwickmühle", in Ulrich von Alemann & Rolf G. Heinze(Hg.), *Verbände und Staat*, Opladen: Westdeutscher Verlag.

_____. 1984a, *'Arbeitsgesellschaft': Strukturprobleme und Zukunftsperspektiven*, Ffm/N.Y.: Campus Verlag.

_____. 1984b, "Politische Legitimation durch Mehrheitsentscheidung?" in Bernd Guggenberger & Claus Offe(Hg.), *An den Grenzen der*

Mehrheitsdemokratie: Politik und Soziologie der Mehrheitsregel, Opladen: Westdeutscher Verlag.

_____. 1984c, "Korporatismus als System nichtstaatlicher Makrosteuerung? Notizen über seine Voraussetzungen und demokratischen Gehalte", in *Geschichte und Gesellschaft* 10(2): 234-256.

_____. 1985a, *Contradictions of the Welfare State*, edited by John Keane, Cambridge, MA: The MIT Press.

_____. 1985b, *Disorganized Capitalism*, edited by John Keane, Cambridge, MA: The MIT Press.

_____. 1985c, "New Social Movements: Challenging the Boundaries of Institutional Politics", in *Social Research* 52(4): 817-868.

_____. 1986. "Die Utopie der Null-Option. Modernität und Modernisierung als politische Gütekriterien", in Peter Koslowski u.a.(Hg.), *Moderne oder Postmoderne?: Zur Signatur des gegenwärtigen Zeitalters*, Weinheim.

_____. 1989, "Fessel und Bremse. Moralische und institutionelle Aspekte 'intelligenter Selbstbeschränkung'", in Axel Honneth et al.(Hg.), *Zwischenbetrachtungen im Prozess der Aufklärung*, Frankfurt/M: Suhrkamp.

_____. 1990a, "Social-Scientific Aspects of Regulation-Deregulation Debate" in Offe(1996).

_____. 1990b, "State Action and Structures of Collective Will Formation: Element of a Social-Scientific Theory of the State", in Offe(1996).

_____. 1992, "Wider scheinradikale Gesten - Die Verfassungspolitik auf der Suche nach dem 'Volkswillen'", in Gunter Hofmann & Werner A. Perger(Hg.), *Die Kontroverse: Weizsäckers Parteienkritik in der Diskussion*, Frankfurt/M.

_____. 1995, "Some Skeptical Considerations on the Malleability of Representative Institutions", in E. O. Wright(ed.), *Associations and Democracy*, London/New York: Verso.

_____. 1996. *Modernity and the State*, Cambridge, UK: Polity Press.

Offe, Claus & Rolf G. Heinze. 1986, "Am Arbeitsmarkt vorbei. Über-legungen zur Neubestimmung 'haushaltlicher' Wohlfahrtsproduktion in ihrem Verhältnis zu Markt und Staat", in *Leviathan* 14(4): 471-495.

_____. 1992, *Beyond Employment: Time, Work and the Informal Economy*, Philadelphia: Temple University Press.

Offe, Claus & Helmut Wiesenthal. 1980, "Two Logics of Collective Action: Theoretical Notes on Social Class and Organizational Form", in

Political Power and Social Theory, vol.1: 67-115.

Schmalz-Bruns, Rainer. 1994, "Zivile Gesellschaft und reflexive Demokratie", in *Forschungsjournal Neue Soziale Bewegungen*, Heft 1: 18-33.

Schmitter, Philippe C. 1983, "Democratic Theory and Neocorporatist Practice", in *Social Research* 50: 885-928.

_____. 1989, "Corporatism is Dead! Long Live Corporatism! Reflections on Andrew Shonfield's Modern Capitalism", in *Government and Opposition*, 24: 54-73.

Schmitter, Philippe C. & Jürgen R. Grote. 1997, "Der korporatistische Sisyphus: Vergangenheit, Gegenwart und Zukunft", in *Politische Vierteljahresschrift*, 38(3): 530-554.

Schmitter, Philippe C. & Wolfgang Streeck. 1991, "From National Corporatism to Transnational Pluralism", in *Politics and Society* 19(2): 133-164.

요스타 에스핑 안데르센

시민주의 정치이론에서 복지국가 사회학으로

김영범

1. 들어가며

복지국가에 대한 연구는 그 효율성, 기원, 제도의 상이성 등 다양한 측면에서 이루어져왔다. 최근에는 복지국가의 내적 상이성에 주목하여 이러한 상이성이 노동시장 구조나 경제발전 또는 정치적 동원 등과 어떤 관계를 갖고 있느냐를 분석하는 작업들이 크게 증가하고 있다. 복지국가의 제도적 상이성과 그로 인한 정치·경제적 차이를 분석하는 연구들은 '복지국가의 사회학(Sociology of Welfare State)'으로 분류될 수 있는데, 요스타 에스핑 안데르센(Gøsta Esping-Andersen)은 복지국가의 사회학을 대표하는 학자 중 한 명이다. 이 글은 에스핑 안데르센의 작업을 중심으로 복지국가에 대한 비교사회학적 연구를 비판적으로 검토하는 것이 그 목적이다.

복지국가의 사회학 분야에서 독창적인 논의를 제기하고 있는 에스핑 안데르센이 학계의 주목을 받기 시작한 것은 1985년 『시장에 대항하는 정치(*Politics against Market*)』를 발표한 이후부터이다. 사회민주주의 정치 이론, 특히 스칸디나비아의 사례를 중심으로 한 논의로부터 출발한 그의 작업은 이후 점차 복지국가에 대한 연구로 이행하게 되는데, 1990년 발표한『세 가지 유형의 복지자본주의(*Three Worlds of Welfare Capitalism*)』는 복지국가의 유형에 관한 연구로 광범위한 지지와 관심의 대상이 되었다. 이어 1993년 편집한『변화하는 계급(*Changing Classes*)』[1]과 1999년 발표한『후기 산업경제의 사회적 토대(*Social Basis of Postindustrial Economies*)』에서는 복지국가의 유형화에 대한 기존 작업을 노동시장·가족구조에 대한 연구와 통합하고 있다. 이러한 시도는 복지국가 그 자체에 대한 연구에서 자본주의체제의 분류에 대한 연구로 연구대상을 확대하고자 하는 노력으로 볼 수 있을 것이다.

에스핑 안데르센의 작업이 갖는 의미는 사회민주주의 정치이론의 측면과 복지국가에 대한 측면으로 구분해볼 수 있다. 사회민주주의 정치이론과 관련하여 그의 작업은 정책에 초점을 맞춤으로써 기존 논의가 보여주고 있는 결정론적 시각을 극복하고 있다는 장점을 갖는다. 이전까지 사회민주주의에 대한 논의들은 자본주의가 갖고 있는 구조적 조건들이 사회민주주의 정치에 어떤 제약을 가하는가를 탐색하는 데 집중해 있었다. 따라서 기존 논의들은 자본주의의 구조적 제약으로부터 사회민주주의가 벗어날 수 없다고 주장한다.[2] 이 점에서 기존 논의는 사회민주주

---

1) 이외에 대표적인 연구로는 1996년 편집한『이행기의 복지국가(*Welfare State in Transition*)』를 꼽을 수 있다.

2) 사회민주주의의 한계에 대한 논의는 두 가지로 구분해볼 수 있는데, 첫째는 구조적 제약에 초점을 맞추어 자본주의하에서 대의제 민주주의가 갖고 있는 구조적 한계를 강조한다. 이 입장에 따르면 자본주의하에서 권력은 의회에 있는 것이 아니라 경제를 지배하는 집단에 있기 때문에 대의제 민주주의를 통한 자본주의의 개혁은 항상 한계를 가질 수밖에 없다고 주장한다. 다른 한편으로 사회민주주의의 한계는 선거에서 나타나는 상충관계(trade-off)를 통해서도 나타나는데, 노동자가 유권자의 과반수를 차지할 수 없는 상황에서 사회민주주의

의를 변화하는 실체라기보다는 고정적인 것으로 이해한다고 볼 수 있다. 그러나 에스핑 안데르센은 사회민주주의를 고정적인 것 또는 한계를 내재한 것이라고 이해하지 않는다. 대신 그는 사회민주주의 정당이 계급연합을 통해 집권가능할 뿐만 아니라 계급연합의 성공 정도에 따라 자본주의의 구조적 한계까지도 극복할 수 있다고 주장한다.[3] 이런 관점에서 그는 사회민주주의의 한계보다는 전략의 분석에 집중하는데, 이를 위해 장기간 사회민주주의 정당이 집권에 성공한 사례, 즉 스칸디나비아의 사례를 집중적으로 분석한다.

복지국가에 대한 논의에서 그의 작업이 갖는 의미는 우선 양적 연구에서 질적 연구로의 전환을 가져왔다는 점이다. 복지국가에 대한 대표적인 논의인 근대화론, 권력자원이론 등은 주로 양적 접근에 집중해왔다. 티트무스(Titmuss, 1974)의 선구적 연구 이래 복지국가의 유형화를 시도한 경우는 종종 있었지만(Mishra, 1984; Therborn & Roebroek, 1986), 1980년대까지도 개별 복지국가의 차이를 양적 차이로 인식하는 경우가 대부분이었다. 복지국가에 대한 양적 접근으로 인해 기존 이론들은 단선적인 발전관을 갖고 있다는 한계를 공유하고 있었다.[4] 그러나 1990년

정당은 육체노동자의 이해와 중간계층의 이해 사이에서 상충관계에 빠지게 된다는 것이다. 이로 인해 사회민주주의 정당은 과반수 득표에 성공할 수 없고 집권이나 정책의 실행에서 항상 다른 정당과 협력할 수밖에 없기 때문에, 개혁은 제한적일 수밖에 없다는 것이다(Przeworksi & Sprague, 1988). 사회민주주의에 대한 마르크스주의의 입장에 대해서는 Pierson(1986: 62-65)참조.

3) 물론 에스핑 안데르센이 이러한 관점을 최초로 제시한 것은 아니다. 스웨덴의 사회민주주의 이론가인 비그포르스는 자본주의적 소유권을 권리의 묶음으로 이해하고 권리의 묶음 중 일부를 점차로 사회가 통제할 수 있으면, 궁극적으로는 소유권 전체를 통제하지 않더라도 자본주의적 소유권을 통제할 수 있다고 주장한다(Higgins, 1985). 에스핑 안데르센의 사고는 스웨덴 사회민주주의 초기 이론으로부터 영향을 받은 바 크다.

4) 테어본 역시 단선적 발전관을 복지국가이론의 발전을 제약하는 주요한 한계로 파악한다(Therborn, 1987).

『세 가지 유형의 복지자본주의』를 통해 에스핑 안데르센은 제도적 차이가 갖는 중요성을 부각함으로써 복지국가의 사회학에 새로운 관점을 제시하였다.

양적 차이에서 제도적 차이로의 전환을 강조함으로써 그는 복지국가의 성장 그리고 변화에 대해 새로운 시각을 제시하게 되는데, 즉 상이한 복지국가는 상이한 경로를 통해 발전했으며, 또 상이한 방향으로 변화하게 될 것이라는 점이다. 이러한 그의 관점은 1970년대부터 본격적으로 등장하기 시작한 복지국가의 위기론에 대해 새로운 시각을 부여한다. 양적 차이만을 강조할 경우 복지국가는 동일한 변화를 겪게 될 것으로 이해된다. 일례로 양적 접근의 경우 복지국가를 근본적으로 동일한 것으로 가정하기 때문에 특정 복지국가의 위기는 모든 복지국가의 위기를 의미한다. 그러나 제도의 차이를 강조하는 경우 특정 복지국가의 위기는 모든 복지국가의 위기를 의미하지는 않는다. 이러한 관점은 1980년대 복지국가의 후퇴에 대한 경험적 연구(Marklund, 1988; Pfaller et al., 1991)에서 나타난 문제, 왜 특정 국가의 복지제도는 후퇴한 반면 다른 국가에서는 그렇지 않은가를 설명할 수 있는 단초를 제공하고 있다.

다른 한편으로 에스핑 안데르센의 작업은 복지국가를 종속변수에서 독립변수로 전환시키고자 했다는 점에서 기존 논의들과 차별성을 갖는데, 복지국가의 탄생과 성장을 설명하는 기존 이론들은 주로 산업화, 근대화, 노동자계급의 권력자원 등을 통해 복지국가의 성장과 변화를 설명하고자 했다. 그러나 에스핑 안데르센은 선진 각국의 경우 복지국가는 경제성장, 노동시장, 가족구조, 소득불평등 등에 심대한 영향을 주기 때문에 그 특징을 분석하지 않고서는 다른 사회제도의 변화를 적절하게 설명할 수 없다고 주장한다. 구체적으로 에스핑 안데르센은 복지국가를 독립변수로 상정하여 역으로 이 변수가 계급의 권력자원이나 자본주의

적 경제발전 등에 어떤 영향을 주는지를 분석하고 있다. 복지국가를 독
립변수로 취급함으로써 그는 점차 제도를 강조하는 경향을 보이고 있는
데, 그가 권력자원이론을 대표하는 학자였다는 점에서 이는 이론적 단절
이라고 볼 수 있을 것이다.

방법론의 측면에서 에스핑 안데르센의 작업은 진보적 학자들 중에서
는 통계를 포함한 경험적 분석방법의 사용에 적극적이라는 특징을 보여
주고 있다. 경험적 분석방법은 1980년대 중반의 저작부터 최근의 저작
에 이르기까지 꾸준히 사용되고 있는데, 이로 인해 그의 작업은 다른 좌
파 이론가들의 작업에 비해 구체적 현실에 충실하다는 강점을 갖고 있
다.

2. 사회민주주의 정치이론: 탈상품화, 연대 그리고 재분배의 정치

『시장에 대항하는 정치』에서 에스핑 안데르센은 스칸디나비아의 사
회민주주의 정당이 장기집권을 할 수 있었던 이유를 분석한다. 그는 장
기집권의 원인에 대해 소토지 보유 농민의 존재나 강력한 노동운동 외
에 사민당(social democratic party-SAP)이 지속적으로 계급연합에 성공
했다는 점을 강조하고 있다.[5] 그렇다면 어떻게 사민당이 다른 계급과

---

5) 스웨덴의 경우 사민당이 최초로 정권에 참여한 것은 자유당과의 연정을 통해
서였다. 그러나 연정은 곧 붕괴되었고, 사민당이 본격적으로 장기집권을 시작
한 것은 1932년 농민당(后에 중앙당)과의 연정을 통해서였다. 이후 1950년대
까지 사민당은 농민당과 연정을 구성하였으며 이후에는 자유당과 연정을 구성
하였다. 사민당이 제2차세계대전 이후 최초로 정권 획득에 실패한 것은 1976
년이었으며, 다시 복귀한 것은 1982년이었다. 1990년대의 경우 1992년 보수
당을 중심으로 한 보수연합이 정권을 차지한 바 있으며, 사민당은 1995년 이
래 현재까지 집권하고 있다. 스웨덴 사민당의 간략한 역사에 대해서는 Molin

연합에 성공할 수 있었는가를 설명해야만 하는데, 이에 대한 해답을 찾기 위해 그는 사민당이 추진한 정책을 분석한다. 결론적으로 에스핑 안데르센은 사민당이 비노동자계급의 이해와 노동자계급의 이해를 융합하고자 하는 정책을 추진했다는 점에서 그 해답을 발견한다. 일례로 사민당은 농업에 대한 보조금을 지급하는 대신, 시장임금을 지급하는 공공근로사업을 추진함으로써 노동자계급의 이해와 농민의 이해를 결합시키는데 성공했다. 계급연합을 유지하고자 하는 사민당의 노력은 이후 스칸디나비아 국가들의 계급구조 변화에 따라 새로운 정책들로 구체화되는데, 이들 중 가장 중요한 것이 바로 복지국가의 확대이다.

그는 스칸디나비아 국가들이 다른 선진 국가들에 비해 관대한(generous) 복지국가를 갖게 된 것은 사회민주주의 정당이 계급연합을 유지하기 위해 추진한 전략 때문이라고 설명한다. 즉 1950년대 이후 그 수의 증가가 가장 컸던 신중간계급으로부터의 지지를 확보하고자 했기 때문에 관대하고 보편주의적인(universalistic) 복지국가를 발전시키게 되었다는 것이다. 구체적으로 신중간계급은 임금이나 생활 수준 등에서 전통적인 육체노동자계급과는 차이를 보이기 때문에, 스칸디나비아 사회민주주의 정당들이 지지를 얻기 위해서는 복지국가를 이들의 요구를 충족시킬 수 있는 수준까지 확대해야만 했다는 것이다. 계급연합을 유지하기 위한 전략을 추진하는 과정에서 사회민주주의 정당은 자신들의 복지정책을 결정짓는 세 가지 주요한 원칙을 확립하게 된다.

스칸디나비아의 복지국가는 몇 가지 원칙하에서 구성되었는데, 이 중 가장 중요한 원칙은 탈상품화(de-commodification)원칙이다. 이 원칙은 노동자계급이 노동시장에서의 업적과 무관하게 자신의 삶을 유지할 수 있도록 하는 것을 의미한다. 다음 원칙은 연대(solidarity)원칙이다. 이는

(1992)을 참조하라.

복지제도가 특정 계층만을 대상으로 하는 것이 아니라 시민 전체를 포괄해야 함을 의미한다. 마지막 특징은 재분배(redistribution)원칙으로 부자에서 빈자로의 부의 재분배가 복지제도를 통해 가능해야만 한다는 것이다(Esping-Andersen, 1985). 이 세 가지 원칙은 사회민주주의 정당이 지지를 극대화하기 위한 조건을 반영하는 것이다. 그에 의하면 사민당이 집권에 성공하기 위해서는 지지기반인 노동자계급으로부터 지지를 극대화해야만 한다. 그러나 노동자계급으로부터의 지지가 자동적으로 극대화될 수 있는 것은 아닌데, 왜냐하면 자본주의 경제하에서 노동자계급은 상호간에 경쟁관계에 빠져 있기 때문이다. 따라서 그는 사회민주주의 정당이 자신들에 대한 노동자계급의 지지를 극대화하기 위해서는 노동자들 사이의 경쟁을 최소화시켜야 하며, 이를 위한 수단이 앞서의 원칙으로 대표되는 관대한 복지국가라는 것이다.

　이러한 연구를 통해 에스핑 안데르센이 강조하고자 했던 바는 자본주의 내에서의 개혁이 노동운동을 약화시키는 당근이 아니라 무기가 될 수 있다는 점이다. 복지국가에 대한 이러한 그의 관점은 좌파가 가졌던 관점과는 큰 차이를 보이는 것인데,[6] 복지국가, 그리고 사회민주주의에 대한 이러한 그의 관점은 특히 쉐보르스키(Przeworski)의 주장과 첨예하게 차이를 보이고 있다. 쉐보르스키는 사회민주주의가 사회주의로 이행할 수 없음을 주장하는 대표적 이론가이다(Przeworski, 1986; Przeworski & Sprague, 1988). 그에 의하면 사회민주주의가 평화적인 방법으로 사

─────

6) 조합주의 이론은 복지국가를 자본주의적 질서를 유지·강화하기 위한 수단이라고 파악하고 있으며(Lehmbruch, 1982), 마르크스주의 이론의 경우도 복지국가를 자본주의의 재생산을 위한 수단으로 파악한다(O'Connor, 1986; Gough, 1981). 복지국가를 노동자계급에 대한 '당근'이 아니라 노동자계급의 '전리품'으로 파악하는 관점은 에스핑 안데르센 이전에 이미 코르피(Korpi, 1983)의 논의에서도 발견할 수 있다. 에스핑 안데르센과 코르피는 모두 스웨덴을 중심으로 한 북구의 사례에만 주목하고 있다는 점에서 양자는 모두 북구중심주의라는 비판을 받은 바 있다.

회주의로의 이행에 성공하기 위해서는 선거를 통해 과반수 이상의 지지를 확보해야만 한다. 그러나 그는 사회민주주의 정당이 역사적으로도 과반수 이상의 지지를 확보한 경우는 극히 드물고 논리적으로도 불가능하다고 주장한다. 쉐보르스키는 그 이유를 노동자계급과 (신)중간계급 사이의 이해가 상충(trade-off)된다는 점에서 찾고 있는데, 즉 사회민주주의 정당이 과반수 이상의 지지를 얻기 위해서는 노동자계급의 이해와 (신)중간계급의 이해를 동시에 만족시켜야 하지만, 두 집단의 이해가 본질적으로 상충관계에 놓여 있기 때문에 이는 불가능하다는 것이다. 이 점에서 그는 사민당이 최대 득표를 얻는 것이 가능하지만 과반수 이상의 득표를 얻는 것은 불가능하다고 주장하고 있다. 따라서 그는 평화적으로 사회주의로의 이행을 주장하는 사회민주주의는 결코 사회주의로의 이행을 성취할 수 없다고 판단한다.

이에 대해 에스핑 안데르센은 스칸디나비아의 사례를 통해 결코 계급 이익이나 계급이데올로기가 고정적인 것이 아님을 주장한다. 즉 어떤 정책을 추진하느냐에 따라 계급이익이나 이데올로기는 변화할 수 있다는 것이며 그 예가 바로 스칸디나비아의 사례라는 것이다. 에스핑 안데르센에 의하면 스칸디나비아의 경우 관대한 복지정책을 통해 신중간계급과 육체노동자계급의 삶을 유사하게 만듦으로써, 양 계급으로부터 지지를 얻는 것이 가능했다는 것이다. 이 점에서 그는 노동자계급과 신중간계급의 이해가 구조적으로 상충되는 것은 아니라고 주장하는 듯한데, 왜냐하면 양 계급 모두 생산수단의 소유로부터는 배제되어 있다는 점에서는 동일하기 때문이다. 이런 맥락에서 그는 노동자계급이라는 용어보다는 임금생활자(wage earner)라는 용어를 선호하고 있다. 에스핑 안데르센은 이에 덧붙여 스칸디나비아 국가들에서 추진되었던 사회주의로의 이행 프로젝트, 즉 다양한 임금생활자기금안(wage earner fund)은 비록 자본의 반대에 따라 좌절되기는 했지만 향후 그 가능성이 여전히 큰 것으로 보고 있다. 그의 주장을 한마디로 요약하면 자본주의하에서의 개혁은 그 주체가 누구인가에 따라, 그리고 어떤 전략을 추진하느냐에 따라 그 성격이 달라지는 것이지 결코 구조로 인해 '결정'되는 것은 아니라는 것이다.

이러한 에스핑 안데르센의 주장은 코르피(Korpi, 1978)로 대표되는 권력자원이론(power resource theory)[7]에 속한다고 볼 수 있다. 그러나 코르피의 권력자원이론이 좁은 의미의 노동자계급, 즉 육체노동자계급이 사회민주주의 정치에서 갖는 중요성만을 강조한 반면, 에스핑 안데르센의 논의는 노동자계급의 집합행동을 넘어서서 계급연합의 중요성을 강조하고 있다는 차별성을 갖는다. 이 점에서 에스핑 안데르센의 논의는 이론적으로 다양한 사례들을 분석하는 데 적합하다는 장점을 갖는데, 계급연합을 강조함으로써 그는 노동자계급의 권력자원이 유사함에도 불구하고 전혀 다른 결과들을 낳았던 사례를 분석할 수 있다. 대표적인 경우가 스웨덴과 네덜란드의 사례(Therborn, 1989)로 두 국가 모두 강력한 노동조합을 가지고 있음에도 불구하고 상이한 복지국가를 가지고 있다는 점을 육체노동자계급만을 강조하는 코르피의 권력자원이론은 설명할 수 없다. 이에 반해 계급연합을 강조하는 에스핑 안데르센의 이론은 노

---

7) 코르피의 권력자원이론은 자본주의 사회에서의 권력을 시장에서 화폐를 매개로 한 자본의 권력과 정치영역에서 수를 매개로 한 노동자계급의 권력 두 가지로 구분하고 있다. 코르피에 의하면 노동자계급은 자신들의 정치적 권력을 매개로 하여 자본가들의 권력을 제한하고자 시도하는데 그 결과가 복지국가라는 것이다. 그러나 노동자계급이 자본가계급의 권력을 제한하는 데 성공하는 정도는 노동자계급이 얼마만큼 집합행동에 성공했느냐에 따라 차이가 날 수밖에 없다. 이 점에서 코르피는 복지국가의 상이성은 노동자계급이 얼마나 정치적으로 자본의 권력을 제한하는 데 성공했는가를 반영하는 것이라고 볼 수 있다고 주장한다. 권력자원이론에 대해서는 Korpi(1978; 1983)와 O'Connor & Olsen(1998)을 참조하라.

동자계급과 다른 계급의 연대에 주목함으로써 유사한 조건에서 나타나는 상이한 결과들을 설명할 수 있다는 장점을 갖는다. 이 점에서 그의 이론은 노동자계급에게만 초점을 맞추고 있는 전통적인 권력자원이론을 보충할 수 있는 논리를 제시하고 있다고 평가할 수 있다.

3. 복지국가의 다양성: 세 가지 유형의 분류

『시장에 대항하는 정치』 이후 5년 만에 출판된 『세 가지 유형의 복지자본주의』에서 그는 스칸디나비아의 사례를 넘어서서 보다 많은 국가들을 대상으로 복지국가의 차이를 검토한다. 이 저서에서 그는 복지국가를 크게 세 가지 유형으로 구분하는데, 이러한 구분을 통해 그가 강조하는 바는 선진 각국에서 존재하는 다양한 복지국가는 그 기원과 발전 그리고 변화의 측면에서 상이하다는 점이다. 이 저작은 복지국가의 유형을 그 이데올로기에 기반하여 세 가지로 구분하는 것으로부터 출발한다. 에스핑 안데르센은 서구의 복지국가는 자유주의, 보수주의 그리고 사회민주주의 이데올로기라는 상이한 이데올로기를 기반으로 구성되었으며, 따라서 자유주의적 복지국가(liberal welfare state), 보수주의적 복지국가(conservative welfare state), 그리고 사회민주주의적 복지국가(social democratic welfare state)로 구분할 수 있다고 주장한다(Esping-Andersen, 1990: 26-28).

우선 자유주의 이데올로기는 무엇보다도 개인의 복지는 개인의 책임에 근거할 때 최선의 결과를 낳을 수 있다고 주장한다. 이는 자유주의 이데올로기의 시장에 대한 가정, 즉 시장은 자생적 질서이기 때문에 어떤 개입도 없을 경우 최선의 결과를 낳을 수 있다는 가정에 기반한 것이다. 자유주의적 복지국가는 시장을 강조하는 자유주의적 이데올로기에 기반하기 때문에 개인들의 자율적 선택을 방해하지 않도록 구성되어 있다. 즉 국가가 책임져야만 하는 대상은 자산조사 등을 통해 시장에서 복지를 해결하는 데 실패한 사람들로 국한되며, 그 수혜 수준도 근로의욕을 약화시키지 않도록 최소한으로 제한하는 경향을 가진다. 그러나 이러한 자유주의적 복지국가는 시장에서의 실패자들만을 대상으로 한다는 점에서 종종 낙인효과(stigma)를 갖게 된다. 에스핑 안데르센은 자유주의적 복지국가의 대표적인 예로 미국과 영국을 꼽고 있다.

이에 반해 보수주의 이데올로기는 시장을 기존 질서를 파괴하는 것으로 파악한다. 즉 시장은 지위나 권위와 무관하게 자본을 소유한 사람에게 권력을 부여하기 때문에 기존 질서를 파괴하는 힘을 갖고 있다는 것이다. 따라서 보수주의는 다양한 제도를 통해 시장이 갖고 있는 파괴적인 힘을 억제하고자 시도한다. 이 이데올로기하에서 복지국가는 어떻게 기존 질서를 유지할 수 있을 것인가라는 관점에서 발전되었는데, 대표적인 예로는 비스마르크 치하에서 실시된 사회보험을 들 수 있다. 보수주의적 이데올로기에 기반한 복지국가는 두 가지 목표를 지향하는데, 시장의 기존 권위에 대한 도전을 최소화하는 것이 첫째이며, 국가를 운영하는 데 필수적인 관료조직으로부터 충성을 유도하는 것이 둘째이다. 따라서 보수주의적 이데올로기에 기반한 복지국가는 기존 질서에 대한 시장으로부터의 도전을 약화시키기 위해 직업집단을 중심으로 구성될 뿐만 아니라 개별 조직에 따라 사회복지를 위한 비용부담과 수혜수준이 상이하다.8) 이 유형의 대표적인 예로는 독일과 오스트리아를 들 수 있다.

마지막으로 사회민주주의 이데올로기는 복지를 개인의 사회적 권리로

---

8) 비용부담과 수혜수준에서 보수주의적 복지국가는 관료조직의 충성을 유도하기 위해 공무원에게 특혜를 부여하는 경향을 갖는다.

이해한다. 따라서 모든 사람들은 최소한의 또는 사회적으로 인정되는 수준의 삶을 누려야만 하며, 이러한 권리를 보장하는 것이 국가의 역할이라고 주장한다. 이러한 주장의 배면에는 사회민주주의 정당이 처한 정치적 상황이 존재하는데, 즉 노동자계급으로부터의 정치적 지지에 의존하는 사회민주주의 정당이 지지를 극대화하기 위해서는 무엇보다도 노동자계급 내부의 갈등과 분열을 최소화해야만 한다는 것이다. 따라서 노동자계급을 시장에서의 경쟁으로부터 탈출시키는 것이 핵심적인 과제로 등장하게 되는데, 사회민주주의 정당은 이를 복지국가를 통해 해결하고자 했다. 이러한 원칙을 구체화하고 있는 사회민주주의적 복지국가는 가능한 한 보편주의적 제도와 높은 수혜수준을 갖게 된다. 사회민주주의적 복지국가의 예는 스웨덴을 꼽을 수 있다.

그렇다면 세 가지 상이한 이데올로기에 기반한 복지국가는 경험적으로 어떤 차별성을 보이고 있는가? 이 문제를 에스핑 안데르센은 탈상품화 지수를 통해 해결하고 있는데, 탈상품화 지수는 앞서 살펴본 탈상품화 개념을 경험적으로 측정하기 위한 지표로, 복지제도의 가입규칙과 비용·수혜규칙을 종합함으로써 구할 수 있다(Esping-Andersen, 1990: 54).[9] 그는 앞서 구분한 세 유형의 복지국가에서 탈상품화 점수가 차이를 보일 뿐만 아니라 소득불평등 정도나 좌·우파의 정치적 힘, 고용구조 등에서 차이를 보이고 있다(Esping-Andersen, 1990: 144-221)는 점을 입증하고 있다.

이러한 그의 작업은 경험적 연구를 통해 상이한 복지국가에서 나타나는 질적 차이를 강조하고 있다는 점에서 기존 연구와 큰 차이를 보이고 있는데, 기존 연구들은 복지국가를 단선적 발전과정에 있는 것으로 이해

---

[9] 그의 탈상품화 점수에 전혀 문제가 없는 것은 아닌데, 예컨대 가입규칙과 수혜규칙을 점수로 환산하여 합산함으로써 두 기준이 분류의 독립된 기준으로 이용되지 못한다는 약점을 갖고 있다. 즉 가입규칙과 수혜규칙 각각에서 나타나는 차이들이 점수로 합산되는 과정에서 무시된다는 것이다.

하여[10] 지출규모나 제도의 차이는 소멸되며 결국 특정 방향으로 수렴될 것이라고 주장한다. 일례로 근대화론의 경우 복지국가는 경제발전의 함수라고 가정하고 있으며(Wilensky & Lebreaux, 1958), 코르피(Korpi, 1978; 1983)는 복지국가를 노동자계급의 조직화 정도에 비례한다고 주장한다.[11] 따라서 이들은 동일한 조건이 형성되면 복지국가는 유사한 모양을 보일 것이라는 수렴이론을 제시하고 있다고 볼 수 있다. 그러나 에스핑 안데르센은 복지국가는 상이한 이데올로기에 기반해 발전해왔으며, 또 제도의 구성이 상이하기 때문에 동일한 방향으로 변화하지는 않을 것이라고 주장하고 있다.[12] 즉 제도의 관성으로 인해 복지국가는 수렴하는 대신 상이성이 증가할 가능성이 크다는 것이다.

다른 한편으로 이 저작에서 그는 복지국가를 독립변수로 설정하고 있는데[13] 이 점 또한 복지국가에 대한 기존 논의와 차이를 보이는 부분이다. 기존 논의에서 복지국가는 주로 종속변수로 인식되어왔다. 복지국가

---

10) 에스핑 안데르센은 복지국가에 대한 기존 연구가 단선적 발전이라는 가정에 사로잡혀 있다고 비판하고 있다(Esping-Andersen, 1987: 3).

11) 물론 복지국가의 질적 차이를 강조하는 입장도 존재하고 있는데, 제도주의적 입장을 취하는 스카치폴과 와이어(Skocpol & Wire, 1985)나 카젠슈타인 (Katzenstein, 1985)의 논의가 이에 해당한다. 그러나 양자의 논의는 복지국가의 제도적 차이에 관심을 두는 것이 아니라 그 원인의 차이에 주목한다는 점에서 본격적으로 복지국가의 유형화 문제를 다루고 있는 것은 아니다. 또 양자는 소수 사례들에만 주목하고 있을 뿐 에스핑 안데르센처럼 다수의 국가들을 분석하고 있지 않다.

12) 복지국가의 위기론에 대한 비판은 제도에 대한 강조와 함께 경험 연구를 통해서 이루어졌는데, 이들 연구(Therborn & Roebroek, 1986; Pfaller, 1991; Marklund, 1988; Alber, 1988)에 의하면 1980년대 복지국가의 후퇴는 전반적인 것은 아니며 개별 국가에 따라 큰 차이를 보이고 있음을 주장하고 있다. 그러나 이들의 논의는 왜 복지국가가 후퇴하지 않는가에 대해서는 구체적인 대답을 제시하지 않고 있다.

13) 에스핑 안데르센은 복지국가에 대한 기존 연구가 지출을 비교하는 것에서 제도에 대한 비교로 그리고 복지국가를 독립변수로 설정하는 것으로 이동해왔다고 평가한다(Esping-Andersen, 1992: 5).

의 등장과 변화를 설명하고자 했던 이론 중 대표적인 입장인 근대화론, 권력자원이론, 그리고 소국이론(small state theory) 등에서 복지국가는 경제성장, 노동자계급의 권력자원 그리고 지정학적 위치 등에 영향을 받는 종속변수로 인식되어왔다. 그러나 에스핑 안데르센은 복지국가의 제도적 차이가 소득분배, 사회계층 그리고 노동시장 등에 어떤 영향을 주는가를 분석함으로써 독립변수로 복지국가를 분석하고자 한 것이다.

4. 복지국가의 사회학: 후기 산업사회와 복지국가

복지국가를 독립변수로 설정하고자 하는 에스핑 안데르센의 노력은 1990년대 발간된 그의 저작에서 좀더 구체화된 형태로 나타나고 있는데, 대표적인 작업으로는 『변화하는 계급』(1993)과 『후기 산업경제의 사회적 토대』(1999)를 꼽을 수 있다.[14] 1990년대 그의 주요 관심사를 크게 두 가지로 구분해볼 수 있는데, 현재 선진 국가들에서 나타나고 있는 복지국가의 위기를 어떻게 설명할 것인가, 그리고 후기 산업사회의 계급구조는 어떻게 변화하고 있는가에 대한 이론적 작업이다.

그는 제2차세계대전 이후 본격적으로 발전한 복지국가는 포드주의적 산업사회(fordist industrial society)에 기반하고 있었다고 주장한다. 포드주의적 산업사회는 제조업을 중심으로 한 반(비)숙련 노동력, 일인소득원(one bread winner)과 전업주부로 구성된 핵가족, 그리고 남성 소득원에 대한 소득보장을 중심으로 한 복지국가로 구성되었다(Esping-Andersen, 1999: 5). 다시 말해 전후 복지국가는 국가·시장·가족 세 측면 모두에서

---

14) 이러한 경향은 콜버그와 함께 편집한 세 권의 책에서도 발견할 수 있다 (Kolberg, 1991; 1992a; 1992b).

독특한 환경에 기반해 있었다는 것이다. 그러나 포드주의적 산업사회를 구성하는 요소들은 후기 산업사회로 이동하면서 점차 붕괴되기 시작했으며, 이 과정에서 복지국가는 위기에 빠지게 되었다. 즉 제조업의 반숙련 노동력에 대한 수요 감소와 서비스산업의 팽창, 여성의 노동시장 참여 증가, 그리고 그로 인한 핵가족의 붕괴 등으로 인해 복지국가를 유지시켰던 조건들이 붕괴되고 있다는 것이다(Esping-Andersen, 1999: 4).

세계화와 생산기술의 변화로 인해 선진 각국에서는 반숙련 노동력에 대한 수요가 크게 감소했다. 즉 저임금을 무기로 한 후발 공업화 국가들의 추격과 기계화 등으로 인해 제조업부문에서 이들의 수요가 크게 감소한 것이다. 이에 반해 서비스산업은 크게 증가하는 경향을 보이고 있는데, 이 과정에서 개별 국가들은 고실업의 위험에 직면하게 되었다. 포드주의적 산업사회에서 후기 산업사회로의 이행과정에서 왜 실업의 위험이 증가되는가를 에스핑 안데르센은 보몰(Baumol, 1967)의 불균등성장(unbalanced growth)이론을 통해 설명하고 있는데, 보몰에 의하면 서비스분야는 크게 두 가지 특징을 갖는다. 우선 소득이 증가함에 따라 서비스분야에 대한 수요는 크게 증가하는 경향을 보인다. 서비스분야의 수요 증가로 인해 고용이 증가하는 반면 제조업분야에서는 수요가 상품시장의 포화, 삶의 질에 대한 관심 등에 따라 감소하기 때문에 고용이 감소한다. 다음으로 서비스분야의 생산성은 그 속성상 제조업의 그것에 비해 빠르게 성장할 수 없다는 한계를 갖는다. 보몰은 이를 제조업과 서비스업은 노동력의 필요성이 상이하다는 점에서 발견하는데, 즉 제조업의 경우 노동력은 최종생산물을 생산하기 위한 수단이지만 서비스업의 경우는 노동력 그 자체가 최종생산물이라는 것이다. 따라서 제조업의 경우 기술발전을 통해 노동력의 투입감소와 최종생산물의 증가가 가능하지만 서비스업의 경우 노동력투입의 감소는 최종생산물의 질을 저하시키는 결과를 초래하게 된다.

서비스분야와 관련된 두 가지 특징으로 인해 서비스부문은 비용증가 문제(cost disease problem)에 직면하게 되는데, 즉 서비스부문이 제조업 수준의 임금을 지급하는 경우 서비스의 가격에 비해 그 생산비용이 더 많게 된다는 것이다.[15] 이 점에서 서비스부문의 임금과 고용은 상충관계에 놓일 수밖에 없는데, 즉 임금의 인상은 고용감소로 연결되는 반면, 고용을 증가시키기 위해서는 임금인하가 불가피하다. 유럽과 미국은 보몰의 비용증가문제를 보여주는 상이한 사례인데, 즉 노동시장에 대한 국가개입으로 인해 서비스부문의 임금이 생산성보다 높게 결정되는 유럽에서는 고실업이 나타나는 반면, 서비스부문의 임금이 시장에서 결정되는 미국에서는 불평등이 증가하고 있다.

일인소득원에 대한 가정 역시 유지되기 힘든데, 왜냐하면 여성의 노동시장 참여가 크게 증가했기 때문이다. 여성의 노동시장 참여는 무엇보다도 노동시장에 큰 영향을 주게 된다. 즉 이전에 비해 노동시장의 공급이 크게 증가했기 때문에 완전고용을 달성하는 것이 그만큼 어려워졌다. 여성의 노동시장 참여는 복지국가에 대해서도 큰 충격을 가하게 되는데, 즉 이전까지 복지국가는 소득보장에 집중하고 있었던 반면, 여성의 노동시장 참여로 인해 사회 서비스에 대한 욕구가 크게 증가한 것이다. 즉 이전까지 가족·사회 서비스를 가족 내에서 충족될 것으로 가정했던 서비스들이 여성의 노동시장 참여로 제공되지 못하게 되면서, 기존 복지제도가 감당하지 못하는 새로운 욕구들이 크게 증가하기 때문에 개인·사회 서비스에 대한 욕구가 크게 증가하게 된다는 것이다. 가족 내에서 충당되지 못하는 서비스에 대한 욕구 증가는 또한 핵가족이 붕괴함에 따

---

15) 이외에도 에스핑 안데르센은 생산기술의 발전에 따라 저숙련 노동자나 노동시장에 처음 진입하는 노동자의 경우 고용되기가 더욱 어려워졌다는 점을 강조하고 있다(Esping-Andersen, 1999: 24).

라 더욱 증가하는 경향을 보인다(Esping-Andersen, 1999: 49).

에스핑 안데르센은 후기 산업사회로의 이행에도 불구하고 개별 국가에서 나타나는 복지국가의 변화는 동일한 것이 아니라고 주장하고 있는데, 그는 사회적 위험을 관리하는 세 주체인 국가·가족·시장 중 누가 보다 큰 책임을 지고 있느냐에 따라 복지국가의 변화 역시 상이하다고 주장한다. 그는 개별 국가에서 세 주체 사이의 관계를 분석하기 위해 복지체제(welfare regime)라는 용어를 사용하는데, 이 개념은 "국가·시장·가족 사이에서 복지가 생산되고 배분되는 방식"(Esping-Andersen, 1999: 34)을 의미한다. 여기서 흥미로운 점은 복지체제가 각각의 형태를 만들어가던 시기는 복지국가의 외적 조건들이 붕괴되기 시작한 시기였다는 점이다. 따라서 복지체제는 그 특징을 확립하던 시기부터 외적 환경의 변화에 적응해왔다고 볼 수 있을 것이다. 그는 사회적 위험(social risk)을 어떻게 관리하는가를 중심으로 복지체제를 구분하는데, 복지체제는 노동시장에 대한 국가개입 정도, 복지국가의 제도적 특징, 그리고 사회 서비스에 대한 가족의 역할이라는 변수를 통해 구분된다. 우선 세 가지 복지체제의 특징을 요약하면 <표 1>과 같다.16)

우선 자유주의체제는 사회적 위험의 궁극적 관리가 시장에서 이루어지며 이로 인해 국가와 가족의 역할은 잔여적이다.17) 이 체제에서는 복

---

16) 에스핑 안데르센은 1999년의 저작에서 기존의 복지국가 삼분 모델에 대한 여러 비판을 검토하고 있는데, 몇 가지만 살펴보면 다음과 같다. 첫째, 호주와 뉴질랜드를 남반구 모델로 분류해야 한다는 주장에 대해서는, 이들 지역이 기업복지가 발전했다는 점에서 기존 세 모델과 차이를 보이고 있지만 1980년대 이후 경제위기가 심화되면서 고유한 특징을 상실하고 있다고 주장한다. 둘째, 지중해 모델을 주장하는 입장에 대해 이 지역은 복지의 가족화를 강조하고 있다는 점에서 자신의 복지국가 모델 중 보수주의 모델과 큰 차이를 보이지 않는다고 주장한다. 마지막으로 아시아 모델에 대해서는 이들 지역, 특히 일본의 경우 잔여주의와 보수주의가 결합되어 있지만 점차 보수주의로 변화할 가능성이 크다고 주장한다(Esping-Andersen, 1999: 86-92).

17) 아래 세 가지 체제에 대한 논의는 Esping-Andersen(1999: 150-166)에 기초한

<표 1> 복지체제의 특징

구분	사회민주주의	보수주의(조합주의)	자유주의
노동시장 규제	유연화	경직화	유연화
복지의 책임	국가	가족	개인(시장)
복지의 탈가족화	높음	낮음	높음

지의 책임이 시장으로 귀결된다는 점에서 시장의 작동에 개입하지 않는 것이 중요하다. 제도적 측면에서 이는 노동시장에 대한 국가개입이 최소화됨을 의미하는데, 시장의 자유로운 작동이 보장됨에 따라 임금은 전적으로 시장에서 결정된다. 이 체제는 보몰의 비용악화문제를 시장을 통해 해결하는 것으로 볼 수 있다.

이 체제에서 여성은 노동시장에 쉽게 참여할 수 있는데, 이는 노동력의 수요·공급 측면에서 여성의 참여를 지지하는 요인들이 존재하기 때문이다. 먼저 수요의 측면에서 살펴보면 사회 서비스가 시장을 중심으로 제공된다는 점 때문에 이 분야를 중심으로 노동력에 대한 수요가 많다. 생산성이 낮은 사회 서비스 분야는 시장에서 제공되는 경우 그 임금이 낮을 수밖에 없는데, 저임금으로 인해 서비스의 가격을 낮출 수 있기 때문에 사회 서비스를 구매할 수 있는 여력을 가진 소비자를 증가시키는 효과를 갖는다. 공급의 측면에서도 이 체제는 여성의 노동시장 참여를 촉진하는 결과를 초래하는데, 왜냐하면 저숙련 부문의 경우 노동시장에 대한 국가개입이 최소화된다는 점 때문에 저임금에 노출될 수밖에 없으며, 이로 인해 일인소득원으로는 생활이 어렵기 때문이다. 물론 기업활동을 위한 서비스도 크게 증가하는데 이 분야에서는 고숙련-고임금이 가능하다. 따라서 이 체제는 전반적으로 실업률을 낮출 수는 있지만 저임금 부문을 크게 확대한다는 단점이 있다.

것이다.

조합주의체제는 복지에 대한 책임이 가족에게 귀결된다. 따라서 포드주의적 산업사회에서와 마찬가지로 여성은 전업주부의 역할을 부여받게 되며 남성은 일인소득원의 역할을 부여받는다. 이 체제에서는 가구주의 소득원에 따라 복지수준이 결정된다는 점에서 가구주의 수입을 유지시켜주는 것이 필수적인데, 이 점에서 노동시장에 대한 국가의 개입은 매우 엄격하다.[18] 이 체제는 여성의 노동시장 참여를 억제하는 몇 가지 조건을 갖게 되는데, 즉 여성이 가사노동을 전담하기 때문에 사회 서비스 분야는 수요가 크지 않을 뿐만 아니라 노동시장에 대한 국가개입으로 임금이 높기 때문에 이를 사용할 수 있는 능력을 가진 사회집단은 크지 않다. 이 체제에서는 노동시장에 대한 국가개입으로 인해 신규 취업이 매우 어렵기 때문에 노동시장의 내부자(insider)-외부자(outsider) 문제가 발생할 가능성이 크다. 조합주의체제는 이 문제를 노동력의 공급을 축소하는 전략을 추진함으로써 해결하려고 하지만, 이는 역으로 문제를 더욱 악화시키는 결과를 초래하게 되며 결과적으로 이 체제는 대량실업에 직면할 가능성이 크다.

마지막으로 사회민주주의체제는 복지의 궁극적 책임이 국가에 귀결된다. 따라서 국가는 소득보장정책이나 사회 서비스 분야 모두에 개입할 수밖에 없는데, 이로 인해 여성의 노동시장 참여는 크게 증가한다. 이 체제는 국가가 복지에 대해 궁극적 책임을 진다는 점에서 고용을 유지시키는 것에 큰 관심을 기울일 필요는 없다. 따라서 노동시장에 대한 국가의 통제는 약화된다는 특징을 갖는다. 다른 한편으로 국가가 사회 서비스를 제공하기 때문에, 여성의 가사노동에 대한 부담이 적어지고 결과적으로 여성의 노동시장 참여는 증가하는 경향을 갖는다. 이 체제는 앞

---

18) 예를 들면 고용과 해고, 최저임금, 노동조건 등에 대한 국가의 규제가 엄격하다.

서의 두 체제에서 나타나는 문제점인 사회의 양극화나 대량실업이 발생하지 않는다는 강점을 갖고 있다. 그럼에도 불구하고 이 체제 또한 문제점이 없는 것은 아닌데 무엇보다도 체제를 유지하기 위해서는 비용이 많이 든다는 점이다. 따라서 이 체제하에서는 고율의 세금이 필수적이며, 이 점에서 경제위기시 거대한 재정적자에 직면할 가능성이 매우 클 뿐만 아니라 조세 저항의 가능성도 높다.

이러한 분석을 통해 에스핑 안데르센이 주장하고자 하는 바는 두 가지로 요약될 수 있는데, 첫째, 복지국가의 위기는 복지국가가 만들어낸 위기라기보다는 복지국가와 연관된 시스템의 위기라는 것이다. 즉 산업사회의 변화과정에서 나타난 노동시장구조의 변화, 가족구조의 변화, 그리고 국제 경제환경의 변화로 인해 과거의 복지국가와 노동시장, 그리고 가족구조 등이 더 이상 작동하기 힘들게 되었다는 점이다. 자본주의체제를 구성하는 기본 요소들 사이의 관계가 위기에 빠졌다는 이러한 주장은 정당성의 위기나 재정위기 등 복지국가 자체의 위기만을 주장했던 1980년대 위기론(O'Connor, 1984; Offe, 1984)과는 차이를 보이고 있다. 둘째, 복지국가가 위기에 적응하는 전략은 복지국가와 그를 둘러싼 제도의 배열에 따라 큰 차이를 보인다는 점이다. 앞서 살펴보았듯 세 가지 복지체제는 동일한 위험에 대해 상이한 해결책을 제시하고 있다. 이 점에서 그의 논의는 생산방식의 변화, 세계화, 인구의 노령화 등으로 인해 복지국가는 후퇴할 수밖에 없다는 최근의 위기론에 대한 비판인 셈이다. 왜냐하면 복지국가를 둘러싼 변화는 복지국가에 대해 새로운 변화의 압력으로 작용하지만, 변화의 방향은 개별 국가들이 간직해온 제도의 특성에 따라 상이하다는 해석이 가능하기 때문이다.

앞서 살펴본 후기 산업사회에 대한 대응전략의 차이는 계급구조의 변화를 설명하는 데도 이용되고 있는데, 에스핑 안데르센은 후기 산업사회

에서 서비스분야를 중심으로 등장하고 있는 계급의 구성과 특징을 복지
국가를 중심으로 분석하고 있다.

우선 그는 전통적인 계급이론이 포드주의적 사회구조에 기반해 있다
는 점을 들어 비판하고 있다. 즉 기존 계급이론은 앞서 살펴본 바와 같
이 포드주의적 생산구조에 기반하고 있을 뿐만 아니라 노동과 자본 사
이에 매개 제도들이 부재했던 시기를 상정하고 있다는 것이다. 또한 그
는 기존 논의는 빈 공간(empty slot)에 사람을 배분하는 것으로 계급을
이론화하기 때문에 정태적이라고 비판한다(Esping-Andersen, 1993:
226). 대안적으로 그는 새롭게 등장하는 계급구조를 분석하기 위해서는
후기 산업사회의 생산구조 변화[19]를 반영하는 동시에 동태적인 계급이
론이 필요하다고 주장한다.

그는 포드주의 산업사회적 계급과 후기 산업사회적 계급을 구분하기
위해 노동의 분업에 특정 직업이 어떻게 삽입되는가(inserted)와 특정 계
급이 어떻게 삶의 가능성을 제약하는가라는 두 가지 차이를 강조하고
있다(Esping-Andersen, 1993: 12). 그는 포드주의적 산업사회에서 특정
직업이 노동의 분업 속으로 삽입되는 것은 통제의 위계를 중심으로 이
루어졌다고 주장한다. 즉 노동의 분업 속에서 자본가와 관리자, 그리고
육체노동자는 통제의 위계에서 상이한 위치를 차지한다는 것이다. 그러
나 후기 산업사회의 경우 특정 직업이 노동의 분업 속에 삽입되는 것은
통제의 위계가 아니라 자율성의 위계에 근거하고 있다. 다음으로 계급의
상향 이동 가능성에서 포드주의 산업사회의 계급은 이동 가능성이 거의

---

19) 그에 의하면 마르크스주의 계급이론은 생산수단의 소유 여부만을 판별기준으
로 파악하기 때문에 후기 산업사회에서 계급을 구분짓는 다양한 기준들을 분
석할 수 없다고 비판하고 있으며, 베버주의적 이론의 경우도 지식 등 계급 판
별의 기준은 다양화했지만 새로운 구분의 축을 만드는 데는 실패했다고 비판
한다.

없지만 후기 산업사회에서의 계급은 이동 가능성이 크다고 주장한다. 즉 두 가지 점에서 후기 산업사회에서 새롭게 등장하는 계급구조는 포드주의적 산업사회에서의 그것과 차이가 난다는 것이다.

물론 그는 후기 산업사회 계급의 구성과 이동성 정도는 복지국가의 특징과 노동시장에 대한 국가개입이라는 매개 제도에 따라 개별 국가에서 상이하게 나타난다는 점 역시 강조하고 있는데, 예컨대 복지국가의 사회 서비스에 대한 개입은 서비스부문의 노동력 공급과 수요에 영향을 주게 되며, 교육을 포함하는 노동시장에 대한 국가개입은 상향 이동 가능성에 영향을 주기 때문이다. 구체적으로 그는 후기 산업사회에서의 계급구조를 네 가지 대표적인 사례를 통해 분석하고 있다. 그에 의하면 스웨덴 모델의 경우 서비스부문의 고용비율이 높을 뿐만 아니라 저임금 노동력의 상향 이동 가능성도 큰 반면, 독일 모델의 경우 서비스부문 고용비율도 낮고 이동 가능성도 낮다고 주장한다. 미국 모델의 경우 고용비율은 높지만 상향 이동 가능성은 제약된다. 마지막으로 영국의 경우 미국과 독일의 사례가 가지고 있는 부정적인 모습이 결합되어 있다는 특징을 보여주고 있는데, 즉 사적 서비스 분야에 고용된 비율이 높을 뿐만 아니라 상향 이동성도 매우 낮다(Esping-Andersen, 1993: 237).

후기 산업사회의 계급구조에 대한 에스핑 안데르센의 주장은 최근 후기 산업사회의 계급구조와 관련하여 관심의 대상이 되고 있는 최하층(underclass)이나 전문기술자문제에 대해서 새로운 관점을 제시하고 있다고 판단된다. 왜냐하면 기존 논의들은 최하층의 문제나 전문기술자 문제에만 배타적으로 초점을 맞춤으로써 후기 산업사회에 대해 비관론과 낙관론의 극단적인 형태만을 취하는 반면, 그의 논의는 두 계층 모두에 대한 분석을 하나의 관점에서 통합하고 있기 때문이다.

1990년대의 논의가 계급연합 대신 제도들의 배열을 강조하고 있다는 점에서 1980년대 중반 권력자원이론을 대표하는 학자로서 에스핑 안데르센을 기억하는 사람들에게는 당혹스러울 수도 있다.[20] 그러나 현재 진행되고 있는 복지국가위기론을 살펴보면 이러한 이론적 전환이 이해 불가능한 것은 아니다. 과거 복지국가위기론은 복지국가의 내적 위기만을 강조하고 있었는데, 일례로 재정위기나 정당성의 위기에 직면한다는 주장은 대체로 복지국가가 내적으로 어떤 모순을 가지고 있는가를 밝히는 데 집중하고 있었다. 이러한 위기론은 복지국가의 탄생과 성장을 설명하던 원인들— 산업화, 민주주의, 계급구조— 을 직접적으로 거론하지 않는다는 점에서 복지국가를 종속변수로만 취급하는 이론을 크게 약화시키지는 않는다. 그러나 최근의 위기론은 복지국가의 성장을 설명하던 요인들을 직접적으로 거론하고 있다는 점에서 차별성을 갖는데, 즉 현재의 위기론은 복지국가를 유지시켰던 경제적·사회적 토대가 더 이상 유지될 수 없음을 주장하고 있다.[21] 따라서 복지국가에 대한 연구에서 새로운 관점의 등장이 절박했다고 판단할 수 있는데, 에스핑 안데르센의 이론적 변신은 복지국가 연구에 대한 새로운 관점을 제시하기 위한 것으로 이해할 수 있을 것이다.

다른 한편으로 제2차세계대전 후 본격적으로 발전하기 시작한 복지국가가 1970년대를 거치면서 성숙했다는 사실도 중요한데, 제도의 성숙으로 많은 사람들이 복지국가의 수혜자가 되었을 뿐만 아니라 수많은 이익집단들이 조직화되었다는 점이다. 따라서 복지국가는 이전보다 훨씬

---

20) 또 다른 당혹스러움은 권력자원이론의 또 다른 대표적 이론가인 코르피 역시 제도주의적 입장을 강조하고 있다는 점이다. 코르피의 새로운 주장에 대해서는 Korpi & Palme(1997)을 참조하라.

21) 예컨대 세계화론의 경우 소국이론에서 강조하는 개별 국가의 경제를 조절하는 제도들이 개방화로 인해 더 이상 효율적이지 못하다고 주장하고 있으며, 생산기술의 변화를 강조하는 이론들은 더 이상 중앙집중적 단체협상이 유지될 수 없다고 주장한다. 물론 근대화론에 대해서도 과거 자본주의의 황금기 동안에 나타났던 경제성장이 더 이상 불가능하다는 주장이 제기되고 있다.

더 민감한 정치적 쟁점이 될 수밖에 없는데, 즉 복지국가는 인구의 대다수에게 영향을 주는 쟁점이 되었을 뿐만 아니라 제도를 둘러싼 상이한 사회집단들의 이해에도 첨예하게 관련된 문제가 된 것이다. 이 점에서 복지국가의 제도적 배열에 대해 관심을 갖는 것은 이론의 현실적합성이라는 측면에서도 당연하다고 볼 수 있다.

5. 함의와 한계: 신자유주의에 대한 경험적 비판

물론 최근 나타나고 있는 사회·경제적 변화에 대해 복지국가에 대한 기존 논의가 적절한 설명을 제시하는 데 무력했다는 점에서 제도를 강조하는 입장으로 회귀한 것은 이해할 수 있지만 몇 가지 점에서 그의 작업이 갖는 한계 또한 분명하다.

그의 논의는 분석적이라기보다는 기술적인 성격이 강하다고 판단된다. 이러한 경향은 특히 1990년대 이후의 작업에서 두드러지게 나타나는데, 최근 작업일수록 제도들 사이의 관계에만 주목할 뿐 제도들을 형성하고 변화시키는 사회집단들 사이의 세력관계에는 주목하지 않는 것처럼 보인다. 즉 상이한 복지체제가 고유한 문제점에도 불구하고 여전히 경로의존성을 갖게 된다면, 각각의 복지체제가 상이한 발전의 길을 걷게 되는 이유가 무엇인가를 설명해야 함에도 불구하고 아직까지 이에 대한 설명이 부재하다. 대신 그는 제도들이 갖고 있는 관성을 강조하고 있는데 관성을 설명하기 위해서는 사회제도들이 사회집단의 행동에 대해 어떤 기회와 비용을 제시하는가, 즉 제도들이 사회집단들의 이해를 어떻게 제약하는가를 분석해야만 한다. 일례로 자유주의적 복지체제의 경우 저소득층은 국가에게 더 많은 책임을 부여하기를 원할지도 모른다. 그렇다

면 왜 자유주의적 복지체제가 다른 체제로 전환할 수 없는지를 설명해
야만 하는데, 이러한 질문에 대한 대답은 제도를 매개로 하여 나타나는
사회집단들 사이의 이해, 그리고 그들 사이의 투쟁을 설명할 때만이 가
능하다. 이러한 한계는 그가 제도들 사이의 관계에만 집중할 뿐 각각의
제도들이 갖고 있는 정치적 효과를 분석하지 않는다는 점에 기인하는
것인데, 코르피와 팔메(Korpi & Palme, 1997)의 논의는 에스핑 안데르
센의 논의에서 설명하지 못하는 제도의 경제의존성에 대한 미시적 기초
를 제공하고 있다는 점에서 주목할 만하다.[22]

최근 그의 관심은 복지국가에 대한 분석에서 노동시장에 대한 분석으
로 이동하고 있는 것처럼 보인다. 출간될 예정인 저서의 제목이 『노동시
장을 탈규제하는 이유(Why Deregulate the Labor-Market)』인 점은 그의 관
심이 변화하고 있음을 보여주는 한 예이다. 자본주의체제하에서 노동자
들은 노동시장과 복지국가를 통해 생활에 필요한 자원을 획득한다. 이
점에서 그의 초기 분석이 후자에 집중한 것이라면 최근의 작업은 전자
에 집중하고 있다고 볼 수 있다. 에스핑 안데르센의 연구에서 간과할 수
없는 부분은 그의 논의에서 직접적으로 나타나지는 않지만 시장과 복지
국가는 양립할 수 없다는 신자유주의에 대해 비판의 의미를 담고 있다
는 것이다. 그의 작업은 구체적인 자료를 통해 다양한 사례들을 분석하
고 이를 통해 다양한 변화의 경로를 추적하는 데 집중하고 있는데, 변화
의 다양한 경로를 추적하는 것 그 자체가 신자유주의적 변화에 대한 다
양한 대안을 제시하고 있는 것이기 때문이다.

1997년 경제위기 이후 우리나라에서는 새로운 경제모델로의 전환에
대한 논의가 다양하게 진행되고 있다. 그러나 현재까지의 논의는 이전까

---

22) 코르피와 팔메는 소득보장제도를 가입규칙과 수혜수준을 중심으로 구분한 후
    개별 제도의 구성이 사회집단들의 이해관계를 어떻게 융합 또는 분리하는가를
    분석하고 있다(Korpi & Palme, 1997).

지 국가가 경제에 어떻게 개입해왔으며, 그것을 어떻게 변화시켜야만 하는가에 집중하고 있을 뿐 복지국가를 어떻게 구성해야 하는지에 대해서는 큰 관심을 두지 않는 것으로 보인다. 결과적으로 최근의 복지제도 개혁은 다양한 대안에 대한 탐색보다는 자유주의적인 방향으로 복지제도를 확대하는 것에 그치고 있다고 볼 수 있다. 이 점에서 어떻게 복지국가와 노동시장을 개혁할 것인가에 대해 다양한 가능성을 제시하고 있는 에스핑 안데르센의 작업에 보다 많은 관심과 논의를 기울일 필요가 있다.

참고문헌

Alber, J. 1988, "Is there a crisis of the Welfare state? Crossnational Evidence from Europe, North America, and Japan", *European Sociological Review*, vol.4, no.3.

Baumol, W. 1967, "Macroeconomics of Unbalanced Growth", *American Economic Review*, vol.57, no.3.

Bowles, P. & B. Wagman. 1997, "Globalization and the Welfare State: Four Hypotheses and Some Empirical Evidence", *Eastern Economic Journal*, vol.23, Issue 3.

Esping-Andersen, G. 1985, *Politics against Market*, Princeton: Princeton University Press.

_____(ed.). 1987, *Stagnation and Renewal in Social Policy: the Rise and Fall of Policy Regimes*, London: M. E. Sharpe.

_____. 1990, *The Three Worlds of Welfare Capitalism*, Princeton: Princeton University Press.

_____. 1993, *Changing Classes: Stratification & Mobility in Post-industrial Societies*, London: Sage.

_____(ed.). 1996. *Welfare States in Transition*, London: Sage Publication.

_____. 1999, *Social Foundations of Postindustrial Economies*, Oxford: Oxford University Press.

Esping-Andersen, G. & W. Korpi. 1987, "From Poor Relief to Institutional Welfare States: The Development of Scandinavian Social Policy", in

R. Erikson(ed.), *The Scandinavian Model: Welfare States and Welfare Research*, New York: M. E. Sharp.

Esping-Andersen, G. & K. V. Kersbergen. 1992, "Contemporary Research on Social Democracy", *Annual Review of Sociology*, vol.18.

Gough, I. 1981, *The Political Economy of the Welfare State*, London: Macmillan Press, 김연명·이승욱 역, 1990, 『복지국가의 정치경제학』, 한울.

Higgins, W. 1985, "스웨덴 사회민주주의의 이념적 기초: 에른스트 비그포르스", 이병천·김주현 편역, 1993, 『사회민주주의의 새로운 모색』, 백산서당.

Jessop. B. 1994, "The Transition to Post-Fordism and Schumpeterian Workfare State", in R. Burrows(ed.), *Towards a Post-Fordist Welfare State?* London: Routledge.

Katzenstein, P. J. 1985, *Small States in World Markets: Industrial Policy in Europe*, Ithaca: Cornell University Press.

Kolberg, J. E.(ed.). 1991, *The Welfare State as Employer*, London: M. E. Sharpe.

_____. 1992a, *The Study of Welfare State Regimes*, London: M. E. Sharpe.

_____. 1992b, *Between Work and Social Citizenship*, London: M. E. Sharpe.

Korpi, W. 1978, *The Working Class in Welfare Capitalism: Work, Unions and Politics in Sweden,* London: Routledge & Kegan Paul.

_____. 1983, *The Democratic Class Struggle*, London: Routledge & Kegan Paul.

Korpi, W. & J. Palme. 1997, *The Paradox of Redistribution and Strategies of Equality: Welfare States, Institutions, Inequality and Poverty in the Western Countries,* Swedish Institute for Social Research.

Lehmbruch, G.(ed.). 1982, *Patterns of Corporatist Policy Making*, London: Sage.

Marklund, S. 1988, *Paradise Lost*, Lund: Arkiv.

Martin, A. 1996, *What Does Globalization Have to Do With the Erosion of Welfare State?: Sorting Out the Issues*, ARENA, Working Paper 17.

Mishra, R. 1984, *The Welfare State in Crisis*, New York: St. Martin's Press, 우재현·권화순·정덕규 역, 1987, 『복지국가의 위기』, 신우출판사.

Molin, K. 1992, "Historical Orientation", in K. Misgeld(ed.), *Creating Social Democracy*, Pennsylvania: Pennsylvania University Press.

O'Connor, J. 1986, *Accumulation Crisis*, Oxford: Basil Blackwell.

O'Connor, J. & G. M. Olsen(ed.). 1998, *Power Resources Theory and the Welfare State: A Critical Approach*, Toronto: University of Toronto Press.

Offe, C. 1984, *Contradiction of Welfare State*, Cambridge: MIT Press.

Pfaller, A.(ed.), 1991, *Can the Welfare state Compete: A Comparative Study of Five Advanced Capitalist Countries*, London: Macmillan.

Pierson, C. 1986, *Marxist Theory and Democratic Politics*, Los Angeles: The University of California Press.

Przeworski. 1986, "Social Democracy as A Historical Phenomenon", *Capitalism and Social Democracy*, London: Cambridge University Press.

Przeworski & Sprague. 1988, *Paper Stone: A History of Electoral Socialism*, Chicago: The University of Chicago Press.

Skocpol, T. & M. Wire. 1985, "Structures and the Possibilities for Keynesian Responses to the Great Depression in Sweden, Britain and the United States", in P. Evans et al.(eds.), *Bringing the State Back In*, Cambridge: Cambridge University Press.

Stryker, R. 1998, "Globalization and the Welfare State", *International Journal of Sociology and Social Policy*, vol.18, no.2/3/4.

Teeple, G. 1995, *Globalization and the Decline of Social Reform*, Toronto: Gagamond Press.

Therborn, G. 1987, "Welfare State and Capitalist Market", *Acta Sociologica*, vol.30.

_____. 1989, "Pilarization and Popular Movements: Two Variants of Welfare State Capitalism-The Netherlands and Sweden", in F. G. Castle(ed.), *The Comparative History of Public Policy*, London: Polity Press.

Therborn, G. & J. Roebroek. 1986, "The Irreversible Welfare State: Its Recent Maturation, Its Encounter with the Economic Crisis, and Its Future Prospect", *International Journal of Health Services*, vol.16, no.3.

Titmuss, R. 1974, *Social Policy*, London: Allen and Unwin, 김영모 역, 1980, 『사회정책개론』, 일조각.

Wilensky, H. L. & C. N. Lebreaux. 1958, *Industrial Society and Social Welfare*, New York: Russel Gage Foundation.

출처

이 책에 실린 글들이 처음 발표되었던 제목과 지면은 다음과 같다.

제1부 미국의 비판사회이론

제1장 이수훈, 「월러스틴: 뒤집기와 재구축의 기획」, ≪경제와 사회≫ 1997년 봄호, 91-114쪽.

제2장 신광영, 「라이트의 분석적 마르크스주의」, ≪경제와 사회≫ 1999년 여름호, 125-140쪽.

제3장 장미경, 「페미니스트 근대론자들: 낸시 프레이저, 아이리스 영, 앤 필립스를 중심으로」, ≪경제와 사회≫ 1999년 가을호, 154-174쪽.

제2부 영국의 비판사회이론

제4장 김호기, 「후기 현대성과 제3의 길: 앤소니 기든스의 사회이론」, ≪경제와 사회≫ 1999년 겨울호, 207-232쪽.

제5장 박선웅, 「스튜어트 홀의 문화연구: 이데올로기와 재현의 정치」, ≪경제와 사회≫ 2000년 봄호, 149-171쪽.

제6장 최병두, 「데이비드 하비의 역사지리유물론: 공간의 정치경제학과 포스트모더니티」, ≪경제와 사회≫ 1996년 가을호, 204-239쪽.

제3부 프랑스의 비판사회이론

제7장 양운덕, 「푸코의 권력계보학: 서구의 근대적 주체는 어떻게 만들어지는가?」 ≪경제와 사회≫ 1997년 가을호, 106-142쪽.

제8장 현택수, 「피에르 부르디외의 사회이론」, ≪경제와 사회≫ 1996년 겨울호, 85-105쪽.

제9장 정수복, 「알랭 투렌의 비판사회학: 노동사회학에서 사회이론까지」, ≪경제와 사회≫ 1998년 가을호, 99-125쪽.

제4부 독일과 북구의 비판사회이론

제10장 정철희, 「하버마스의 사회이론」, ≪경제와 사회≫ 1997년 여름호, 121-138쪽.

제11장 신진욱, 새로 집필.

제12장 김영범, 「복지국가에 대한 비교사회학적 접근: 에스핑 안데르센을 중심으로」, ≪비교사회≫ 3호, 2000년, 206-233쪽.

각 장별 비판사회이론가 소개

- 제1장

임마누엘 월러스틴(Immauel Wallerstein)

1930년 출생
콜롬비아 대학 박사
현 뉴욕 주립 대학(빙엄튼) 페르낭 브로델 센터 소장, 사회학과 교수
주요 저서
The Modern World-System Ⅰ, 1974 (『근대세계체제 Ⅰ』, 까치)
The Capitalist World Economy, 1979
The Modern World-System Ⅱ, 1980 (『근대세계체제 Ⅱ』, 까치)
Historical Capitalism, 1983 (『역사적 자본주의』, 창작과 비평사)
The Modern World-System Ⅲ, 1989 (『근대세계체제 Ⅲ』, 까치)
Antisystemic Movements, 1989 (『반체제운동』, 창작과 비평사)
Unthinking Social Science, 1991 (『사회과학으로부터의 탈피』, 창작과 비평사)
Geopolitics and Geoculture, 1991 (『변화하는 세계체제, 탈아메리카와 문화이동』, 백의)
After Liberalism, 1996 (『자유주의 이후』, 당대)
The Utopistics, or Historical Choice of the Twenty-first Century, 1998 (『유토피스틱스, 또는 21세기의 역사적 선택들』, 창작과 비평사)

- 제2장

에릭 올린 라이트(Erik Olin Wright)

1947년 출생

캘리포니아 대학(버클리) 박사

현 위스콘신 대학(매디슨) 사회학과 교수

주요 저서 및 편저
The Politics of Punishment, 1973
Class, Crisis and the State, 1979 (『국가와 계급구조』, 화다)
Class Structure and Income Determination, 1979
Classes, 1985
The Debate on Classes, 1990
Reconstructing Marxism, 1992
Interrogating Inequality, 1994
Class Counts, 1997

- 제3장

낸시 프레이저(Nancy Fraser)

현 New School for Social Research 교수(정치철학)

주요 저서 및 편저
Justice Interruptions, 1997
Unruly Practices, 1989
Redistribution or Recognition?, 1999

아이리스 영(Iris Marian Young)

현 시카고 대학 교수(정치학)

주요 저서
Justice and the Politics of Difference, 1990
Intersecting Voices, 1997
Inclusion and Democracy, 2000

앤 필립스(Anne Phillips)

현 London School of Economics and Political Science 교수(젠더 이론)

주요 저서

Feminism and Equality, 1987

Engendering Democracy, 1991

Democracy and Difference, 1993

The Politics of Presence, 1995

Which Equalities Matter?, 1999

- 제4장

앤서니 기든스(**Anthony Giddens**)

1938년 출생

케임브리지 대학 박사

현 London School of Economics and Political Science 총장

주요 저서

Capitalism and Modern Social Theory, 1971 (『자본주의와 현대 사회이론』, 한길사)

The Class Structure of the Advanced Societies, 1973 (『선진 사회의 계급구조』, 학문사)

Central Problems in Social Theory, 1979 (『사회이론의 주요 쟁점』, 문예출판사)

A Contemporary Critique of Historical Materialism, 1981 (『사적 유물론의 현대적 비판』, 나남)

The Constitution of Society, 1984 (『사회구성론』, 자작아카데미)

The Nation-State and Violence, 1985 (『민족국가와 폭력』, 삼지원)

The Consequences of Modernity, 1990 (『포스트모더니티』, 민영사)

Modernity and Self-Identity, 1991 (『현대성과 자아정체성』, 새물결)

Beyond Left and Right, 1994 (『좌파와 우파를 넘어서』, 한울)

The Third Way, 1998 (『제3의 길』, 생각의 나무)

- 제5장

스튜어트 홀(Stuart Hall)

1937년 자메이카 출생
옥스퍼드 대학 수학
현 런던 대학 골드스미스 칼리지 교수(사회학)

주요 저서 및 편저
The Popular Arts, 1964
The Young Englanders, 1967
Africa is Alive and Well Living in the Diaspora, 1975
Culture, Media, Language, 1980
Drifting into a Law and Order Society, 1980
The Hard Road to Renewal, 1988
New Times, 1989
Modernity and its Future, 1992
Questions of Cultural Identity, 1996

- 제6장

데이비드 하드(David Harvey)

1935년 출생
케임브리지 대학 박사
현 존스 홉킨스 대학 지리학과 교수

주요 저서
Social Justice and City, 1973 (『사회정의와 도시』, 종로서적)
The Limits to Capital, 1982 (『자본의 한계』, 한울)
The Urbanization of Capital, 1985
Consciousness and the Urban Experience, 1985
The Condition of Postmodernity, 1989 (『포스트모더니티의 조건』, 한울)
The Urban Experience, 1989 (『도시의 정치경제학』, 한울)
Justice, Nature and the Geography of Difference, 1996
Space of Hope, 2000

- 제7장

미셸 푸코(Michel Foucault)

1926년 출생
소르본 대학 박사
꼴레쥬 드 프랑스 교수(사상사) 역임
1984년 사망

주요 저서

Folie et déraison, 1961 (『광기의 역사』, 인간사랑)

Naissance de la clinique, 1963 (『임상의학의 탄생』, 인간사랑)

Les mots et les choses, 1966 (『말과 사물』, 민음사)

L'archéologie du savoir, 1969 (『지식의 고고학』, 민음사)

L'ordre du discours, 1971 (『담론의 질서』, 서강대학교 출판부)

Ceci n'est pas une pipe, 1973 (『이것은 파이프가 아니다』, 민음사)

Surveiller et punir, 1975 (『감시와 처벌』, 나남)

Histoire de la sexualité 1: La volonté de savoir, 1976 (『성의 역사 1: 앎의 의지』, 나남)

Histoire de la sexualité 2: L'usage des plaisirs, 1984 (『성의 역사 2: 쾌락의 활용』, 나남)

Histoire de la sexualité 3: Le souci de soi, 1984 (『성의 역사 3: 자기에의 배려』, 나남)

- 제8장

피에르 부르디외(Pierre Bourdieu)

1930년 출생
고등사범학교 교수자격 취득
현 꼴레쥬 드 프랑스 교수(사회학)

주요 저서

Les Héritiers, 1964

La Reproduction, 1970 (『재생산』, 동문선)

La Distinction, 1979 (『구별짓기』, 새물결)

Le sens Pratique, 1980

Ce que parler veut dire, 1982 (『상징폭력과 문화재생산』, 새물결)

Homo Academicus, 1984

Choses dites, 1987

La Noblesse d'état, 1989

Les Régles de l'art, 1992 (『예술의 규칙』, 동문선)

Contre-feux, 1998

▪ 제9장

알랭 투렌(Alain Touraine)

1925년 출생
고등사범학교 박사
현 사회과학고등연구원 사회학과 명예교수

주요 저서
Sociologie de l'action, 1965
La conscience ouvrière, 1966
La Societe post-industrielle, 1969
Production de la société, 1973
La Voix et le regard, 1978
Le Retour de l'acteur, 1984 (『탈산업사회의 사회이론』, 이화여대출판부)
Critique de la modernité, 1992 (『현대성 비판』, 문예출판사)
Qu'est-ce que la démocratie? 1994
Pourrons-nous vivre ensemble? 1997

▪ 제10장

위르겐 하버마스(Jürgen Habermas)

1929년 출생
본 대학 박사
프랑크푸르트 대학 명예교수(철학)

주요 저서

Strukturwandel der Öffentlichkeit, 1962

Theorie und Praxis, 1963 (『이론과 실천』, 종로서적)

Technik und Wissenschaft als Ideologie, 1968 (『이데올로기로서의 기술과 과학』, 이성과 현실사)

Erkenntnis und Interesse, 1968 (『인식과 관심』, 고려원)

Legitimationsprobleme im Spätkapitalismus, 1973 (『후기자본주의 정당성문제』, 종로서적)

Zur Rekonstuktion des historischen Materialismus, 1976

Theorie des kommunikativen Handelns 1·2, 1981 (『소통행위이론』 1권, 의암)

Der philosophische Diskurs der Moderne, 1985 (『현대성의 철학적 담론』, 문예출판사)

Nachmetaphysisches Denken, 1988 (『탈형이상학적 사유』, 문예출판사)

Faktizität und Geltung, 1992 (『사실성과 타당성』, 나남)

- 제11장

클라우스 오페(Claus Offe)

1940년 출생
프랑크푸르트 대학 박사
현 훔볼트 대학 교수(정치학)

주요 저서

Leistungsprinzip und industrielle Arbeit, 1970

Strukturprobleme des kapitalistischen Staates, 1972

Berufsbildungsreform, 1975

Contradictions of the Welfare State, 1984

Arbeitsgesellschaft, 1984

Disorganized Capitalism, 1985

Organisierte Eigenarbeit, 1990

Der Tunnel am Ende des Lichts, 1994

Modernity and the State, 1996

· 제12장

요스타 에스핑 안데르센(Gøsta Esping-Andersen)

1947년 덴마크 출생
위스콘신 대학 박사
현 이탈리아 트렌토 대학 사회학과 교수

주요 저서 및 편저
Social Class, Social Democracy, and State Policies, 1980
Politics against Markets, 1985
Stagnation and Renewal in Social Policy, 1987
Changing Classes, 1993
Three Worlds of Welfare Capitalism, 1996
Welfare States in Transition, 1996 (『변화하는 복지국가』, 인간과 복지)
Social Foundations of Postindustrial Economies, 1999
Why Deregulate Labour Markets? 2000

엮은이 및 글쓴이들 소개

▪ 엮은이
김호기
연세대 사회학과 교수
독일 빌레펠트 대학 박사(사회학)
주요 저서: 『현대 자본주의와 한국 사회』, 『한국의 현대성과 사회변동』
　　　　　　등

▪ 글쓴이들(가나다순)
김영범
이화여대 강사
연세대 박사(사회학)
주요 논문: 「세계화와 복지국가의 구조변동」, 「복지국가의 사회복지비
　　　　　　(1982~1992) 지출 변화에 관한 실증적 연구」 등

박선웅
교원대 일반사회교육과 교수
미국 UCLA 박사(사회학)
주요 논문: 「문화, 의례와 정치변동」, 「뒤르껭주의 문화사회학」 등

신광영
중앙대 사회학과 교수
미국 위스콘신 대학 박사(사회학)
주요 저서: 『계급과 불평등의 사회학』, 『동아시아의 산업화와 민주화』
　　　　　　등

신진욱
독일 자유베를린 대학 박사과정(사회학)
주요 논문: 「동시성의 문제와 시민사회의 이론 모델」 등

양운덕
고려대 철학과 강사
고려대 박사(철학)
주요 논문: 「헤겔 철학에 나타난 개체와 공동체의 변증법」, 「들뢰즈와
가타리의 정신분석 비판」 등

이수훈
경남대 사회학과 교수
미국 존스 홉킨스 대학 박사(사회학)
주요 저서: 『세계체제론』, 『세계체제의 인간학』 등

장미경
충북대 사회학과 강사
주요 저서: 『페미니즘의 이론과 정치』 등

정수복
사회운동연구소장
프랑스 사회과학고등연구원 박사(사회학)
주요 저서: 『의미세계와 사회운동』, 『녹색 대안을 찾는 사회학적 상상
력』 등

정철희
전북대 사회학과 교수
미국 뉴욕 주립 대학 박사(사회학)
주요 논문: 「한국 민주화 운동의 사회적 기원」, 「미시동원, 중위동원,
그리고 생활세계제도」 등

최병두
대구대 지리교육과 교수
영국 리즈 대학 박사(지리학)
주요 저서: 『녹색사회를 위한 비평』, 『환경갈등과 불평등』 등

현택수
고려대 사회학과 교수
프랑스 소르본 대학 박사(사회학)
주요 저서: 『문화와 권력』(편저), 『예술사회학』(역서) 등

현대 비판사회이론의 흐름

ⓒ 김호기 외, 2001

엮은이 ｜ 김호기
펴낸이 ｜ 김종수
펴낸곳 ｜ 한울엠플러스(주)

초판 1쇄 발행 ｜ 2001년 1월 30일
초판 7쇄 발행 ｜ 2022년 1월 25일

주소 ｜ 10881 경기도 파주시 광인사길 153 한울시소빌딩 3층
전화 ｜ 031-955-0655
팩스 ｜ 031-955-0656
홈페이지 ｜ www.hanulmplus.kr
등록번호 ｜ 제406-2015-000143호

Printed in Korea.
ISBN 978-89-460-8132-1 03330

* 책값은 겉표지에 표시되어 있습니다.